Jura Extra

Jura
Juristische Ausbildung

Extra

herausgegeben von
Prof. Dr. Dagmar Coester-Waltjen, München
Prof. Dr. Hans-Uwe Erichsen, Münster
Prof. Dr. Klaus Geppert, Berlin
Prof. Dr. Philip Kunig, Berlin
Prof. Dr. Dr. h. c. Harro Otto, Bayreuth
Prof. Dr. Klaus Schreiber, Bochum

Walter de Gruyter · Berlin · New York

PC-Ratgeber für Juristen

Textverarbeitung, Datenbanken, Internet

von

Norman Müller
Martin Schallbruch

Walter de Gruyter · Berlin · New York · 1995

Rechtsreferendar *Norman Müller* und
Dipl.-Informatiker *Martin Schallbruch*
sind wissenschaftliche Mitarbeiter am Institut für das Recht der Informations- und Kommunikationstechnik der Humboldt-Universität zu Berlin.

⊗ Gedruckt auf säurefreiem Papier,
das die US-ANSI-Norm über Haltbarkeit erfüllt.

Die Deutsche Bibliothek – CIP-Einheitsaufnahme

Müller, Norman:
PC-Ratgeber für Juristen : Textverarbeitung, Datenbanken, Internet / von Norman Müller ; Martin Schallbruch. – Berlin ; New York : de Gruyter, 1995
(Jura : Extra)
ISBN 3-11-014536-7
NE: Schallbruch, Martin:

Printed in Germany
Druck: WB-Druck, 87669 Rieden am Forggensee
Bindearbeiten: Verlagsbuchbinderei Dieter Mikolai, 10587 Berlin

Vorwort

Sehr viele Jurastudenten, Referendare und praktisch tätige Juristen nutzen für ihre Arbeit inzwischen den PC. Die Textverarbeitung steht natürlich im Mittelpunkt des Computereinsatzes. Doch allen kann der PC heute schon sehr viel mehr bieten: Juristische Datenbanken erleichtern das Auffinden von Entscheidungen, Gesetzestexten und Literatur. Lernprogramme unterstützen die Ausbildung und helfen den Studenten beim Üben des Gelernten. Zunehmende Bedeutung erlangen derzeit die Online-Dienste, allen voran das Internet mit dem WorldWideWeb. Dort finden sich immer mehr nützliche Informationen für Juristen.

Wir haben versucht, Ihnen mit diesem Buch einen Ratgeber an die Hand zu geben, der die Einsatzmöglichkeiten des PC für Juristen umfassend beschreibt. Hinweise zur Auswahl eines Computers und zu seiner Bedienung finden Sie ebenso, wie eine Anleitung zur Benutzung des Internet. Wir haben juristische Datenbanken für Sie untersucht und zahlreiche Lernprogramme getestet. Schließlich finden Sie auch eine Einführung in die Textverarbeitung, die sich bewußt auf die für Ihre Arbeit wichtigen Funktionen beschränkt.

Ralf „Tesso" Tessmann unterstützte uns in langen Nächten beim Erstellen der endgültigen Fassung. René Pawlak sind wir zu Dank verpflichtet für die Erstellung des Sachregisters. Außerdem danken wir Cathrin Hoffmann, Grit Klappenbach, Fridolin Klostermeier, Ulrike Merger, Cornelia Ranke und Peter Vogl für das Korrekturlesen.

Berlin, Juli 1995

Norman Müller
Martin Schallbruch

Inhaltsverzeichnis

1 Der Weg zum richtigen PC

1.1 Juristische Arbeit im Wandel

1.1.1 Traditionelle Arbeit von Juristen

Juristen beschäftigen sich mit Sprache: Texte lesen und verstehen, Texte formulieren und niederschreiben ist ihre Haupttätigkeit. Wir haben in der juristischen Praxis verschiedene, sich überschneidende Tätigkeiten ausmachen können, bei denen der Umgang mit Texten eine große Rolle spielt. Wir wollen jede dieser Tätigkeiten untersuchen, um entscheiden zu können, in welcher Form sie der Computer unterstützen kann.

Sachverhalte aufbereiten. Typische juristische Aufgabe ist die Lösung eines Rechtsproblems, das sich in Form eines Sachverhalts darstellt. Ein Sachverhalt ist manchmal lebensnah formuliert, wenn etwa die Mieterin in der Beratungsstelle dem Rechtsanwalt den katastrophalen Zustand ihrer Wohnung schildert. Ein Sachverhalt ist manchmal zusammengefaßt und aufbereitet, z.B. bei einer Hausarbeit im Jurastudium. In jedem Fall muß der Jurist den Sachverhalt für sich selbst erschließen, um ihn zu verstehen. Er muß Wichtiges von Unwichtigem trennen und mögliche Lücken schließen. Zum Festhalten von Sachverhalten kommen schon immer technische Hilfsmittel zum Einsatz: Tonbandaufzeichnungen von Vernehmungen etwa oder maschinengeschriebene Protokolle.

Quellen suchen und auswerten. Hat der Jurist den Sachverhalt hinreichend verstanden, beginnt er mit die Suche nach der Norm, unter die er den Sachverhalt subsumieren kann. Wird er „im Kopf" nicht fündig, müssen juristische Quellen gesucht und ausgewertet werden. Gesetzestexte und ihre Kommentierungen, Entscheidungen, Aufsätze und Monographien werden herangezogen und geprüft. Bei dieser Arbeit ist das Hauptproblem der schnelle Zugriff auf die richtige Norm, die einschlägige Entscheidung oder den passenden Aufsatz. Hilfsmittel bei der Suche nach geeigneten Quellen gibt es viele: die Palette reicht von einfachen Registern bis zu komplexen Aufbereitungen in Form von Kommentaren oder normbasierten Entscheidungssammlungen.

Subsumieren und Ergebnisse festhalten. Nun muß die Norm auf den Sachverhalt angewendet und das Ergebnis der Subsumtion festgehalten werden. Dabei ist meistens eine spezielle Form einzuhalten, z.B. die Form eines Urteils oder eines Widerspruchsbescheids, und außerdem eine Begründung beizufügen. Selten können bereits formulierte Texte aus einer

Sachverhaltsdarstellung oder den benutzten juristischen Quellen übernommen werden, statt dessen werden Formulierungen und Textfragmente wiederverwendet, die bei ähnlichen Problemen bereits benutzt wurden. Eine zeitraubende Angelegenheit ist das Einhalten der Formerfordernisse und das Zusammenstellen einer hinreichend ausführlichen Begründung. Dafür werden als Hilfsmittel üblicherweise Formulare oder auch Textvorlagen aus ähnlichen Fällen benutzt.

Berechnungen. „Judex non calculat" stimmt nicht ganz. Denn auch Berechnungen gehören zum juristischen Alltag. Juristen müssen z.B. den Bremsweg eine Kfz ermitteln, die Blutalkoholkonzentration seines Fahrers, die Höhe einer Unterhaltsverpflichtung und natürlich die Gebühren nach BRAGO. Taschenrechner sowie entsprechende Tabellen und Formularsätze unterstützen den Juristen bei dieser Arbeit.

Kommunizieren. Der berufliche Kontakt mit anderen Menschen gehört zum Alltag der praktisch tätigen Juristen. Je nach Art und Dringlichkeit der Information werden Kommunikationsmittel wie Brief, Telefon oder Telefax genutzt. Der Jurist muß nicht nur die Erstellung der Mitteilung organisieren und die Verfügbarkeit des Kommunikationsmittels sicherstellen, sondern auch die Dokumentation des Mitteilungsversandes oder -empfangs. Eingangsstempel, Postbücher oder Faxprotokolle spielen als Hilfsmittel eine wichtige Rolle, wenn es um das Wahren von Fristen geht.

Lernen. Während des Studiums nimmt das Lernen neuen Stoffs viel Zeit in Anspruch. Aber auch während der späteren praktischen Tätigkeit ist laufende Weiterbildung wichtig. Ein Anwalt, der seine Mandanten in Unkenntnis einer neuen Rechtslage falsch berät, kann in erhebliche Schwierigkeiten kommen. Auch der Richter, der in Unkenntnis einer gewandelten höchstrichterlichen Rechtsprechung entscheidet, wird nicht viel Freude an seinen immer wieder aufgehobenen Urteilen haben. Im Studium wird das Lernen jenseits der Lehrveranstaltungen vor allem durch Lehrbücher, Ausbildungszeitschriften und Karteikarten unterstützt, Hilfsmittel des Praktikers bei der Weiterbildung sind vor allem die Fachzeitschriften.

1.1.2 Juristische Arbeit am Computer – heute und morgen

Montag, 3. Januar 2000, 9 Uhr. Rechtsanwältin Just hat sich von der rauschenden Silvesternacht einigermaßen erholt und betritt ihr Büro. Ihr PW (Personal Workplace), ein in den Schreibtisch integrierter Computer hat sich schon eingeschaltet und zeigt den Begrüßungsbildschirm. Nachdem sie sich als Just identifiziert hat, erscheint die Tagesübersicht. Sie enthält alle Termine des Tages sowie alle Akten, die an diesem Tag bearbeitet werden sollen. Rote Terminsymbole stehen für Verabredungen, deren Vorbereitung noch aussteht, rote Aktensymbole für Fristsachen, die an dem Tag unbedingt erledigt werden müssen. Grüne Termine kann sie auf sich zukommen lassen, gelbe Akten auch auf den nächsten Tag verschieben, was sie angesichts der latenten Silvesternachwirkungen sofort mit allen gelben Symbolen macht. Just klickt nun eine der roten Akten an und es erscheint das Deckblatt der Akte „Schmidt ./. PC-preiswert". In der Mitte des Bildschirm blinkt das Wort „Berufungsbegründung" und zeigt ihr, was heute zu tun ist. Ein Mausklick auf „Kurzinfo" liefert die wichtigsten Informationen: eine Kurzfassung des Sachverhaltes sowie die bisherige Prozeßgeschichte: Die Klage ihres Mandanten Schmidt gegen den Computer-Discounter „PC-preiswert" wegen mangelnder Funktionsfähigkeit eines gelieferten Geräts war in der ersten Instanz abgewiesen worden. Just holt sich die schriftliche Urteilsbegründung des Amtsgerichts auf den Bildschirm und arbeitet sich in die Sache ein. Nach ihrer Auffassung berücksichtigte das AG die BGH-Rechtsprechung zur Gewährleistung bei Hardwaremängeln nur unzureichend. Aus der BGH-Entscheidungsdatenbank holt sie sich einige einschlägige Dokumente und konstruiert mit ihrer Hilfe den Entwurf einer Berufungsbegründung, den sie mit ihrem Mikrofon direkt in den Computer diktiert. Da sie sich mit der Begründung nicht ganz sicher ist und die Sache für bedeutsam hält, läßt Sie ihr System einen elektronischen Aktenauszug fertigen und schickt diesen samt dem Entwurf der Begründung mit elektronischer Post an einen Spezialanwalts-Service, der die Sache durch einen Computerrechtsexperten prüfen lassen wird. Außerdem stellt sie den Computer so ein, daß sie nach Eintreffen der Antwort, vertragsgemäß in spätestens vier Stunden, sofort darauf aufmerksam gemacht werden will. Bevor Just sich dem nächsten Fall widmet, liest sie ein wenig im „Jura-Schnelldienst". Täglich erhält sie online eine neue Ausgabe, die die wichtigen Neuerungen auf den von ihr ausgewählten Rechtsgebieten enthält.

Nach dem Mittagessen setzt sie sich wieder an ihren Arbeitsplatz und führt ein paar Telefonate. Auf dem Bildschirm erscheint ein blinkendes Aktensymbol – die Antwort in der Sache „Schmidt ./. PC-preiswert" ist eingetroffen. Der Experte des Spezialanwalts-Service schlägt einige Änderungen in der Berufungsbegründung vor, die sie per Mausklick in ihr Exemplar übernimmt. Die neue Fassung des Textes druckt Just noch einmal aus, liest sie sorgfältig durch und ändert einige Formulierungen. Dann sendet sie sie mit elektronischer Post ans Landgericht. Die elektronische Empfangsbestätigung trifft wenige Sekunden später ein und wird ohne ihre Mitwirkung in die Akte eingefügt. Auch die

Kopie an den Mandanten wird automatisch ausgedruckt, kuvertiert und verschickt. Bevor sie die Akte schließt, wirft sie noch einen Blick auf die Gebührenrechnung des Anwaltsservices und überträgt die Gebührendaten in die Akte des Mandanten. Dann widmet sie sich der nächsten Sache ...

Das Szenario liegt gar nicht so fern, wie es zunächst klingt: die meisten dargestellten Tätigkeiten des Computers sind bereits Realität, allerdings noch nicht in der täglichen Praxis der Juristen und schon gar nicht an einem einzigen integrierten Arbeitsplatz. Schauen wir uns die Bestandteile von Justs Arbeitsplatz einzeln an:

Terminverwaltung mit Wiedervorlage und anderen Erinnerungsfunktionen findet sich in jeder Anwaltssoftware. Auch die *Elektronische Aktenführung* ist in diesen Programmen bereits realisiert, ebenso in den Systemen, die in den Geschäftsstellen von Gerichten oder Staatsanwaltschaften eingesetzt werden. Allerdings verweisen die existierenden Systeme bisher überwiegend auf die Papierakte; daß der gesamte Akteninhalt am Bildschirm abrufbar ist, ist heute noch Zukunftsmusik. *Datenbankrecherchen* in elektronischen Entscheidungssammlungen sind bereits gang und gäbe, noch nicht am Arbeitsplatz jedes Juristen, aber in den Bibliotheken von Gerichten, Staatsanwaltschaften, Verwaltungsbehörden oder großen Anwaltskanzleien. Eine Computer-vermittelte Zusammenarbeit mit Kolleginnen und Kollegen, *Workgroup-Computing* genannt, praktizieren modern ausgestatteten Anwaltskanzleien schon heute. Die Nutzung elektronischer Post und die gemeinsame Arbeit an einem Text ist dort schon Routine. Die automatische *Erkennung gesprochener Sprache* steht jedoch noch ziemlich am Anfang. Erste erschwingliche Produkte finden sich zwar schon am Markt, bis das Diktat in den Computer die Eingabe über die Tastatur verdrängen wird, dürfte noch mehr als ein Jahrzehnt vergehen. *Online-Informationsdienste* wie der „Jura-Schnelldienst“ unserer Anwältin J. beginnen sich erst seit Anfang 95 in größerem Umfang zu etablieren. Online-Zeitschriften können auch in kleinster Auflage kostengünstig hergestellt werden. In den nächsten Jahren werden sich daher Spezialdienste vermehren, die genau auf die Interessengebiete der Abonnenten zugeschnitten sind. Die *Elektronische Post* benutzen gegenwärtig immer mehr Menschen. Auch im juristischen Bereich gibt es erste seriöse Einsatzfelder, z.B. die vollautomatische Übermittlung von Anträgen auf Erlaß eines Mahnbescheids von der Anwaltskanzlei an das Mahngericht. Bei der *Gebührenberechnung* oder anderen Berechnungen ist auch heute schon allgemein der Computer im Einsatz.

Wir haben versucht, Ihnen die potentiellen Einsatzfelder des Computers vollständig aufzuzeigen. Nun wollen wir wieder etwas bodenständiger werden und uns fragen, was ein Computer ist, was er leistet und wie Sie das richtige Gerät für Ihre Arbeit auswählen.

1.2 Der richtige PC: Software und Betriebssystem

1.2.1 Computer = Hardware + Software

„Computer" bedeutet „Rechner". Damit ist schon angedeutet, wie der Computer entstand und was er im Grunde ist: eine programmierbare Rechenmaschine. Stellen Sie sich vor, wie Sie mit dem Taschenrechner den Mittelwert von fünf Zahlen berechnen:

```
41 + 47 + 17 + 31 + 28 = ÷ 5 =
```

Geht es Ihnen bei einer solchen Berechnung auch manchmal so, daß Sie eine endlose Reihe von Zahlen addieren und sich am Ende ärgern, daß Sie die Anzahl aller eingegebenen Werte noch einmal zählen müssen, um den Divisor zu ermitteln? Schließlich hätte das der Taschenrechner während der Eingabe gut nebenbei erledigen können. Manche Taschenrechner haben dieses Problem gelöst und spezielle Tasten für die Mittelwert-Berechnung vorgesehen, z.B. „D" für die Eingabe einer Zahl und „Ø" für die Ausgabe des Durchschnitts. Bei solchen Geräten geben Sie ein:

```
41 D 47 D 17 D 31 D 28 D  Ø
```

und schon haben Sie das Ergebnis – ganz ohne Abzählen.

Eigentlich ist schon ein solcher Taschenrechner eine Form von Computer, ein Rechner, der um die nützliche „programmierte" Funktion „Mittelwert" erweitert wurde. Dabei lassen sich die neuen Tasten „D" und „Ø" ohne weiteres auf die vorhandenen Grundfunktionen zurückführen. Zusätzlich muß sich unser neuer Taschenrechner merken können, wieviel Werte bislang durch Druck auf „D" eingegeben wurden, er braucht einen Speicher. „D" soll dann dafür sorgen, daß der eingegebene Wert summiert und der Zähler erhöht wird. „Ø" soll die Summe der Werte durch den aktuellen Zählerstand teilen. Zwei wesentliche Merkmale des Computers kennen Sie nun: die Programmierung komplizierter Aufgaben durch Rückführung auf einfache und die Bereitstellung eines Speichers für Zwischenwerte.

Ein anderes Beispiel: Stellen Sie sich den Bahnangestellten vor, der ständig am Schalter nach dem Fahrpreis von einer Stadt zu einer anderen gefragt wird. Immer wieder der gleiche Ablauf:

1. Preistabelle heraussuchen
2. Abfahrtsbahnhof in der Tabelle suchen

3. Zielbahnhof suchen
4. Kilometerzahl aus der Tabelle ablesen
5. Kilometerzahl mit 37,5 Pfg. für die erste bzw. 25 Pfg. für die zweite Klasse multiplizieren.

Unser Bahnangestellter wünscht sich, daß sein Taschenrechner folgende Eingabe erlaubt:

```
VON München NACH Nürnberg KLASSE 2 PREIS?
```

Einen solchen Taschenrechner gibt es zwar nicht, doch an fast jedem Bahnschalter steht heute ein Computer, der ähnliches leistet. Wie macht er das, wie bringt man ihn dazu?

Die oben dargestellte Verfahrensweise zur Ermittlung eines Fahrpreises bezeichnet ein Informatiker als „Algorithmus zur Ermittlung von Fahrpreisen“. Auch das Verfahren zur Berechnung eines Mittelwertes ist ein Algorithmus. Einen gegebenen Algorithmus in eine Form zu bringen, die der Computer versteht und die er ausführen kann, nennt die Informatik „programmieren“.

Den Fahrpreis-Algorithmus haben wir in normaler Umgangssprache aufgeschrieben, den Mittelwert-Algorithmus in einer Mischung aus Umgangssprache und mathematischer Formel. Beides versteht der Computer nicht. Welche Form er versteht, hängt von der Art des Computers ab. Einem Taschenrechner-Hersteller wird es heutzutage nicht schwerfallen, die Tasten „D“ und „Ø“ auf „+“, „÷“ und „=“ zurückzuführen sowie einen Speicher für den Zähler einzubauen. Nicht ganz so einfach ist es, den Algorithmus für unseren Bahnangestellten zu programmieren. Hierfür muß der Computer mit Texten umgehen können und eine riesige Entfernungstabelle abspeichern.

Niemand wird einen Computer bauen, bei dem „VON“, „NACH“ und „PREIS?“ wie beim Taschenrechner als feste Tasten realisiert sind und den man bei jeder der häufigen Preiserhöhungen der Bahn wegwirft. Statt dessen hat man eine Art „Universalcomputer“ entwickelt. Er ist durch Programmierung geeigneter Grundfunktionen hinreichend vorbereitet, vielfältige praktische Algorithmen auszuführen. Haben Sie einen solchen Computer, können Sie den Fahrpreis-Algorithmus in Form eines „Programms“ dazu kaufen. Dieses Programm bedient sich der Grundfunktionen des Computers, z.B. der Ein- und Ausgabe von Texten, und stellt zusätzlich die Entfernungstabelle und den aktuellen Fahrpreis zur Verfügung.

Hier sind wir an einem wichtigen Punkt angelangt: der Unterscheidung zwischen Hardware und Software. Den Rechner/Computer selbst mit seinen mehr oder weniger bescheidenen Grundfunktionen bezeichnet man als Hardware, die unabhängig davon zu kaufenden Programme als Software. Algorithmen stecken in beidem: Die einfachen Grundfunktionen, die die Hardware in Form hochintegrierter elektronischer Schaltkreise zur Verfügung stellt, sind ebenso die Umsetzung von Algorithmen wie das eben vorgestellte Bahnprogramm.

Wie kommen nun Hardware und Software zusammen, wie bringt man einen universellen Computer dazu, ein gekauftes Programm auszuführen? Das Programm muß erst einmal in den Computer hineinkommen, dies in der Regel in Form einer Diskette. Außerdem muß es in einer Sprache formuliert sein, die der Computer versteht. Sind beide Voraussetzungen erfüllt, kommt noch eine weitere Komponente ins Spiel: das Betriebssystem.

Das *Betriebssystem* ist das Basisprogramm jedes Computers und das Bindeglied zwischen ihm und der Software. Beim Einschalten sucht der Computer auf der Festplatte oder einer Diskette nach dem Betriebssystem und führt es aus. Es übernimmt die Steuerung des gesamten Computers und sorgt für die Ausführung anderer Programme. Diese werden in Abgrenzung zum Betriebssystem auch als „Anwendungsprogramme“ bezeichnet. Außerdem kümmert sich das Betriebssystem um die Betreuung aller Komponenten des Computers, z.B. Diskettenlaufwerk oder Maus. Schließlich regelt es die Kommunikation zwischen Computer und Zusatzgeräten wie Drucker oder Monitor. Findet er kein Betriebssystem, verweigert jeder Computer seine Arbeit. Früher waren Betriebssysteme praktisch Teil der Hardware. Heute können Sie sie getrennt davon erwerben, obwohl sie jeweils nur für einen bestimmten Computertyp verwendbar sind. So kann auch das Betriebssystem ausgetauscht und z.B. durch eine bessere Version ersetzt werden, ohne den ganzen Computer ersetzen zu müssen – leider ist das eine wunderbare Möglichkeit für die Softwarehersteller, mit nur minimal anderen Versionen eines Betriebssystems neues Geld zu verdienen. Die Leistungsfähigkeit eines Computers hängt ganz wesentlich vom verwendeten Betriebssystem ab, weshalb über die Auswahl des „richtigen“ Betriebssystems unter den Computernutzern regelmäßig heftige Glaubenskriege ausbrechen.

Gut, werden Sie jetzt sagen, die grundlegende Funktionsweise eines Computers habe ich verstanden, weiß um das Dreigestirn aus Hardware, Betriebssystem und Software. Aber ich habe noch immer nicht die geringste Ahnung, welchen Computer, welches Betriebssystem und welche Software ich eigentlich kaufen soll.

Denken Sie an die obigen Beispiele: Als passionierter Mittelwert-Berechner werden Sie sich einen Taschenrechner kaufen, der die Tasten „D“ und „Ø“ besitzt. Damit sind alle Ihre Anforderungen an die Leistungsfähigkeit des „Computers“ erfüllt. Dem Bahnangestellten wird das

Computermodell herzlich egal sein. Ob die Tasten „D“ und „Ø“ auf seiner Tastatur sind, interessiert ihn nicht. Für ihn ist die Hauptsache, daß die Fahrpreis-Software auf diesem Computer läuft, er seine Orte eingeben kann und die Wagenklasse. Sind Sie aber ein privater Bahnenthusiast und wollen die von der DB verkaufte Fahrplan- und Fahrpreissoftware nutzen, hängt die Wahl des Computers davon ab, „worauf die Software läuft“, d.h. für welchen Typ von Computer die Bundesbahn-Programmierer ihre Algorithmen programmiert haben. Da müssen Sie sich vor dem Kauf erkundigen, z.B. auf der Packung des „Elektronische Städteverbindungen Deutschland“ genannten Bahnprogramms. Da finden Sie:

> **Erforderliche Hardware:** DOS-PC mit mindestens 80286 Prozessor, 640 KB Hauptspeicher, empfohlen 2 MB, ca. 7 MB Festplatten-Platz

Hier teilen Ihnen die Hersteller der Software mit, daß Sie eine bestimmte Art von Computer (PC) und ein bestimmtes Betriebssystem (DOS) benötigen, um mit dem Programm Zugverbindungen zu ermitteln und Fahrpreise zu berechnen. Außerdem werden Mindestressourcen angegeben, über die Ihr PC verfügen muß.

An diesem Beispiel erkennen Sie den sinnvollsten Weg, einen Computer auszuwählen:

1. Verschaffen Sie sich Klarheit über die Aufgabe, die Sie mit dem Computer erledigen wollen, sei es Fahrpreise berechnen (bei Juristen eher selten) oder Texte schreiben (weitaus häufiger).
2. Wählen Sie die geeignete Software für diese Aufgabe („Elektronische Städteverbindungen“ für die Fahrpreisberechnung, für die Textverarbeitung z.B. „Word“).
3. Entscheiden Sie sich für das Betriebssystem und den Computer, die Sie für die Anwendungssoftware benötigen.

Soweit die reine Lehre. Tatsächlich ist diese Entscheidung Software – Betriebssystem – Hardware nicht für jedes einzelne Programm aufs Neue erforderlich. Damit Sie nicht neben Ihrem Fahrpreis-Computer noch einen Textverarbeitungs-Computer und einen Haushaltskasse-Computer stehen haben, alle optimal auf die jeweilige Software ausgerichtet, gibt es Standard-Computer mit Standard-Betriebssystemen. An deren normaler Leistungsfähigkeit orientieren sich die Hersteller der Software. Was die Bahn von Ihnen verlangt, damit „Elektronische Städteverbindungen“ auf Ihrem Computer läuft, entspricht den Anforderungen, die Tausende von anderen Anwendungsprogrammen an den Computer stellen.

Wir konzentrieren uns in diesem Buch auf die für Normalanwender bedeutendste Klasse von Computern, die sogenannten Personal Computer, kurz: PC. Im Abschnitt 1.3 beschreiben wir einen brauchbaren Standard-PC und wie Sie ihn für besondere Anforderungen leistungsfähiger machen können. Denn mit dem Preis der Hardware steigt im allgemeinen die Vielfalt der einsetzbaren Software. Wenn Sie als Architekt zehnstöckige Hochhäuser am Bildschirm entwerfen wollen oder im Tonstudio Musikstücke komplett abmischen, brauchen Sie andere Hardware als den vorgestellten Standard-PC.

Ob Sie eine besondere Hardware benötigen, oder ob das Standardgerät völlig ausreicht, entscheidet sich durch die Auswahl Ihrer Wunschsoftware. Welche das sein kann, erfahren Sie im nächsten Abschnitt. Wenn wir bei der Beschreibung einer Software(klasse) nicht auf die benötigte Hardware eingehen, reicht der Standard-PC für diese Programme aus – zumal wir Ihnen kein absolutes Minimalgerät empfehlen, damit Sie auch in einem Jahr noch neue, anspruchsvollere Software nutzen können.

1.2.2 Welche Software für welche Arbeit?

Der Computer spielt bei manchen juristischen Tätigkeiten noch keine, bei anderen eine große Rolle. Wir ordnen daher in der folgenden Übersicht die Programme nach ihrer heutigen Bedeutung. Da wir uns auf den PC beschränken, stellen wir nur Programme für das gängige PC-Betriebssystem MS-Windows vor.

Textverarbeitungsprogramme. Die wichtigste Anwendung der meisten Computerbenutzer ist die Textverarbeitung. Für PC bietet die Softwareindustrie eine Vielzahl von Textverarbeitungsprogrammen an. Die meisten sind „universell", eignen sich für das Briefeschreiben oder die mathematische Diplomarbeit ebenso wie für die juristische Hausarbeit.

Mit einem Textverarbeitungsprogramm können Sie Texte eintippen, überarbeiten, abspeichern und drucken. Einen einmal eingegebenen Text können Sie beliebig oft ändern und erneut drucken, ein Vorteil der Textverarbeitungssoftware, der Schreibmaschinen fast völlig vom Markt verschwinden ließ. Textverarbeitungsprogramme bieten zudem auch einiges für das Auge: Sie können das Erscheinungsbild eines gedruckten Textes auf vielfältige Art und Weise gestalten. Diese Arbeit nennt man „Formatieren" eines Textes. Sie können verschiedene Schriftarten wählen und wichtiges fett drucken, ihren Text im Blocksatz setzen lassen wie in diesem Buch, die Seitenränder vergrößern oder verkleinern, gar ganze Absätze in Kästen einrahmen oder grau unterlegen. Die umfangreichen Formatierungsmöglichkeiten scheinen heute oft im Mittelpunkt der Textverarbeitung zu stehen. Doch durch eine ausgefeilte Formatierung sparen Sie keine Zeit, sondern brauchen länger als mit der Schreibmaschine. Zur Arbeitserleichterung sind daher ganz andere Funktionen von Bedeutung:

die automatische Seiten- oder Fußnotennumerierung, das Erstellen eines Inhaltsverzeichnisses, die Silbentrennung oder auch die Möglichkeit, ein gleichlautendes Schreiben an eine Vielzahl von Empfängern zu richten und diese individuell anzureden.

Bei den reinen Textverarbeitungsprogrammen gibt es zwei Leistungsklassen. Eine Reihe günstiger Produkte (unter 100,- DM) enthält die wichtigsten Funktionen, verzichtet aber in der Regel auf solche, die für umfangreiche wissenschaftliche Arbeiten von Bedeutung sind, z.B. die automatische Erstellung eines Inhaltsverzeichnisses. Von diesen Produkten raten wir Ihnen daher ab und empfehlen Ihnen, eines der weitverbreiteten und besonders leistungsfähigen „großen" Programme zu benutzen. Für das Windows-Betriebssystem sind Word für Windows 6.0, kurz: WinWord (Microsoft), WordPerfect für Windows 6.1 (Novell), WordPro 4.0 (Lotus, früher: AmiPro) oder StarWriter 2.0 für Windows (Star Division) zu empfehlen.

Die großen Produkte verfügen über Möglichkeiten, die über die reine Textverarbeitung weit hinausgehen: komplexes Seitenlayout mit mehreren Spalten und Bildern, die Erstellung von Tabellen und Grafiken, Rechtschreibkorrektur usw. Auch Werbematerialien, Zeitschriften und Bücher lassen sich damit ohne weiteres erstellen. Dieses Buch wurde beispielsweise mit WinWord 6.0 erstellt. Das Programm nehmen wir auch als Beispiel, wenn wir in Kapitel 3 die Textverarbeitung genauer beschreiben.

Datenbanksysteme. Der „Produktion" eines juristischen Textes geht in der Regel das Studium einer Vielzahl anderer Texte voraus. Der PC sollte Gesetzestexte, einschlägige Entscheidungen oder wichtige Literatur griffbereit haben. Es gibt zwei verschiedene Arten von Produkten, die diese Anforderung erfüllen wollen: Zum einen sind das elektronische Ausgaben juristischer Sammlungen, z.B. der „Schönfelder" oder eine Entscheidungssammlung des BGH. Diese „vollen" Datenbanksysteme beschreiben wir in Kapitel 4. Zum anderen gibt es Programme, die Ihnen das Erfassen juristischer (oder auch anderer) Dokumente und den späteren Zugriff erlauben, selbst aber noch keine Daten enthalten, „leere Datenbanksysteme" sozusagen. Mit solchen Systemen können Sie Textsammlungen nach Ihren Bedürfnissen anlegen, etwa Karteikarten zum Lernen auf das Examen oder eigene spezialisierte Rechtsprechungsdatenbanken.

Bei Datenbanksystemen gibt es universelle Programme, mit denen Sie Ihre juristischen Karteikarten oder Ihr privates Telefonverzeichnis ebenso verwalten können wie die Personaldatenbank eines Unternehmens oder die Bestelldateien einer Buchhandlung. Anders als bei den Textverarbeitungen ist das Leistungsprofil dieser Datenbanksysteme nicht ohne weiteres vergleichbar. Lange Jahre wurde im PC-Bereich „dBase“ als leistungsfähigstes System überhaupt angesehen. Dieses Programm ist vor allem als DOS-Version auch heute noch weit verbreitet. Die Windows-Version konnte sich am Markt nicht ähnlich gut durchsetzen. Marktführer bei den Windows-Datenbanksystemen ist vielmehr das Microsoft-Produkt „Access“, gegenwärtig in der Version 2.0. Access zeichnet sich durch recht einfache Bedienung aus, läßt aber gleichzeitig auch komplexe professionelle Anwendungen zu. Zudem ähnelt es in der Bedienung sehr stark den weit verbreiteten anderen Microsoft-Produkten für Windows (z.B. WinWord) und arbeitet mit diesen Programmen besonders gut zusammen.

Beide Systeme, dBase und Access, sowie die meisten Konkurrenzprodukte auf dem Datenbankmarkt richten sich vor allem an typische kaufmännische Anforderungen und sind insbesondere zur Verarbeitung längerer Texte nicht geeignet. Wir können sie Ihnen daher nicht empfehlen zum Aufbau von Rechtsprechungsdatenbanken oder auch Karteikartensammlungen mit viel Text pro Karteikarte. Zum Aufbau solcher Sammlungen raten wir Ihnen, eines der speziell dafür entwickelten Produkte einzusetzen, z.B. AskSAM für Windows (North American Software, derzeit in Version 2.0) oder F&A für Windows (Symantec, derzeit in Version 4.0).

Berechnungsprogramme. Die ersten Computernutzer unter den Richtern, Staatsanwälten und Rechtsanwälten begannen ziemlich bald, Computerprogramme für häufig wiederkehrende Berechnungen zu entwickeln. Daraus sind inzwischen mehrere Produkte hervorgegangen, im wesentlichen für folgende Aufgaben:

- Steuerberechnung für verschiedene Steuerarten,
- familienrechtliche Berechnungen wie Unterhalt nach der Düsseldorfer Tabelle oder Versorgungsausgleich,
- Berechnung von Blutalkoholkonzentration und Bremsweg in Verkehrssachen, sowie
- Gebührenberechnung nach BRAGO.

Solche Produkte sollten Sie sich sehr genau anschauen, bevor Sie eines kaufen. Manche Programme sind sicher hilfreich und sparen viel Arbeit. Bei anderen steht aber nach unseren Erfahrungen die Leistung in keinem Verhältnis zum Preis. Um lediglich aus der Düsseldorfer Tabelle für ein gegebenes Einkommen im Sinne der Tabelle einen Unterhaltsbetrag abzulesen, brauchen Sie kein Computerprogramm. Erst für die komplizierte Ermittlung des Einkommens aus mehreren anderen Angaben ist ein Programm sinnvoll.

Für Berechnungen aller Art können Sie *Tabellenkalkulations-Software* (TK-Software) verwenden. Sie enthält keine speziellen Berechnungsvorschriften, sondern erlaubt es Ihnen, eigene Berechnungsschemata zu definieren. Grundlage einer Tabellenkalkulation ist eine große Tabelle. In deren leere Felder können Sie Zahlen und Daten eintragen. Da Tabellenfelder schachbrettartig numeriert sind, können Sie sich bei Berechnungen auf einzelne Felder beziehen. In Abbildung 1.1 wird z.B. das Feld B5 aus der Summe der Felder B2 und B3 gebildet. Ändert sich der Wert in B2 oder B3, aktualisiert das Programm von sich aus auch Feld B5. Solch einfache Möglichkeiten der Tabellenkalkulation finden sich heutzutage sogar schon in besseren Textverarbeitungen. Für kompliziertere Berechnungen, etwa den Abzahlungsplan eines Darlehens, eignen sich aber nur „richtige“ TK-Programme. Sie bieten zusätzlich die Möglichkeit, Geschäftsgrafiken aus den Werten einer Tabelle zu berechnen – die hübschen Torten- oder Balkengrafiken, die einem allerorten begegnen, stammen meistens aus Tabellenkalkulationsprogrammen. Betrachten Sie etwa das Beispiel in Abbildung 1.1: Ändert sich hier der Wert in B2, wird nicht nur B5 aktualisiert. Auch die Größe des ersten Balkens in der Grafik wird vom Programm selbständig angepaßt.

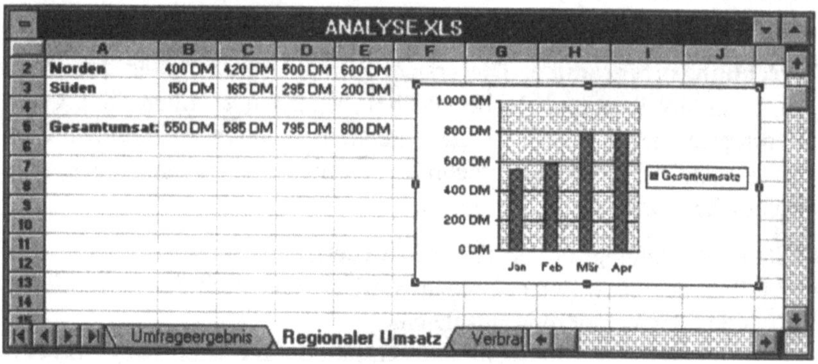

Abbildung 1.1: Kalkulationstabelle in MS Excel 5.0

Gängige TK-Programme für Windows sind Excel 5.0 (Microsoft), QuattroPro 6.0 (Novell), Lotus 1-2-3 Version 5 (Lotus) und StarCalc (StarDivision). Die Unterschiede in der Leistungsfähigkeit spielen für Sie keine allzu große Rolle. Wichtiger ist etwas anderes: Sofern es geht, sollten Sie sich für die Tabellenkalkulation „Ihres“ Textverarbeitungs-Herstellers entscheiden, also für Excel als WinWord-Nutzer, für QuattroPro als WordPerfect-Nutzer, für 1-2-3 als WordPro-Nutzer und für StarCalc als Nutzer von StarWriter. So ist ein reibungsloses Zusammenspiel gewährleistet, etwa das Einbinden einer Tabelle in ein Textdokument. Außerdem sind sich die Produkte eines Herstellers in der Bedienung relativ ähnlich.

Integrierte Softwarepakete. Die Kosten für ein Textverarbeitungsprogramm, ein Datenbanksystem, eine Tabellenkalkulation usw. können sich zu einem erheblichen Betrag summieren. Preisgünstiger ist da allemal der Kauf eines „integrierten Pakets", das mindestens Textverarbeitung, Datenbank und Tabellenkalkulation enthält, meistens zusätzlich noch ein „Präsentationsgrafik"-Programm, mit dem z.B. die Folien für Vorträge erstellen können. Beispiele sind Works für Windows (Microsoft, derzeit Version 3.0) oder WordPerfect Works für Windows (Novell, derzeit Version 2.0). Vorteil dieser Pakete ist neben dem niedrigen Preis, daß alle Programme auf die gleiche Art und Weise zu bedienen sind und Sie als erfahrener Textverarbeitungs-Benutzer mit der Tabellenkalkulation wenig Schwierigkeiten haben werden. Allerdings bleiben die Einzelteile des Pakets von ihrer Leistung deutlich hinter den klassischen Einzelprogrammen (wie WinWord oder WordPerfect im Bereich der Textverarbeitung) zurück.

Für den professionellen Anwender lohnt es sich da eher, alle „großen" Programme eines Anbieters zusammen zu kaufen. Solche Pakete werden „Office-Pakete" genannt, sind zwar nicht integriert, bieten aber Preisvorteile gegenüber dem Einzelkauf ihrer Komponenten. Die wichtigsten Office-Pakete für Windows sind:

- „MS-Office Professional" (Microsoft, derzeit Version 4.3) mit Word, Excel, Access und dem Grafikprogramm PowerPoint,
- „Perfect Office Professional" (Novell, derzeit Version 3.0) mit WordPerfect, QuattroPro, der Datenbank Paradox und dem Grafikprogramm Presentations,
- „Lotus Smart Suite" (Lotus, derzeit Version 3.1) mit AmiPro bzw. WordPro, 1-2-3, der Datenbank Approach, dem Grafikprogramm Freelance Graphics und dem Terminplaner Lotus Organizer, sowie
- „StarOffice" (StarDivision) mit StarWriter, StarCalc, der Datenbank StarDraw und dem Grafikprogramm StarDraw.

Kommunikationssoftware. Auf die neuen Möglichkeiten elektronischer Kommunikation gehen wir ausführlich in Kapitel 5 ein. An dieser Stelle wollen wir nur eine Kommunikationsform anschauen: das Fax. Wenn Sie einen Text mit dem Computer schreiben, ausdrucken und ins Faxgerät einlegen, wird ein elektronisch gespeicherter Text erst zu Papier, um dann wieder digitalisiert und elektronisch versendet zu werden. Den Umweg wollen Sie sich vielleicht ersparen. Oder Sie finden die Kosten eines Faxgerätes für den gelegentlichen Versand eines Faxes zu hoch. Dann könnte sich für Sie eine Faxsoftware lohnen. Voraussetzung ist, daß Sie Ihren Computer mit einem „Faxmodem Modem“ (s. Abschnitt 1.3.4) ausgestattet und mit der Telefondose verbunden haben. Nun können Sie mit einem Faxprogramm Ihr Dokument gleich aus dem Computer heraus absenden. Das funktioniert inzwischen sehr komfortabel. Natürlich müssen Sie die Faxnummer eingeben oder aus einem Verzeichnis auswählen, ansonsten aber sagen Sie Ihrer Textverarbeitung statt „drucken“ eben „faxen“.

Allerdings: Das ganze funktioniert natürlich nur für Dokumente, die komplett im Computer gespeichert sind. Einen ausgefüllten Bestellschein oder eine handgemalte Skizze können Sie auf diese Art nicht versenden. Dafür bräuchten Sie zusätzlich einen Scanner, der diese Vorlagen in den Computer einspeist (s. Abschnitt 1.3.4). Damit wäre das ganze Verfahren wieder besonders umständlich, und Sie würden preislich auch über dem Faxgerät liegen.

Ein anderes Problem ist der Empfang von Faxen mit dem Computer. Das beherrscht die Faxsoftware natürlich auch. Um empfangsbereit zu sein, muß aber Ihr Computer immer angeschaltet sein und die Faxsoftware in Bereitschaft. Die empfangenen Dokumente werden dann auf der Festplatte gespeichert und Sie können Sie auf Ihrem Drucker ausgeben.

Wenn Sie dauernd empfangsbereit sein sollen oder häufig Dokumente versenden, die nicht im Computer sind, empfehlen wir die Anschaffung eines Faxgerätes. Auch kombinierte Lösungen sind machbar, bei denen der Versand von Texten aus dem Computer ohne Ausdrucken über ein spezielles Faxgerät erfolgt.

Die gegenwärtig angebotenen Programme unterscheiden sich gerade im Preis gewaltig. Für den gelegentlichen Versand und Empfang von Dokumenten reicht in der Regel bereits die Software, die kostenlos mit dem Modem mitgeliefert wird.

Texterkennungssoftware. Wenn Sie häufig gedruckte Texte in den Computer eingeben müssen, um Sie in Ihrem Textverarbeitungsprogramm zu bearbeiten, wünschen Sie sich wahrscheinlich, daß Sie sie automatisch erfassen können. Dafür brauchen Sie zunächst einen Scanner (s. Abschnitt 1.3.4). Er liefert Ihrem Computer Abbilder der eingelegten Seiten. Die können Sie auf der Festplatte speichern und ausdrucken. Sie können diese Abbilder, praktisch Fotos der gescannten Seiten, im PC aber nicht bearbeiten, also keine Sätze ändern, einfügen oder löschen. Dafür müssen Sie die Fotos der Seiten in einen Text umwandeln, mit dem ihr Textverarbeitungsprogramm etwas anfangen kann.

Das ist eine komplizierte Aufgabe, zu deren Bewältigung OCR-Software entwickelt wurde. OCR steht für „Optical Character Recognition“, was soviel bedeutet wie das Erkennen einzelner Buchstaben auf der als Foto vorliegenden Textseite. Ein OCR-Programm durchsucht anhand eingespeicherter Buchstabenmuster Ihre Vorlage und fügt jeden erkannten Buchstaben dem Textverarbeitungsdokument hinzu.

Die OCR-Programme haben viele verschiedene Schrifttypen gespeichert, und Sie als Benutzer können dem Programm weitere hinzufügen. Trotzdem bleibt die Zeichenerkennung eine schwierige Sache: Handschriften erkennen die Programme gar nicht, auch schlechte Computerausdrucke, ältere Schreibmaschinen-Durchschriften oder mehrfach kopierte oder gefaxte Vorlagen machen große Mühe. Falls Sie nicht ausschließlich saubere und klare Vorlagen haben, brauchen Sie ein leistungsfähiges OCR-Programm. Leistungsfähige Programme kosten aber viel Geld, 1000,- DM und mehr sind keine Seltenheit. Der Einsatz eines Scanners mit OCR-Software lohnt sich daher nur, wenn Sie regelmäßig größere Textmengen erfassen und in der Regel einigermaßen klare Vorlagen haben. Ansonsten übersteigt der Aufwand für die Erfassung und die erforderliche Nachkorrektur des Textes den Aufwand für das Eintippen.

Juristische Expertensysteme. Bislang haben wir Ihnen noch kein einziges Programm vorgestellt, das den Kernbereich juristischer Tätigkeit unterstützt, das Lösen von Rechtsproblemen. Die Entwicklung von Systemen, die selbst Sachverhalte aufbereiten, Quellen auswerten und Rechtsnormen auf Sachverhalte anwenden, ist noch nicht sehr weit fortgeschritten. Das liegt nicht daran, daß man zu spät damit begonnen hat. Schon Anfang der 70er Jahre wurden Versuche auf diesem Gebiet unternommen. Das Schlagwort der „Künstlichen Intelligenz“ und die ersten erfolgversprechenden Resultate aus anderen Disziplinen beflügelten auch die Vorstellungen der Rechtsinformatiker. Doch die seitdem durchgeführten Forschungsprojekte auf dem Gebiet „juristischer Expertensysteme“ haben zu einer gewissen Ernüchterung geführt. Einen Computer programmieren bedeutet, präzise die Algorithmen anzugeben, die er auszuführen hat – denken Sie an den fahrpreisberechnenden Bahnbeamten. Eine formale Beschreibung juristischer Tätigkeit stößt aber auf unglaublich viele Probleme. Daher wird derzeit kein auch nur annähernd „intelligentes“ juristisches Computersystem angeboten. Einige Produkte gibt es lediglich in juristischen Randbereichen, in denen unbestimmte Rechtsbegriffe keine große Rolle spielen und es mehr auf technische Zusammenhänge ankommt. Fortschritte in Kernbereichen des Rechts sind nicht absehbar.

Ein Trauerspiel: Software-Versionsbezeichnungen

Software wird ständig weiterentwickelt. Kein Hersteller kann es sich leisten, die gleiche Version über Jahre anzubieten. Damit einher geht die für Laien undurchschaubare Vielfalt der Versionsnummern. Ursprünglich für interne Zwecke gedacht, wurde die Versionsnummer mehr und mehr zum Marketingargument. Früher stand die Änderung der ersten Ziffer einer Versionsnummer für eine grundlegende Neukonzeption des Produktes, bei den Microsoft-Produkten Word 3, Word 4 und Word 5 war das noch nachvollziehbar. Doch dann wurde es unsystematisch: Auf Word 5.0 folgte mit Word 5.5 eine komplett überarbeitete Version, darauf dann mit Word 6.0 ein nur geringfügig geänderter Nachfolger. Gleichzeitig erschien die neue Windows-Version Word für Windows 6.0 als Nachfolger der Version 2.0. Grund für diesen rasanten Versionssprung dürfte der Versuch gewesen sein, den Konkurrenten WordPerfect abzuhängen, der als Nachfolger der Version 5.1 ungeschickterweise die unspektakuläre Version 5.2 auf den Markt brachte. Inzwischen hat sich Word Perfect aber wieder vorgekämpft und die Version 6.1 präsentiert. Gegen 6.1 muß eine Version 6.0 natürlich total veraltet wirken – wo bleibt Microsofts WinWord 6.2?

Zur kompletten Verwirrung der Anwender gibt es darüber hinaus auch noch Versionen, an deren Nummer ein Kleinbuchstabe angehängt wurde. Bei diesen Versionen handelt es sich um keine Neuentwicklung, sondern um eine Fehlerbeseitigung: WinWord 6.0c enthält einige der in WinWord 6.0, 6.0a und 6.0b gefundenen Fehler jetzt nicht mehr.

Sonstige Software. Um die Beschreibung nicht ausufern zu lassen, brechen wir an dieser Stelle ab und erwähnen einige weitere Arten von Software nur ganz kurz. Wollen Sie über die Geschäftsgrafiken hinaus Grafiken, Bilder und Fotos bearbeiten, lassen integrierte Pakete wie z.B. CorelDraw 5.0 (Corel) fast keine Wünsche offen. Sofern Sie in diesem Bereich ernsthafte Ambitionen haben, brauchen Sie mehr Arbeitsspeicher, eine bessere Grafikkarte und einen größeren Bildschirm. Auch Musikstücke oder Videofilme können Sie mit dem Computer bearbeiten. Hierfür benötigen Sie sogenannte „Multimedia-Software“ und eine entsprechende Erweiterung ihrer Hardware um Soundkarte und Videokarte.

Auch für den privaten Bedarf gibt es Softwareprodukte, etwa zur Einkommenssteuerberechnung, zur Verwaltung der Haushaltskasse einschließlich elektronischer Kontoführung oder zur Führung von Sammlungen aller Art – von der Telefonkarte bis zur CD. Nicht vergessen dürfen wir an dieser Stelle die zahllosen Computerspiele, die der Markt bietet. Für den Computerfreak ein Muß sind außerdem Programme, die sich mit dem Computer selbst beschäftigen. Solche sogenannten „Utilities“ räumen die Festplatte auf, optimieren Ihren Computer oder erlauben Ihnen die Erstellung eigener Programme.

1.2.3 Betriebssysteme

In vorletzten Abschnitt haben Sie schon einiges über das Betriebssystem erfahren, wissen, daß es zwar Software ist, aber von einer besonderen Art: ohne ein Betriebssystem können Sie weder mit dem PC noch mit der Software etwas anfangen – beiden fehlt das verbindende Zwischenstück. Grob zusammengefaßt leistet das Betriebssystem folgendes:

- Es führt die Anwendungsprogramme aus, die Sie benutzen wollen.
- Es verwaltet die Ressourcen des Computers, von der Prozessorzeit bis zum Arbeitsspeicher, und teilt jedem laufenden Programm Ressourcen zu.
- Es organisiert das Zusammenwirken der Komponenten und Programme Ihres PC, der Festplatte mit dem Prozessor etwa.
- Es koordiniert den Datenaustausch mit den angeschlossenen Geräten, z.B. dem Drucker.
- Es sorgt für die „Kommunikation“ zwischen Computer und Nutzer, von Informatikern „User-Interface“ oder „Mensch-Maschine-Dialog“ genannt.

Bei älteren Betriebssystemen spielte der letzte Punkt keine große Rolle. Der Benutzer mußte sogenannte Betriebssystembefehle lernen, um den Ablauf des Computers zu steuern. Solche Befehle sind einzelne englische Wörter, die eingetippt werden. Das Betriebssystem antwortet mit entsprechenden textlichen Meldungen. Heute bieten die gängigen Betriebssysteme eine „grafische Oberfläche“ an. Am Bildschirm angezeigte Symbole stehen für die Funktionen des PC und können mit der Maus ausgewählt werden. Die Bedienung erfolgt im Idealfall intuitiv: Ein Antippen des Aktenordner-Symbols mit der Aufschrift „Briefe 1995“ liefert eine Liste der getippten Briefe, ein Antippen eines Briefes startet das Textverarbeitungsprogramm, damit auf der Basis dieser Vorlage ein neuer Brief geschrieben werden kann. Komplizierte Befehlswörter müssen Sie sich nicht mehr merken.

Ursprung dieser modernen Art von Betriebssystemen ist das System des Macintosh (Apple), bei seiner Einführung eine Revolution im Bezug auf die Benutzungsfreundlichkeit von Betriebssystemen. Inzwischen gibt es auch für andere Computer solche Systeme, für PC zum einen die Kombination aus DOS und Windows (Microsoft), zum anderen OS/2 (IBM), für leistungsfähigere Rechner eine Kombination aus UNIX und X-Windows (verschiedene Hersteller). Auch heute noch zählt der Apple

Macintosh (Mac) mit seinem Betriebssystem (derzeit in Version 7.5.1) zu den besonders einfach zu bedienenden leistungsstarken Geräten. Apple-Computer und die sogenannten IBM-kompatiblen PC sind jedoch zwei ganz verschiedene Gerätewelten. Das Macintosh-Betriebssystem können Sie nicht für die handelsüblichen PC verwenden; umgekehrt gibt es die nachfolgend dargestellten Betriebssysteme auch nicht für den Macintosh. Damit sind auch die Anwendungsprogramme zwischen den Geräten nicht austauschbar. Da wir uns in diesem Buch auf die weiter verbreiteten PC konzentrieren, behandeln wir an dieser Stelle nur die dafür geeigneten Betriebssysteme. Viele Anwendungsprogramme gibt es aber auch für den Mac, unter anderem das in Kapitel 3 ausführlich beschriebene Word für Windows 6.0, das dann „Word für Macintosh 6.0" heißt.

DOS: Das *D*isk *O*perating *S*ystem ist der Klassiker unter den PC-Betriebssystemen. Seit Anfang der 80er Jahre wird es auf der überwiegenden Anzahl der PC eingesetzt. DOS ist auch in der aktuellen Version 6.22 ein Betriebssystem alten Typs. Als Eingabe erwartet DOS noch immer schwer zu merkende Abkürzungen englischer Fachwörter, CHKDSK (Check Disk) etwa zum Überprüfen der Struktur einer Festplatte. Noch immer aber benutzen zahlreiche PC-Nutzer Anwendungsprogramme, die auf dem Betriebssystem DOS basieren, z.B. den Textverarbeitungs-Klassiker WORD 5.0. DOS gibt es in der am meisten verbreiteten Version MS-DOS (Microsoft), aber auch mit ähnlicher Funktionsweise als PC-DOS (IBM) oder Novell DOS (Novell).

Windows: Mit MS-Windows versuchte DOS-Hersteller Microsoft, das erfolgreiche Apple-Konzept der „graphischen Oberfläche" für PC zu übernehmen. Um die Benutzbarkeit der vorhandenen DOS-Software zu sichern, entwickelte Microsoft Windows als Aufsatz auf DOS – diese Strategie erwies sich als genialer Schachzug des Microsoft-Chefs Bill Gates und trug nicht unwesentlich zum Erwerb seines Milliardenvermögens bei. Denn nun konnte der Nutzer auf seinem PC alle vorhandenen und lieb gewonnenen Programm mit DOS weiter nutzen, gleichzeitig aber moderne Software einsetzen, die in schneller Folge für Windows entwickelt wurde. Vorreiter bei der Entwicklung von Anwendungssoftware für Windows war Microsoft selbst und sicherte sich damit auch große Marktsegmente bei Textverarbeitungen, Datenbanken und Tabellenkalkulationen. Innerhalb weniger Jahre wurde die Kombination DOS/Windows zum überragenden Marktführer bei den PC-Betriebssystemen. Windows gibt es derzeit in der Version 3.11. Eine leichte Windows-Abwandlung ist „Windows für Workgroups 3.11", das zusätzliche Möglichkeiten zum Aufbau kleiner Computernetze bietet. Nachteil der DOS/Windows-Kombination sind zahlreiche heute nicht mehr zeitgemäße

Beschränkungen, die aus der Urzeit von DOS stammen, und die mangelnde Betriebssicherheit bei professionellen Windows-Anwendungen. Noch in diesem Jahr erscheint mit *Windows 95* eine Nachfolgeversion beider 3.11-Versionen. Windows 95 ersetzt erstmals auch das DOS-Betriebssystem und legt damit die DOS-bedingten Einschränkungen ab. Die Betriebssicherheit wird deutlich erhöht. DOS-Programme bleiben aber trotzdem ausführbar.

OS/2: Das *O*perating *S*ystem 2 von IBM ist Hauptkonkurrent von Windows. OS/2 ist derzeit in der Version 3.0 unter der Bezeichnung „OS/2 Warp" auf dem Markt. OS/2 hat schon in früheren Versionen das alte DOS-Betriebssystem vollständig ersetzt, DOS-Programme aber weiter ausgeführt. Auch für Windows entwickelte Programme sind mit OS/2 ausführbar – nicht aber umgekehrt. In der „Warp"-Version erreicht OS/2 schon jetzt die Leistungsfähigkeit und Betriebssicherheit, die Microsoft erst für Windows 95 angekündigt hat. Trotzdem ist absehbar, daß Microsoft mit seiner starken Stellung im Markt Windows 95 durchsetzen wird. Damit ist OS/2 Warp nur eingeschränkt zu empfehlen. Denn die meisten Anwendungsprogramme sind für Windows entwickelt worden und laufen unter OS/2 nur mit Geschwindigkeitseinbußen.

UNIX: Das UNIX-Betriebssystem ist schon sehr alt, älter sogar als DOS. UNIX wurde an Universitäten und Forschungszentren entwickelt und weitergeführt und zunächst nur für größere Computer eingesetzt. Doch trotz seines Alters erwies sich die Konzeption des Systems als ausgesprochen modern und flexibel. Im Bereich der sogenannten „Server", die in Computernetzen viele andere Computer mit Daten versorgen, ist UNIX das Standardbetriebssystem. UNIX wird von verschiedenen Herstellern angeboten und das System gibt es seit einigen Jahren auch für PC. Außerdem gibt es mit LINUX auch eine kostenlose UNIX-Version für PC, die den anderen Versionen in nichts nachsteht und sich gegenwärtig rasant verbreitet. Da jedoch DOS- und Windows-Programme nur mit komplizierten Verfahren ausgeführt werden können, ist UNIX für Sie nicht zu empfehlen und eignet sich gegenwärtig eher für den Computerfreak.

In diesem Buch werden wir uns bei der Beschreibung von Betriebssystemfunktionen auf die Marktführer-Kombination DOS/Windows beschränken. Gegenüber DOS bietet Windows vier entscheidende Vorteile:

- Das Betriebssystem ist einfacher zu bedienen und damit der gesamte PC.
- Alle Programme, die für MS-Windows erstellt worden sind, ähneln sich in Erscheinungsbild und Art der Bedienung. Damit ist der Umgang mit neuer Software leichter zu erlernen.

- Peripheriegeräte wie Drucker, Monitor oder Maus werden einmal für Windows eingerichtet und funktionieren danach mit allen Windows-Programmen zusammen.
- In DOS können Sie immer nur ein Anwendungsprogramm gleichzeitig ausführen, in Windows mehrere. Das bedeutet: Sie können z.B. ihr Datenbankprogramm laufen lassen, um gelegentlich etwas nachzuschauen und gleichzeitig in der Textverarbeitung an Ihrem Text arbeiten. In DOS müßten Sie die Textverarbeitung stoppen, dann die Datenbank starten, dann wieder stoppen und erneut die Textverarbeitung starten, wenn Sie etwas nachschauen wollten.

DOS-Programme können auch in Windows benutzt werden, das ja DOS enthält, Windows-Programme hingegen nur in Windows. Nur wenige Softwarehersteller produzieren noch Software ausschließlich für DOS. Windows hat sich im PC-Bereich völlig durchgesetzt, weswegen wir auch Ihnen die Benutzung dieses Betriebssystems empfehlen.

1.3 Der richtige PC: Hardware

1.3.1 Aufbau eines Basis-PC

Anders als eine Waschmaschine, ein Kühlschrank oder ein Videorecorder ist ein moderner PC nach einem herstellerübergreifenden System vollständig modular aufgebaut. Aus einer Anzahl von ca. 10-15 mehr oder weniger standardisierten Einzelteilen unterschiedlicher Hersteller kann sich jeder PC-Käufer das Gerät im Grunde selbst zusammenstellen. Auch wenn der Zusammenbau für Sie als Laien nicht empfehlenswert ist, hat diese Modularität große Bedeutung auch für Sie:

- Sie können sich den PC genau nach Ihren Bedürfnissen zusammenstellen lassen.
- Der Konkurrenzkampf führt bei nahezu allen Komponenten zu stetigen Preissenkungen.
- Ein PC ist leicht zu reparieren und zu erweitern. Mancher PC-Nutzer der ersten Stunde hat heute noch das erste Gehäuse und die erste Tastatur auf dem Tisch stehen, das komplette Innenleben des PC jedoch nach und nach durch leistungsfähigere Komponenten ausgetauscht.

Das **Grundgerät** eines normalen PC besteht mindestens aus folgenden Komponenten, die wir nach und nach erläutern werden:

- Auf dem *Mainboard* befindet sich der Prozessor und erledigt die eigentliche Arbeit. Außerdem sind dort das Bussystem, der Arbeitsspeicher, der Second-Level-Cache und das BIOS integriert.

- *Externe Speichermedien* wie Festplatte und Diskette nehmen Programme und Daten auf.
- Die *Grafikkarte* sorgt für die Anzeige des Bildes auf dem Monitor.
- *Schnittstellen* dienen der Kommunikation mit externen Geräten.
- Das *Gehäuse* nimmt diese Komponenten auf sowie ein Netzteil und einen Lüfter.

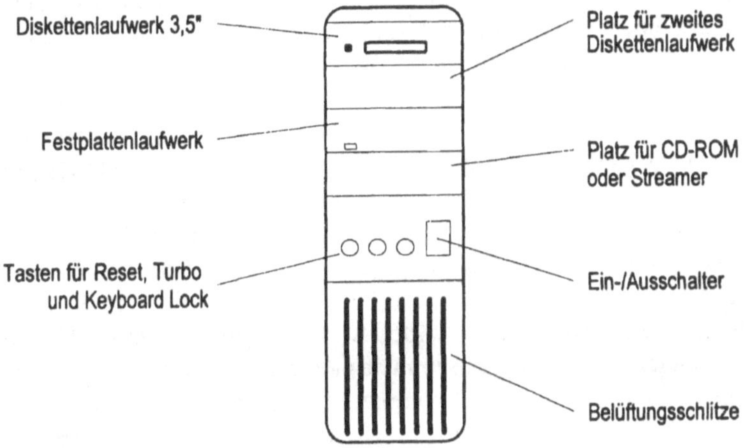

Abbildung 1.2: PC im Towergehäuse

An das Grundgerät sind extern mindestens ein *Monitor*, eine *Tastatur* und eine *Maus* angeschlossen. Diese drei Geräte rechnen wir zum Basis-PC hinzu und beschreiben sie in diesem Abschnitt. Grafikkarten und Monitore sind eine besonders komplizierte Materie; daher widmen wir ihnen einen eigenen Abschnitt. In gesonderten Abschnitten betrachten wir Drucker und diverse Erweiterungen des Basis-PC. Schließlich stellen wir eine besondere Art von PC vor: das Notebook.

Unsere nachfolgende Beschreibung ist eine Momentaufnahme mit Stand vom Juni 1995. Die technische Entwicklung schreitet regelmäßig so schnell voran, daß allzu konkrete Angaben in einigen Monaten bereits veraltet sein würden. Wir haben daher versucht, auch die Grundlagen der PC-Technik zu beschreiben, um Ihnen eine „langlebige" Darstellung an die Hand zu geben.

Mainboard und Prozessor. Die Hauptplatine, in der Regel als „Mainboard" oder „Motherboard" bezeichnet, ist der eigentliche Kern des PC. Sie enthält zahlreiche Chips sowie diverse Steckleisten zum Anschluß der weiteren Komponenten. Der wichtigste Mikrochip ist der Prozessor. Er führt die Programme aus und liefert die Ergebnisse. Gängige Prozessoren bei PC sind heute der „80486“ (kurz: 486er) und der leistungsstärkere „Pentium“. Beide wurden von dem führenden amerikanischen Chiphersteller Intel entwickelt und stellen eine Weiterentwicklung des ersten PC-Prozessors „8088“ dar. 486er und Pentium gibt es inzwischen von verschiedenen Herstellern und in vielfältigen Ausführungen.

Beim *486er* werden zur Zeit vor allem der „486DX2-66“, der „486DX2-80“ und der „486DX4-100“ angeboten, ältere Modelle sind der „486DX-33“, der „486DX-50“ und der „486DX2-50“. Die Zahl nach dem Bindestrich gibt die „Taktfrequenz“ des Prozessors in MHz an. „66“ steht z.B. für die Verarbeitung von 66 Millionen internen Befehlen pro Sekunde. Im Grunde sagen diese Zahlen für sich genommen aber nichts aus, sondern nur im Vergleich: ein „486DX2-80“ ist mehr als 20% schneller als ein „486DX2-66“. Ein „486DX2-66“ ist doppelt so schnell wie ein „486DX-33“. Leider bringen die Varianten „DX“, „DX2“ und „DX4“ diese einfache Regel gleich wieder durcheinander. Ein DX2-Prozessor arbeitet nämlich nur intern mit der angegebenen Taktfrequenz von 66 oder 80 MHz. Nach außen hin agiert er nur halb so schnell, also mit 33 bzw. 40 MHz. Im Vergleich zu einem „486DX-50“ ist ein „486DX2-50“ also nur intern gleich schnell, im Zusammenspiel mit dem Rest des Systems aber nicht. Um die Verwirrung komplett zu machen, gibt es auf dem Markt auch noch Prozessoren mit Bezeichnungen wie „486SX“, „486SL“, „486SLX“ oder „486SXL“. Diese Prozessoren sind durch die Bank abgeschwächte Versionen des „486DX“, die auch bei gleicher Taktrate weniger Leistung bringen als der DX.

Der *Pentium* ist der Nachfolger des „486er“. Er besitzt intern einen ganz neuen Aufbau und ist leistungsfähiger als sein Vorgänger. Zudem ist er meistens höher getaktet. Hier gilt glücklicherweise eine einfache Regel: je höher die Zahl, desto schneller. Auf dem Markt finden sich derzeit die Pentium-Modelle P60, P66, P75, P90, P100 und P120. Damit der Pentium allerdings seine höhere Leistung auch wirklich erbringen kann, muß das Gesamtsystem stimmen: Nur ein optimal auf diesen schnellen Prozessor abgestimmtes Mainboard sowie passende weitere PC-Komponenten bringen den Leistungsvorsprung.

Steckkarten und Steckplätze. Ein typisches Mainboard hatte lange Zeit lediglich einen Anschluß für die Tastatur. Monitor, Maus, Festplatte, Drucker etc. konnten nur über „Steckkarten“ angeschlossen werden. Steckkarten sind etwas ähnliches wie das Mainboard selbst: Platinen, die einen Hauptprozessor und weitere Chips enthalten. Eine Steckkarte ist also eine Art Ergänzung des Mainboards um weitere Funktionen, in den meisten Fällen die Ansteuerung eines externen Geräts. Eine Schnittstellenkarte sorgt dafür, daß Sie eine Maus und einen Drucker an Ihren PC anschließen können, eine Grafikkarte ist für den Anschluß des Monitors da, eine Karte namens „Festplatten-Controller“ für die Ansteuerung der Festplatte und ein „Disketten-Controller“ für Diskettenlaufwerke.

Die Steckkarten haben an einer Seite eine Reihe Kontakte und können mit dieser Seite in eine entsprechende Leiste des Mainboards gesteckt werden. Jedes Mainboard sieht für diesen Zweck 6-8 sogenannte „Steckplätze“ oder „Slots“ vor. Heutzutage geht der Trend jedoch von den Steckkarten weg: Festplatten- und Diskettencontroller sowie die Ansteuerung der Schnittstellen werden „onboard“ in das Mainboard integriert. Festplatten kann man dann wie eine Tastatur gleich an das Mainboard anschließen.

Nach wie vor gibt es jedoch die Grafikkarten, und auch andere Steckkarten wird es weiter geben, z.B. die Netzkarte zum Einbinden des PC in ein Computernetz, die Soundkarte zum Verarbeiten von Audiodaten und die Videokarte für Filmsequenzen. Denn durch die Möglichkeit, den PC über Steckkarten zu erweitern, können Sie ihn flexibel ausstatten und neue Anforderungen nachträglich berücksichtigen.

Bussystem. Ein ganz wesentlicher Punkt bei der Auswahl des richtigen Mainboards ist das Bussystem. Es sorgt für den Datentransport zwischen dem Prozessor und dem Rest des Mainboards sowie zu den Slots mit den darin eingesteckten Karten. Jeder Datentransport innerhalb des PC und außerhalb des Prozessors läuft über den Bus. Von seiner Geschwindigkeit hängt daher die Leistungsfähigkeit des Gesamtsystems ab.

Das ursprüngliche und weit verbreitete Bussystem heißt ISA. Es ist inzwischen im Aussterben begriffen, da es für heutige Bedürfnisse zu langsam ist, insbesondere für gute Grafikkarten und für alle Multimedia-Komponenten. EISA, die Weiterentwicklung von ISA erlaubt sehr viel höhere Datenübertragungsraten im Bussystem. Außerdem sind die vorhandenen alten ISA-Steckkarten weiter nutzbar. EISA-Mainboards und passende Steckkarten sind leider so teuer, daß wir Ihnen dieses System nicht empfehlen können. Günstiger ist ein Mainboard mit einem sog. „Local Bus“. Bei diesem System gibt es einige Steckplätze mit besonders schneller Verbindung zum Prozessor sowie daneben einige langsame ISA-Steckplätze. In die Local-Bus-Steckplätze können Sie z.B. eine hochmoderne Grafikkarte stecken und gleichzeitig Ihre alte Faxkarte in einem ISA-Steckplatz weiter benutzen.

Local-Bus-Varianten gibt es zwei: den VESA Local Bus (VLB) und den PCI-Bus. Die Entscheidung für eines dieser Bussysteme beeinflußt die weitere Ausstattung des PC maßgeblich – zwar haben die VLB- oder PCI-Boards auch noch ISA-Steckplätze, sind aber untereinander nicht verträglich. VLB-Karten passen nicht in einen PCI-Steckplatz und umgekehrt. Gegenwärtig sieht es so aus, als wenn sich das PCI-System durchsetzen würde. Daher sollten Sie lieber auf dieses noch etwas teurere System zurückgreifen. Reine ISA-Systeme sollten Sie aus diesem Grund ohnehin nicht mehr erwerben.

Arbeitsspeicher. Schauen wir uns weiter um auf dem Mainboard: neben Prozessor, Slots und Bussystem finden Sie da in Form einer Ansammlung von Mikrochips den Arbeitsspeicher, kurz: RAM. Das steht für „Random Access Memory" und bezeichnet den Ort, an dem sich die Programme befinden, die gerade ablaufen und die Daten, die Sie gerade verarbeiten. Der Prozessor nimmt sich (via Bussystem) Stückchen für Stückchen des Programms sowie der erforderlichen Daten aus dem RAM und schickt die Ergebnisse wieder dahin zurück. Schalten Sie den Computer aus, geht der Inhalt des RAM verloren. Daher müssen Sie die Daten vor dem Ausschalten auf der Festplatte oder einer Diskette sichern. Diese Speichermedien verlieren ihre Inhalte nicht beim Ausschalten des PC. Diskette und Festplatte sind aber im Herausgeben und Entgegennehmen von Daten so langsam, daß der Prozessor unerträglich gebremst würde, wenn man auf die Zwischenspeicherung im RAM verzichten würde. Diesen Effekt können Sie immer dann beobachten, wenn der Arbeitsspeicher zu klein ist für die gerade ausgeführten Programme. Dann wird nämlich doch die Festplatte benutzt und das System deutlich langsamer.

Die Größe des RAM wird in Megabyte (MB) angegeben. Ein MB ist das 1024fache eines Kilobyte (KB), ein KB das 1024fache eines Byte. Ein Byte repräsentiert z.B. einen einzelnen Buchstaben oder eine Ziffer. Ein MB entspricht damit etwa der Zeichenmenge von 400 Seiten von der Größe dieser Buchseite. Auch wenn das viel klingt: In der Praxis reicht ein MB schon lange nicht mehr aus. Die Daten des Benutzers belegen nämlich oftmals nur einen kleinen Teil des Arbeitsspeichers. Neben den großen Anwendungsprogrammen erweist sich vor allem das Betriebssystem als „Speicherfresser". Absolutes Minimum sind 4 MB RAM. Wenn Sie unter Windows neuere Software einsetzen, etwa WinWord 6.0, dann sollten es schon 8 MB sein, bei OS/2 oder Windows 95 sollten Sie unter 8 MB gar nicht erst anfangen. Für den Arbeitsspeicher gilt daher – auch aus preislicher Sicht –: „Lieber Klotzen als Kleckern!"

Der Arbeitsspeicher wird in das Mainboard in Form von Modulen gesteckt, z.B. 4 MB als vier Module à 1 MB. Es gibt sehr unterschiedliche Größen solcher Module und auch zwei gängige Typen: SIMM oder PS/2-Module. Haben Sie die Wahl, nehmen Sie letztere; dieses System erleichtert die spätere Erweiterung des Arbeitsspeichers.

Second-Level-Cache. Eigentlich ist der Arbeitsspeicher ja dazu da, mit Hilfe des Bussystems dem Prozessor die Daten so schnell zu liefern, wie er sie braucht, doch das funktioniert heute nicht mehr so ganz: die Prozessoren sind so schnell geworden, daß auch der RAM die Daten zu langsam heranschafft. Deshalb sollten Sie Ihren PC mit Second-Level-Cache ausstatten. Das ist eine besondere Art Speicher in unmittelbarer Nähe des Prozessors, der die Versorgung des Prozessors mit Daten optimiert. Ein hinreichend dimensionierter Cache sorgt für einen reibungslosen Ablauf ohne Prozessorwartezeit. Die Größe des Cache korrespondiert mit der Größe des Arbeitsspeichers: bei 8 MB RAM sollten es 128 KB Cache sein, ab 16 MB RAM dann 256 KB Cache.

BIOS. Letzte erwähnenswerte Komponente des Mainboards ist das BIOS, das „Basic Input Output System" des PC. Das ist ein Chip, der ein Stück Software enthält, das Grundprogramm des PC. Nach dem Einschalten des Computers wird dieses Programm gestartet, führt einen Selbsttest des PC durch, initialisiert alle Komponenten und startet dann das Betriebssystem. Bei der Auswahl des PC spielt der Typ des BIOS keine Rolle.

Festplatten. Nur was auf Festplatte oder Diskette gespeichert ist, bleibt auch nach dem Ausschalten des PC erhalten. Im Gegensatz zum RAM benötigen diese Speichermedien keinen Strom, um sich die Inhalte zu merken – sie sind vielmehr *magnetische Datenträger*. Die Daten werden in konzentrischen Kreisen auf eine runde Scheibe „geschrieben", indem von einem „Schreib-/Lesekopf" manche Stellen magnetisiert werden und andere nicht. Computer arbeiten bekanntlich intern mit dem „Binärsystem", d.h. sie repräsentieren alle Informationen durch zwei verschiedene Zustände „0" und „1", „Strom" und „kein Strom" oder eben „Magnetfeld" und „kein Magnetfeld".

Festplatte und Diskette unterscheiden sich von der verwendeten Aufzeichnungstechnik nicht. Beide benötigen „Laufwerke", in denen sie rotieren können und der Schreib-/Lesekopf arbeitet. Der wesentliche Unterschied zwischen Festplatte und Diskette ist, daß die Festplatte eben fest in das Laufwerk eingebaut ist, die Diskette nicht. Eine feste, in einem völlig staubfreien Vakuum untergebrachte Festplatte kann viel dichter beschrieben werden als Disketten, die Sie in der Jackentasche mit sich herumtragen. Festplatten haben daher eine erheblich höhere Speicherkapazität. Die Unterscheidung der eigentlichen Platte und des Laufwerks spielt bei Festplatten wegen der untrennbaren Verbindung keine Rolle mehr, anders als bei Disketten.

Die Festplattenkapazität wird wie beim RAM in Megabyte angegeben. Üblicherweise haben Festplatten zur Zeit etwa 330 bis 850 MB. Das ist nicht soviel wie es klingt, wenn man den Platz abzieht, den Betriebssystem (DOS und Windows: 25 MB) und Anwendungsprogramme (z.B. WinWord 26 MB und Excel 19 MB) verbrauchen. Erstaunlicherweise scheint zudem jeder frischgebackene PC-Besitzer in kürzester Zeit zum Jäger und Sammler zu werden, der Megabyte um Megabyte an Software aus dem Freundeskreis mitnimmt und seine Festplatte damit vollstopft. Wenn Sie also eine 200 MB größere Festplatte gegen einen Aufpreis von wenigen Mark erhalten können, sollten Sie zugreifen. 500 MB sollte Ihre Festplatte mindestens haben.

Den Transport der Daten zwischen Mainboard und Festplatte und auch alle übrigen Aufgaben im Zusammenhang mit der Ansteuerung der Festplatte erledigt der bereits erwähnte Festplatten-Controller. Er kann in das Mainboard integriert sein oder in Form einer Karte in einen Slot des Mainboard gesteckt werden. Hier gibt es zwei verschiedene Systeme: IDE und SCSI. IDE-Systeme (auch AT-Bus-Systeme genannt) sind günstiger, SCSI-Systeme leistungsfähiger und teurer. An den IDE-Controller können Sie ohne spezielle Hilfsmittel nur zwei Festplatten anschließen, jede nicht größer als 504 MB. Außerdem ist die Geschwindigkeit (hier spricht man von „Datentransferrate“) eher dürftig. Der SCSI-Controller läßt hingegen den Anschluß von insgesamt 7 Geräten zu. Das können Festplatten, CD-ROM-Laufwerke, Streamer oder Scanner sein, für die Sie dann keinen eigenen Controller brauchen. Außerdem ist das SCSI-System schneller. Wenn Sie also hohe Ansprüche an die Schnelligkeit des Festplattenzugriffs haben, etwa Filmsequenzen bearbeiten wollen, dann sollten Sie einen SCSI-Controller wählen. Im Normalfall reicht der IDE-Controller. Vielleicht bekommen Sie auch einen „EIDE“-Controller, eine Weiterentwicklung des IDE-Systems. Den sollten Sie vorziehen, hebt er doch einige (aber nicht alle!) Nachteile des IDE-Systems auf. Wichtig für Ihre Entscheidung ist auch, daß IDE-Controller eine IDE-Festplatte und SCSI-Controller eine SCSI-Festplatte benötigen und die SCSI-Festplatten bei gleicher Größe 5 bis 10 % teurer sind als IDE-Festplatten.

Disketten sind wie erwähnt im Grunde das gleiche wie Festplatten, nur eben nicht fest in das Laufwerk eingebaut sondern transportabel an jedem PC zu benutzen. Tatsächlich an jedem? Nicht ganz, leider gibt es auch bei Disketten unterschiedliche Systeme, vor allem unterschiedliche Größen. Heute sind fast nur noch die 3,5" (9 cm)-Disketten gebräuchlich. Bei Ihnen ist die magnetische Scheibe in einer Ummantelung aus hartem Kunststoff. Schieben Sie die Diskette in das Laufwerk, wird der Metallschieber beiseite geschoben und der Schreib-/Lesekopf kann an die magnetische Scheibe herankommen. Anders ist es bei einer 5,25" (13,5 cm)-Diskette. Sie ist nicht aus hartem sondern aus weichem, biegsamen Kunststoff und sie hat keinen Schieber zum Schutz ihres Innenlebens. Daher kann sie leicht beschädigt werden und braucht außerhalb des Laufwerks eine Schutzhülle aus Papier – Nachteile, die für ihr allmähliches Aussterben gesorgt haben.

Bevor Sie neue Disketten benutzen können, müssen sie für die Arbeit vorbereitet, im Fachjargon „formatiert“ werden. Für diese Arbeit stellt jedes Betriebssystem ein geeignetes Programm zur Verfügung (s. Abschnitt 2.1.4). Das Formatieren ist leider eine Betriebssystem-spezifische Angelegenheit. Deshalb können Sie z.B. Disketten in ihrem PC nicht verarbeiten, die vom Apple Macintosh-Betriebssystem formatiert und beschrieben wurden – es sei denn, Sie verfügen über spezielle Umwandlungssoftware. Die Betriebssysteme des PC (DOS, Windows, OS/2) formatieren kleine 3,5"-Disketten so, daß auf sie 1,44 MB passen. Auf große 5,25"-Disketten passen nach der Formatierung 1,2 MB. Oft werden Sie im Handel auch schon Disketten mit der Aufschrift „Formatted for IBM PS/2 & compatibles 1.44 MB“ finden oder einem ähnlichen Hinweis, daß die Disketten schon für den PC formatiert sind.

Die 3,5"-Diskette hat sich durchgesetzt. Kaufen Sie heute einen PC, so hat er immer ein 3,5"-Laufwerk. Ein 5,25"-Laufwerk bekommen Sie gegen Aufpreis hinzu. Sie brauchen es aber nur, wenn Sie mit Freunden oder Kollegen Disketten austauschen wollen, die *nur* ein 5,25"-Laufwerk besitzen und das sollte heute eigentlich die große Ausnahme sein.

Schnittstellen (Interfaces) dienen der Kommunikation des PC mit angeschlossenen Geräten, der sogenannten Peripherie. Zwei Arten von Schnittstellen gehören beim PC zur Standardausrüstung: serielle und parallele. Bei seriellen Schnittstellen werden die Daten Bit für Bit übertragen, bei parallelen Schnittstellen können 8 Bit auf einmal an das externe Gerät übermittelt werden, was den Datenaustausch natürlich erheblich beschleunigt. Die seriellen Schnittstellen werden für die Maus und ein Modem verwendet, die parallelen für den Drucker, bisweilen auch für externe Streamer, Scanner etc. Ein Standard-PC verfügt über zwei serielle und mindestens eine parallele Schnittstelle. Der zugehörige Controller ist in der Regel „onboard“ auf dem Mainboard untergebracht, bei älteren Geräten auch noch allein oder zusammen mit dem Festplatten-Controller auf einer Steckkarte.

Nach außen hin zeigen sich die Schnittstellen in Form von Buchsen an der Rückseite des Computers, in die die entsprechenden Stecker passen. Manche Zusatzgeräte, etwa Scanner oder CD-ROM-Laufwerke liefern eine eigene Steckkarte mit, die in das Mainboard gesteckt wird und nach außen eine spezielle Schnittstelle für das Zusatzgerät bereitstellt. Ähnlich ist es bei einer Steckkarte zum Anschluß des Computers an ein lokales Computernetz.

Wenn Ihr Computer über die beiden seriellen und eine parallele Schnittstelle verfügt, reicht das aus. Mit einer Ausnahme: Wenn Sie ein Hochgeschwindigkeitsmodem mit 28.800 bps betreiben wollen (siehe Abschnitt 1.3.4), braucht die serielle Schnittstelle eine spezielle Steckkarte mit „Fast-UART-Baustein“, um mit der Geschwindigkeit des Modems mithalten zu können. Sprechen Sie Ihren Händler darauf an!

Der Öko-PC

Bei Haushaltsgeräten spielt die Umweltfreundlichkeit bei der Auswahlentscheidung eine große Rolle, bei energiesparenden Waschmaschinen etwa oder bei FCKW-freien Kühlschränken. Beim PC war es lange Zeit nicht so, obwohl auch die Umweltverträglichkeit von Computern alles andere als hoch ist. Schon die Herstellung und der regelmäßig sehr weite Transport der verwendeten Komponenten belastet die Umwelt erheblich. Hinzu kommen der Stromverbrauch beim Betrieb des Geräts und vor allem das Entsorgungsproblem: Wird Elektronikschrott nicht fachgerecht beseitigt, kann es zu einer Belastung des Grundwassers kommen.

Ein erster Ansatz für mehr Umweltfreundlichkeit sind die „Green-PC“ bzw. „Green-Boards“. Sie sorgen während des Betriebs des Geräts für Energieersparnis, indem Sie den PC in einen Ruhezustand versetzen. Dieses „Powermanagement“ bieten heute auch einige Monitore und Drucker. Allerdings ist die Energieersparnis verhältnismäßig gering; weder ökologisch noch ökonomisch lohnt der Austausch vorhandener Mainboards (und deren Entsorgung!).

Sehr viel besser sind PC, die mit dem „Blauen Engel“ des Umweltbundesamtes ausgezeichnet sind. Sie besitzen neben der Energiesparfunktion einen inneren Aufbau, der den Austausch von Komponenten erleichtert und damit die Lebensdauer des Geräts erhöhen soll. Außerdem ist die Anzahl der verwendeten Materialien stark verringert, um die Recycling-Möglichkeiten zu verbessern. Der Hersteller eines solchen PC hat sich auch zur Rücknahme des Gerätes verpflichtet.

Das alles nützt allerdings verhältnismäßig wenig. Denn alle diese Verbesserungen setzen vornehmlich beim Betrieb und der Verwertung an. Diese beiden Bereiche machen jedoch nur 20 % der Öko-Bilanz eines PC aus, 80 % der Umweltbelastungen entstehen durch Herstellung und Transport. Hiergegen hilft nur eine längere Haltbarkeit des Geräts, ein Ansatz, der natürlich nicht im Interesse der Hersteller liegt.

Gehäuse. Mainboard und Festplatte, Diskettenlaufwerke und Schnittstellen – alle diese Komponenten werden in ein gemeinsames Gehäuse eingebaut. PC-Gehäuse gibt es als „Desktop“, „Tower“ oder „Mini-Tower“. Desktops können Sie vor sich auf den Tisch stellen und den Monitor obenauf. Tower stehen üblicherweise neben dem Tisch auf dem Boden, Mini-Tower auf dem Tisch neben dem Monitor. Wir, also die beiden Autoren dieses Buches, konnten uns an dieser Stelle nicht einigen, welche

Form besser ist: Der Tower nimmt neben dem Tisch wenig Platz weg und Sie erreichen das Diskettenlaufwerk sehr gut. Der Desktop hat den Vorteil, daß Sie den Monitor obenauf stellen können und damit ohne Ständer eine gute Höhe erreichen. Allerdings ist Ihr Schreibtisch dann sehr voll. Von Mini-Towern raten wir Ihnen übereinstimmend ab: Sie sind zu klein, um sie auf den Boden zu stellen, als Monitorständer auf dem Schreibtisch aber auch ungeeignet. Aber bei der Auswahl der Gehäuseform spielt ja der Geschmack auch eine wichtige Rolle. Viele Anwender finden den Mini-Tower auf dem Schreibtisch schöner als den Desktop.

Im Gehäuse finden sich neben der vorgestellten Elektronik noch ein *Netzteil* und ein *Lüfter*. Das Netzteil sorgt für die Transformation und Gleichrichtung des Wechselstroms. Der Lüfter kühlt das Innere des PC, da die elektronischen Bauteile eine ziemliche Hitze entwickeln und ohne Kühlung nicht funktionieren. Der Lüfter ist auch Hauptverursacher des störenden PC-Betriebsgeräusches. Daher empfehlen wir Ihnen die Anschaffung eines temperaturgeregelten Lüfters, der nicht immer mit gleicher Leistung vor sich hin dreht, sondern die Drehzahl der tatsächlichen Innentemperatur des PC anpaßt. Solche Lüfter sind serienmäßig leider nur in die teureren Marken-PC eingebaut, können aber bei den meisten anderen Geräten gegen einen geringen Aufpreis verlangt werden.

Tastaturen. Hinsichtlich des Umfangs und der Anordnung der Tasten gibt es keine großen Unterschiede mehr. Über die normale Schreibmaschinentastatur hinaus gibt es einen Tastenbereich zur Steuerung der Eingabemarke (Cursor), einen numerischen Tastenblock zur einfachen Zahleneingabe und 12 sogenannte Funktionstasten, deren Bedeutung je nach ausgeführtem Programm variiert. Darüber hinaus sind am Rand der Schreibmaschinentastatur weitere spezielle Tasten mit ebenfalls wechselnder Bedeutung. Die wichtigste ist [↵] bzw. [Enter], mit der im DOS-Betriebssystem und vielen anderen Programmen die Eingabe abgeschlossen und in der Textverarbeitung ein neuer Absatz begonnen wird.

Für die Auswahl der Tastatur ist es wichtig, wie sie sich beim Tippen anfühlt. Tastaturen gibt es mit Druckpunkt oder ohne. Der Druckpunkt ist ein leichter Widerstand bei dem Drücken der Taste, der etwa nach der Hälfte des Tastendrucks überwunden ist – dann geht die Taste ganz leicht. Beim schnellen Schreiben verbessert ein vorhandener Druckpunkt das Gefühl dafür, ob die Taste richtig gedrückt wurde. Tastaturen gibt es außerdem mit oder ohne Tastaturklick. Der „Klick" ist ein zusätzlich zum normalen Klappern der Tastatur erzeugtes Geräusch, das anzeigt, ob die Taste gedrückt wurde. Ob Sie eine Tastatur mit oder ohne Druckpunkt, mit oder ohne Tastaturklick auswählen, sollten Sie unbedingt nach Ausprobieren der verschiedenen Möglichkeiten entscheiden, klare Empfehlungen können wir Ihnen an diesem Punkt nicht geben.

Wichtig beim Arbeiten mit der Tastatur ist die Handhaltung. Die Handgelenke sollten nicht abgewinkelt sein und nicht in der Luft schweben, sondern locker auf Tischplatte oder Tastaturrand ruhen können. Daher werden im Handel auch besondere ergonomische Tastaturen angeboten, bei denen die Tasten „handfreundlicher" angeordnet sind oder die über zusätzliche Handauflageflächen verfügen. Auch diese Modelle sollten Sie sich bei Ihren Tests im Laden vorführen lassen.

Maus. Die Bedienung mit der Maus ersetzt bei graphischen Betriebssystemen wie Windows viele Tastatureingaben. Mäuse sind kleine Kunststoffkästchen mit einer Kugel an der Unterseite, die Sie mit der Hand über den Tisch schieben. Ein Pendant auf dem Bildschirm – zumeist ein kleiner Pfeil – bewegt sich dort in die gleiche Richtung. Jede Ihrer Handbewegungen vollzieht dieser Mauszeiger auf dem Bildschirm nach. Hat er auf dem Bildschirm eine Position erreicht, an der die gerade ausgeführte Software eine „Mausfunktion" vorsieht, drücken Sie eine Taste der Maus und lösen die Funktion aus. Bewegen Sie den Mauszeiger in Ihrem Textverarbeitungsprogramm etwa auf die kleine Fläche mit dem Diskettensymbol und drücken die Taste, wird Ihr Text gespeichert. Drücken Sie die Taste, wenn der Mauszeiger auf dem Druckersymbol ist, wird gedruckt. Im allgemeinen benutzt man für das Auslösen der Mausfunktionen den Begriff „anklicken", also: Anklicken des Diskettensymbols speichert den Text, Anklicken des Druckersymbols druckt ihn.

Das Angebot an Mäusen ist vielfältig. Nehmen Sie das Modell, das Ihnen beim Ausprobieren am meisten zusagt und Ihren Geldbeutel nicht allzusehr strapaziert. Als Zubehör gibt es das *Mousepad*, eine rechteckige Unterlage aus Stoff oder Kunststoff. Auf ihr rollt die Maus besser als auf ganz glatten Tischplatten. Mousepads sind zumeist bei der Maus dabei oder werden als Werbegeschenk verteilt. Haben Sie keines, nehmen Sie irgendeine andere etwas rauhe Unterlage, z.B. ein Stück grober Pappe.

Ein *Trackball* ist eine auf den Kopf gestellte Maus. Hier rollen Sie die Kugel mit dem Daumen selbst. Im Gegensatz zu den Mäusen brauchen Trackballs keinen Auslauf und eignen sich daher besonders für die Arbeit mit dem Notebook im überfüllten Stehbistro des ICE.

1.3.2 Monitore und Grafikkarten

Die Wahl des richtigen Monitors ist das wohl schwierigste Problem bei der Auswahl des richtigen PC. Denn wenn Sie mit dem PC arbeiten, starren Sie stundenlang in den Monitor. Das belastet Ihre Augen und Ihre

Psyche. Bei der Auswahl des Monitors geht es also vor allem um Ihre Gesundheit!

Auch wenn PC-Monitore so ähnlich aussehen wie Fernseher und intern auch ähnlich funktionieren: Den Fernseher können Sie nicht an den Computer anschließen und aus ergonomischer Sicht ist das auch gut so. Sie brauchen vielmehr einen sogenannten *VGA-Monitor*. Einfarbige Bildschirme, etwa s/w- oder Bernstein-Monitore sind nicht mehr üblich. In Zeiten des bunten Windows-Betriebssystems ist der Einsatz eines farbigen VGA-Monitors der Normalfall.

Bevor Sie sich für einen Monitor entscheiden können, müssen Sie in Grundzügen verstehen, wie das Computerbild auf den Monitor kommt: In einem Steckplatz des PC-Mainboards befindet sich die Grafikkarte, auch VGA-Karte genannt. Sie stellt nach außen hin die Schnittstelle zur Verfügung, an die der VGA-Monitor angeschlossen wird. Der Prozessor übermittelt die Bildschirm-Informationen über das Bussystem an die Grafikkarte. Sie setzt die erhaltenen Informationen in konkrete Bilddaten um und gibt sie an den Monitor weiter. Dieser erzeugt das Bild mit Hilfe von Elektronenstrahlen zeilenweise von links oben nach rechts unten. Jede Zeile wird aus einzelnen Punkten zusammengesetzt. Unten rechts angekommen erzeugt der Monitor wieder dasselbe Bild oder ein anderes, je nachdem, welche Bilddaten er zu diesem Zeitpunkt von der Grafikkarte erhält. Dieses Verfahren ist bei jedem VGA-Monitor gleich.

Doch ansonsten unterscheiden sich die vielen angebotenen Monitormodelle erheblich. Das fängt bei der *Größe* an. Eine Bildschirmdiagonale von 14 Zoll hat der kleinste gebräuchliche Monitor, üblicherweise als 14" geschrieben, das entspricht 33,5 cm. Weitere übliche Größen sind 15" (34,5 cm) und 17" (40 cm). Für noch größere Monitore müssen Sie bereits so tief in die Tasche greifen, daß diese Modelle wohl kaum in Frage kommen. Für die Auswahl der Größe gibt es eine einfache Regel: Je mehr Informationen gleichzeitig dargestellt werden sollen, desto größer muß der Monitor sein. Wenn Sie z.B. öfter größere Balkengrafiken in der Tabellenkalkulation erstellen, möglichst die zugrundeliegende Tabelle daneben sehen wollen und auch den Text, in den die Grafik montiert werden soll, dann ist der 17"er zu empfehlen. Benutzen Sie den Rechner aber nur zum Schreiben von Texten und haben Sie nicht vor, aufwendige optische Gestaltungen am Bildschirm vorzunehmen, reicht ein 15"-Gerät. Einen 14"er sollten Sie nicht mehr in Betracht ziehen, da der 15"er bei nur geringen Mehrkosten eine deutliche Verbesserung der Bildgröße bringt. Markengeräte fangen ohnehin erst bei 15" an.

Der 15"-Monitor erlaubt zudem bereits eine bessere *Auflösung* – womit wir beim nächsten Punkt der Auswahlentscheidung sind. Das was Sie als ganzes Bild sehen, ist aus vielen kleinen Punkten zusammengesetzt. Aus wieviel Punkten das Bild in Wirklichkeit besteht, bezeichnet man als Auflösung des Bildes. Der aktuelle Grafikstandard für PC sieht mehrere verschiedene Auflösungen vor. Die vier wichtigsten sind: 640x480, 800x600, 1024x768 und 1280x1024 Punkte. Die erste Zahl gibt die Anzahl der Punkte pro Zeile, die zweite Zahl die Anzahl der Zeilen an, bei 640x480 besteht das Bild also aus 480 Zeilen à 640 Punkte, das sind ungefähr 300.000 Punkte. Welche Auflösung das Bild Ihres Monitors zeigt, hängt von dem Monitor ab, von der Grafikkarte und – von Ihnen. Denn das Team aus Monitor und Karte bietet in der Regel mehrere Auflösungen an, zwischen denen Sie bei der Installation Ihres Computers wählen können. 640x480 Punkte können alle Grafikkarten und Monitore, 1280x1024 viele schon nicht mehr.

Um sich den Zusammenhang zwischen Auflösung, Monitorgröße und Bildgröße zu verdeutlichen, beantworten Sie sich bitte folgende Frage: Angenommen, diese Buchseite wird auf einem Monitor mit der Auflösung 640x480 so dargestellt, daß Sie genau den ganzen Monitor füllt. Nun erhöhen wir die Auflösung auf 800x600. Wie sieht die Seite jetzt aus?

Die Antwort ist nicht ganz einfach, denn es gibt zwei Möglichkeiten. Die erste: Die Buchseite braucht plötzlich nur noch einen Teil des Monitors, nämlich immer noch 640x480 Punkte. Die übrigen Punkte der neuen Auflösung bleiben leer (und könnten für anderes genutzt werden). Allerdings ist die Buchseite jetzt natürlich kleiner. Zweite Möglichkeit: Die Buchseite bleibt so groß wie vorher, füllt also den ganzen Bildschirm. Nun ist jeder einzelne Buchstabe der Seite aus mehr Punkten dargestellt als zuvor, damit also präziser und schärfer. Mit höheren Auflösungen kann man also zweierlei machen: Mehr Platz auf dem Bildschirm schaffen oder das gleiche besser darstellen. Üblicherweise machen die meisten Computerprogramme das erste, weil das intern leichter zu realisieren ist. Also bringt Ihnen die höhere Auflösung erst einmal nur ein kleineres Bild und Platz für weitere Informationen.

Deshalb: Wenn Sie schon höhere Auflösung möchten, dann kaufen Sie bitte auch einen größeren Monitor. Damit können Sie nämlich zwei Fliegen mit einer Klappe schlagen: Sie behalten die gleiche Bildgröße und gewinnen trotzdem mehr Platz. So bekommen Sie auf einen 17"-Monitor mit 1024x768 Punkten bereits zwei A4-Seiten so nebeneinander dargestellt, daß eine normale Schreibmaschinenschrift noch lesbar ist. Nach unseren Erfahrungen sind bei MS-Windows und den dafür eingesetzten Anwendungsprogrammen folgende maximalen Auflösungen empfehlenswert: 640x480 Punkte bei 14", 800x600 Punkte bei 15" und 1024x768 Punkte bei 17". Darüber sollten Sie nicht gehen. Lassen Sie sich vor dem Computerkauf im Laden den ausgesuchten PC und den zugehörigen Monitor mit der richtigen Auflösung vorführen!

Bei dieser Gelegenheit sollten Sie vor allem darauf achten, daß das Bild *flimmerfrei* dargestellt wird. Die Arbeit an flimmernden Monitoren ermüdet nicht nur, sondern führt zu Kopfschmerzen und Abgespanntheit bis hin zu Sehstörungen. Das Flimmern ist leider bei vielen Monitoren der Preis für die hohe Auflösung. Wenn nämlich ein Bild mit 800x600 (= 480.000) Punkten aufzubauen ist, braucht der Monitor bei gleicher Aufbaugeschwindigkeit über die Hälfte länger als bei 640x480 (= 307.200) Punkten. Also baut er seltener ein komplettes Bild auf, die Bildschirmdarstellung wird unruhiger. Das nimmt der Mensch nach wissenschaftlichen Erkenntnissen dann als Flimmern wahr, wenn der Monitor weniger als 72 komplette Bilder pro Sekunde aufbaut. Schafft er mehr als 72 Bilder, scheint das Bild für die meisten Menschen flimmerfrei zu stehen, obwohl es ja immer noch zeilenweise neu aufgebaut wird.

Deshalb sollten Sie Ihren Monitor mit einer Auflösung betreiben, bei der er noch eine Bildwiederholfrequenz von mindestens 72 Hz erreicht! Oder anders herum formuliert: Wenn Sie (z.B. aus den oben genannten Gründen) einen 15"-Monitor kaufen wollen und diesen Monitor mit einer Auflösung von 800x600 Punkten betreiben, dann muß Ihnen der Verkäufer zusichern, daß der Bildschirm das mit 72 Hz darstellen kann, sonst sollten Sie die Finger davon lassen. Erfüllt der Monitor jedoch diese Anforderung, dann erreicht er bei 640x480 Punkten natürlich eine noch bessere Wiederholfrequenz.

Frequenzangaben bei Monitoren

Wenn wir die Flimmerfreiheit eines Monitors beurteilen, beziehen wir uns auf die Bildwiederholfrequenz. Das ist die Anzahl der Bilder, die pro Sekunde vollständig aufgebaut werden. Sie wird in Hertz (Hz) angegeben.

In der Monitorwerbung taucht statt dieser Angabe öfters die „Horizontalfrequenz" oder „Zeilenfrequenz" des Monitors auf. Diese Angabe bezeichnet die Anzahl der Zeilen, die der Monitor pro Sekunde darstellen kann. Bei einem Bild mit 800x600 Punkten gibt es 600 Zeilen. Um 72 Bilder pro Sekunde aufzubauen, müssen also 600 * 72 = 43.200 Zeilen pro Sekunde dargestellt werden. Mit einem aus Gründen der Toleranz erforderlichen Aufschlag von 10 % ergibt sich eine Horizontalfrequenz von 47.500 Hz, die als 47,5 kHz geschrieben wird.

Für die verschiedenen Auflösungen und die von uns empfohlene Bildwiederholfrequenz von 72 Hz ergeben sich folgende Mindest-Horizontalfrequenzen: 640x480: 38 kHz; 800x600: 47,5 kHz; 1024x768: 60,8 kHz; 1280x1024: 81,1 kHz.

Bisweilen werden Auflösung und Bildwiederholfrequenz in der Werbung irreführend miteinander in Beziehung gesetzt. Wenn Sie über einen Monitor die Information „1280x1024 Punkte, 78 Hz" finden, heißt das nicht unbedingt, daß er die angegebene hohe Auflösung mit 78 Bildern pro Sekunde darstellt; das kann nur ein sehr guter Monitor! Deshalb bedeuten die Angaben möglicherweise, daß der Monitor zwar maximal 1280x1024 Punkte darstellt, die 78 Hz aber nicht bei dieser Auflösung, sondern nur bei 640x480 Punkten schafft. Auf die Kombination kommt es also an!

Ein letzter Rat zum Thema Flimmern: Auflösungen, die mit einer bestimmten Wiederholfrequenz nur „interlaced" dargestellt werden können, sollten Sie nicht in Betracht ziehen. Nur bei „non-interlaced" dargestellten Auflösungen sagen die Frequenzangaben wirklich etwas über das Flimmern des Bildes aus. In der Praxis können Sie das Flimmern übrigens am besten erkennen, wenn Sie knapp am laufenden Monitor vorbeischauen und das Bild nur mit den Augenwinkeln wahrnehmen.

Die Elektronenstrahlung des Monitors macht – leider – am Schirmrand nicht halt. Monitore geben Ihre Strahlung auch nach außen ab, in erster Linie an Sie, den davor sitzenden Benutzer. *Strahlungsarmut* ist daher ein absolutes Muß beim Monitorkauf. Zwar gibt es auf diesem Sektor noch keine deutsche Norm, doch die gesundheitsbewußten Schweden haben zwei Normen entwickelt, die sich auch bei uns durchgesetzt haben. Ihr Monitor muß mindestens die Norm „MPR II" erfüllen, damit man ihn überhaupt als strahlungsarm bezeichnen kann. Das Prüfsiegel des TÜV Rheinland „Ergonomie geprüft" bedeutet dasselbe, da der TÜV nach den schwedischen „MPR II"-Kriterien prüft. Besser ist es wenn Ihr Monitor die TCO91- oder TCO92-Norm einhält. Noch besser kann das Gerät in puncto Strahlungsarmut derzeit nicht sein; allerdings sind solche TCO-Monitore noch ziemlich teuer.

Der augenfreundlichste Monitor nützt Ihnen nichts, wenn Ihre *Grafikkarte* nicht mithalten kann. Nur die optimale Kombination aus beidem führt zu wirklich brauchbarer, vor allem flimmerfreier Bildschirmdarstellung. Wenn Ihr Monitor 72 Bilder pro Sekunde bei einer Auflösung von 800x600 Punkten darstellt, muß die Grafikkarte diese 72 x 800 x 600 = 34,56 Millionen Punkte jede Sekunde heranschaffen können. Also lassen Sie sich am besten beim Kauf zusichern, daß auch die Grafikkarte für die von Ihnen gewünschte Auflösung eine Wiederholfrequenz von mindestens 72 Hz schafft.

Das ist nicht ganz einfach für die Karte: Damit der Bildschirmaufbau verzögerungsfrei erfolgt, muß die Grafikkarte in der Lage sein, die vom Prozessor übergebenen Bilddaten schnell zu verarbeiten. Die Menge dieser Daten hängt zum einen von der Auflösung, zum anderen aber auch von der Anzahl der verschiedenen Farben ab, die gleichzeitig auf dem Bildschirm dargestellt werden können, der sog. *Farbtiefe*. Üblicherweise sehen die Grafikkarten entweder 16, 256, 65.536 oder 16,7 Millionen verschiedene Farben vor. Letzteres nennt man „Truecolor". Für die

Textverarbeitung reicht das Minimum von 16 Farben natürlich aus. Wollen Sie Ihren PC hingegen für professionelle Bildverarbeitung einsetzen, sind 65.536 Farben ein Muß.

Das ist wichtig zu wissen für die Auswahl der richtigen Grafikkarte! Wenn Sie auf Ihrem 15"-Monitor z.B. bei einer Auflösung von 800x600 Punkten 256 Farben darstellen wollen, ist jedes einzelne Bild 470 KB groß. Bei 65.536 Farben ist es mit 938 KB schon das doppelte. Um mit diesen Datenmengen zügig umgehen zu können, braucht Ihre Grafikkarte einen schnellen und intelligenten eigenen Prozessor sowie einen hinreichend großen internen Arbeitsspeicher. Für die Arbeit mit MS-Windows empfehlen wir eine Windows-Beschleunigerkarte, deren Prozessor die Windows-Bildinformationen besonders schnell verarbeitet. Beim Arbeitsspeicher sollten Sie unter 1 MB gar nicht erst anfangen, für eine Auflösung von 800x600 und 65.536 Farben ist das das Minimum. Bei gleicher Farbzahl und 1024x768 Punkten brauchen Sie schon 2 MB, bei 1280x1024 Punkten 3 MB. Für eine Truecolor-Darstellung rechnen Sie jeweils das eineinhalbfache.

Zum Schluß zwei weitere Empfehlungen zum Thema Grafikkarte: Erstens: Haben Sie die Wahl, sollten Sie VRAM als Arbeitsspeicher dem DRAM vorziehen. Zweitens: Wenn Sie ein PCI- oder VLB-Mainboard haben, sollten Sie eine passende PCI- oder VLB-Grafikkarte kaufen, kein altes ISA-Modell.

Halten wir am Ende die wichtigsten Punkte der Auswahlentscheidung für Grafikkarten und Monitore fest:

- Es geht um Ihre Gesundheit. Nehmen Sie sich speziell für diese Entscheidung Zeit, testen Sie die Geräte im Laden und fragen Sie die Verkäufer aus.
- Kaufen Sie nur Monitore mit Strahlungsarmut nach MPR II oder TCO.
- Monitorgröße und Auflösung müssen korrespondieren. Wir empfehlen 640x480 bei einem 14"-Monitor, 800x600 bei 15" und 1024x768 bei 17".
- Monitor und Grafikkarte müssen die gewählte Auflösung mit der gewünschten Farbtiefe mit mindestens 72 Hz flimmerfrei darstellen, je mehr Hertz, desto besser.
- Die Grafikkarte soll mindestens 1 MB Speicher haben, bei mehr als 65.536 Farben oder Auflösungen ab 1024x768 Punkten minimal 2 MB.

1.3.3 Drucker

Zum PC gehört ein Drucker. Sie als Jurist werden Ihren Computer überwiegend zur Textverarbeitung benutzen. Deshalb empfehlen wir Ihnen, bei der PC-Auswahl von Anfang an einen Drucker einzuplanen.

Sie haben die Wahl zwischen drei verschiedenen Drucktechniken: Nadeldrucker, und Laserdrucker. Nadeldrucker können wir Ihnen angesichts des Lärms und der vergleichsweise schlechte Leistung heute nicht mehr empfehlen; wir beschreiben nur die anderen beiden Druckverfahren. Während ein PC aus mehreren Komponenten verschiedener Hersteller zusammengesetzt wird und „No-Name-PC" am Markt eine wichtige Rolle spielen, wird der Druckermarkt von Markengeräten dominiert. Führend sind vier Hersteller: Hewlett Packard (HP), Canon, Epson und NEC. Diese Unternehmen bieten jeweils die gesamte Palette der unterschiedlichen Druckermodelle an.

Tintenstrahldrucker arbeiten mit einem Druckkopf, der sich zeilenweise über das Papier bewegt und die Buchstaben aus kleinen Tintenpunkten zusammensetzt. Die günstigsten Geräte bieten bereits eine Auflösung von 360x360 dots per inch (dpi). Das bedeutet, daß der Druckkopf eine Fläche von 1 Zoll (inch) mal 1 Zoll aus 360 mal 360 Punkten (dots) zusammensetzt. Das ergibt für Texte eine hervorragende Schriftqualität und reicht auch für den einfachen Druck von Bildern aus. Teurere Geräte haben höhere Auflösungen bis 720x720 dpi und drucken damit auch gestochen scharfe Fotos. Je höher die Auflösung ist, desto langsamer wird natürlich der Druck. Daher bieten alle Drucker auch die Möglichkeit, die Auflösung stark zu reduzieren, etwa bis 90x90 dpi. Das reicht zum Korrekturlesen von Texten völlig aus. Einfache Geräte drucken etwa 2-3 Seiten pro Minute, bessere Geräte erreichen 5-6 Seiten pro Minute.

Wenn Sie nicht nur schwarz auf weiß sondern farbig drucken wollen, können Sie einen Farb-Tintenstrahldrucker erwerben. Hier hat sich der Markt in den letzten Jahren sehr stürmisch entwickelt: qualitativ hochwertige Farbdrucker bekommen Sie inzwischen zu günstigen Preisen. Manche s/w-Drucker lassen sich auch bei Bedarf nachträglich zum Farbdrucker erweitern, z.B. der HP DeskJet 540. Beim Farbdruck ist die Druckgeschwindigkeit allerdings deutlich geringer und üblicherweise auch die Auflösung schlechter als bei s/w-Ausdrucken.

Bei der Auswahl des Druckers sollten Sie neben dem Anschaffungspreis auch die laufenden Kosten berücksichtigen, die man gemeinhin als „Seitenpreis" angibt. Das sind die Kosten, die Ihnen für den Ausdruck einer Seite entstehen. Der Seitenpreis wird leider nicht immer nach der gleichen Methode ermittelt. Die Zeitschrift „PC Professionell" (Ausgabe 5/95) hat den Seitenpreis für zahlreiche Tintenstrahldrucker ermittelt, indem Sie einen s/w-Musterbrief und eine farbige Seite mit 7 % Farbdeckung auf allen Druckern fortlaufend ausdruckte, bis die Tintenpatrone leer war. Die Seitenpreise der einzelnen Geräte waren extrem unterschiedlich und lagen beim s/w-Druck bei 2 bis 36 Pfg., beim Farbdruck bei 4 Pfg.

bis 1,08 DM. Die meisten Drucker bewegten sich im Bereich von 4-5 Pfg. (s/w) bzw. 15-30 Pfg. (Farbe). Für den farbigen Ausdruck einer ganzseitigen Grafik, d.h. eine 100 %-Farbdeckung, können Sie leicht Tinte für einige DM verbrauchen.

Laserdrucker galten lange Zeit als die schnellsten und besten Geräte auf dem Druckermarkt. Die Weiterentwicklung dieser Technologie hat allerdings nicht so große Sprünge gemacht wie bei den sehr viel günstigeren Tintenstrahldruckern. Bei einem Laserdrucker wird wie beim Kopierer ein Farbpulver verwendet, der Toner. Ein Laserstrahl streicht über eine elektrisch geladene Trommel und entlädt diese an den Stellen, die auf dem Papier schwarz werden sollen. Dann wird die Trommel durch den elektrisch entgegengesetzt geladenen Toner geführt, der nur an den entladenen Stellen hängenbleibt. Anschließend überträgt die Trommel den Toner auf das Papier.

Die günstigsten Laserdrucker erreichen Auflösungen von mehr als 300 dpi, liegen damit also etwa gleichauf mit den nur halb so teuren Tintenstrahldruckern. Allerdings ist die Druckqualität wegen der hohen Präzision des Laserstrahls deutlich besser und auch die Druckgeschwindigkeit etwas höher. Besonders preiswert sind die GDI- oder Windows-Laserdrucker. Diese Geräte verzichten auf einige interne Komponenten und lassen einen Teil der Arbeit von MS-Windows erledigen; sie funktionieren nur mit Windows zusammen. Die Topmodelle unter den Laserdruckern arbeiten mit Auflösungen von 600 dpi und erreichen sogar Druckgeschwindigkeiten von 8-12 Seiten pro Minute. Hier können Tintenstrahldrucker nicht mithalten. Die Verbrauchskosten liegen beim Laserdrucker mit Seitenpreisen zwischen 6 und 9 Pfg. allerdings etwas über denen der Tintenstrahldrucker (PC Professionell 1/95).

Für die professionelle Verarbeitung von Texten im Büro führt an dem Laserdrucker wegen der hohen Qualität und Druckgeschwindigkeit kein Weg vorbei. Für den privaten Anwender lohnt sich jedoch eher der Tintenstrahldrucker, der zum weit niedrigeren Preis eine ähnliche Druckqualität bietet und unter Umständen außerdem farbig drucken kann.

1.3.4 Sonstige Peripherie

Wenn Sie den Basis-PC, einen Monitor und einen Drucker gekauft haben, sind Sie von Seiten der Hardware für die meisten typisch juristischen Computerarbeiten gerüstet. In diesem Abschnitt stellen wir Ihnen ergänzende Peripheriegeräte vor, die Sie möglicherweise zu einem späteren Zeitpunkt benötigen und die ohne weiteres an den vorgestellten Basis-PC angeschlossen bzw. in ihn eingebaut werden können.

CD-ROM-Laufwerke verbreiten sich in letzter Zeit immer stärker und sind inzwischen in viele PC serienmäßig eingebaut. Die CD-ROM („Compact Disc Read Only Memory") sieht aus wie eine Audio-CD und funktioniert auch ähnlich. Im Gegensatz zu Disketten kann ihr Inhalt nicht verändert werden. Dafür hat sie Platz für eine ungleich größere Datenmenge von 600-650 MB, also etwa das 450fache der Speicherkapazität einer normalen Diskette. CD-ROM werden vor allem zum Vertrieb umfangreicher Datensammlungen benutzt, so z.B. für juristische Datenbanken (s. Kapitel 4). Angesichts deutlich gesunkener Herstellungspreise für eine einzelne CD-ROM wird zunehmend auch Software auf einer CD statt auf 5-10 Disketten ausgeliefert.

Die CD-ROM benötigt ein eigenes Laufwerk, das entweder in das PC-Gehäuse eingebaut oder im eigenen Gehäuse auf den Tisch gestellt und an den PC angeschlossen wird. Einbaugeräte sind preisgünstiger als externe Geräte. Unabhängig von der Bauart benötigt ein CD-ROM-Laufwerk einen Controller. Haben Sie sich beim Festplatten-Controller für SCSI oder E-IDE entschieden, lassen sich *passende* CD-ROM-Laufwerke daran anschließen, ansonsten benötigen Sie einen eigenen Controller für das Laufwerk, der als Steckkarte in den PC eingebaut wird.

Sie sollten bei der Auswahl des CD-ROM-Laufwerks darauf achten, daß es mindestens den ISO-9660-Standard erfüllt, um die gängigen CD-ROM lesen zu können. Wenn Sie Ihre Urlaubsfotos bei Ihrem Fotoladen regelmäßig auf die Kodak-Photo-CD kopieren lassen und diese auf dem Bildschirm des PC betrachten wollen, muß das CD-ROM-Laufwerk zusätzlich die XA-Spezifikation einhalten. Um die verbreiteten Multimedia-CD-ROM lesen zu können, sollte das Laufwerk außerdem „multisessionfähig" sein.

Darüber hinaus unterscheiden sich die Laufwerke vor allem in der Geschwindigkeit, mit der sie die Daten von der CD-ROM an den PC liefern. Für einfache Datenbankrecherchen reicht eine geringe, für das Einlesen von Videosequenzen brauchen Sie eine hohe Geschwindigkeit. Sie hängt im wesentlichen von der Umdrehungszahl der CD-ROM im Laufwerk ab; deshalb unterscheidet man Single-, Double-, Triple- und Quadrospeed-Laufwerke. Kaufen Sie mindestens ein Doublespeed-Gerät, für Multimedia-CD-ROM mit Filmsequenzen empfehlen wir Ihnen sogar ein Quadrospeed-Gerät, damit das Bild während des Films nicht ruckelt.

Modem. Wenn Sie Faxe versenden oder empfangen, eine juristische Online-Datenbank wie „juris" benutzen (s. Kapitel 4) oder an einem Online-Dienst wie Internet oder Btx teilnehmen (s. Kapitel 5) wollen, benötigen Sie ein Modem. Es wird zwischen PC und Telefonleitung geschaltet und wandelt die zu übertragenden elektronischen Daten in Töne um bzw. erzeugt aus den von der Gegenseite empfangenen Tönen wieder brauchbare Daten. Sie bekommen ein Modem als Steckkarte zum Einbau in den PC oder als Tischgerät zum externen Anschluß an den PC. Steckkarten sind preislich günstiger, trotzdem sind sie inzwischen recht selten geworden.

Ein preiswertes Modem modernen Typs beherrscht alle wesentlichen Arten der Datenkommunikation einschließlich des Versands und Empfangs von Faxen. Die Leistungsfähigkeit eines Modems bestimmt sich im wesentlichen über die Geschwindigkeit, mit der es die Daten überträgt. Hauptfaktor für diese Geschwindigkeit ist die „Bitrate" des Modems, die in „bits per second" (bps) angegeben wird. Ältere Modems schaffen 2400 oder 9600 bps, die heute üblichen Geräte sind für Raten zwischen 14.400 und 28.800 bps ausgelegt. Die schnelleren Modems erlauben nicht nur flüssigeres Arbeiten, sondern sparen auch Telefongebühren. Greifen Sie daher mindestens zu einem Gerät mit 14.400 bps. Ihr schnelles Gerät kann ohne weiteres auch mit langsamen Geräten auf der anderen Seite der Leitung kommunizieren.

Damit sich Ihr Modem mit dem Gerät der Gegenseite aber überhaupt verständigen kann, müssen beide die gleiche Sprache „sprechen", die Kommunikation muß nach gewissen Regeln ablaufen. Dafür gibt es mehrere technische Standards, die das Modem einhalten sollte: Für 14.400 bps-Modems „V.32bis", für 28.800 bps-Modem „V.34". Die zusätzliche Einhaltung der Standards „MNP5" oder „V.42bis" sorgt für eine Kompression der Daten und Beschleunigung der Übertragung. Auch ein Fehlerkorrekturverfahren nach dem Standard „V.42" sollte das Modem beherrschen.

Wenn Sie eines der besonders schnellen 28.800 bps-Geräte in die engere Wahl ziehen, sollten Sie beachten, daß die serielle Schnittstelle Ihres PC dafür ausgerüstet sein muß. Nur wenn sie einen „Fast-UART-Baustein" hat, funktioniert das Modem. Das ist noch bei den wenigsten PC der Fall. Für alle anderen brauchen Sie eine zusätzliche Steckkarte mit der schnellen Schnittstelle.

Achten Sie beim Modemkauf außerdem auf die Zulassung des Geräts durch das Bundesamt für Zulassungen in der Telekommunikation (BZT) und den Umfang des mitgelieferten Zubehörs. Ein Kabel für den Anschluß an den PC sollte ebenso dabei sein wie ein Kabel für den Anschluß an Ihre TAE-Telefondose. Außerdem gehört zum Lieferumfang der meisten Modems eine Faxsoftware, ein „Terminalprogramm" zur Kommunikation mit Mailboxen und ein „Btx-Decoder" für die Teilnahme am Bildschirmtext der Telekom.

Für noch schnellere Datenübertragung empfiehlt sich ein digitaler *ISDN-Anschluß*. Dafür zahlen Sie der Telekom eine monatliche Gebühr von derzeit 64,- DM, haben dann jedoch zwei unabhängig voneinander benutzbare Leitungen. Auf jeder dieser Leitungen können Sie telefonieren, Faxe verschicken oder Daten übertragen, letzteres mit einer Bitrate von 64.000 bps! Für Ihren Computer brauchen Sie eine „ISDN-S_0-Steckkarte", die ähnliches leistet wie ein Modem im analogen Telefonnetz und die auch nicht mehr kostet.

Scanner. Wollen Sie Texte, die nur auf Papier vorliegen, im PC weiterverarbeiten, benötigen Sie einen Scanner. Die Funktionsweise eines solchen Geräts ist ähnlich wie beim Kopierer, nur wird das Abbild der Vorlage nicht wieder zu Papier gebracht, sondern in digitaler Form an den PC geliefert. Der Scanner braucht zumeist eine eigene Steckkarte im PC oder kann an einen evtl. vorhandenen SCSI-Controller angeschlossen werden. Drei Bauarten sind zu unterscheiden: Handscanner, Einzugsscanner und Flachbettscanner. Beim besonders preisgünstigen Handscanner müssen Sie eine etwa 10-15 cm breite Leseeinheit in mehreren Bahnen gleichmäßig über das Papier ziehen, um eine A4-Seite zu scannen. Der Einzugsscanner zieht die A4-Seite selbsttätig an der Leseeinheit vorbei. Die besten Ergebnisse erzielen Sie mit dem teuersten Gerät, dem Flachbettscanner. Hier liegt die Vorlage wie beim Kopierer unter einem Deckel direkt auf der Glasscheibe der Leseeinheit. Für einigermaßen professionellen Einsatz ist ein solches Gerät zu empfehlen, bei größeren Textmengen zusätzlich noch mit einem automatischen Einzelblatteinzug.

Die einfachen Scanner arbeiten schwarz/weiß und setzen alle gescannten Vorlagen in ein Raster verschiedener Graustufen um. Mit 256 Graustufen bekommen Sie auch s/w-Fotos schon brauchbar dargestellt, Texte ohnehin. Teurere Geräte erkennen auch Farben. Die Qualität ist zusätzlich abhängig von der Auflösung des Scanners. Hier sind die gleichen Bezeichnungen wie beim Drucker üblich. Gute Geräte, ob farbig oder mit Graustufen, sollten eine Auflösung von 300-400 dpi haben. Höhere Auflösungen sind für Texterkennung nicht erforderlich.

Streamer. Im allgemeinen reicht es aus, wenn Sie nur die von Ihnen geschriebenen Texte regelmäßig auf Diskette sichern. Wenn dann die Festplatte defekt werden sollte, haben Sie zumindest das wichtigste gerettet. Allerdings muß nach Einbau einer neuen Festplatte alle Software erneut aufgespielt und Ihre gewohnte Arbeitsumgebung mühsam rekonstruiert werden – ein Vorgang, der sicher einen ganzen Tag kosten wird. Außerdem werden Sie dabei meistens feststellen werden, daß doch das eine oder andere nicht auf einer Diskette abgespeichert war. Um kein Risiko einzugehen, sollten Sie regelmäßig den kompletten Inhalt der Festplatte sichern. Bei einer 850 MB-Platte brauchen Sie dafür circa 500 Disketten oder: einen Streamer. Das ist ein Bandlaufwerk, das ähnlich wie ein Kassettenrecorder arbeitet und die Daten der Festplatte in einem langwierigen Vorgang Stück für Stück auf ein Magnetband schreibt. Es kann in den PC eingebaut oder extern angeschlossen werden, z.B. an einen SCSI-Controller. Bandgrößen, Speicherkapazitäten und Aufzeichnungsverfahren unterscheiden sich von Modell zu Modell, so daß Streamerbänder nicht ohne weiteres austauschbar sind. Übliche Speicherkapazitäten liegen zwischen 250 und 850 MB. Besonders leistungsfähig sind die teuren DAT-Streamer, die die aus dem Audiobereich bekannten kleinen DAT-Kassetten verwenden und Speicherkapazitäten im Bereich mehrerer Gigabyte haben. Software zur Datensicherung sollte im Lieferumfang des Streamers enthalten sein.

1.3.5 Notebooks

Kleine, tragbare Computer sind sehr populär geworden. Früher wurden sie als Laptops bezeichnet, heute als Notebooks. Auch wenn ihr innerer Aufbau etwas anders ist, sind sie im Grunde die gleiche Art PC wie solche im Desktop- oder Towergehäuse, vor allem hinsichtlich der Leistungsfähigkeit. Der Preis eines Notebooks liegt allerdings deutlich höher als ein vergleichbares Tischgerät.

Wichtigster Punkt bei der Auswahl eines Notebooks ist die Bildschirmdarstellung, das sogenannte *Display*. Notebooks mit einfachem s/w-LED-Display sind die günstigsten Geräte, bieten aber keine sehr gute Bildqualität. Insbesondere können Sie die Anzeige auf dem Display nur erkennen, wenn Sie gerade vor dem Gerät sitzen. Das ist zwar bei Geräten mit Dual-Scan(DSTN)-Farbdisplay auch nicht anders, dafür bieten diese inzwischen zu einem akzeptablen Preis eine gute Farbdarstellung. Die Topgeräte auf dem Markt sind Notebooks mit TFT-Farbdisplay. Bei ihnen sehen Sie das Bild auch unter nicht optimalen Blickwinkeln in leuchtenden Farben. TFT-Geräte sind allerdings deutlich teurer; wir empfehlen Ihnen daher ein DSTN-Farbdisplay.

Neben der Tastatur sind in das Notebook üblicherweise eine Festplatte und ein Diskettenlaufwerk eingebaut, häufig auch ein Trackball. Anschlußmöglichkeiten sollten vorhanden sein für eine Maus, eine externe (große) Tastatur, einen externen Monitor und einen Drucker. Das Notebook sollte auch einen „PCMCIA Typ-III"-Steckplatz haben, damit Sie ggf. den Arbeitsspeicher erweitern oder eine Modemkarte einbauen können.

Notebooks wiegen heute ca. 2-4 kg. Dieses Gewicht entsteht unter anderem durch einen schweren Akku, der für die Stromversorgung beim Arbeiten ohne Netzanschluß sorgt. Trotzdem können Sie auf diese Art – je nach Arbeit und Gerät – nicht länger als 2 bis 3 Stunden arbeiten, danach müssen Sie das Notebook wieder an die Steckdose anschließen und den Akku aufladen.

Beim Kauf eines Notebooks sollten Sie sich stärker als beim normalen PC vom Gefühl leiten lassen: Ist das Display angenehm für die Augen? Wie fühlt sich die kleine Tastatur an? Wie schwer ist das Gerät? Wie robust ist es verarbeitet? Hinsichtlich der technischen Daten gilt hier das gleiche wie für normale PC (s. Abschnitt 1.3.1), vor allem hinsichtlich Prozessortyp und Größe des Arbeitsspeichers.

1.3.6 Checkliste PC-Kauf

Angesichts eines sich schnell verändernden Marktes können wir Ihnen immer nur ungefähr raten, welches Gerät das geeignete ist. Mit der nachfolgenden Checkliste geben wir Ihnen daher einen Kriterienkatalog an die Hand. Er soll Ihnen helfen, bei Ihrer Kaufentscheidung alle wesentlichen Punkte zu bedenken. Befragen Sie die Verkäufer entsprechend! In der mittleren Spalte mit unseren Empfehlungen sind in der Regel Mindestwerte angegeben sowie eine bessere Alternative, die Sie bei entsprechender Finanzausstattung berücksichtigen können. Natürlich werden Sie kaum bei allen Komponenten das Beste nehmen können, aber vielleicht ja bei den Ihnen besonders wichtigen.

Mainboard, Sekundärspeicher

Prozessor Typ, Taktfrequenz	486DX2-66, 486DX2-80, 486DX4-100, Pentium ab 75 MHz
Bussystem	VLB oder (besser) PCI
RAM Art und Größe	mind. 8 MB, bei Grafikanwendungen 16 MB; SIMM- oder (besser) PS/2-Module
Second-Level-Cache	ab 8 MB RAM mind. 128 KB oder (besser) 256 KB Cache
Festplattencontroller	E-IDE oder (besser) SCSI; auf dem Mainboard oder (besser) als eigene Steckkarte
Festplatte Typ, Größe	je nach Controller IDE, E-IDE oder SCSI; mind. 500 MB Kapazität
Diskettenlaufwerk	mind. 3,5"-Laufwerk

Schnittstellen, Gehäuse, etc.

Schnittstellen	2 serielle und mind. 1 parallele
Serielle Schnittstelle Typ	Bei Einsatz eines schnellen Modems: Fast-UART-Baustein
Gehäuse	Desktop als Monitorständer oder Tower zwecks Erweiterbarkeit

Lüfter	am besten geregelter Lüfter
Tastatur	MF-II-Tastatur oder spezielle ergonomische Tastatur; je nach eigenem Empfinden mit oder ohne Druckpunkt
Maus	MS-kompatible Maus; Treiberdiskette für DOS und Windows

Grafiksystem

Monitor Größe	mind. 15", für Grafikanwendungen oder Desktop-Publishing: 17"
Wiederholfrequenz Strahlungsarmut Lochmaske Einstellmöglichkeiten	mind. 72 Hz bei gewünschter Auflösung nach MPR II oder (besser) nach TCO bei 15" mind. 0,26 mm oder (besser) Trinitron-Monitor mind. Bildgröße, Bildposition, Helligkeit, Kontrast
Energiesparmodus	nur sinnvoll bei passender Grafikkarte und passendem Mainboard
Grafikkarte Speicherart u. -größe	DRAM oder (besser) VRAM; mind. 1 MB bis Auflösung 800x600, ab 1024x768: mind. 2 MB
Bussystem	bei VLB- oder PCI-Mainboard entsprechende Grafikkarte verwenden
Wiederholfrequenz	mind. 72 Hz bei der gewünschten Auflösung und gewünschter Farbtiefe
Karte und Monitor	Gewünschte Auflösung mit hoher Wiederholfrequenz von Karte und Monitor gemeinsam darstellbar?

Zubehör

CD-ROM-Laufwerk Typ	Multisessionfähig; ISO-9660, am besten auch XA
Controller	eigener Controller oder (besser) passend zu vorhandenem SCSI- oder E-IDE-Controller
Geschwindigkeit	doublespeed oder triplespeed oder (besser) quadrospeed
Modem Typ	intern oder extern, mit Zulassungsplakette des BZT/ZZF
Bitrate, Standard Fax	14.400 bps (V.32bis) oder (besser) 28.800 bps (V.34) mind. Fax-Versand (Gruppe 3)
Zubehör	Telefonanschlußkabel sowie Terminalprogramm, am besten auch Fax- und Btx-Software

Streamer Typ, Anschluß	mit eigenem Controller oder (besser) passend zu vorhandenem SCSI-Controller; Optimum: DAT-Streamer
Kapazität	mind. entsprechend Festplattengröße
Zubehör	Datensicherungssoftware

Mitgelieferte Software

Betriebssystem Typ	DOS und Windows in neuester Version
Art der Installation	möglichst vollständig vorinstalliert
Zubehör	Originaldisketten und Handbücher
Anwendungsprogramme	je nach Angebot, immer jedoch mit Originaldisketten und Handbüchern

Drucker

Druckverfahren	Tintenstrahl oder Laser
Tintenstrahl Druckgeschwindigkeit	mind. 2 Seiten pro Minute (s/w)
Auflösung	mind. 360 dpi für s/w und farbig
Enthaltenes Zubehör	Einzelblatteinzug
Laser Druckgeschwindigkeit	mind. 4 Seiten pro Minute
Auflösung	mind. 300 dpi, besser 600 dpi
Druckmaterialien	Papier, Pappe, Aufkleber, Umschläge
Druckkosten	Seitenpreise verschiedener Drucker vergleichen
Zubehör	Handbuch, Druckerkabel, erste Tintenpatrone bzw. Tonerkartusche, Treiber für Windows und verwendete DOS-Programme

Serviceleistungen

Handbuch	Handbücher für alle Komponenten oder (besser) ein Handbuch für das Gesamtsystem
Gewährleistung Dauer	6 Monate, besser: 12 oder mehr Monate
Ort	Vor-Ort-Service oder Laden in der Nähe
Telefonische Beratung	möglichst auch abends und am Wochenende

1.4 Der PC-Kauf

1.4.1 Angebote und Märkte

Nun sollten Sie, gerüstet mit der Checkliste, eigentlich in der Lage sein, die optimale Ausstattung Ihres PC auszuwählen. Sie wissen hoffentlich, welchen Prozessor und wieviel Arbeitsspeicher Sie brauchen, ob Sie einen 15"-Monitor nehmen wollen oder ein 17"-Gerät. Jetzt folgt die Schwierigkeit, das konkrete Gerät auszuwählen: welchen Basis-PC von welchem Händler, welches Monitormodell von welchem Hersteller? Hier können wir keine konkreten Ratschläge mehr geben, zu sehr ist der PC-Markt in ständiger Bewegung. Lediglich einige Hilfestellungen für Ihre Entscheidung können Sie in diesem Abschnitt erwarten.

Markengeräte und No-Name-PC. Daß Sie sich überhaupt einen PC nach Ihren Bedürfnissen zusammenstellen können, hat einen einfachen Grund: Viele Fachhändler kaufen Einzelteile beim Großhändler oder importieren sie selbst aus Südostasien. Dann bauen Sie die PC nach den Wünschen der Kunden zusammen. Solche Geräte werden unter vielfältigen, vom Händler gewählten Produktbezeichnungen verkauft, eigentlich sind es jedoch „No-Name-PC", d.h. keine Markengeräte. Bei Ihnen bestimmt sich die Qualität in erster Linie nach der Qualität der Einzelkomponenten und ihrer Zusammenstellung; beim Zusammenbau kann der Händler nicht allzuviel falsch machen.

Es gibt aber auch Marken-PC, die der Fachhandel z.B. von IBM, Siemens-Nixdorf oder Compaq fertig erhält und verkauft. Natürlich sind auch bei diesen Geräten nicht alle Komponenten bei IBM gefertigt, dort wurde der PC nur zusammengebaut. Bei solchen Markengeräten gibt es feste Produktlinien und Modelle und wenig Raum für individuelle Sonderwünsche, insbesondere hinsichtlich des Typs und Herstellers einzelner Komponenten. Bei Reparaturen an diesen Geräten müssen meistens sehr teure Originalteile verwendet werden. Markengeräte empfehlen wir daher nur in Verbindung mit einer verlängerten Gewährleistung.

Große PC-Handelsketten haben eigene Marken geschaffen, unter denen Sie Ihre PC verkaufen, „Highscreen" etwa bei Vobis oder „Okano" bei Karstadt. Bei diesen Geräten wechseln nicht nur die Modellbezeichnungen in schneller Folge, es kommt auch vor, daß ein Produkt die Bezeichnung behält, die Zusammenstellung aber verändert wird. Ähnlich wie bei No-Name-Geräten haben Sie jedoch gute Chancen, weitere Komponenten nach Wunsch hinzuzunehmen.

Vergleichstests. Zahlreiche Computerzeitschriften versuchen Ihnen Hilfestellung bei der Auswahl des bestens Geräts oder der optimalen PC-Komponente zu geben. Monat für Monat finden sich dort Dutzende von

Vergleichstests. Vor allem bei der Auswahl des Monitors und des Drukkers können Ihnen die Tests eine große Hilfe sein. Bei diesen Geräten sind No-Name-Produkte selten und bei Markengeräten haben Sie eine große Chance, daß das positiv beurteilte Gerät auch zwei Monate nach dem Test noch auf dem Markt ist.

Bei Komponenten wie Grafikkarten oder Festplatten sind die Tests für Sie als Laie aber nur bedingt brauchbar. Denn die Güte einer solchen Komponente kann eigentlich nur zusammen mit dem Gesamtsystem beurteilt werden, in das sie eingebaut ist. Außerdem können Sie fast nie die Einzelkomponenten beim Händler völlig frei auswählen. Finden Sie jedoch in dem ins Auge gefaßten PC eine Komponente, die in einem Test absolut katastrophal abgeschnitten hat, sollten Sie mißtrauisch werden und vielleicht gleich das ganze Gerät im Laden lassen.

Die Tests von kompletten PC können Sie getrost vergessen. Fast nie können oder wollen Sie das getestete Gerät in genau dieser Konfiguration kaufen, und bei Abweichungen von der beurteilten Ausstattung nützt Ihnen der Test nichts mehr.

Hilfreich ist in der Regel die mit einem Test verbundene Zusammenstellung der wichtigsten technischen Daten und Ausstattungsmerkmale der verglichenen Geräte. Diese Tabellen geben Ihnen die Möglichkeit, eigene Vergleiche anzustellen, etwa die Bildwiederholfrequenz von Monitoren oder die laufenden Kosten bei Laserdruckern.

Wichtiger als das Wühlen durch die Berge von Computerzeitschriften ist der *Test vor Ort* im Laden. Versuchen Sie, den gewünschten PC in genau dieser Ausstattung im Laden zu testen. In den meisten Fällen wird Ihnen das nicht gelingen, da die Vorführgeräte eine andere Ausstattung haben und Ihr PC erst nach der Bestellung zusammengebaut wird. Nach unserer Meinung sollte es aber bei einer so teuren Anschaffung zum Service des Händlers gehören, daß Sie das richtige Produkt selbst ausprobieren können und nicht nur ein ähnliches.

Bestehen Sie auf jeden Fall auf der Begutachtung von Monitor und Tastatur; das muß jeder Laden zugestehen. Bei der Erprobung des Monitors sind drei Punkte zu beachten:

- Der Vorführ-PC muß die gleiche Grafikkarte haben wie Ihr vorgesehener PC, sonst ist der Monitortest wertlos.
- Lassen Sie sich den Monitor mit der Software vorführen, die Sie einsetzen wollen. Besondere Software des Monitorherstellers läßt den Monitor naturgemäß im allerbesten Licht erscheinen.
- Achten Sie auf große Unterschiede zwischen dem Aufstellort im Laden und Ihrem Büro hinsichtlich der Art der Beleuchtung. Monitortests

unter ganz anderen Beleuchtungsverhältnissen sind nur wenig aussagekräftig.

Vertriebsformen. Beim PC-Vertrieb haben sich mehrere besondere Formen entwickelt, die jeweils Vor- und Nachteile haben; einige wollen wir Ihnen vorstellen. *PC-Fachhändler* sind kleine bis mittlere Computerläden und verkaufen ausschließlich PC. Die Qualität der Beratung variiert sehr stark von Laden zu Laden. Das gilt auch für den Service bei Problemen mit dem gekauften Gerät. Fachhändler verkaufen fast ausschließlich No-Name-PC, bei denen die Komponenten nach Bedarf zusammengestellt werden. Wenn Sie Glück haben und einen kompetenten Laden gleich um die Ecke, dann sind Sie mit einem Fachhändler sicher am besten bedient. Hier können Sie eine langjährigen Kundenbeziehung aufbauen, Erweiterungen kostengünstig durchführen lassen und auch im Notfall Hilfe erhalten.

Die meisten Geräte für Privatleute werden über *PC-Discounter* abgesetzt. Große Ketten wie Vobis und Escom beherrschen den deutschen PC-Markt. Nach unseren Erfahrungen ist die Beratung auch in ihren Filialen sehr unterschiedlich, hat aber jedenfalls ein gewisses Mindestniveau. Leider haben die Verkäufer in den Discount-Läden fast nie Zeit für ein längeres Beratungsgespräch. Sie werden es bei einem Discounter auch nicht erleben, daß man Ihnen – wie bei manchem Fachhändler – einen wunschgerecht ausgestatteten PC zum Testen aufbaut. Ohnehin ist die Möglichkeit der Zusammenstellung von Wunschkomponenten stark eingeschränkt. Dafür sind die Preise für die Standardprodukte niedriger als im Fachhandel und auch die Reparaturen werden durch schnellen Austausch aller defekten Teile binnen weniger Tage erledigt.

Günstige Preise bietet auch der *PC-Versandhandel*. Große Anbieter wie Dell Computer oder Gateway 2000 nehmen ausschließlich telefonische oder schriftliche Bestellungen entgegen und liefern Ihnen das Gerät binnen weniger Tage ins Haus. Sie können in der Regel einen von mehreren Standard-PC auswählen oder auch die Komponenten selbst zusammenstellen. Hier gilt das gleiche wie für die Discount-Ketten: Je individueller Sie das Gerät selbst zusammenstellen, desto geringer ist der Preisvorteil zum Fachhandel. Der Service leidet nicht unbedingt darunter, daß der Versandhändler keinen Laden in Ihrer Nähe besitzt – ein einjähriger Vor-Ort-Service und eine dreijährige Garantie gehören zum üblichen Kundendienst des PC-Versandhandels.

Auch im *Kaufhaus* können Sie natürlich einen PC kaufen. Hier treffen Sie nach unseren Erfahrungen auf die am schlechtesten ausgebildeten Verkäufer und den langsamsten Reparaturservice. Auch die Preise sind nicht besonders günstig, weshalb wir Ihnen von einen PC aus dem Kaufhaus abraten.

Preisvergleich. Der Vergleich verschiedener PC-Angebote ist eine Wissenschaft für sich. Die Händler bieten üblicherweise einige Standard-Modelle an, im Paket mit diverser Software. Sonderwünsche werden meistens realisiert, indem Sie eines der Standard-Modelle als Basis nehmen und für einen Aufpreis weitere Komponenten hinzufügen. Im Fachhandel gibt es zusätzlich die Möglichkeit, einen PC vollständig selbst zusammenzustellen, vom Mainboard und Prozessor über Festplatte und Grafikkarte bis zum Gehäuse. Das lohnt sich aber nur bei besonders ausgefallenen Sonderwünschen.

Die Schwierigkeit beim Preisvergleich läßt sich am besten anhand eines Beispiels demonstrieren. Nehmen wir an, Sie wollen Textverarbeitung und Tabellenkalkulation unter MS-Windows betreiben, einige Leistungsreserven für die Zukunft offenlassen und deshalb einen PC-Tower mit Pentium P75-Prozessor, 8 MB RAM, 850 MB Festplatte, guter Grafikkarte und gutem Monitor einkaufen. Nun sehen Sie bei verschiedenen Händlern folgende Angebote (entnommen der Zeitschrift PC Professionell 5/95):

- A. Discounter

```
Prozessor Intel Pentium®, 75 Mhz; Board von
Intel mit PCI Bus; Speicher 8 MB RAM; Cache
256 KB; Festplatte 540 MB; Grafikkarte 1 MB
DRAM PCI; Tastatur Standard; Monitor
14"/48kHz, flimmerfrei, strahlungsarm; Garan-
tie 1 Jahr; Software: MS-DOS 6.22, MS Windows
für Workgr., Corel Draw 4.0, MS Works, MS
Scenes Undersea, MS Entertainment Pack 4,
Mitsubishi Hotelführer, Micrografx, Scout
Wings f. Windows, DataEase, GiantSecu,
CompuServe
                                   2548,- DM
```

- B. Fachhändler

```
Pentium 75 MHz; 4xPCI, 4xISA Steckplätze;
256 KB Cache 15ns; 8 MB RAM 70 ns; Tower-
Gehäuse Design 230 Watt; geregelter Lüfter;
3,5"-Laufwerk; 850 MB Festplatte E-IDE, 10ms;
Enhanced IDE, IDE, Floppy, parallel, 2 x
```

```
seriell, incl. FIFO; PCI-VGA-Karte Diamond
Stealth 64, 2 MB DRAM; MaxiSwitch Tastatur;
MS-Maus
                                  2499,- DM
```

- C. Versandhändler

```
Intel Pentium-Prozessor, 75 MHz; 8 MB EDO
RAM; 3,5"-Diskettenlaufwerk; Mitsumi
QuadSpeed-CD ROM; WD Enhanced IDE-Festplatte
mit 730 MB, 10ms; ATI® Mach 64 PCI
Grafikkarte mit 2 MB; 15"-Vivitron Farb-
Monitor; Tower-Gehäuse; Tastatur, 102 Tasten
& MS-Maus; MS-DOS 6.22, Windows für
Workgroups 3.11; MS Office Professional 4.3
                                  3999,- DM
```

Keines der Geräte entspricht genau Ihren Anforderungen. Sie sollten daher sorgfältig überprüfen, was man Ihnen anbietet. Bei Gerät A ist die Festplatte zu klein, Monitor und Grafikkarte scheinen No-Name-Produkte zu sein und scheiden wohl aus. Während sich bei genauerer Betrachtung ein Großteil der mitgelieferten Software als überflüssig erweist, bleiben einige Fragen offen: Ist ein Diskettenlaufwerk dabei (anzunehmen) und eine Maus (nicht so sicher)? Welches Gehäuse wird angeboten?

Bei Gerät B sind die technischen Angaben detaillierter, die Festplatte hat die richtige Größe und die Grafikkarte findet man in einem Vergleichstest als gutes Markenprodukt. Auch der geregelte Lüfter ist sehr zu begrüßen, allerdings fehlt in diesem Paket der Monitor und Software ist auch nicht dabei, nicht einmal das Betriebssystem. Für einen guten 15"-Monitor müssen Sie noch 629,- DM für DOS und Windows noch 110,- DM hinzurechnen, wie an anderer Stelle der Anzeige des Händlers zu entnehmen ist.

Angebot C scheint auf den ersten Blick extrem teuer, hat allerdings eine sehr gute Marken-Grafikkarte und mit MS Office Professional ein Programmpaket, das mit WinWord, Excel, Access und PowerPoint alles enthält, was Sie an Software benötigen. Für dieses Paket müßten Sie z.B. beim Anbieter B zusätzlich 1049,- DM zahlen, beim Anbieter A können Sie ähnliche Software beim PC-Kauf zum Vorzugspreis erwerben.

Achten Sie also gut auf die Inhalte der Paketangebote. Bei allen Komponenten, die Sie nicht anhand unserer Beschreibung in Abschnitt 1.3 nicht beurteilen können, sollten Sie beim Anbieter nachfragen. Ein weiteres Auswahlkriterium ist der Umfang der Serviceleistungen. Telefonischer

Service sollte ebenso dazugehören wie eine auf mindestens ein Jahr verlängerte Gewährleistung, am besten als Vor-Ort-Garantie.

Software. Beim PC-Kauf wird einige Software häufig gleich dazugelegt. Das Betriebssystem sollte immer dabei sein, auf die beigefügten Anwendungsprogramme können Sie aber in vielen Fällen verzichten. Denn die wirklich leistungsfähigen Programme werden natürlich nicht kostenlos zum PC gegeben und müssen teuer erworben werden. Vor allem bei den Discountern haben Sie häufig die Möglichkeit, die benötigten Anwendungsprogramme gleich beim PC-Kauf zum Vorzugspreis zu erwerben. Davon sollten Sie auf jeden Fall Gebrauch machen, da sich so einige hundert Mark sparen lassen.

Auch wenn die Softwarepreise noch immer sehr hoch sind, sollten Sie Ihre Arbeit nicht mit „Raubkopien", illegal kopierter Software, erledigen. Als Käufer des Produktes sind Sie nicht nur im Besitz zumeist umfangreicher Originalhandbücher, sondern können auch den telefonischen Service des Herstellers in Anspruch nehmen und beim Auftreten von Fehlern verbesserte Programmversionen erhalten. Daneben können Sie als Kunde häufig die nächste Version des Programms zum günstigen „Update"-Preis erwerben.

Die mit dem PC mitgelieferte Software, mindestens das Betriebssystem, ist auf dem PC üblicherweise bereits „installiert", d.h. auf die Festplatte aufgespielt. Achten Sie darauf, daß Sie trotzdem Originaldisketten des Softwareherstellers erhalten oder aus den Festplattendaten selbst erzeugen können. Nur so können Sie bei einem Defekt der Festplatte die Software auf eine neue Platte aufspielen! Auch Originalhandbücher gehören zum Lieferumfang jeder Software.

Gebraucht-PC. Statt eines neuen PC können Sie über den Kleinanzeigenmarkt natürlich auch ein günstiges Gebrauchtgerät erwerben. Hiervon raten wir Ihnen allerdings ab, wenn Sie den Verkäufer nicht persönlich kennen. Nur Fachleute können durch gründliche Tests feststellen, ob das Gerät noch funktionsfähig ist. Dies gilt vor allem für Disketten- und Festplattenlaufwerke.

1.4.2 Zum Recht des Computerkaufs

Beim Kauf von Hardware und Software sind auch in rechtlicher Hinsicht einige Besonderheiten zu beachten. Für Sie als Jurist wird das wahrscheinlich kein Problem sein, weshalb wir an dieser Stelle nur ganz kurz darauf eingehen.

Die *Gewährleistung bei Softwaremängeln* ist eines der speziellen Probleme. Die Erstellung komplett fehlerfreier Computerprogramme ist nicht möglich; nach langjähriger Erfahrung der Informatik enthalten statistisch 1000 Zeilen Programm zwei Programmierfehler. Allerdings ist die Grenze zwischen einem Fehler und fehlender Benutzerfreundlichkeit fließend. Ein Mangel im Rechtssinn liegt ohnehin nur bei weitgehender Gebrauchsuntauglichkeit des Programmes vor. Daran schließen sich dann die üblichen Ansprüche aus Gewährleistung an.

Es gibt umfangreiche Rechtsprechung zu der Frage, wann der Fehler eines Computerprogramms ein Mangel ist. Mängel sind z.B. das Ersetzen aller Umlaute durch „?“ beim Ausdruck eines Textes (OLG München, CR 1990, 646), das Fehlen für den Anwender besonders wichtiger Funktionen eines Programms (vgl. KG, CR 1986, 643) oder auch das Fehlen einer schriftlichen Bedienungsanleitung (OLG Frankfurt, NJW 1987, 3206). Bei Standardsoftware, die Sie im Laden von der Stange kaufen, ist die Feststellung eines Mangels in der Regel sehr kompliziert, da keine genaue Leistung des Programms zwischen Ihnen und dem Hersteller vereinbart ist – anders ist es bei individuell für einen Kunden erstellten Programmen.

Besonders problematisch ist das beim Kauf mehrerer Hardware- und Softwarekomponenten, die im *Zusammenspiel* funktionieren sollen. Wenn Sie etwa einen Computer, einen Drucker und ein Textverarbeitungsprogramm kaufen, sind alle drei Komponenten gemeinsam für einen korrekten Druck verantwortlich. Funktioniert etwas nicht, können Sie als Laie in der Regel nicht beurteilen, woran es liegt. Wenn Sie dann alle Komponenten bei verschiedenen Händlern gekauft haben, wird jeder von ihnen die Funktionsfähigkeit seiner Komponenten behaupten und im Regelfall auch im Laden demonstrieren können. Genau Ihre Kombination aus PC, Drucker und Programm hat er dabei wahrscheinlich nicht zur Verfügung. Wenn Sie also ohnehin Ihre Computerausrüstung auf einen Schlag kaufen wollen, können Sie diese Probleme vermeiden, indem Sie alles bei einem Händler im Paket kaufen.

Beim *urheberrechtlichen Schutz von Software* hat sich die Rechtslage in den letzten Jahren durch eine Richtlinie der EU und ihre Umsetzung im deutschen Urheberrecht (§§ 69a-g UrhG) völlig verändert. Nun sind im Gegensatz zu vorher praktisch alle Computerprogramme urheberrechtlich geschützt. Jede Vervielfältigung, sei es nur das Installieren auf der Festplatte, bedarf einer Genehmigung des Rechtsinhabers. Zu diesem Zweck schließen Sie in der Regel durch das Aufreißen der Softwareverpackung mit dem Hersteller der Software einen Lizenzvertrag ab („Schutzhüllenvertrag“), dessen Bedingungen der Software beigefügt sind. Das Recht, eine Sicherheitskopie der gekauften Disketten anzufertigen, kann Ihnen jedoch nicht vertraglich untersagt werden (§ 60f Abs. 2 UrhG).

1.4.3 Rund um den PC: Zubehörmarkt

Haben Sie erst einmal einen PC gekauft, werden Sie erfahrungsgemäß anschließend einiges Geld in Zubehör stecken. Hier hat sich ein riesiger Markt entwickelt, der neben Hardware-Erweiterungen und Software vor allem Bücher und Zeitschriften sowie Verbrauchsmaterial wie Disketten und Tintenpatronen umfaßt.

Bücher und Zeitschriften. Das Angebot an Computerliteratur ist schier unermeßlich. Dies gilt vor allem für die Titel, die die Bedienung einzelner Programme erklären; allein für die populäre Textverarbeitung WinWord haben wir im „Verzeichnis lieferbarer Bücher" 281 Titel gezählt. Die Qualität der Computerbücher ist sehr unterschiedlich. Wenig empfehlenswert sind die „Schnellschüsse", die kurz nach (oder sogar vor!) Erscheinen des Programms auf den Markt kommen und alle Programmfunktionen nach dem immer gleichen 08/15-Schema beschreiben. In solchen Fällen sind oftmals die Originalhandbücher besser als das Verlagsprodukt. Gute Bücher erkennen Sie nach unserer Erfahrung an der Brauchbarkeit der Praxisbeispiele: Wenn die Beispiele eines Buches Ihren eigenen Problemen gar nicht entsprechen, wird Ihnen das Buch kaum etwas nützen.

Auch der Markt der Computerzeitschriften ist ausgesprochen unübersichtlich. Neben fundierten Zeitschriften eher allgemeinerer Art (z.B. die „c't"), gibt es eine Reihe PC-Zeitschriften und sogar noch speziellere Blätter, z.B. für Windows- oder OS/2-Anwender. Zwei Zeitschriften richten sich an den juristischen Computernutzer: Jur-PC und NJW-Computerreport (NJW-CoR). Jur-PC erscheint monatlich, NJW-CoR ist eine zweimonatliche NJW-Beilage; sie kann aber auch einzeln abonniert werden. Beide berichten über Neuigkeiten bei juristischer Software und juristischen Datenbanken und auch über Entwicklungen beim Computerrecht. Mit umfangreichen Besprechungen von Rechtsanwaltssoftware richtet sich die NJW-CoR vornehmlich an den Anwalt. Daneben bieten zunehmend auch herkömmliche juristische Zeitschriften Computerseiten an, etwa die monatliche erscheinende Ausbildungszeitschrift JURA.

Verbrauchsmaterial. Bedarf an Disketten haben Sie sicher sehr oft. Die Preisunterschiede zwischen den verschiedenen Marken- und No-Name-produkten sind groß, schlagen sich aber nicht in entsprechend unterschiedlicher Qualität nieder. Der Griff zur Billigdiskette verbietet sich also nicht von vornherein; mit Diskettenfehlern müssen Sie immer rechnen, auch bei der Markendiskette. Für Ihren Drucker brauchen Sie Tintenpatronen oder (beim Laserdrucker) Tonerkartuschen. Hier sind Sie in der Regel auf die Originalprodukte des Druckerherstellers angewiesen. Erst wenn ein Drucker bereits einige Jahre auf dem Markt ist, bieten auch andere Hersteller preiswerte Nachbaupatronen bzw. -kartuschen an. Sofern es bei Ihrem Druckermodell technisch möglich ist und von Ihrem Händler akzeptiert wird, sollten Sie leere Patronen und Kartuschen im Laden abgeben, damit sie wiederverwertet werden können. Vor allem beim Toner können Sie mit dem Kauf neu befüllter Kartuschen einiges an Geld sparen.

Viel ließe sich noch sagen zum Zubehörmarkt rund um den PC: Ob Sie Computermöbel, Diskettenboxen, Reinigungsmittel, Staubschutzhauben etc. benötigen, müssen Sie letztlich selbst herausfinden.

2 Grundkurs PC-Benutzung

2.1 Erste Schritte

2.1.1 Die Organisation der Festplatte

Die Festplatte ist das zentrale „Lager" des Computers. Auf ihr sind die Dateien gespeichert. Eine Datei kann ein Programm enthalten oder einen Text, ein Bild oder eine Statistik usw. Für Sie, den normalen Benutzer des Computers, sind Dateien die kleinste logische Zusammenfassung von Daten. Wenn Sie einen Brief geschrieben haben, speichern Sie ihn als *eine* Datei. Wenn Sie ihn später noch einmal überarbeiten wollen, bearbeiten Sie genau diese Datei.

Programme sind zwar im Grunde auch einzelne Dateien, bei Softwarepaketen wie z.B. Word für Windows 6.0 kommen zu dem eigentlichen Programm aber noch viele weitere Dateien hinzu, die etwa Lexika für die eingebaute Rechtschreibprüfung enthalten oder ein Lernprogramm mit Beispieltexten. Da kommen leicht (wie bei WinWord 6.0) 300 Dateien zusammen. Wenn Sie noch weitere derart umfangreiche Programmpakete einsetzen, enthält Ihre Festplatte schnell über 1000 Dateien.

Dateinamen. Jede Datei hat einen Namen. Bei den von Ihnen erzeugten Dateien, etwa dem neu geschriebenen Brief, legen Sie den Dateinamen selbst fest; bei Programmen hat dies der Hersteller getan. Dateinamen bestehen aus zwei Teilen: dem Namen selbst und der sogenannten Namens-Erweiterung. Ein Name kann aus bis zu acht Buchstaben oder Zahlen bestehen, die Erweiterung noch einmal aus bis zu drei. Name und Erweiterung sind durch einen Punkt getrennt. Beispielhafte Dateinamen sind:

```
BUCH.DOC
HAUSARB5.TXT
BR-0295A.DOC
WINWORD.EXE
```

Innerhalb des Namens sind Leerzeichen, ein Punkt und einige andere Sonderzeichen nicht erlaubt. Die Groß- und Kleinschreibung spielt keine Rolle, „BUCH.DOC" bezeichnet also die gleiche Datei wie „Buch.doc". Wir schreiben zur Verbesserung der Lesbarkeit alle Dateinamen groß.

Leider sind die acht zulässigen Zeichen eines Namens viel zu kurz, um eine wirklich sinnvolle Benennung des Inhalts einer Datei zu ermöglichen. Dieser Mangel beruht auf dem veralteten Betriebssystem MS-DOS und wird von neueren Systemen wie MacOS, OS/2 und auch Windows 95 behoben. Sie erlauben längere Dateinamen.

Die *Erweiterung* sollte etwas über die Art der Datei aussagen. Einige Erweiterungen sind vom Betriebssystem für Programme reserviert: „EXE“, „COM“ und „BAT“. Andere Endungen werden von Anwendungsprogrammen für die mit ihrer Hilfe erzeugten Dateien vergeben, z.B. „DOC“ und „TXT“ für Texte oder „BMP“ und „GIF“ für Bilder. Wenn Sie sich bei der Wahl einer Erweiterung an die Vorschläge des Anwendungsprogramms halten, finden Sie Ihre einmal erzeugte Datei erfahrungsgemäß einfacher wieder.

Verzeichnisse. Der Dateiname allein reicht bei über 1000 Dateien auf der Festplatte natürlich nicht aus, um einen Überblick zu behalten. Deshalb können Sie die Dateien in verschiedenen Verzeichnissen (engl.: directories) ablegen. Verzeichnisse sind eine Art elektronische Ablageboxen, in die sachlich zusammengehörende Dateien gelegt werden. Wie Sie einen Brief in einen bestimmten Ablagekorb oder in eine bestimmte Akte einsortieren, so können Sie auf der Festplatte einen als Datei vorliegenden Brief in diesem oder jenem Verzeichnis speichern.

Für die Namen von Verzeichnissen gelten die gleichen Regeln wie bei Dateien. Üblicherweise läßt man bei Verzeichnissen die Erweiterung weg und wählt Namen, die bei der Ordnung der Festplatte helfen, z.B. „BRIEFE“ oder „1994“. Sie selbst können beliebig viele Verzeichnisse anlegen, um Ihre Festplatte zu strukturieren. Gleiches tun auch die Programme, mit denen Sie neue Software auf die Festplatte überspielen – auch sie legen Verzeichnisse an und teilen die mitgelieferten Dateien auf diese auf. Wie Sie Verzeichnisse anlegen, erfahren Sie in Abschnitt 2.1.4.

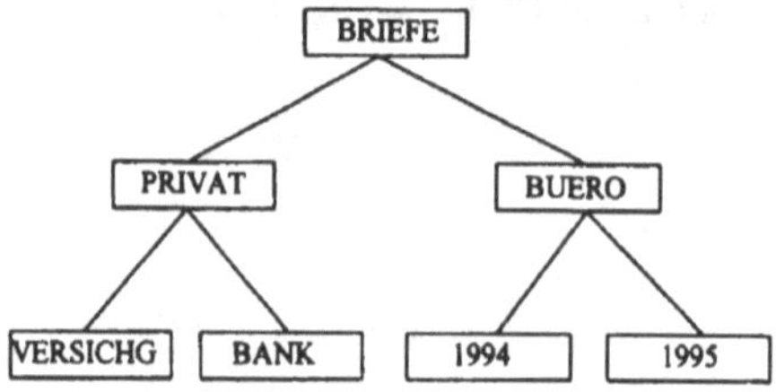

Abbildung 2.1: Beispielhafter Verzeichnisbaum (I)

Die Besonderheit bei Verzeichnissen im Unterschied zu Ablagekörben ist, daß ein Verzeichnis nicht nur Dateien, sondern auch weitere Verzeichnisse enthalten kann. Sie können also z.B. im Verzeichnis „BRIEFE“ die (Unter-)Verzeichnisse „PRIVAT“ und „BUERO“ anlegen, bei „BUERO" z.B. die weiteren Unterverzeichnisse „1994" und „1995", bei „PRIVAT" die Unterverzeichnisse „VERSICHG" (8 Zeichen!) und „BANK". Damit erhalten Sie die in Abbildung 2.1 wiedergegebene Struktur, die (obwohl kopfstehend) im allgemeinen „Verzeichnis*baum*" genannt wird.

Der von Ihnen angelegte Verzeichnisbaum hängt jedoch nicht in der Luft, sondern ist in die Struktur der gesamten Festplatte integriert. Die Festplatte eines neuen Computers hat zunächst einmal nur ein einziges Verzeichnis, das Haupt- oder Wurzelverzeichnis, geschrieben als „\". Schon beim Einrichten des Betriebssystems werden automatisch einige weitere Verzeichnisse angelegt: „DOS", „WINDOWS" sowie mehrere Unterverzeichnisse. Wenn Sie Ihren Computer zum ersten Mal benutzen, sollten Sie dann ein Verzeichnis anlegen, das Ihre Dokumente enthält, beispielsweise „TEXTE". In dieses könnte dann Ihr neuer Verzeichnisbaum integriert werden. Das alles führt zu einer Gesamtstruktur der Festplatte, die etwa wie in Abbildung 2.2 aussieht.

```
C:\
├─DOS
├─TEXTE
│  ├─BRIEFE
│  │  ├─PRIVAT
│  │  │  ├─BANK
│  │  │  └─VERSICHG
│  │  └─BUERO
│  │     ├─1994
│  │     └─1995
│  └─BUCH
├─WINDOWS
│  └─SYSTEM
│     └─...
└─WINWORD
   ├─SETUP
   ├─VORLAGEN
   ├─MAKROS
   ├─CLIPART
   └─WORDCBT
      └─START
```

Abbildung 2.2: Beispielhafter Verzeichnisbaum (II)

Jedes der gezeigten Unterverzeichnisse enthält nun einen Teil der Dateien der Festplatte. Auch das Hauptverzeichnis („\") enthält üblicherweise einige besonders wichtige Dateien.

Nehmen wir an, Sie schreiben einen Brief an Ihre Bank, in der Sie den Kontoauszug reklamieren. Sie können die Datei „REKLA.DOC" nennen und im Unterverzeichnis „BANK" ablegen, sofern dort dieser Dateiname noch nicht existiert. Denn in einem Verzeichnis darf ein Dateiname nur einmal vorkommen. Dagegen stört es nicht, wenn im Unterverzeichnis „VERSICHG" dieser Dateiname schon vergeben ist. Sie haben dann zwar zwei Dateien „REKLA.DOC“ auf der Festplatte, finden jedoch jede im richtigen Kontext wieder.

Jedes Textverarbeitungsprogramm hat ein „Standardverzeichnis“, in das es die von Ihnen geschriebenen Dateien ablegt und in dem es die Dateien sucht, die Sie wiederbekommen wollen. Wenn das beispielsweise das Verzeichnis „BRIEFE“ ist, bekommen Sie Ihre beiden „REKLA.DOC“-Dateien normalerweise nicht angezeigt, denn diese sind in den Unterverzeichnissen „BANK“ und „VERSICHG“. Sie müssen im Textverarbeitungsprogramm das Verzeichnis zunächst richtig einstellen, um einen der beiden Briefe zu bekommen.

Pfadnamen. Sie haben allerdings noch eine andere Möglichkeit: MS-DOS und MS-Windows kennen eine Schreibweise, die eine Datei innerhalb der Festplatte eindeutig bezeichnet: den *Pfadnamen.* Der Pfadname einer Datei entsteht, indem Sie alle Verzeichnisnamen und den Dateinamen vollständig aneinanderschreiben und durch „\“ trennen, den sogenannten „Backslash“ ([AltGr]+[ß]). Wenn Sie also die Datei „REKLA.DOC“ im Verzeichnis „BANK“ meinen, schreiben Sie

```
\TEXTE\BRIEFE\BANK\REKLA.DOC
```

Meinen Sie jedoch die gleichnamige Datei im Verzeichnis „VERSICHG“, lautet der korrekte Pfadname

```
\TEXTE\BRIEFE\VERSICHG\REKLA.DOC
```

Auf diese Art lassen sich alle Dateien der Festplatte schreiben, z.B.:

```
\DOS\COMMAND.COM
\TEXTE\BUCH\KAPITEL1.DOC
\WINWORD\WINWORD.EXE
```

Und nicht nur die Dateien der Festplatte: auch jede einzelne Diskette können Sie in gleicher Art und Weise organisieren. Im allgemeinen werden Sie wegen der beschränkten Speicherkapazität auf einer Diskette keine größeren Verzeichnisstrukturen anlegen, doch das eine oder andere Unterverzeichnis ist manchmal doch sinnvoll.

Um die Dateien auf der Festplatte und die Dateien auf einer Diskette unterscheiden zu können, haben die verschiedenen Laufwerke Kennbuchstaben: „A“ für das erste Diskettenlaufwerk, „B“ für ein vielleicht vorhandenes zweites und „C“ für die Festplatte. Wenn Sie mit einer CD-ROM oder in einem lokalen Computernetz arbeiten, kommen weitere Buchstaben hinzu. Wenn Sie nun eine Datei „REKLA.DOC“ aus einem auf Ihrer Diskette vorhandenen Verzeichnis namens „ENTWURF“ benötigen, stellen Sie den Kennbuchstaben des Laufwerks dem Pfadnamen voran, getrennt durch einen Doppelpunkt:

```
A:\ENTWURF\REKLA.DOC
```

Für die entsprechende Datei auf der Festplatte lautet der komplette Name:

```
C:\TEXTE\BRIEFE\BANK\REKLA.DOC
```

Oft stellt sich die Frage, welche *Version* einer Datei in welchem Verzeichnis oder auf welcher Diskette gespeichert ist. Wenn Sie einen Text über Wochen bearbeiten, davon regelmäßig Kopien auf Diskette anfertigen, verlieren Sie bisweilen den Überblick. Das Betriebssystem unterstützt Sie jedoch, indem es bei jeder Datei vermerkt, an welchem Tag und zu welcher Uhrzeit sie zuletzt bearbeitet wurde. Damit können Sie herausfinden, welches die aktuelle Version ist (siehe Abbildung 2.3).

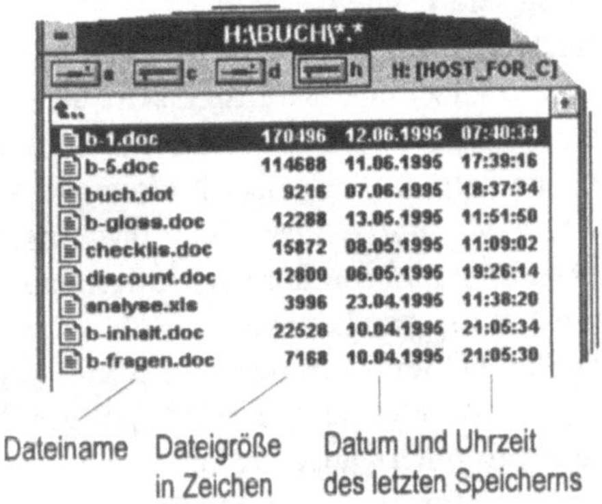

Abbildung 2.3: Dateiliste mit Namen, Größe, Speicherdatum

2.1.2 PC aufbauen und anschließen

Nachdem Sie jetzt eine ganze Menge Theoretisches über Ihren PC erfahren haben, kommen wir nun endlich zum Aufbauen und Anschließen. Die PC-Händler liefern Ihre Geräte in einem sehr unterschiedlichen Zustand aus. Viele PC starten nach dem ersten Einschalten gleich MS-Windows und Sie können mit der Arbeit beginnen. Andere starten jedoch nur MS-DOS oder irgendeine andere Software. Um unsere nachfolgende Beschreibung praktisch nachvollziehen zu können, sollten Sie beim Kauf Ihren Händler fragen, was Sie nach dem Einschalten tun müssen, damit Sie MS-Windows benutzen können.

Wenn Sie PC, Monitor und Drucker dann vom Laden nach Hause geschleppt haben, sollten Sie den PC und den Monitor aus den Kisten auspacken. Den Drucker lassen Sie am besten zunächst eingepackt, damit die Anzahl der Teile überschaubar bleibt. Vor sich sehen Sie nun mindestens folgende Teile:

- PC
- Kabel zum Anschluß des PC an das Stromnetz
- Tastatur mit Kabel
- Maus mit Kabel und mit Mousepad
- Monitor mit Verbindungskabel zum PC
- Kabel zum Anschluß des Monitors an das Stromnetz oder an einen Stromanschluß des PC

Beim Auspacken sollten Sie auf die Datenblätter, Gebrauchsanweisungen und Disketten achten, die Sie in den verschiedenen Kisten finden. Diese Unterlagen und Disketten müssen Sie gut aufbewahren, da sie vor allem bei späteren Reparaturen wichtig sein können.

Bereiten Sie nun den Aufstellort für Ihren PC vor. Hinter dem PC sollte mindestens 10 cm Platz für Kabel und Belüftung sein. Jetzt können Sie PC, Monitor, Tastatur und Maus an ihren Platz stellen und mit dem Anschließen beginnen. Natürlich sollten Sie zunächst einen Blick in die Gebrauchsanleitung von PC und Monitor werfen, doch das Anschließen ist im Grunde ganz einfach: Buchsen und Stecker sind jeweils nur einmal vorhanden, so daß Sie keine Fehler machen können.

Sie müssen die Tastatur an den PC (einziger runder Stecker), die Maus an den PC (9poliger Stecker), den Monitor an den PC (15poliger Stecker) sowie PC und Monitor an das Stromnetz anschließen (separate Netzkabel). In vielen Fällen hat der Monitor ein Stromkabel, das nicht in die normale Steckdose gesteckt wird, sondern hinten in den PC. Das ist ganz praktisch, weil dann der Monitor über den PC mit Strom versorgt und auch mit dem PC ein- und ausgeschaltet wird. Ein solches Kabel können Sie natürlich auch nachträglich kaufen.

Nach erfolgreicher „Verkabelung" können Sie den PC und den Monitor einschalten. In vielen Fällen wird beim ersten Einschalten eines neuen PC eine spezielle Software gestartet, die noch fehlende Teile des Betriebssystems installiert und Ihnen die Erstellung von Originaldisketten anbietet. Davon sollten Sie unbedingt Gebrauch machen. Falls Sie die benötigte Anzahl Disketten nicht zur Hand haben, können Sie diesen Vorgang auch zu einem späteren Zeitpunkt durchführen.

Anschließend meldet sich das Betriebssystem: entweder gleich MS-Windows mit einem bunten Schriftzug oder MS-DOS mit einem schwarzen Bildschirm und der Ausgabe

```
c:\>
```

Hinter dem „>“ steht die blinkende Schreibmarke, der „Cursor“. Wenn Sie etwas eingeben, erscheinen die Zeichen immer an der Stelle, an der der Cursor steht. Geben Sie dort „win“ gefolgt von ↵ ein, um MS-Windows zu starten. Funktioniert das nicht, sollten Sie sich mit Ihrem Händler in Verbindung setzen.

Wir empfehlen Ihnen, sich zuerst mit MS-Windows vertraut zu machen (Abschnitt 2.1.3), bevor Sie weitere Software installieren (Abschnitt 2.1.5) und Ihren Drucker anschließen (Abschnitt 2.1.6).

2.1.3 MS-Windows bedienen

Einer der Vorteile von MS-Windows gegenüber dem DOS-Betriebssystem ist seine Präsentation nach außen, die „graphische Benutzeroberfläche“. Diese Art der Bildschirmdarstellung und Programmbedienung wird in allen Windows-Programmen verwendet, also in allen Programmen für dieses Betriebssystem. Die Grundelemente der Oberfläche erläutern wir Ihnen in diesem Abschnitt. Obwohl Windows in erster Linie für die Bedienung mit der Maus gedacht ist, können alle Funktionen auch mit der Tastatur erreicht werden. Allerdings gestaltet sich das häufig etwas kompliziert, so daß wir nur auf die Mausbedienung eingehen.

Der Mauszeiger hat in Windows üblicherweise die Form eines kleinen Pfeils. Wenn Windows jedoch mit Ihrer vorhergehenden Eingabe beschäftigt ist und gerade keine weitere Eingabe von Ihnen gebrauchen kann, wandelt sich der Mauszeiger zur Sanduhr. In manchen Programmen hat er eine ganz andere Form, etwa in Textverarbeitungsprogrammen. Innerhalb des Dokuments wird er dort als senkrechter Strich dargestellt.

Nach dem Start zeigt Ihnen MS-Windows seine typische, aus Fenstern und Symbolen bestehende Oberfläche. Im Grunde soll sie einem Schreibtisch entsprechen, wo an einer Stelle die Stifte liegen (Textverarbeitung), an anderer die Aktenberge (Datenbank), dazwischen eine Uhr, daneben ein Papierkorb usw. Die Übertragung ist den Entwicklern von Windows allerdings nicht besonders gut gelungen. Betrachten Sie bitte den recht typischen Windows-Bildschirm in Abbildung 2.4.

Der Bildschirm enthält zwei *Programmfenster* sowie außerhalb der Fenster zwei *Programmsymbole*. Die Darstellung aller Programme und Daten in Fenstern ist die Grundphilosophie von Windows. Ein Anwendungsprogramm nimmt bei Windows in der Regel nicht den ganzen

Bildschirm ein, sondern nur einen Teil, ein Fenster. In Abbildung 2.4 sind dies die Programme „Programm-Manager“ und „Uhr“. Sie werden unabhängig voneinander und gleichzeitig ausgeführt. Weitere Programme, im Beispiel „IdleWild“ und „Microsoft Word“ laufen zwar auch gerade, sind aber nur als Symbole dargestellt, weil der Anwender sie zur Zeit nicht benötigt. Sie befinden sich in einer Art „Wartezustand“, werden aber im „Hintergrund“ weiter ausgeführt.

IdleWild ist z.B. ein „Bildschirmschoner“, ein Programm, das das Einbrennen des Bildschirms verhindert. Wenn Sie für einige Minuten keine Taste gedrückt haben, schaltet es den Bildschirm ab und stellt statt dessen z.B. tanzende bunte Linien dar. Jeder beliebige Tastendruck führt zur Wiederherstellung des alten Bildschirminhalts. Bei IdleWild reicht es aus, wenn es – zum Symbol verkleinert – im Hintergrund wirkt und auf den Zeitpunkt wartet, zu dem es den Bildschirm abschalten soll.

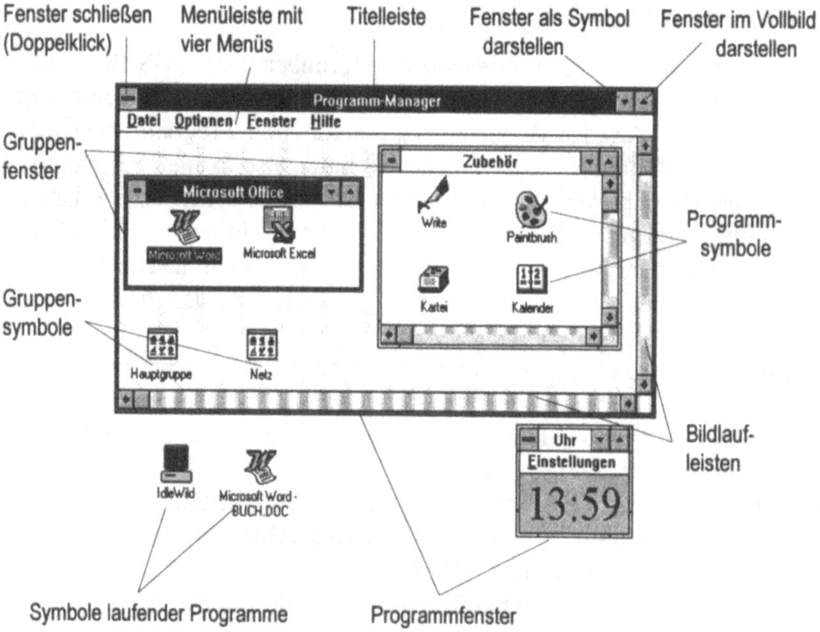

Abbildung 2.4: Typischer Windows-Bildschirm

Umgang mit Fenstern. Die Aufteilung des Windows-Bildschirms kann von Ihnen selbst gestaltet werden. Sie können bestimmen, ob ein Programm den ganzen Bildschirm einnimmt, nur ein Fenster oder gar als kleines Symbol dargestellt wird – je nachdem, ob Sie es benötigen oder nicht. Sie können außerdem die Plazierung und Größe der Programmfenster verändern. In fast allen Windows-Programmen haben Sie folgende Möglichkeiten:

- *Vollbild-Darstellung:* Ein Windows-Programm wird als Vollbild angezeigt, wenn Sie mit der Maus auf die Schaltfläche klicken. Es nimmt dann den ganzen Bildschirm ein. Als Fenster erscheint es wieder durch Klick auf .
- *Symbol-Darstellung:* Wenn Sie auf klicken, wird das Programm als *Programmsymbol* am unteren Bildschirmrand angezeigt. Das normale Programmfenster erhalten Sie wieder durch einen doppelten Mausklick auf das Symbol.
- *Fenstergröße verändern:* Bewegen Sie den Mauszeiger auf den Rand des Fenster. Er verändert sich zu einem Doppelpfeil wie in der nebenstehenden Abbildung. Klicken Sie mit der linken Maustaste und bewegen Sie den Mauszeiger bei gedrückter Taste. Nun verändert sich (wie in der Abbildung) so lange die Größe des Fensters, bis Sie die Maustaste loslassen.

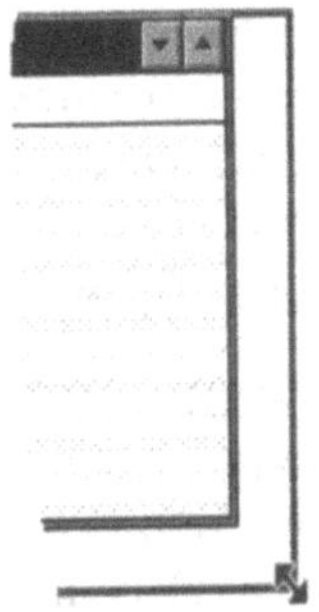

- *Fenster verschieben:* Klicken Sie mit der linken Maustaste in die Titelleiste des Fensters, halten Sie die Taste gedrückt und verschieben Sie mit der Maus das Fenster an die gewünschte Stelle. Dann lassen Sie die Taste los.
- *Programmende:* Klicken Sie zweimal nacheinander auf die Schaltfläche .

Diese Operationen können Sie mit jedem Fenster durchführen, z.B. auch mit der Uhr. Wenn Sie eine Uhr laufen lassen wollen, können Sie sie am besten zum Symbol verkleinern, damit sie nur sehr wenig Platz einnimmt.

Über die *Menüleiste* erreichen Sie die verschiedenen Funktionen eines Programms. Durch einen Mausklick auf einen der Begriffe öffnet sich das Menü wie in Abbildung 2.5. Durch Bewegung der Maus zu einer Zeile des Menüs, den gewünschten *Menüpunkt*, können Sie eine Funktion auslösen, etwa im Beispiel das Windows-Lernprogramm aufrufen. Wir schreiben in diesem Buch immer „HILFE/INHALT“, wenn wir den Menüpunkt „INHALT“ im Menü „HILFE“ meinen.

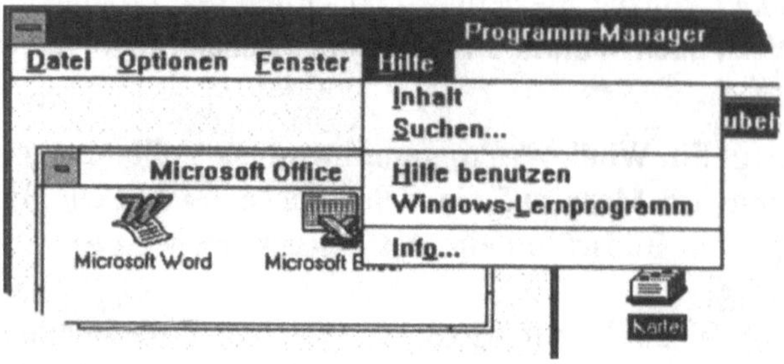

Abbildung 2.5: Geöffnetes Hilfe-Menü

Am unteren und rechten Rand des Fensters sehen Sie *Bildlaufleisten* (auch: Rollbalken), mit deren Hilfe Sie Inhalte des Fensters sichtbar machen, die innerhalb der gegenwärtigen Fenstergröße nicht angezeigt werden können. Durch einen Mausklick auf ▲ oder ▼ wird der Ausschnitt des Fensterinhalts verschoben, den Sie gerade angezeigt bekommen, durch ▲ nach oben, durch ▼ nach unten.

Programm-Manager. Er ist das Basisprogramm von MS-Windows und startet automatisch nach dem Windows-Start. Über ihn können die anderen Windows-Programme überhaupt erst ausgewählt und gestartet werden. Gleichzeitig benötigen Sie ihn für das Hinzufügen oder Entfernen neuer Windows-Software. Abgesehen von dieser besonderen Bedeutung ist der Programm-Manager ein normales Windows-Programm.

Jedes der in Windows verfügbaren Programme wird im Programm-Manager durch ein *Programmsymbol* repräsentiert. Schon bei Windows selbst werden etwa 25 Programme mitgeliefert, die teilweise der Verwaltung von Windows dienen (wie der Programm-Manager), teilweise aber auch richtige Anwendungsprogramme sind, z.B. die sehr einfache Textverarbeitung „Write", das Malprogramm „Paintbrush", ein Terminkalender oder ein Taschenrechner. In Abbildung 2.4 sehen Sie einige davon, sowie Symbole für die zusätzlich gekauften Programme „Word" und „Excel".

Um die Vielzahl der Symbole vernünftig zu gliedern, werden Sie im Programm-Manager zu Programmgruppen zusammengefaßt. Schon nach der Installation von Windows gibt es die Hauptgruppe mit den Windows-Verwaltungsprogrammen, die Zubehör-Gruppe mit den mitgelieferten Anwendungsprogrammen und die Spiele-Gruppe mit zwei mitgelieferten Computerspielen. Jede Anwendungssoftware fügt bei der Installation im Programm-Manager ein eigenes Symbol hinzu, zum Teil sogar eine eigene Gruppe. In Abbildung 2.4 sehen Sie dies am Beispiel von „Microsoft

Office“, einer Programmgruppe, die bei der Installation von „Word für Windows“ oder „MS Excel“ angelegt wird.

Im Programm-Manager werden die Gruppen als Fenster dargestellt, die die Programmsymbole enthalten. In Abbildung 2.4 sind nur die Gruppe „Microsoft Office“ und „Zubehör“ als geöffnete Fenster zu sehen. Die anderen beiden Gruppen „Hauptgruppe“ und „Netz“ sind geschlossen, d.h. zum Symbol verkleinert. Aus einer geöffneten Gruppe können Sie ein Programm starten, indem Sie mit der Maus doppelt auf das Symbol klikken oder es einmal anklicken und ↵ drücken. Wollen Sie ein Programm starten, dessen Symbol sich in einer geschlossenen Gruppe befindet, müssen Sie zuvor die Gruppe mit Doppelklick öffnen.

Sie können mit den Gruppenfenstern genauso umgehen wie mit jedem anderen Windows-Fenster, sie also verschieben, vergrößern, zum Symbol verkleinern oder als Vollbild anzeigen. Bei solchen „Fenstern im Fenster“ müssen Sie allerdings die Größe des Programmfensters selbst beachten: Sie können das Zubehör-Gruppenfenster also nicht über die Größe des Programm-Managers hinaus verändern oder verschieben. Auch die Vollbildanzeige beschränkt sich auf die maximale Größe *innerhalb* des Programmfensters, nicht auf den ganzen Bildschirm.

Mit dem Beenden des Programm-Managers durch einen Doppelklick auf die Schaltfläche ▬ oder den Menüpunkt DATEI/WINDOWS BEENDEN wird gleichzeitig MS-Windows beendet. Nun meldet sich MS-DOS. Durch Eingabe von „win“ und ↵ kehren Sie zu MS-Windows zurück. Bitte beenden Sie MS-Windows vor Ausschalten des Computers, damit alle internen Dateien korrekt abgespeichert werden.

Dialogboxen. Dialogboxen sind ein typischer Bestandteil von MS-Windows, der sich in allen Windows-Programmen findet. Sie dienen der Eingabe von Informationen durch den Benutzer. Die Eingabe in ein Computerprogramm kann ganz unterschiedlicher Art sein: Bisweilen werden umfangreiche Daten abgefragt, die Sie sich völlig frei aussuchen können, manchmal aber wählen Sie nur aus einer Liste vorhandener Daten aus, z.B. aus der Liste der Bahnhöfe bei der Zugauskunft. In wieder anderen Fällen besteht die Eingabe im Grund nur aus der Beantwortung einer Frage mit „Ja“ oder „Nein“. Dem trägt das Design der Dialogboxen Rechnung. Alle Arten von Eingaben sollen in angemessener Form, möglichst mit der Maus erfolgen können. Eine typische Dialogbox sehen Sie in Abbildung 2.6. Sie dient der Festlegung des Formats eines Text- oder Zahlenfeldes innerhalb einer Kalkulationstabelle.

Hier können Sie sehr viele Einstellungen vornehmen. Neuere Windows-Programme strukturieren diese vielen Möglichkeiten durch verschiedene *Registerkarten* innerhalb einer Dialogbox, statt mehrere solcher Boxen anzubieten. In der Abbildung ist die Registerkarte SCHRIFTART aktiviert. Die anderen Karten sind gerade nicht sichtbar. Ein Mausklick auf ZAHLEN oder AUSRICHTUNG würde die jeweilige Karte sichtbar werden lassen.

Innerhalb der Dialogbox SCHRIFTART können Sie teilweise Text direkt eingeben, in *Textfelder* wie SCHRIFTSTIL oder SCHRIFTGRÖSSE. Sie können aber auch in dem jeweils darunterliegenden *Listenfeld* eine der vorgegebenen Alternativen mit der Maus aktivieren. Um im Listenfeld weitere als die angezeigten Einstellungen zu sehen, benutzen Sie die Bildlaufleiste. Manche Listenfelder sind nur einzeilig dargestellt, um Platz zu sparen, in Abbildung 2.6 sind das die Listenfelder „Unterstreichung" und „Farbe". Erst durch einen Mausklick auf die Schaltfläche ⯆ wird die Liste samt Bildlaufleiste angezeigt.

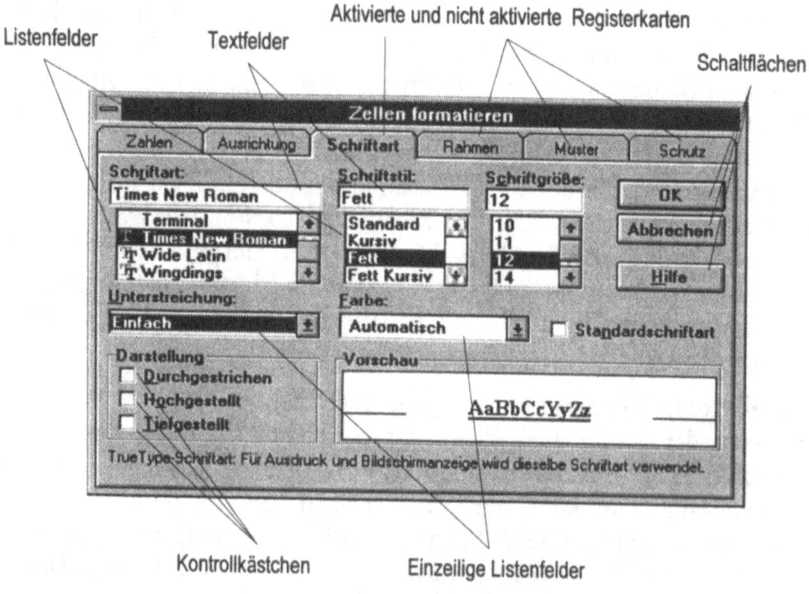

Abbildung 2.6: Beispielhafte Dialogbox aus MS Excel

Eine weitere Möglichkeit der Eingabe ist das Ankreuzen von *Kontrollkästchen*. Im angekreuzten Zustand (☒) ist die jeweilige Option aktiviert. Jeder Mausklick auf das Kästchen wechselt den Zustand. *Optionsschaltflächen* können Sie ähnlich wie Kontrollkästchen durch Mausklick aktivieren. Innerhalb einer Gruppe von Optionsschaltflächen kann nur eine Option aktiviert (◉) sein, die anderen sind nicht aktiviert (○). Sie kennen dieses Prinzip vom Umschalter zwischen UKW/LW/MW bei Radios.

Die Eingabe in einer Dialogbox wird durch einen Mausklick auf eine der vorhandenen *Schaltflächen* abgeschlossen. Üblicherweise verfügt jede Dialogbox mindestens über zwei Standard-Schaltflächen. Durch Mausklick auf [OK] werden die Eingaben vom Programm übernommen, ein Klick auf [Abbrechen] verwirft alles, was in diese Dialogbox eingegeben wurde.

Windows-Hilfe und Lernprogramm. Wenn Sie nicht mehr weiterwissen, können Sie die eingebaute Online-Hilfe benutzen. Diese erreichen Sie in nahezu jedem Windows-Programm durch das Menü HELP bzw. ? oder die Betätigung der Taste [F1]. Die Windows-Hilfe ist ein eigenständiges Windows-Programm, daß Ihnen Erklärungstexte zum jeweiligen Anwendungsprogramm präsentiert. Innerhalb eines Hilfstextes können Sie sich mit den Bildlaufleisten bewegen oder mit einem Mausklick auf einen grün gekennzeichneten Begriff weitere Informationen zu diesem Begriff anfordern.

Außerdem stehen Ihnen fünf Schaltflächen zur Verfügung: mit INHALT bekommen Sie eine Übersicht der zum jeweiligen Programm verfügbaren Hilfstexte, mit SUCHEN suchen Sie in allen Hilfstexten nach Stichwörtern, mit ZURÜCK und BISHER greifen Sie auf zuvor gelesene Texte zu und mit INDEX zeigt Ihnen das Hilfsprogramm ein Schlagwortverzeichnis.

Manche Programme bieten Ihnen ein zusätzliches Lernprogramm, darunter auch Windows selbst. Das Windows-Lernprogramm erreichen Sie im Programm-Manager unter dem Menüpunkt HILFE/WINDOWS-LERNPROGRAMM. Als Windows-Anfänger sollten Sie sich auf jeden Fall die Zeit nehmen, dieses Lernprogramm durchzuarbeiten. Alle in diesem Abschnitt nur kurz angerissenen Grundfunktionen von MS-Windows werden darin mit Beispiel und Übungen erklärt.

2.1.4 Der Datei-Manager

Um den Inhalt Ihrer Dateien zu bearbeiten, haben Sie Anwendungsprogramme, für Texte zum Beispiel das Textverarbeitungsprogramm. Um aber die Festplatte zu organisieren, Dateien in andere Verzeichnisse zu schieben, neue Verzeichnisse anzulegen, Dateien auf Diskette zu kopieren oder zu löschen, gibt es den Datei-Manager. Er hilft Ihnen bei der Organisation Ihrer Festplatte und Ihrer Disketten. Daher wollen wir an dieser Stelle die wichtigsten Arbeitsvorgänge innerhalb des Datei-Managers vorstellen.

Das Symbol des Datei-Managers finden Sie in der Hauptgruppe des Programm-Managers. Ein Doppelklick auf das Symbol startet den Datei-Manager und zeigt Ihnen einen Bildschirm, der ähnlich aussieht wie in Abbildung 2.7.

Die linke Hälfte des Fensters enthält eine Darstellung des Verzeichnisbaumes Ihrer Festplatte, den Sie in dieser Form ja schon aus Abbildung 2.2 kennen. Ein Mausklick auf das -Symbol sorgt dafür, daß das jeweilige Verzeichnis „geöffnet“ wird, d.h. in der rechten Hälfte alle Dateien des Verzeichnisses angezeigt werden. Vor dem jeweils geöffneten Verzeichnis wird das -Symbol angezeigt.

Durch einen Doppelklick auf eines dieser beiden Symbole erreichen Sie, daß auch die Unterverzeichnisse eines Verzeichnisses angezeigt werden. Bei dem Verzeichnis TEXTE haben wir das in Abbildung 2.7 getan, d.h. Sie sehen die vollständigen Unterverzeichnisse, bei WINDOWS und WINWORD werden (ebenfalls vorhandene) Unterverzeichnisse nicht angezeigt. Mit einem erneuten Doppelklick auf oder verschwinden die Unterverzeichnisse wieder. Auf diese Art und Weise können Sie sich durch die Struktur Ihrer Festplatte klicken. Sie können auch auf Disketten zugreifen. Wenn Sie z.B. eine Diskette eingelegt haben und auf das Symbol klicken, erscheint die Verzeichnisstruktur der Diskette in Laufwerk A.

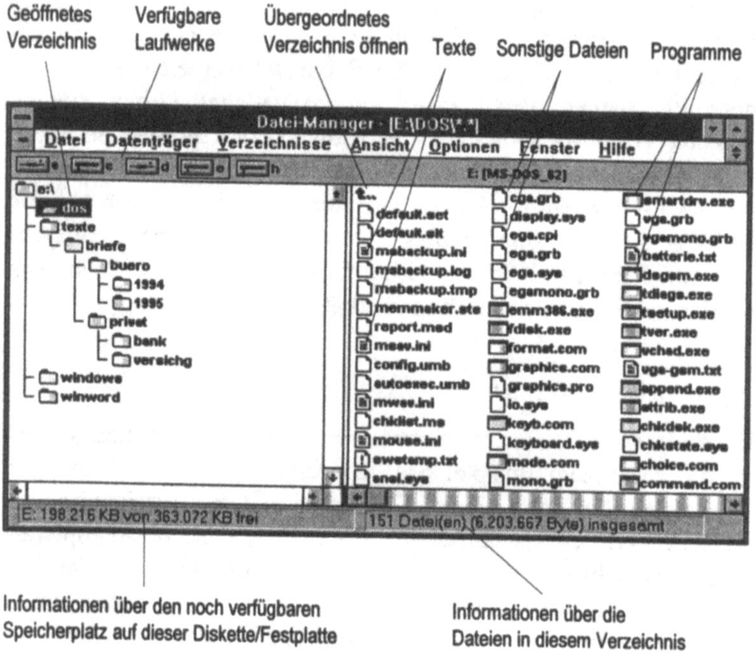

Abbildung 2.7: Datei-Manager

Sie können ziemlich frei einstellen, in welcher Art und Weise Ihnen der Datei-Manager die Verzeichnisstruktur und die Dateien eines Verzeichnisses präsentiert. Im Menü ANSICHT können Sie wählen, ob nur die Struktur, nur der Inhalt des geöffneten Verzeichnisses oder (wie in unserer Abbildung) beides angezeigt wird. Außerdem können Sie mit ANSICHT/ALLE DATEIANGABEN einstellen, daß zu jeder Datei auch die Größe sowie Datum und Uhrzeit der letzten Bearbeitung angegeben werden. Auch die Sortierreihenfolge der angezeigten Dateien können Sie über das Menü ANSICHT vorgeben. Standard ist eine alphabetische Reihenfolge. Sinnvoller ist meistens die Einstellung ANSICHT/NACH DATUM, da dann die neuesten Dateien zuerst erscheinen.

Verzeichnisse anlegen. Der erste Schritt zur Erstellung einer brauchbaren Struktur der Festplatte ist das Anlegen von Verzeichnissen. Dazu öffnen Sie das Verzeichnis, in dem ein Unterverzeichnis angelegt werden soll, klicken also z.B. auf das vor TEXTE. Nun wählen Sie im Menü DATEI den Punkt VERZEICHNIS ERSTELLEN. Auf dem Bildschirm erscheint eine Dialogbox. Dort geben Sie den Namen ein und klicken auf OK. Das neue Verzeichnis wird angelegt.

Disketten formatieren. Eine Diskette können Sie erst benutzen, wenn Sie sie vorher formatiert haben. Wählen Sie dazu den Menüpunkt DATENTRÄGER/DATENTRÄGER FORMATIEREN. Es erscheint eine Dialogbox, in der Sie noch das gewünschte Laufwerk auswählen müssen (A oder B) und einen Namen für die Diskette vergeben können. Nach einem Mausklick auf OK und einer Nachfrage des Datei-Managers wird die Diskette formatiert. Achtung: Alle darauf bereits vorhandenen Daten gehen verloren!

Dateien umbenennen und löschen. Wenn Sie den Namen einer Datei ändern wollen, müssen Sie die betreffende Datei zunächst in der Liste markieren. Dies machen Sie mit einem einfachen Mausklick auf den Dateinamen. Der Name wird schwarz hinterlegt. Nun wählen Sie DATEI/UMBENENNEN, geben in die Dialogbox den neuen Namen ein und klicken auf OK. Die Datei wird umbenannt. Wundern Sie sich nicht, wenn die Datei nach dem Umbenennen aus der Liste scheinbar ganz verschwunden ist. Durch den neuen Namen ist sie vermutlich an anderer Stelle alphabetisch einsortiert.

Sie können eine vorher markierte Datei löschen, indem Sie DATEI/LÖSCHEN auswählen und die anschließend erscheinende Dialogbox mit OK bestätigen. Nun erscheint noch eine weitere Nachfrage, ob Sie die Datei wirklich löschen wollen, die Sie ebenfalls mit OK beantworten müssen. Eine einmal gelöschte Datei können Sie nur unter bestimmten Umständen und auf bestimmte Weise wiederherstellen (siehe Abschnitt 2.2.2).

Dateien kopieren oder verschieben. Häufig wollen Sie eine oder mehrere Dateien auf Diskette sichern oder von einem in ein anderes Verzeichnis verschieben. Auch das kann der Datei-Manager, allerdings bedarf es hierfür einiger Vorbereitungen. Im Normalfall zeigt Ihnen der Dateimanager wie in Abbildung 2.7 nur ein Verzeichnis an. Zum Kopieren oder Verschieben brauchen Sie aber noch ein zweites. Dazu wählen Sie zunächst FENSTER/NEUES FENSTER. Jetzt legt der Datei-Manager ein neues Fenster an, das aber zuerst nicht sichtbar wird. Wählen Sie daher FENSTER/NEBENEINANDER. Der Datei-Manager enthält nun in sich zwei Fenster mit zunächst identischem Inhalt. Wenn Sie ANSICHT/STRUKTUR UND VERZEICHNIS gewählt haben, enthalten beide Fenster links die Verzeichnisstruktur und rechts die Dateien des geöffneten Verzeichnisses. Diese beiden Fenster können Sie jetzt unabhängig voneinander benutzten. Sie können also im oberen Fenster ein anderes Verzeichnis öffnen als unten. In Abbildung 2.8 ist im oberen Fenster das Verzeichnis \TEXTE\BUCH der Festplatte geöffnet, im unteren Fenster wird das Hauptverzeichnis der Diskette angezeigt.

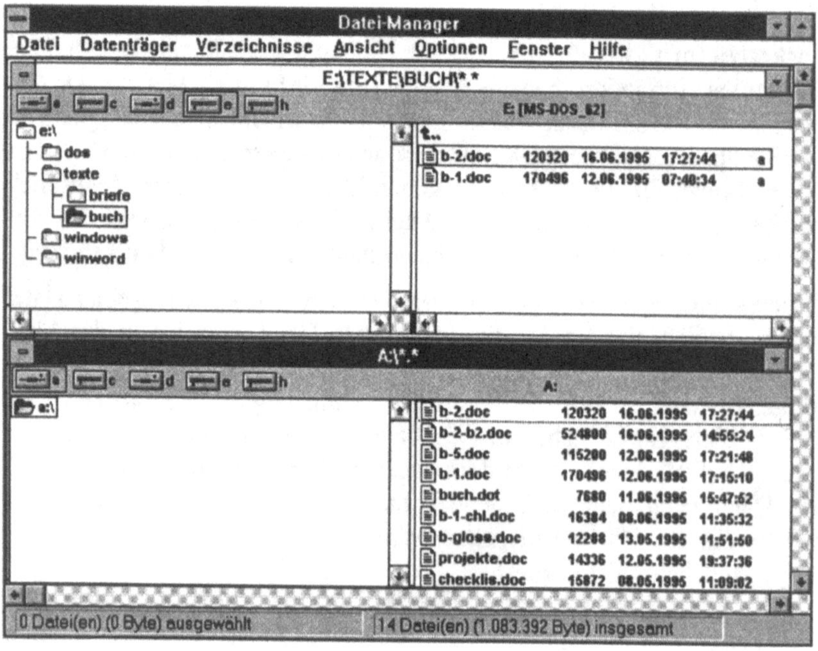

Abbildung 2.8: Datei-Manager mit zwei Fenstern

In einem Fenster sollten Sie das Verzeichnis einstellen, das die Dateien enthält, im anderen Fenster das Verzeichnis, in das sie kopiert oder verschoben werden sollen. Dann müssen Sie die Dateien markieren, um die es geht. Eine einzelne Datei markieren Sie durch einen Mausklick auf den

Dateinamen, der Name wird schwarz hinterlegt. Mehrere hintereinander aufgeführte Dateien markieren Sie, indem Sie zunächst die erste gewünschte Datei anklicken, dann die ⇧-Taste drücken und mit gedrückter Taste die letzte gewünschte Datei anklicken. Nun sind alle Dateien dieses Bereichs schwarz unterlegt. Sie haben zwei Möglichkeiten:

- *Kopieren:* Sie klicken mit der linken Maustaste in den markierten Bereich und halten die Maustaste fest. Drücken Sie nun zusätzlich die Strg-Taste und bewegen Sie den Mauszeiger bei gehaltenen Tasten in das andere Fenster.
- *Verschieben:* Sie klicken mit der linken Maustaste in den markierten Bereich und halten die Maustaste fest. Drücken Sie nun zusätzlich die ⇧-Taste und bewegen Sie die Mauszeiger bei gehaltenen Tasten in das andere Fenster.

Beim Kopieren sind die Dateien anschließend in beiden Verzeichnissen vorhanden, beim Verschieben werden sie anschließend im ursprünglichen Verzeichnis gelöscht.

Datenträger kopieren. Mit dem Datei-Manager können Sie auch ganze Disketten kopieren, indem Sie den Menüpunkt DATENTRÄGER/ DATENTRÄGER KOPIEREN auswählen. Haben Sie nur ein Diskettenlaufwerk, stellt der Datei-Manager gleich dieses Laufwerk ein; sonst müssen Sie das richtige Laufwerk selbst auswählen (A oder B). Anschließend legen Sie zuerst die Originaldiskette („Quelldatenträger") ein und nach Aufforderung durch den Datei-Manager die leere Diskette („Zieldatenträger"). Nun wird eine 1:1-Kopie der Diskette hergestellt. Ein vorheriges Formatieren der Zieldiskette ist nicht erforderlich.

Dateien suchen. Gelegentlich wird es vorkommen, daß Sie sich nicht mehr erinnern können, wie eine Datei genau heißt und in welchem Unterverzeichnis sie abgespeichert ist. Um die Datei trotzdem zu finden, stellt der Datei-Manager die Funktion DATEI/SUCHEN zur Verfügung. Wenn Sie diesen Menüpunkt wählen, erhalten Sie eine kleine Dialogbox, in die Sie das eintragen können, was Ihnen von der Datei noch bekannt ist.

Wissen Sie noch den genauen Dateinamen, tragen Sie Ihn in das erste Textfeld (SUCHEN NACH:) ein. Wenn Ihnen nur noch der Anfang des Namens bekannt ist, können Sie mit einem „*" auch einen ungefähren Namen ausdrücken. Wenn Sie z.B. noch wissen, daß er mit „HA" anfängt und die Endung „DOC" hat, geben Sie „HA*.DOC" ein.

Im Textfeld BEGINNEN IN: stellen Sie das Verzeichnis ein, in dem Sie die Datei vermuten, also z.B. C:\TEXTE\BUCH. Sind Sie sich nicht ganz sicher, in welchem Verzeichnis innerhalb von C:\TEXTE die Datei ist, tragen Sie C:\TEXTE ein und kreuzen das Kontrollkästchens ALLE UNTERVERZEICHNISSE DURCHSUCHEN an. Lassen Sie eine solche Suche bei C:\ starten, wird die gesamte Festplatte nach der Datei durchsucht. Das Ergebnis einer solchen Suche ist ein spezielles Fenster, in dem der Datei-Manager Ihnen die kompletten Pfadnamen aller Dateien anzeigt, auf die die Suchkriterien passen.

2.1.5 Software installieren

Gekaufte Software erhalten Sie in Form von „Originaldisketten". Gerade bei umfangreichen Programmpaketen sind das häufig mehr als 10 Stück. Bevor Sie mit der Software arbeiten können, müssen Sie den Inhalt der Disketten auf Ihrer Festplatte speichern. Dieses Vorgang nennt man „Installieren" der Software. Im Prinzip könnten Sie den Datei-Manager benutzen, um die Programme Diskette für Diskette auf die Festplatte zu kopieren. Dann wird die Software aber meistens nicht ausführbar sein. Die üblichen Windows-Programme liefern nämlich spezielle Installationsprogramme mit, die weit mehr tun, als nur die Disketten auf die Festplatte zu überspielen. Dazu gehört z.B. die Einrichtung von Verzeichnissen oder das Anlegen von Dateien für benutzerspezifische Einstellungen.

Bevor Sie mit einer solchen Installation beginnen, sollten Sie eine Sicherheitskopie aller Originaldisketten anlegen. Dies können Sie mit dem Datei-Manager erledigen (siehe Abschnitt 2.1.4). Wenn die Sicherheitskopie der Disketten angefertigt ist, können Sie mit dem Installieren beginnen. Legen Sie die erste Originaldiskette in das Diskettenlaufwerk. Wählen Sie dann den Menüpunkt DATEI/AUSFÜHREN des Programm-Managers und geben Sie in die angezeigte Dialogbox als BEFEHLSZEILE: A:\SETUP ein.

Nun startet das Installationsprogramm. Es überprüft zu Beginn, ob sich schon eine ältere Version der Software auf der Festplatte befindet und wird Sie ggf. befragen, ob die neue Version die alte ersetzen soll. Außerdem schlägt es Ihnen ein Verzeichnis vor, in das es die Software überspielen wird. Bei vielen Programmen haben Sie darüber hinaus die Möglichkeit, verschiedene Arten der Installation zu wählen: „Minimal", „Standard" und „Benutzerdefiniert" beispielsweise. Eine Minimal-Installation kopiert nur das eigentliche Programm, nicht aber die heute üblichen Zubehörprogramme. Das sollten Sie nur machen, wenn Ihre Festplatte schon randvoll ist. Bei einer benutzerdefinierten Installation können Sie selbst bestimmen, welche Teile installiert und welche weggelassen werden sollen.

In den meisten Fällen will das Programm von Ihnen noch weitere Dinge wissen. Hier übernehmen Sie am besten einfach die angezeigten

Vorschläge. Anschließend kopiert das Installationsprogramm Diskette für Diskette auf Ihre Festplatte, wobei es immer wieder kurz anhält und Sie zum Einlegen der nächsten Diskette auffordert.

Am Ende legt es zumeist im Programm-Manager eine Gruppe mit den Symbolen der installierten Software an. Das ist eine Unsitte aller Installationsprogramme. Denn für ein oder zwei neue Symbole lohnt sich eine neue Programmgruppe meistens nicht. Am besten legen Sie die Symbole daher in eine der bestehenden Programmgruppen. Das machen Sie, indem Sie das zu verschiebende Symbol anklicken und mit gedrückter linker Maustaste mit der Maus in die gewünschte Gruppe bewegen. Wenn die neuangelegte Programmgruppe leer ist, können Sie sie mit dem Menüpunkt DATEI/LÖSCHEN wieder entfernen.

2.1.6 Drucker einrichten und betreiben

Wenn Sie jetzt Ihren PC betriebsbereit haben, ein wenig mit Windows geübt und die wichtigste Anwendungssoftware installiert haben, sollten Sie sich dem Drucker zuwenden. Packen Sie zunächst das Handbuch aus und lesen Sie die Installationsanweisung. Denn Drucker sind üblicherweise nicht nur verpackt, sondern ihr Gehäuse enthält auch diverse Transportsicherungen aus Kunststoff, die Sie vor Inbetriebnahme unbedingt entfernen müssen. Außerdem sollten Sie die Tintenpatrone bzw. Tonerkartusche entsprechend den Herstellerangaben einsetzen und das Papier vorschriftsmäßig einlegen. Bei ausgeschaltetem PC und ausgeschaltetem Drucker verbinden Sie dann die beiden Geräte mit dem entsprechenden Kabel. Schließen Sie den Drucker an das Stromnetz an und schalten Sie ihn und den PC ein.

Jetzt müssen Sie MS-Windows so einrichten, daß es mit ihrem Drucker zusammenarbeitet. Falls bei dem Drucker eine oder mehrere Disketten mitgeliefert wurden, gehen Sie vor wie bei der Installation von Anwendungssoftware: Legen Sie die erste bzw. die entsprechend gekennzeichnete Setup-Diskette in das Diskettenlaufwerk und starten Sie mit dem Menüpunkt DATEI/AUSFÜHREN des Programm-Managers das Programm A:\SETUP. Das probieren Sie ggf. mit jeder mitgelieferten Diskette. Finden Sie ein Installationsprogramm, nimmt Ihnen dieses die weitere Arbeit ab. Falls aber keine Diskette ein Setup-Programm enthält, müssen Sie die Installation des Druckers von Hand vornehmen.

Dazu starten Sie in der Hauptgruppe des Programm-Managers das Programm „Druck-Manager". Das Fenster des Druck-Managers zeigt Ihnen einen oder mehrere bereits installierte Drucker. Ist Ihr neues Druckermodell dabei, haben Sie wenig zu tun: Sie wählen den Menüpunkt OPTIONEN/DRUCKERINSTALLATION, klicken in der Liste der Drucker zuerst

Ihr Modell an und dann die Schaltfläche ALS STANDARDDRUCKER. Anschließend können Sie SCHLIESSEN anklicken und den Druck-Manager verlassen – Ihr Drucker ist eingerichtet.

Falls Ihr Drucker jedoch nicht in der vom Druck-Manager angezeigten Liste ist, vielleicht gar kein Drucker angezeigt wird, müssen Sie ihn erst installieren. Dazu wählen Sie den Menüpunkt OPTIONEN/DRUCKER-INSTALLATION und klicken auf die Schaltfläche DRUCKER HINZUFÜGEN. Nun erscheint im unteren Teil des Fensters eine Liste aller Drucker, die Windows kennt. Suchen Sie mit Hilfe der Bildlaufleiste Ihr Modell heraus und klicken Sie es an – der Name wird schwarz unterlegt. Anschließend klicken Sie auf die Schaltfläche INSTALLIEREN. Windows wird jetzt von Ihnen eine bestimmte Windows-Originaldiskette verlangen, die den „Druckertreiber" enthält. Das ist eine Datei, in der alle von Windows benötigten Informationen über den Drucker vermerkt sind.

Ist Ihr Druckermodell nicht in der Liste enthalten, wählen Sie „Nicht aufgeführter oder aktualisierter Drucker". Dann will Windows von Ihnen eine Diskette mit dem Druckertreiber haben. Bei Windows nicht bekannten Druckern gehört eine solche Diskette zum Lieferumfang. Sie ist erkennbar an einer Aufschrift wie „Treiber für MS-Windows". Haben Sie keine solche Diskette, sollten Sie sie von Ihrem Druckerhändler verlangen.

Im Normalfall aber lädt Windows nun den Druckertreiber von der Diskette und installiert Ihren Drucker. Er erscheint in der Liste „Installierte Drucker". Klicken Sie jetzt auf die Schaltfläche ALS STANDARDDRUCKER und beenden Sie die Installation mit SCHLIESSEN.

Drucken. Bevor Sie Ihren Drucker benutzen, müssen Sie ihn nicht nur ein-, sondern mit der entsprechenden Taste auch „online" schalten. Nur dann nimmt er Daten vom Computer entgegen und druckt sie aus. Durch Ausschalten des „online"-Zustandes können Sie den Drucker jederzeit anhalten.

Ein einmal in Windows installierter Drucker kann von allen Windows-Programmen benutzt werden. In den meisten Programmen verwenden Sie für das Drucken den Menüpunkt DATEI/DRUCKEN. Das Programm stellt dann die zu druckenden Daten bereit, schickt sie aber nicht selbst zum Drucker. Vielmehr wird für Sie unsichtbar der Druck-Manager gestartet und kümmert sich im Hintergrund um die Erledigung des Druckauftrages. Dadurch können Sie während des Druckvorgangs weiterarbeiten. Bei Störungen des Druckers, z.B. Papiermangel oder Papierstau, unterbricht der Druck-Manager Ihre Arbeit und meldet Ihnen die Störung.

Sie können in den Druckauftrag auch selbst eingreifen, indem Sie sich das Fenster des Druck-Managers anzeigen lassen. Verkleinern Sie zunächst das gerade laufende Programm zum Symbol. Jetzt sehen Sie das Symbol des Druck-Managers; klicken Sie es doppelt an und Sie erhalten ein Fenster wie in Abbildung 2.9.

Im Druck-Manager können Sie ausgewählte Druckaufträge löschen oder den Drucker zeitweise anhalten. Allerdings müssen Sie beachten, daß der Drucker einen eigenen Speicher besitzt. Die Teile eines Druckauftrags, die sich schon im Speicher des Druckers befinden, können mit Hilfe des Druck-Managers nicht mehr angehalten oder gelöscht werden.

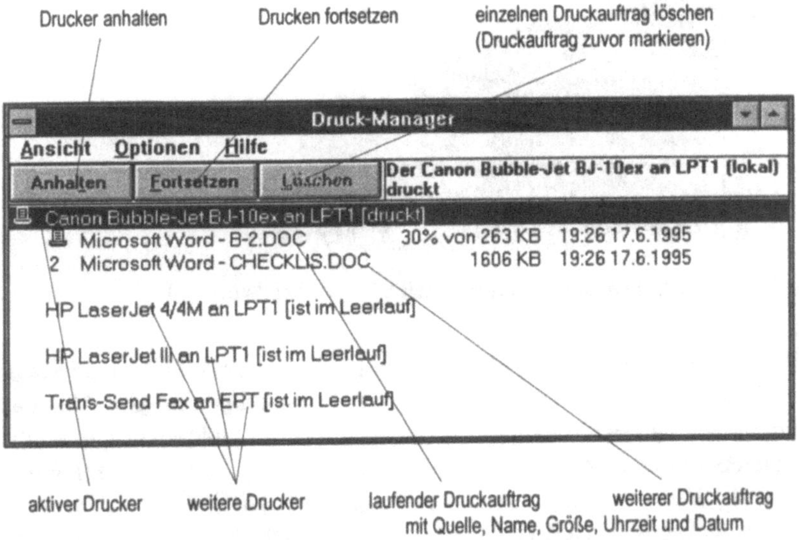

Abbildung 2.9: Druck-Manager mit laufenden Druckaufträgen

2.2 Daten pflegen und PC betriebsbereit halten

2.2.1 Daten sichern

Festplatten und Disketten verschleißen allmählich. Dadurch können gelegentlich dort abgespeicherte Daten nicht mehr gelesen werden. Computerprogramme sind fehlerhaft. Niemand kann Ihnen die Gewähr geben, daß nicht eines Tages Ihr Textverarbeitungsprogramm Ihren wichtigsten Text beim Abspeichern zerstört. Solche oder ähnliche Programmfehler sind schon häufig vorgekommen. Auch Benutzer sind nicht unfehlbar. Irgendwann werden Sie aus Versehen die neueste Version eines Dokuments mit einer alten Version überschreiben oder gar eine wichtige Datei versehentlich löschen.

Solche Datenverluste lassen sich auch bei größter Vorsicht nicht vermeiden. Aber der Schaden läßt sich begrenzen, wenn geeignete Datensicherungsmaßnahmen ergriffen werden.

Zunächst einmal sollten Sie alle Möglichkeiten nutzen, die Ihnen das Textverarbeitungsprogramm bietet. In Word für Windows sind dies zwei: Wenn Sie den Menüpunkt EXTRAS/OPTIONEN aufrufen und dort die Registerkarte SPEICHERN wählen, bekommen Sie unter anderem die in Abbildung 2.10 gezeigten Einstellungsmöglichkeiten.

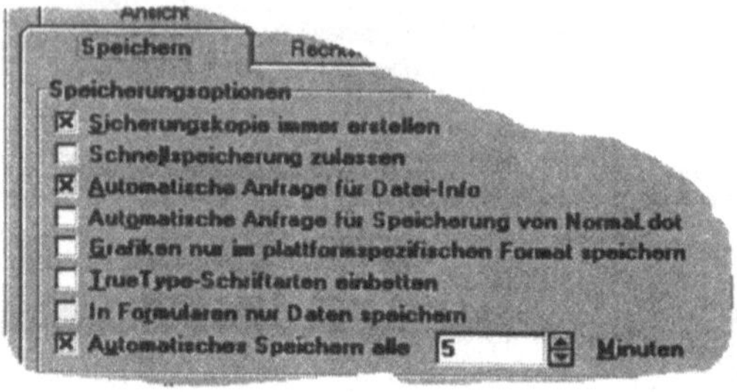

Abbildung 2.10: Datensicherungseinstellungen in WinWord 6.0

Mit dem Kontrollkästchen „Sicherungskopie immer erstellen“ veranlassen Sie WinWord, beim Abspeichern jedes Dokuments die alte Version aufzuheben. Sie behält den gleichen Namen wie das Dokument und bleibt im gleichen Verzeichnis, nur die Erweiterung wird von DOC auf BAK geändert. Wenn Sie also z.B. die Datei KAPITEL1.DOC aus dem Verzeichnis C:\TEXTE\BUCH bearbeitet haben und abspeichern, wird die alte Version auf der Festplatte in C:\TEXTE\BUCH\KAPITEL1.BAK umbenannt und die geänderte Version als KAPITEL1.DOC abgespeichert. Wenn Sie nun eine Ihrer Änderungen bereuen und die alte Fassung wiederhaben wollen, laden Sie die BAK-Datei und übernehmen von dort die alte Fassung. Da dieser Mechanismus bei *jedem* Speichern wirksam ist, ist die jeweils vorletzte Version allerdings unwiederbringlich verloren.

Eine weitere Möglichkeit der Datensicherung wird durch das Kontrollkästchen „Automatisches Speichern“ aktiviert. Dadurch veranlassen Sie, daß WinWord alle gerade bearbeiteten Dokumente regelmäßig auf Festplatte abspeichert. Für diese automatische Speicherung werden Sie in Ihrer Arbeit kurzzeitig unterbrochen und WinWord zeigt Ihnen am unteren Bildschirmrand an, daß der Speichervorgang durchgeführt wird. Mit dieser Sicherungsmethode sind Sie bei entsprechend kurzen Zeitintervallen gut gegen Stromausfälle oder versehentliches Abschalten des PC geschützt. Nach dem Neustart des Computers und dem neuen Aufruf von

WinWord zeigt Ihnen das Programm das gesicherte Dokument selbständig auf dem Bildschirm an.

Die automatische Speicherung erfolgt unter einem internen Dateinamen, d.h. die von Ihnen gespeicherten Versionen werden durch die automatische Speicherung nicht überschrieben und der Mechanismus mit den BAK-Dateien wird nicht tangiert. Kreuzen Sie daher beide Sicherungsmaßnahmen an und legen Sie das Zeitintervall je nach Wichtigkeit des Textes auf 5-10 Minuten fest.

Mit beiden Methoden der Datensicherung sind Sie allerdings nicht gegen Defekte der Festplatte oder einer Diskette geschützt. Hiergegen hilft nur das regelmäßige Herstellen von Kopien der wichtigsten Daten. Wenn Sie jeden Text, der Ihnen etwas bedeutet, sowohl auf der Festplatte als auch auf einer Diskette abspeichern, kann Ihnen fast nichts passieren. Denn daß beide Datenträger gleichzeitig ausfallen, ist sehr unwahrscheinlich.

Wir empfehlen Ihnen daher folgende Vorgehensweise: Während Sie ein Dokument bearbeiten, sollte es auf der Festplatte gespeichert sein, nicht auf der Diskette. Häufige Speichervorgänge, wie sie während des Bearbeitens vorkommen, lassen eine Diskette schnell verschleißen. Ihre Lebensdauer ist geringer als die der Festplatte. Nach Abschluß der Bearbeitung sollten Sie den Text auf der Festplatte und *zusätzlich* auf eine Diskette speichern. Dies können Sie entweder mit Ihrem Anwendungsprogramm machen oder Sie benutzen die Kopiermöglichkeit des Datei-Managers. Wenn Sie diese Methode konsequent durchhalten, sind größere Datenverluste nicht zu erwarten. Obwohl das so einfach ist und auch kaum Zeit kostet, erleben wir in unserer Praxis leider immer wieder, daß die Daten nur auf der Festplatte oder nur auf einer einzigen Diskette abgespeichert werden und ein Ausfall zu großen Datenverlusten führt.

Auch wenn Sie durch konsequentes Sichern Ihrer wichtigsten Texte gegen deren Verlust geschützt sind, ist der Ausfall der Festplatte trotzdem eine sehr unangenehme Angelegenheit. Denn neben den Daten verlieren Sie dadurch auch alle installierten Programme, müssen also alle Installationen erneut durchführen. Wenn Sie Ihren PC schon einige Zeit in Betrieb und ihn an dieser oder jener Stelle individuell auf Ihre Bedürfnisse abgestimmt haben, kommt beim Neueinrichten eine Menge Arbeit auf Sie zu – ein Wochenende kann das durchaus kosten. Daher ist es sinnvoll, von Zeit zu Zeit eine Sicherung der kompletten Festplatte durchzuführen, je nach Aufwand, den eine komplette Neuinstallation für Sie bedeuten würde. Für diese Aufgabe können Sie das bei MS-DOS mitgelieferte Windows-Programm „MS Backup" benutzen, dessen Symbol Sie in der Programmgruppe „Hilfsmittel" des Programm-Managers finden. Für die Sicherung auf ein Streamerband ist „MS Backup" nicht geeignet. Wenn

Sie einen Streamer gekauft haben, sollte Datensicherungssoftware für MS-Windows dabei sein (siehe Abschnitt 1.3.4).

2.2.2 Gelöschte Dateien wiederherstellen

Der Datei-Manager stellt an das Löschen von Dateien hohe Sicherheitsanforderungen. Stets wird beim Benutzer nachgefragt, ob eine Datei tatsächlich gelöscht werden soll. Trotzdem kommt es bei jedem PC-Benutzer irgendwann vor, daß beim Aufräumen der Festplatte *die* wichtige Datei gelöscht wurde. Wenn Sie sich an unsere Ratschläge aus Abschnitt 2.2.1 halten, haben Sie ja eine Sicherungskopie. Ansonsten hilft nur eins: das Programm „Undelete", das manche gelöschte Dateien wiederherstellen kann. In MS-DOS und MS-Windows werden gelöschte Dateien nämlich nicht wirklich gelöscht, sondern nur als gelöscht markiert. Das führt dazu, daß der von Ihnen belegte Speicherplatz auf der Diskette oder Festplatte von anderen Dateien belegt werden *kann*, aber nicht zwangsläufig schon völlig überschrieben ist. Je früher nach dem versehentlichen Löschen Sie die Wiederherstellung versuchen, desto größer sind die Chancen, daß Sie Ihre Datei zurückerhalten.

„Undelete" wird von MS-DOS (ab Version 6) mitgeliefert. Sie finden sein Symbol in Gruppe „Hilfsmittel" des Programm-Managers. Wenn Sie das Programm aufrufen, durchsucht es zunächst das Windows-Verzeichnis nach gelöschten Dateien. Da sich Ihre Datei wahrscheinlich nicht dort befindet, können Sie zunächst mit LAUF/VERZ das richtige Verzeichnis einstellen oder mit SUCHEN die gesamte Festplatte oder eine Diskette nach allen dort vorhandenen gelöschten Dateien durchsuchen lassen. Als Ergebnis erhalten Sie ein Bild, das ähnlich ist wie in Abbildung 2.11.

Jede Zeile steht für ein Verzeichnis oder eine darin enthaltene gelöschte Datei. Den Dateinamen der gelöschten Dateien fehlt jeweils der erste Buchstabe, der beim Löschen verlorengegangen ist. Die Symbole vor dem Dateinamen entsprechen den im Datei-Manager verwendeten Symbolen. Sie können also Texte (▤), Programme (▭), Verzeichnisse (🗀) und sonstige Dateien (🗋) anhand des Symbols voneinander unterscheiden. Dateien mit schwarzem Dateinamen haben den Status „Ausgezchnt" oder „Gut". Das bedeutet, daß diese Dateien wiederhergestellt werden können. Dateien mit grauem Namen haben den Status „Schlecht" oder „Zerstört" und können mit dem Programm nicht wiederhergestellt werden.

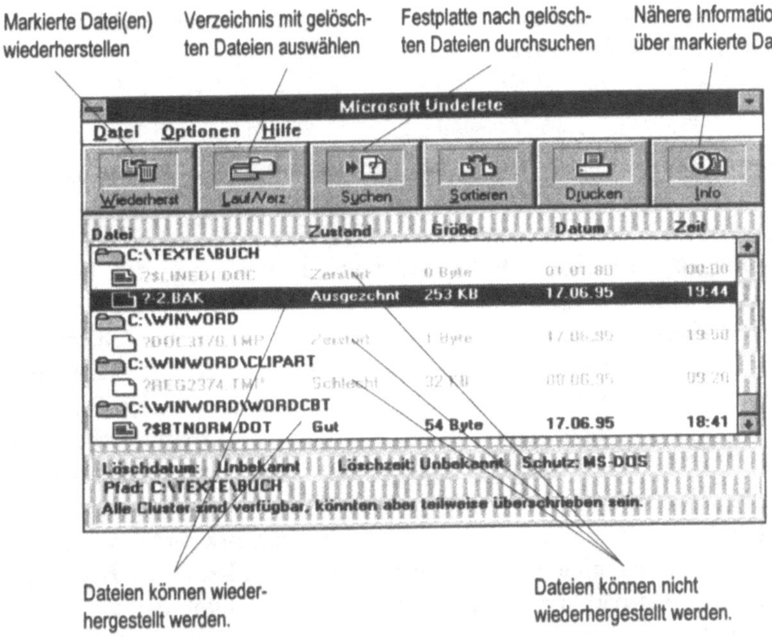

Abbildung 2.11: Undelete mit Liste gelöschter Dateien

Durch Anklicken wählen Sie nacheinander die wiederherzustellenden Dateien aus. Anschließend klicken Sie jeweils auf WIEDERHERST. Undelete bittet Sie nun um Eingabe des ersten Buchstabens des Dateinamens, versucht dann, die Datei wiederherzustellen und zeigt bei Erfolg den Dateinamen mit dem Status „Hergestellt“ an.

2.2.3 Festplatte überprüfen und aufräumen

Sowohl durch Programm- oder Bedienungsfehler als auch bei der ganz normalen Arbeit entsteht auf der Festplatte im Laufe der Zeit ein ziemlicher „Datenmüll“. So werden oftmals Dateien nicht gelöscht, die eigentlich nur vorübergehend angelegt worden sind. Bei anderen Dateien sorgen Fehler beim Laden oder Speichern zu Inkonsistenzen in der Struktur der Festplatte. All dies führt im Regelfall nicht zu Problemen bei der Arbeit. Allerdings können sich solche Inkonsistenzen in ungünstigen Fällen so kumulieren, daß Ihr Gerät nicht mehr einwandfrei oder sehr langsam arbeitet. Überprüfen Sie daher gelegentlich die Struktur Ihrer Festplatte.

Dafür benutzen Sie das MS-DOS-Programm „ScanDisk“. Dieses Programm funktioniert leider nicht mit MS-Windows. Sie müssen daher Windows verlassen, indem Sie im Programm-Manager doppelt auf klicken. Nach Beendigung von Windows erscheint eine Meldung von MS-DOS, die etwa so aussieht:

```
C:\>
```

Dahinter steht der Cursor. Geben Sie bitte „scandisk" ein, gefolgt von der ↵-Taste. Das ScanDisk-Programm überprüft nun die Struktur Ihrer Festplatte und meldet erkannte Fehler. Das sind meistens Fehler in der Zuordnung der einzelnen Dateien zu dem von ihnen belegten Festplattenplatz. Solche und viele andere Fehler behebt ScanDisk recht zuverlässig. Sie sollten daher auf die Vorschläge des Programms zur Fehlerbeseitigung eingehen. Bevor ScanDisk Veränderungen der Struktur einer Festplatte vornimmt, bietet es Ihnen an, eine sogenannte „UnDo-Diskette" herzustellen. Mit ihrer Hilfe können ggf. eine fehlerhafte Arbeit von ScanDisk rückgängig machen. Lassen Sie daher immer eine UnDo-Diskette anlegen.

Nach Abschluß der Festplattenanalyse mit ScanDisk bietet es sich an, die Festplatte auch gleich zu „defragmentieren". Im Laufe der Arbeit mit dem PC entsteht nämlich auf der Festplatte die Situation, daß zwar noch Platz für Ihre Dateien ist, diese jedoch nicht mehr in jedem Fall in einem Stück abgespeichert werden können. Große Dateien werden dann intern in mehrere Teile aufgespalten und über die Festplatte verteilt. Diese sogenannte Fragmentierung verlangsamt den Zugriff auf Dateien und führt zu immer häufigeren Zuordnungsfehlern. Ein mitgeliefertes MS-DOS-Programm namens „Defrag" beseitigt diesen Zustand. Nach Abschluß von ScanDisk und Erscheinen der MS-DOS-Meldung

```
C:\>
```

geben Sie „defrag" ein, gefolgt von der ↵-Taste. Defrag untersucht, wie stark Ihre Festplatte fragmentiert ist und schlägt entsprechende Maßnahmen vor, die Sie akzeptieren sollten, und die dann sofort von Defrag durchgeführt werden.

2.2.4 Viren suchen und entfernen

In letzter Zeit ist es etwas ruhiger geworden um die Computerviren. Nach unseren Erfahrungen sind zwar in Deutschland eine ganze Reihe Computerviren im Umlauf, darunter sind jedoch nur wenige gefährliche Exemplare, die zu echten Datenverlusten führen.

Computerviren sind Programme, deren primäre Aufgabe die eigene Weiterverbreitung ist. Zusätzlich hat das Virusprogramm in der Regel eine weitere Aufgabe, bisweilen die Darstellung witziger Dinge auf dem

Bildschirm, meistens aber irgendeine Form von Zerstörung, etwa das Löschen der Festplatte.

Die Verbreitung von Viren vollzieht sich im wesentlichen auf eine Art: durch Ausführung eines von einem Virus befallenen Programms. Nehmen wir an, Sie haben auf einer Diskette das Computerprogramm „BEISPIEL.EXE", und dieses Programm ist von einem Virus befallen. Wenn Sie es mit dem Datei-Manager oder auf andere Weise auf die Festplatte kopieren, ist zwar das befallene Programm auf der Festplatte, außer dem Programm selbst ist dort aber nichts befallen. Wenn Sie nun das Programm ausführen lassen, in Windows durch das Anklicken seines Symbols, wird zunächst das Virus aktiv: Es überprüft, welche anderen Programme auf der Festplatte und der eingelegten Diskette sind und kopiert sich in einige dieser Programme. Erst anschließend wird das eigentliche BEISPIEL.EXE ausgeführt. Die kurze Zeitverzögerung durch die Tätigkeit des Virus merken Sie als Benutzer nicht. Es wird auch nicht sofort alle Programme Ihrer Festplatte befallen, doch mit jedem Aufruf von BEISPIEL.EXE werden es mehr. Jedes befallene Programm der Festplatte arbeitet ab sofort genauso wie BEISPIEL.EXE. Auf diese Art entsteht ein Schneeballeffekt, der zum Befall aller Programme Ihres PC führt und natürlich zur potentiellen Übertragung des Virus mit jeder Diskette, die Sie an andere weitergeben und die befallene Programme enthält.

Da die *Ausführung* eines Programms Voraussetzung ist für die Übertragung von Viren, können Textdateien nicht von Viren befallen werden und solche auch nicht übertragen. Wenn Sie also außer dem gekauften Textverarbeitungsprogramm keine weitere Software auf Ihren PC kopieren und mit Disketten ausschließlich Texte übertragen, kann sich Ihr PC auch keine Viren einfangen.

Hiervon gibt es allerdings eine wichtige Ausnahme: *Boot-Sektor-Viren* stecken nicht in normalen Programmen, sondern im Boot-Sektor einer Diskette. Der Boot-Sektor ist ein besonderes Programm, das vom PC beim Einschalten automatisch ausgeführt wird. Normalerweise liest der PC den Boot-Sektor von der Festplatte. Wenn Sie aber beim Einschalten eine Diskette in das Laufwerk eingelegt haben, wird der Boot-Sektor von dort eingelesen und ausgeführt. Ein darin enthaltenes Virus kann sich im PC verbreiten. Als erstes wird es den Boot-Sektor der Festplatte befallen, so daß das Virusprogramm ab sofort bei jedem Einschalten ausgeführt wird, gleich ob eine Diskette eingelegt ist oder nicht. Boot-Sektor-Viren sind in letzter Zeit recht häufig.

Wenn Sie keine fremden Programme einspielen und keine Disketten beim PC-Start im Laufwerk liegen haben, kann Ihnen eigentlich nichts passieren – es sei denn, das gekaufte Programm enthielt schon ein Virus. Auch das hat es in der Vergangenheit gelegentlich gegeben.

MS-DOS enthält (ab Version 6) das Windows-Programm „MS Anti-Virus“, mit dessen Hilfe Sie Ihre Festplatte nach Viren durchsuchen können. Nach dem Aufruf des Programms in der Gruppe „Hilfsmittel“ des Programm-Managers wählen Sie zunächst das Laufwerk aus, das Sie überprüfen wollen, also „A“ für das Disketten- und „C“ für das Festplattenlaufwerk. Nachdem „Anti-Virus“ einige Informationen über das Laufwerk eingelesen hat, können Sie die Überprüfung mit einem Klick auf die Schaltfläche ERKENNUNG starten bzw. durch Klick auf ERKENNUNG UND BESEITIGUNG veranlassen, daß gefundene Viren auch gleich beseitigt werden sollen. „MS Anti-Virus“ überprüft zunächst den Hauptspeicher des PC, ob dort ggf. schon Viren aktiv sind, bevor die einzelnen Dateien der Festplatte bzw. Diskette untersucht werden.

Die Erkennung von Viren erfolgt, indem „Anti-Virus“ Datei für Datei von der Festplatte liest und ihren Inhalt mit Tabellen charakteristischer Viren-Merkmale vergleicht. Daraus folgt, daß das Programm nur die Viren erkennt, die zum Zeitpunkt seiner Auslieferung bekannt waren. Aus diesem Grunde bietet ein solches Programm eigentlich nur eine geringe Hilfe bei der Virenbeseitigung. Um die Chancen zu erhöhen, legt „MS Anti-Virus“ daher zusätzliche Tabellen an, die Informationen über den Zustand bestimmter auf der Festplatte vorhandener Programme zum Zeitpunkt der Überprüfung enthalten. Bei der nächsten Überprüfung vergleicht „MS Anti-Virus“ diese Tabellen mit dem Zustand der Programme und meldet gefundene Abweichungen. Aus solchen Abweichungen kann allerdings nur sehr bedingt auf das Vorhandensein von Viren geschlossen werden, da manche Programme sich auch ohne Einwirkung von Viren verändern können.

Besser als „MS Anti-Virus“ und seine Untersuchungsmethode sind Virenschutzprogramme, die regelmäßig aktualisiert werden und daher auch neuere Viren erkennen, etwa die von der amerikanischen Firma McAfee monatlich aktualisierte und an Privatanwender kostenlos abgegebene „Scan“-Software. Sie erhalten die McAfee-Software im Internet vom FTP-Server „ftp.mcafee.com“ (vgl. Abschnitt 5.2.5).

2.2.5 Katastrophenmanagement

Unweigerlich wird es auch Ihnen passieren: Ihr Monitor wird genau in dem Augenblick versagen, in dem Sie den PC am dringendsten brauchen. Der Text Ihrer Hausarbeit wird kurz vor Abgabe nicht mehr von der Diskette zu lesen sein. Das Tabellenkalkulationsprogramm wird beim Drukken Ihrer Tabelle eine „Allgemeine Schutzverletzung“ melden und seine

Tätigkeit einstellen. Der Druck-Manager wird Ihnen sagen, daß der Drukker kein Papier habe, obwohl Sie das Papiermagazin schon zehnmal kontrolliert haben.

Solche Erfahrungen gehören leider zum Alltag der PC-Benutzung. Das gesamte System aus Hardware, DOS, Windows und Anwendungsprogramm ist anfällig für Fehler auf allen Ebenen. Allein mit den Fehlern, die während der Herstellung dieses Buches aufgetreten sind, könnten wir ohne weiteres einen zweiten Band füllen. Das fing an mit einem WinWord-Text, in dem keine einzige „7" mehr angezeigt werden konnte. Es ging weiter mit dem kompletten Windows-Absturz, weil das System die Festplatte (zu unrecht) für voll hielt. Und es endete mit einem WinWord-Text, der plötzlich auf allen Disketten nicht mehr lesbar war.

Solche Phänomene werden auch Ihnen irgendwann und in irgendeiner Form begegnen. Dann stellt sich die Frage: was tun? Darauf gibt es natürlich keine einheitliche Antwort. Wenn erkennbar ein Problem der Hardware vorliegt, etwa der Monitor versagt, alle Kabel aber richtig angeschlossen sind, dann kann Ihnen natürlich nur Ihr Händler helfen,.

Anders ist es bei Softwareproblemen. Wenn plötzlich ein Text verschwunden ist oder nur verstümmelt erscheint, heißt es, kühlen Kopf zu bewahren. Denn in unserer langjährigen Erfahrung in der Benutzerbetreuung konnten wir feststellen, daß die Folgen eines Softwareabsturzes durch das Verhalten der Benutzer in den ersten Minuten danach häufig extrem verschlimmert werden. Bevor Sie irgendwelche Experimente mit einem ganz oder teilweise zerstörten Text anstellen, müssen Sie ihn unter einem anderen Namen abspeichern. Überlegen Sie genau, welche Version des Textes der defekten am nächsten kommt und sichern Sie diese Version auf einer Diskette, bevor sie auch in Mitleidenschaft gezogen wird. Gibt es keine andere Version des Dokuments als die zerstörte, sollten Sie am besten nichts tun, nicht einmal das Programm beenden, schon gar nicht den PC ausschalten. Denn wenn Sie einen Experten hinzuziehen, hilft es ihm am meisten, wenn die Fehlersituation möglichst weitgehend erhalten ist. Geht das nicht, sollten Sie wenigstens notieren, welche Fehlermeldungen angezeigt wurden und welche Arbeitsschritte Sie im Programm gerade durchgeführt hatten, als der Fehler auftrat.

Wenn Sie schon einen Experten benötigen, sollten Sie sich möglichst an den Händler wenden, von dem Sie den PC erworben haben. Er hat noch am meisten Interesse daran, daß Ihr Problem behoben wird. Nur im schlimmsten Notfall sollten Sie einen *PC-Notdienst* einschalten. Die Hilfe einer solchen Einrichtung ist extrem teuer: 150,- DM pro Stunde plus Anfahrt und Mehrwertsteuer sind in dem Metier normale Sätze. Abends und am Wochenende kostet es das doppelte. Wollen Sie den Notdienst in Anspruch nehmen, sollten Sie bereits am Telefon Ihr Problem so detailliert wie irgend möglich beschreiben und immer wieder nachfragen, ob dieses Problem denn voraussichtlich zu lösen ist. Bei unseren Tests neigten die Mitarbeiter der Notdienste auch bei völlig unlösbaren Problemen dazu, erst einmal vorbeizukommen und die Anfahrt zu kassieren.

Jedenfalls ist die Leistung der Notdienst-Mitarbeiter nicht besser als das, was Sie von einem durchschnittlichen PC-Händler erwarten können. Ihren Händler zu befragen ist also zumeist die günstigere Lösung, zumal, wenn Sie Ihren PC selbst hinbringen.

Oft finden Sie auch im Freundes- oder Bekanntenkreis Hilfe. Sicher gibt es eine Menge vermeintlicher „PC-Experten“, die die Lage nur „verschlimmbessern“. Doch es ist fast immer hilfreich, wenn Sie Ihren Text auf eine Diskette kopieren, an einen anderen PC gehen und ausprobieren, ob Sie ihn dort bearbeiten können.

3 Textverarbeitung für Juristen

3.1 Grundlagen

3.1.1 Besonderheiten der Textverarbeitung mit dem Computer

Textverarbeitungsprogramme bieten im Vergleich zu einer Schreibmaschine enorme Möglichkeiten. Einmal Geschriebenes kann problemlos verändert oder gelöscht werden, ohne den ganzen Text neu schreiben zu müssen. Ganze Passagen können von einer Stelle an eine andere verschoben werden. Texte können dauerhaft gespeichert und später wieder eingelesen werden. Alle modernen Textverarbeitungsprogramme bieten verschiedene Schriften in nahezu beliebigen Größen und mit Formatierungen wie **fett**, *kursiv* oder unterstrichen.

Die Entwicklung der Druckertechnik ermöglicht schon mit Geräten weit unter 1000,- DM Ausdrucke, die der drucktechnischen Qualität dieses Buches nahekommen.

Die meisten modernen Textverarbeitungsprogramme bieten heute WYSIWYG – What You See Is What You Get: Bereits am Bildschirm können Sie sich informieren, wie der Text auf Papier aussehen wird. Theoretisch könnten Sie dadurch viel Papier sparen, den Text immer am Bildschirm überarbeiten und nur einmal ausdrucken. Leider wird bei der Arbeit mit dem Computer im Vergleich zur Schreibmaschine trotzdem kein Papier gespart, im Gegenteil: Erfahrungsgemäß werden ganze Arbeiten neu ausgedruckt, nur weil man irgendwo einen kleinen Fehler gefunden hat. Zu Zeiten der Schreibmaschine wäre dies undenkbar gewesen und einfach TippEx benutzt worden.

Der Zwang zum perfekten Dokument wird dadurch verstärkt, daß deren Empfänger immer verwöhnter werden, sei es nun der Korrektor der Hausarbeit oder der Geschäftspartner. Bewußt oder unbewußt stellen sie immer höhere Anforderungen an das Aussehen eines Textes. Der normale Geschäftsbrief ist heute von einer drucktechnischen Qualität, die vor zehn Jahren viele Bücher nicht erreichten.

Dieser Entwicklung müssen sich auch die Juristen bei ihrer Arbeit mit Textverarbeitungsprogrammen beugen. Jeder Student wird heute versuchen, sich zum Schreiben seiner Hausarbeit einen PC zu besorgen oder in einen PC-Saal zu gehen, um seine Arbeit dort zu schreiben. Dies gebietet ihm schon die Angst, mit einer drucktechnisch „schlecht" gestalteten Arbeit, eine schlechte Note zu bekommen. Natürlich wird kein Korrektor zugeben, daß bei seiner Bewertung das Äußere einer Arbeit eine große

Rolle spielt, mindestens unbewußt wird dies aber der Fall sein. Vielleicht ist es ja auch angemessen, eine wichtige Arbeit in einer entsprechend repräsentativen Form abzuliefern.

Die Medaille hat jedoch auch ihre Kehrseite. Die vielfältigen Möglichkeiten moderner Textverarbeitungssysteme verleiten dazu, beim Schreiben alle Register des technisch Möglichen zu ziehen. Dagegen ist im Prinzip nichts zu sagen, solange nicht der Inhalt darunter leidet. Genau das konnten wir in unserer mehrjährigen Praxis bei Jurastudenten aber immer wieder beobachten. Das Konzentrieren auf die Benutzung des PC und des Programms führte bei Anfängern dazu, daß die eigentliche Arbeit in den Hintergrund trat. Sie sollten daher vor dem Schreiben der ersten Hausarbeit mit dem Computer dafür sorgen, daß Ihre Kenntnisse Ihnen so viel Souveränität im Umgang mit dem PC und dem Textverarbeitungsprogramm geben, daß Sie sich voll auf inhaltliche Fragen konzentrieren können. Wenige Funktionen des Programms genau zu kennen, ist dabei oft besser, als alle ein wenig. Wir beschränken uns daher in unserer Darstellung auch auf die Grundfunktionen eines Textverarbeitungsprogramms und auf die für das Schreiben wissenschaftlicher Arbeiten sinnvollen Funktionen.

Im Sinne von „Weniger ist mehr“ sollten Sie auch den nachfolgenden Abschnitt verstehen. Mit unserem „kleinen Typographiekurs“ wollen wir aus Ihnen keine Buchsetzer machen. Wir wollen Ihnen aber einen Gefühl dafür geben, wie ein Text ansprechend gestaltet wird und wie moderne Textverarbeitungsprogramme Ihnen dabei eine Hilfe sein können.

3.1.2 Ein kleiner Typographiekurs

Noch vor einigen Jahren wäre ein solcher Abschnitt in einem Kapitel über Textverarbeitung mit dem Computer undenkbar gewesen. Damals ging es fast ausschließlich darum, den Text lesbar zu Papier zu bringen. Die Textgestaltung erschöpfte sich in der Einhaltung der geforderten Formalia. Mit den heutigen Textverarbeitungsprogrammen stellen sich in dieser Hinsicht ganz neue Chancen aber auch Gefahren.

„Weniger ist mehr!“ ist der uralte Leitspruch der Buchsetzer. Er charakterisiert zutreffend das, woran viele juristische Arbeiten, die wir uns ansehen durften oder mußten, in gestalterischer Hinsicht krankten. Oft wird mit Schriftattributen geradezu um sich geworfen. Fette Schrift wechselt mit kursiver oder unterstrichener, verschiedene Schriftarten werden in einem Satz zur Hervorhebung gemischt, Kunstschriften in Arbeiten mit seriösem Anspruch verwendet. Bisweilen kommt es zu solchen Exzessen wie etwa bei dem Studenten, der seine Rechtsgeschichts-Hausarbeit in deutschen Schriftzeichen setzte. Was hätte er wohl gemacht, wenn er eine

Arbeit zum russischen oder chinesischen Recht geschrieben hätte? Nicht immer ist es so kraß. Häufig jedoch finden sich gestalterische Ungeschicklichkeiten, die mit ein wenig Kenntnis der „Typographie“ – der Buchdruckerkunst – vermeidbar gewesen wären. Schauen Sie sich doch einmal den folgenden Text an:

> GATTENWAHL
>
> Ein Griff in die Menge mit verdeckten Augen löst die Frage des Ehepartners auf ebenso reizvolle wie originelle Weise.
>
> MERKE: Es kommt bei Herren nicht so sehr auf das Äußere an!
>
> LORIOT

Abbildung 3.1: schlecht gesetzter Text

Wir wissen nicht, wie es Ihnen beim Betrachten dieses Textes geht, hoffen aber, Sie befällt die gleiche Bestürzung wie uns. Hier sind so viele Fehler verpackt, wie praktisch hoffentlich nie vorkommen. Loriot mag uns verzeihen, in dem Buch, aus dem wir den Text haben, war er natürlich besser gesetzt. Nicht alle Fehler fallen sofort ins Auge, manche treten erst zutage, wenn man den gleichen Text in anderer Formatierung sieht:

> GATTENWAHL
>
> Ein Griff in die Menge mit verdeckten Augen löst die Frage des Ehepartners auf ebenso reizvolle wie originelle Weise.
> Merke: *Es kommt bei Herren nicht so sehr auf das Äußere an!*
>
> Loriot

Abbildung 3.2: besser gesetzter Text

Finden Sie es so auch angenehmer? Was ist hier nun eigentlich anders?

Schriftarten. Zunächst haben wir den ganzen Text in einer Schriftart gesetzt. Gerade bei dieser geringen Textmenge sollte man nicht mehr als eine Schrift verwenden. Aber auch in größeren Arbeiten sollten Sie nicht mehr als zwei Schriftarten verwenden. Wenn Sie es tun, dann so, daß der Haupttext in der einen und die Überschrift(en) in der anderen Schrift gesetzt werden. Wählen Sie zwei Schriftarten, dann sollten Sie immer eine Serifenschrift und eine serifenlose Schrift, niemals aber zwei Schriften der gleichen Familie verwenden.

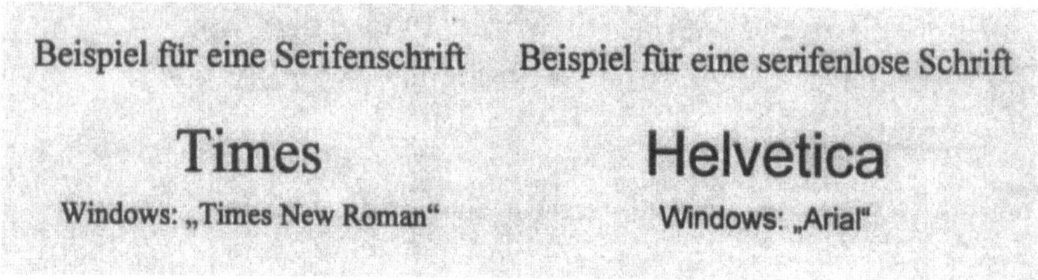

Abbildung 3.3: Schriftbeispiele

Serifen sind übrigens die kleinen Bögen und Häkchen an den Buchstaben. Die Serifenschriften erhöhen nach Ansicht von Psychologen die Lesbarkeit bei fließendem Text, während serifenlose Schriften besser für Überschriften geeignet sind.

Für den Haupttext im Beispiel ist „Times“ (bei Windows „Times New Roman“ genannt) eine gute Wahl, für die Überschrift hätte auch „Helvetica“ (bei Windows „Arial“) verwendet werden können.

Seien Sie generell sehr vorsichtig bei Kunstschriften, wie in der Überschrift von Abbildung 3.1. Diese sollten außerordentlich sparsam verwendet werden, denn damit geht oft jede Seriösität eines Dokuments verloren. Wo Seriösität wichtig ist, sollten Sie unbedingt bei den konservativen Schriften bleiben. Empfehlen können wir Kunstschriften allenfalls für Plakate und Werbezettel, aber auch dort zeigt ihre konfuse Vielfalt oft, daß Laien am Werke waren, keine Profis.

Schriftattribute. In gedruckten Texten wirken Unterstreichungen ungeschickt. Hervorhebungen sollten fett, besser noch kursiv gesetzt werden. Sie sollten allerdings genau erwägen, ob Sie überhaupt Textstellen hervorheben, denn das zerreißt den Lesefluß immer etwas und läßt das Schriftbild unruhig erscheinen. Wir haben uns daher darauf beschränkt, in Loriots Text nur den Merksatz hervorzuheben. Die doppelte Hervorhebung durch das in Großbuchstaben gesetzte „Merke“ und die andere Schrift haben wir entfernt und uns darauf beschränkt, ihn kursiv zu setzen.

Großschreibung. Die komplette Großschreibung von Überschriften oder ganzen Sätzen sollten Sie nach Möglichkeit vermeiden. Während Großschreibung auf der Schreibmaschine eine der wenigen Möglichkeiten zur Hervorhebung war, ist dies im Computerzeitalter nicht mehr nötig. Sie sollten die Schrift lieber fett oder kursiv setzen. In Großbuchstaben gesetzter Text ist, so sagen die Psychologen, wesentlich schwerer zu lesen. Katastrophal ist die Kombination von Kunstschriften und Großschreibung wie im folgenden Beispiel:

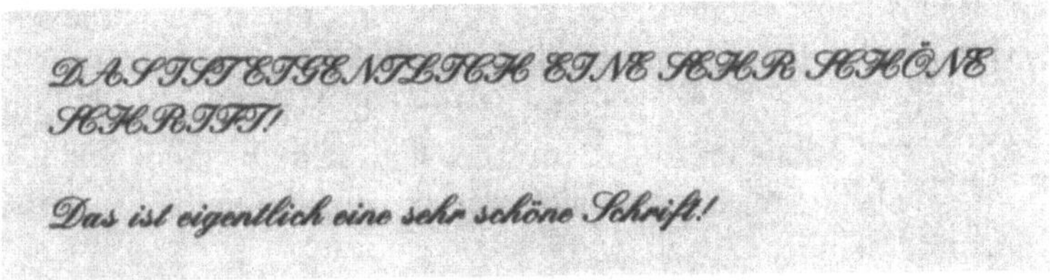

Abbildung 3.4: Kunstschrift in Großbuchstaben

Kapitälchen. Wenn Sie schon etwas durchweg groß schreiben wollen, dann sollten Sie Kapitälchen verwenden. Moderne Textverarbeitungsprogramme bieten dieses Schriftattribut an. Bei Kapitälchen werden alle Buchstaben groß gesetzt. Die ursprünglichen Kleinbuchstaben sind jedoch etwas kleiner als echte Großbuchstaben:

Abbildung 3.5: Kapitälchen

Absätze. Sie sollten einen Absatz entweder mit Einrückung der neuen Zeile beginnen oder eine ganze Zeile freilassen. Dies ist jedoch kein Dogma. Gerade bei kurzen Absätzen wirkt dies eher unschön. Deshalb haben wir im Beispiel beides weggelassen. Keinesfalls sollten Sie aber des Guten zuviel tun und das Einrücken mit dem Freilassen einer Zeile kombinieren. Das zerreißt den Zusammenhang.

Schriftgrößen. Für normalen Text ist eine Größe von 10-12 pt angeraten. „pt" ist der „typographische Punkt", eine Maßeinheit der Buchdrucker. 1 pt entspricht 0,353 mm. Größen ab 13 pt sollten Überschriften vorbehalten bleiben. Verwenden sie innerhalb eines geschlossenen Textkörpers immer nur eine Schriftgröße. Ansonsten wirkt der Text uneinheitlich und unruhig. Nutzen Sie statt dessen lieber die anderen Formatierungsmöglichkeiten.

Abgesetzte Textstellen. Dazu gehört im Beispiel, daß „LORIOT“ zu weit vom Ende des Textes entfernt steht. Für diesen Abstand kann man keine feste Regel angeben. Sie sollten nach Gefühl verfahren (aber bitte wirklich nach Gefühl und nicht wie es gerade kommt).

Hurenkinder und Schusterjungen. Die bisherigen Probleme waren gestalterischer Natur. Das Problem von Schusterjungen und Hurenkindern – beides übrigens keine Obszönitäten der Autoren, sondern Buchdruckerbegriffe – hat durch die automatische Umbruchfunktion der Textverarbeitungsprogramme wieder an Bedeutung gewonnen. Das Programm füllt eine Seite mit den Eingaben des Benutzers und schreibt dann auf der nächsten Seite oben weiter, ohne sich darum zu kümmern, ob dabei Hurenkinder und Schusterjungen entstehen.

Ein Hurenkind ist eine Zeile, die als letzte eines Absatzes alleine oben auf einer neuen Seite oder Spalte steht und dadurch wie verloren aussieht:

Dieser Text wurde genau so
bemessen, daß an seinem
Ende ein Hurenkind steht.

Das ist uns gelungen,

wie man sehen kann.

Nebenbei haben wir auch einen
Schusterjungen erzeugt. Das ist die
letzte Zeile links.

Abbildung 3.6: Schusterjungen und Hurenkinder

Ein Schusterjunge hat hingegen viele Gesichter. In Abbildung 3.6 steht am Ende der linken Spalte die erste Zeile eines neuen Absatzes. Das ist ein Schusterjunge. Diese Form des Schusterjungen und das Hurenkind kann man mit einem modernen Textverarbeitungsprogramm vermeiden. In Word für Windows 6.0 (im folgenden immer WinWord) gibt es dazu die Funktion ABSATZKONTROLLE im Menüpunkt FORMAT/ABSATZ/TEXTFLUß.

Eine andere Form des Schusterjungen wird damit aber nicht verhindert: eine Zeile am Ende eines ganz normalen Absatzes in der weniger als sieben Zeichen stehen.

Noch schlimmer ist es, wenn am Beginn der neuen Zeile nicht einmal ein ganzes Wort, sondern nur ein Wortfragment steht. Das sollten Sie möglichst vermeiden. Manchmal können Sie es nicht verhindern, ohne ein komplettes Umschreiben der gesamten Textpassage in Kauf zu nehmen.

... wie Sie hier sehen!

Anführungszeichen, Apostrophe, Gedanken- und Trennstriche. Für alle diejenigen, die es mit der Typographie ganz genau nehmen, haben wir noch einige Hinweise. Computerverfaßte Texte sind immer dadurch aufgefallen, daß keine echten Anführungszeichen und keine echten Apostrophe verwendet wurden.

Wenn Sie dieses Buch aufmerksam lesen, wird Ihnen auffallen, daß wir richtige Anführungszeichen also „diese“ und nicht "jene" verwendet haben. Wenngleich die richtigen Zeichen auf jedem Rechner unter Windows verfügbar sind, werden sie in der Regel nicht genutzt, da Sie sie nicht auf der Tastatur finden. Sie können sie über folgende Tastenkombinationen eingeben (wobei [Alt] gedrückt bleibt, während die Zahlen auf dem Ziffernblock eingetippt werden):

Zeichen	Tastenkombination
“	[Alt] + [0] [1] [4] [7]
”	[Alt] + [0] [1] [3] [2]

Abbildung 3.7: Anführungszeichen eingeben

In WinWord können Sie sie auch über EINFÜGEN/SONDERZEICHEN eingeben. Allerdings stellen Sie dort am besten bei EXTRAS/AUTOKORREKTUR ein, daß schon beim Schreiben automatisch die geraden durch die typographischen Anführungszeichen ersetzt werden.

Oftmals sind's auch Apostrophe, die falsch gesetzt werden. Statt „ ´ “ zu verwenden, können Sie das richtige Apostroph mit der Tastenkombination [⇧] + [#] eingeben.

Für Gedankenstriche (im Buchdruckerjargon „Halbgeviertstrich“) und anstelle von „bis“, wird oft die [-]-Taste gedrückt und damit ein „-“ Zeichen gesetzt. Es ist schließlich auf der Tastatur so günstig zu erreichen. Dies ist jedoch ein Trennstrich und wird für Worttrennungen am Zeilenende und als Bindestrich bei zusammengesetzten Wörtern verwendet. Der Gedankenstrich soll hingegen das Ende eines Gedankenganges andeuten oder einen Einschub begrenzen – jedenfalls kein Wort trennen. Der Gedankenstrich ist länger als der Trennstrich. Wenn Sie sich dieses Buch genauer ansehen, wird es Ihnen auffallen. Den Gedankenstrich erzeugen Sie durch Druck auf [Strg] + [-] (auf dem Zahlenblock). Eigentlich gibt es für den Abschluß eines Gedankens einen noch längeren Strich, den Geviertstrich „—“, einzugeben durch [Alt] + [Strg] + [-] (auf dem Zahlenblock). Die Buchdrucker in Deutschland verwenden ihn in der Regel jedoch nicht mehr, weil er durch seine Länge unschöne Lücken in den fließenden Text reißt.

Blocksatz. Während Sie beim Schreiben mit einer Schreibmaschine nur auf der linken Seite einen gleichmäßigen Rand produzieren konnten, sind Computer in der Lage, den Text links und rechts auszugleichen. Wie der Setzer muß das Textprogramm dazu die Lücken zwischen den Wörtern etwas vergrößern. Dabei kann es unter Umständen zu recht unschönen Lücken im Text kommen, wie Abbildung 3.8 zeigt.

Das ist Text, der im Blocksatz gesetzt worden ist. Blocksatz sollten Sie nur bei langen Zeilen und nur in Verbindung mit der Silbentrennungsfunktion einsetzen, sonst kommt es u.U. zu unschönen Lücken im Text – wie Sie sehen können.

Das ist Text, der im Blocksatz gesetzt worden ist. Blocksatz sollten Sie nur bei langen Zeilen und nur in Verbindung mit der Silbentrennungsfunktion einsetzen. Sonst kommt es u.U. zu unschönen Lücken im Text – wie Sie sehen können.

Betrachten Sie die dritte Zeile in Abbildung 3.8. Die Wortabstände sind hier deshalb so groß, weil das Wort „Silbentrennungsfunktion" nicht mehr in die Zeile gepaßt hat, und deshalb ganz auf die vierte Zeile umgebrochen wurde. Die dritte Zeile mußte dann entsprechend ausgeglichen werden. Hier hilft in der Regel die Silbentrennungsfunktion, die Sie in WinWord mit EXTRAS/SILBENTRENNUNG, MANUELL aufrufen können. Das Ergebnis können Sie ebenfalls in Abbildung 3.8 sehen.

Bei sehr kurzen Zeilen hilft aber auch das nicht mehr, denn dann wird der Eindruck dadurch verdorben, daß fast an jedem Zeilenende ein Wort getrennt wird. Sie kennen dieses Problem aus Ihrer Tageszeitung, wo es wegen der oft sehr schmalen Spalten häufig auftritt. Wenn der Blocksatz trotz aller Mühen einmal gar nicht aussehen will, sollten Sie den Text lieber linksbündig formatieren.

Geschützte Leerzeichen und Trennstriche. Wie Sie bereits wissen, arbeiten die Textprogramme mit einem automatischen Zeilenumbruch. Wenn eine Zeile voll ist, sucht das Programm das letzte Leer- oder Trennzeichen und setzt alle nachfolgenden Zeichen in eine neue Zeile. Grundsätzlich ist das auch völlig richtig so. Sie wollen ja schließlich immer ganze oder richtig getrennte Wörter auf einer Zeile haben. Die Wortanfänge und -enden sowie die Trennstellen erkennt das Programm an den Leer- und Trennzeichen. Jeder Grundsatz hat seine Ausnahme, denn nach der Regel, daß Wörter durch Leerzeichen getrennt werden, bestünde auch die Angabe „§ 433 BGB" aus drei verschiedenen Wörtern, mit der Folge, daß der Text ggf. auch innerhalb des Paragraphenausdrucks umgebrochen wird. Das wirkt nicht gut, wie Sie hier sehen können: „§ 433 BGB". Das gleiche wird Ihnen manchmal bei Begriffen wie z.B. „Müller-Lüdenscheid" passieren. Beide Probleme können Sie vermeiden, wenn Sie an den entsprechenden Stellen „geschützte" Leer- und Trennzeichen eingeben. Diese sehen zwar genauso aus, werden aber von der Umbruchfunktion nicht so behandelt wie die normalen Zeichen. Geschützte Leerzeichen geben Sie mit [Strg] + [⇧] + [ ], geschützte Trennstriche mit [Strg] + [⇧] + [-] ein. Eine kleine Schattenseite hat jedoch auch das wieder: Bei „§ 433 BGB" und „Müller-Lüdenscheid" handelt es sich jetzt um ein Wort, d.h. es wird nicht mehr ohne weiteres getrennt und damit entstehen beim Blocksatz evtl. wieder unschöne Lücken.

Stellung der Satzzeichen. Betrachten Sie den Text in Abbildung 3.9.

**In diesem Text haben wir alle Punkte , Kommata
, Semikola (;) und sonstigen Satzzeichen falsch
gesetzt . Was fällt Ihnen dabei unangenehm auf
?**

Abbildung 3.9: falsch gesetzte Satzzeichen

Ihnen fällt sicher auf, daß das Komma am Anfang der zweiten Zeile und das Fragezeichen am Ende des Textes „mutterseelenallein" stehen. Daran ist wieder die Umbruchfunktion schuld. Sie hat die Satzzeichen als Wörter behandelt, weil davor und danach ein Leerzeichen stand. Deshalb müssen Sie Satzzeichen immer direkt an das vorhergehende Wort anschließen. Anführungszeichen müssen Sie unmittelbar vor das entsprechende Wort setzen, und Ausführungszeichen direkt hinter das letzte Wort. Das gilt ebenso für Klammern, Bindestriche und sonstige Zeichen im Text. Nach einiger Zeit geht Ihnen das in Fleisch und Blut über. Das ist wohl einer der wenigen Fehler, die wir in diesem Buch selbst nicht gemacht haben. Ansonsten dürfte (leider) auch alles, was wir Ihnen hier vorgestellt haben, an irgendeiner Stelle zu finden sein – trotz unserer „kleinen Typographie".

3.2 Grundfunktionen am Beispiel von WinWord

3.2.1 Text eingeben und formatieren

Nachdem Sie WinWord gestartet haben, erscheint das *Programmfenster*. Sie sollten dieses auf volle Größe bringen (siehe Abschnitt 2.13), um ausreichend Platz zum Arbeiten zu haben. Die Abbildung 3.10 zeigt einen typischen WinWord Bildschirm.

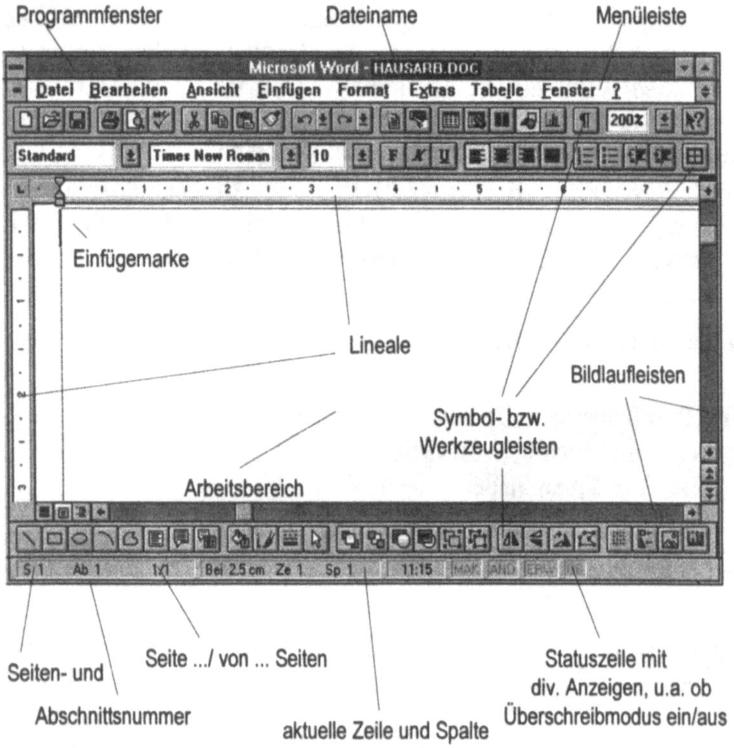

Abbildung 3.10: Word für Windows 6.0 – Programmfenster

Einfügemarke (Cursor). Sie blinkt irgendwo im linken oberen Teil des Programmfensters. Ein getipptes Zeichen erscheint immer dort, wo die Einfügemarke gerade ist. Geben Sie als erstes ein paar Sätze ein. Immer wenn Sie einen Buchstaben eingetippt haben, rückt die Einfügemarke einen Schritt nach rechts.

Automatischer Zeilenumbruch. Machen Sie sich keine Gedanken darüber, ob das nächste Wort noch in die Zeile paßt – jedes Textprogramm verfügt über einen sogenannten Zeilenumbruch, der dafür sorgt, daß bei Bedarf die Zeile umgebrochen, d.h. das ganze angefangene Wort auf die nächste Zeile übernommen wird. Drücken Sie keinesfalls die ↵-Taste, wie Sie es von der Schreibmaschine gewohnt sind! ↵ hat bei der Textverarbeitung die Funktion, einen Absatz abzuschließen. Also: Immer schön weiterschreiben und überhaupt nicht mehr an das Zeilenende denken!

Seitenende. Sollten Sie jetzt schon eine ganze Seite geschrieben haben, fragen Sie sich zu Recht, was am Ende passiert. Keine Angst, das Textprogramm übernimmt auch den Wechsel auf die nächste Seite vollautomatisch für Sie.

Im Text bewegen Sie sich (oder genauer die Einfügemarke) mit den Cursor-Tasten ← → ↑ ↓ oder mit der Maus, indem Sie den Mauszeiger (er sieht bei der Texteingabe so aus: I) an die Stelle setzen, an der Sie weiterarbeiten möchten. Mit Pos 1 kommen Sie an den Anfang einer Zeile, mit Ende an deren Ende, mit Strg + Pos 1 an den Anfang des ganzen Textes und mit Strg + Ende an dessen Ende.

Zeichen einfügen können Sie, indem Sie die Einfügemarke an die gewünschte Stelle bewegen und dann die Zeichen eintippen.

Einfüge- und Überschreibmodus. Normalerweise befindet sich das Programm bei der Texteingabe im Einfügemodus, d.h. wenn Sie Zeichen eingeben, verschieben sich die schon vorhandenen immer weiter nach hinten, in die nächste Zeile und ggf. auf die nächste Seite. Zuweilen wollen Sie das jedoch nicht, sondern die schon geschriebenen Zeichen überschreiben. Dazu drücken Sie die Einfg-Taste. Der Überschreibmodus ist nun eingeschaltet. Jetzt eingegebene Zeichen löschen diejenigen, die vorher an dieser Stelle gestanden haben. Wenn Sie die Einfg-Taste nochmals drücken, dann befinden Sie sich wieder im Einfügemodus. Bei Word für Windows wird der Überschreibmodus in der Statuszeile durch „ÜB" gekennzeichnet (siehe auch Abbildung 3.10).

Zeichen löschen. Wenn Sie sich vertippt haben, können Sie die falschen Zeichen wieder entfernen. Dies geht mit zwei verschiedenen Tasten, nämlich mit Entf (zuweilen auch engl. mit Del beschriftet) und mit ← (manchmal mit Backspace beschriftet). Der Unterschied zwischen beiden besteht darin, daß ← das Zeichen vor der Einfügemarke löscht und Entf das Zeichen nach der Einfügemarke. Wenn Sie also ein gerade eingetipptes Zeichen löschen wollen, benutzen Sie stets ←, denn die Einfügemarke steht noch hinter dem letzten Zeichen. Wenn Sie dagegen Zeichen löschen wollen, die Sie schon früher eingetippt haben, dann können Sie sich aussuchen, welche Taste Sie benutzen. Sie bewegen die Einfügemarke an die gewünschte Stelle im Text und löschen dann das Zeichen mit der von Ihnen erwählten Löschtaste. Wenn Sie diese länger drücken, setzt irgendwann die Tastenwiederholfunktion ein und es werden immer mehr Zeichen gelöscht, bis Sie die Taste wieder loslassen.

Schriftart ändern. Bis jetzt haben Sie nur in der Standardschriftart „Times New Roman" geschrieben. Textverarbeitungsprogramme bieten jedoch ungleich mehr Möglichkeiten der Schriftgestaltung. Stellen Sie daher versuchsweise eine andere Schriftart ein.

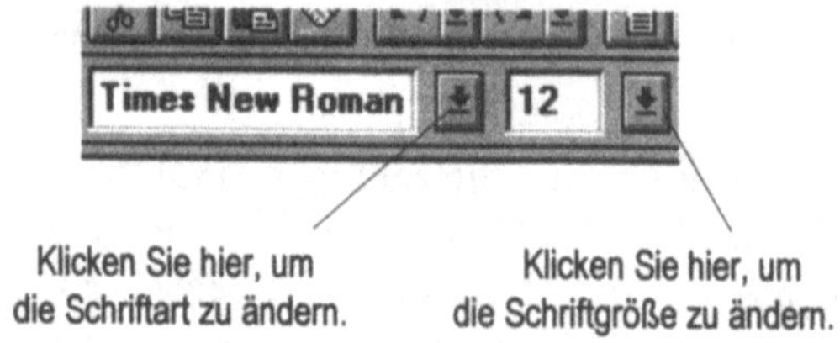

Abbildung 3.11: Schriftart und Schriftgröße ändern

Nachdem Sie auf den Pfeil wie in der Abbildung geklickt haben, erscheint eine Liste aus der Sie mit der Maus die gewünschte Schriftart auswählen können. Haben Sie das getan, verschwindet die Liste wieder. Jetzt können Sie in der gewünschten Schriftart weiterschreiben. In der Liste sind die Schriftarten normalerweise alphabetisch sortiert. Zur Erleichterung der Auswahl zeigt WinWord aber am Anfang die bereits im Text verwendeten Schriften an.

Schriftgröße ändern. Hier verfahren Sie ebenso wie bei der Änderung der Schriftart. Klicken Sie wie in Abbildung 3.11 den Pfeil an und wählen Sie die richtige Größe aus. Die Größe wird in pt angegeben (siehe unter 3.1.2).

Schriftattribute ändern. Möchten Sie bestimmte Teile des Textes durch fette, kursive oder unterstrichene Schrift hervorheben, klicken Sie die entsprechenden Symbole der Funktionsleiste an:

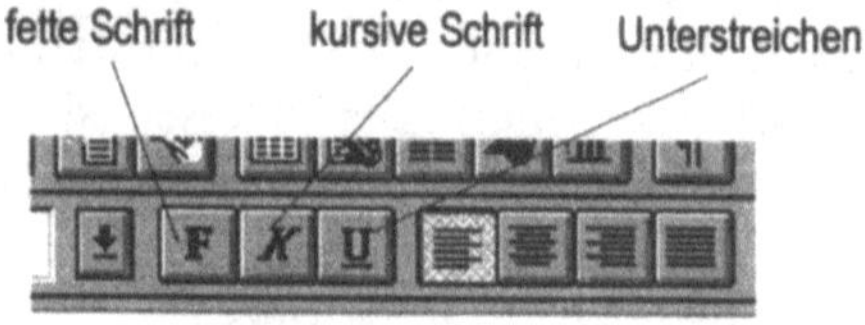

Abbildung 3.12: Schriftattribute ändern

Wenn Sie das entsprechende Symbol einmal anklicken, ist das Attribut aktiviert, klicken Sie nochmals, dann ist es wieder ausgeschaltet. Die drei Attribute können problemlos miteinander kombiniert werden. Allerdings sollten Sie dabei immer an unsere Hinweise aus der „Kleinen Typographie“ denken und nicht zu dick auftragen.

Neben diesen Standardattributen hat jedes Textprogramm weitere Möglichkeiten. Bei WinWord verbergen sich diese hinter dem Menüpunkt FORMAT/ZEICHEN. Dort erscheint die Dialogbox aus Abbildung 3.13.

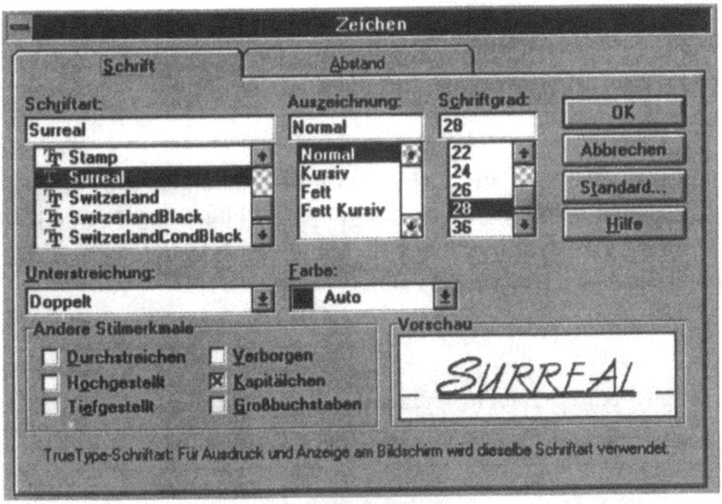

Abbildung 3.13: Dialogbox „Format/Zeichen“

Hier können Sie nach Herzenslust die wildesten Einstellungen ausprobieren. Besser ist es jedoch, Sie verbinden das Angenehme mit dem Nützlichen und versuchen herauszufinden, welche Schrift in welcher Formatierung zu verschiedenen Anlässen am besten paßt. Klicken Sie in der Dialogbox auf das Register ABSTAND, so werden Ihnen weitere Möglichkeiten zur Schriftgestaltung gegeben. Probieren Sie es selbst aus!

Rückgängig machen. Wenn Sie einmal etwas falsch eingegeben, gelöscht oder formatiert haben, können Sie es korrigieren. Neben dem Menüpunkt BEARBEITEN/RÜCKGÄNGIG existiert in der Symbolleiste ein spezielles Symbol dafür. Klicken Sie dieses an, wie in Abbildung 3.14 gezeigt, können Sie die letzten Eingaben Schritt für Schritt zurücknehmen.

Abbildung 3.14: Rückgängig-Funktion

Textausrichtung. Während alle bisherigen Formatierungen auf einzelne Zeichen angewendet werden können, ist die Ausrichtung des Textes immer nur für ganze Absätze möglich. Die Abbildung 3.15 zeigt die Möglichkeiten und die entsprechenden Symbole.

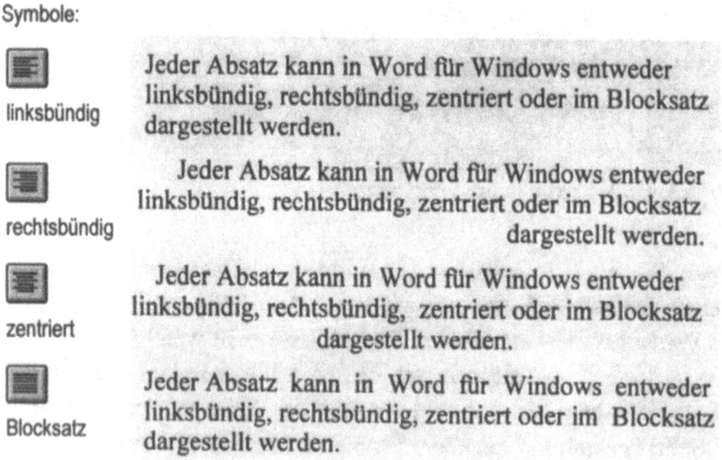

Abbildung 3.15: Beispiele für Absatzausrichtung und entsprechende Symbole

Zeilenabstand und sonstige Absatzformatierungen. Wie für die Zeichenformatierung, gibt es auch für Absätze eine spezielle Dialogbox, die Sie über FORMAT/ABSATZ erreichen. (siehe Abbildung 3.16)

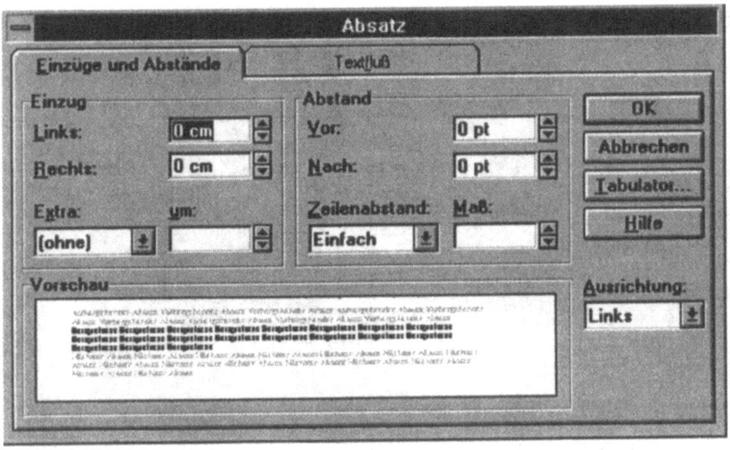

Abbildung 3.16: Dialogbox „Format/Absatz“

Im Register Einzüge und Abstände können Sie neben der Ausrichtung weitere Parameter z.B. den Zeilenabstand einstellen. Sie können einige Standardabstände (einzeilig, 1,5zeilig, zweizeilig) oder einen Punktabstand (typographischer Punkt, „pt“) wählen. Desweiteren können Sie mit abstand Vor und Nach einstellen, daß vor oder nach jedem Absatz ein gewisser Zwischenraum eingefügt wird. Bei Einzug können Sie angeben, daß der Text links oder rechts um ein bestimmtes Maß eingezogen wird. Schließlich können Sie mit abstand eXtra u.a. bestimmen, daß die erste Zeile eingezogen bzw. ausgerückt wird. Im Register textFluß können Sie einige typographische Spezialitäten einstellen. Probieren Sie es am besten selbst aus!

Seitenformatierungen. Neben zeichen- und absatzorientierten Formatierungen können Sie auch Einstellungen für Ihr gesamtes Dokument vornehmen. Rufen Sie dazu die Dialogbox Datei/seite einRichten auf (siehe Abbildung 3.17).

Wir wollen hier nur auf die Einstellungen im Register Seitenränder eingehen. Sie können hier einstellen, wieviel Platz zwischen dem Papierrand und dem Text frei bleiben soll. Neben den normalen Rändern können Sie bei Bundsteg einen speziellen Heftrand einstellen, der zum linken Rand hinzugezählt wird. Mit der Option Gegenüberliegende seiten können Sie bestimmen, daß WinWord linke und rechte Seiten (wie z.B. in diesem Buch) herstellt. Statt Links und Rechts als Seitenränder erscheinen dann Innen und Außen. Der Bundsteg wird dann dem inneren Rand hinzugerechnet.

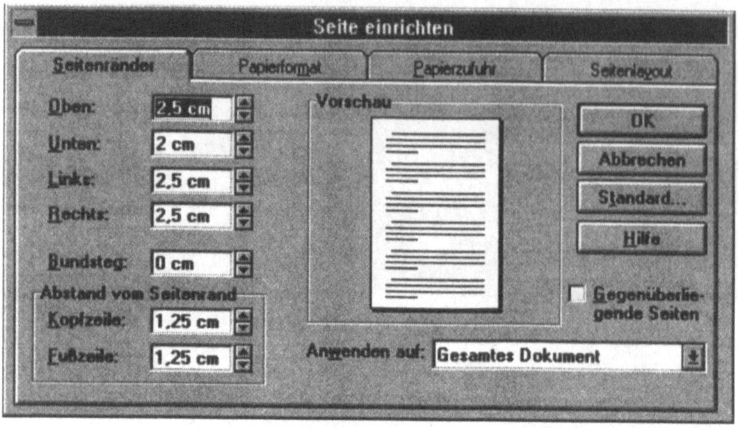

Abbildung 3.17: Dialogbox „Datei/Seite einrichten"

3.2.2 Text markieren und verschieben

Markieren von Textteilen. Alle besprochenen Manipulationen können Sie auch nachträglich vornehmen. Dafür müssen Sie die betreffenden Textteile zunächst mit der Maus oder der Tastatur markieren.

Mit der Tastatur geht das so: Bewegen Sie die Einfügetaste mit den Cursor-Tasten an die Stelle, an der die Markierung beginnen soll. Drücken Sie die ⇧-Taste und halten Sie sie gedrückt. Bewegen Sie nun die Einfügemarke mit den Cursor-Tasten an das Ende der gewünschten Markierung. Nun lassen Sie die Tasten los. Alles, was zwischen den beiden Positionen der Einfügemarke steht, ist nun schwarz unterlegt, es ist markiert.

Mit der Maus geht es noch einfacher. Klicken Sie mit der linken Maustaste an die Stelle, wo die Markierung beginnen soll. Halten Sie die linke Maustaste gedrückt, ziehen Sie den Mauszeiger an das Ende der zu markierenden Textstelle und lassen Sie dann die Maustaste los. Der gewünschte Bereich ist markiert.

Es gibt noch weitere Möglichkeiten, Text zu markieren, die Sie für WinWord der Abbildung 3.18 entnehmen können.

Wie markiert man .... ?	Mausaktion
ein Wort	Doppelklick
einen Satz	Strg + Klick
einen Absatz	Dreifachklick
eine Zeile	Einfachklick links neben der Zeile
ein Dokument	Dreifachklick links neben dem Text

Abbildung 3.18: Text markieren

Für den markierten Text können Sie nun Schriftart, -größe und -attribute nachträglich ändern.

Vorsicht! Drücken Sie nach dem Markieren nie eine Löschtaste. Geben Sie auch keinen Text ein. Dann wird nämlich die gesamte Markierung gelöscht bzw. durch die getippten Zeichen ersetzt. Es hilft dann nur BEARBEITEN/RÜCKGÄNGIG.

Das **Aufheben der Markierung** veranlassen Sie, indem Sie mit der Maus irgendwo in den Arbeitsbereich klicken oder eine der Cursor-Tasten drücken.

Verschieben und Kopieren von Text. Markierte Textstellen können Sie an jede beliebige Stelle im Text verschieben. Am einfachsten geht es mit „Drag & Drop". Sie bewegen einfach den Mauszeiger auf den markierten Text, drücken die linke Maustaste und halten sie gedrückt. Jetzt ziehen Sie den Mauszeiger einfach an die Stelle, an die der Text rücken soll (die Einfügemarke „kommt" mit) und lassen die Maustaste los. Der Text wurde *verschoben*. Wollen Sie den Inhalt der Markierung dagegen sowohl an der alten, als auch an der neuen Position haben, ihn also verdoppeln, halten Sie während der eben beschriebenen Aktion ständig die Strg -Taste gedrückt. Der Text wird dann *kopiert*.

Eine andere Variante, die auch das Verschieben und Kopieren von Text in ein anderes Dokument und sogar von einem Programm in ein anderes erlaubt, ist das „Kopieren und Einfügen". Dafür gibt es in jedem Windows-Programm eine Reihe derartiger Funktionen, die Sie der Abbildung 3.19 entnehmen können.

Bei allen Funktionen wird der Text zeitweilig in der „Zwischenablage" gespeichert. Ihr Inhalt steht allen Windows-Programmen zur Verfügung. Dadurch können Sie Texte oder Grafiken programmübergreifend austauschen. Haben Sie z.B. aus WinWord einen Text dorthin kopiert, können Sie zur Datenbank „Access" oder zur Tabellenkalkulation „Excel" wechseln und ihn dort einfügen.

Funktion	mögliche Tastenkombinationen		Menüpunkt und Symbol
Text in die Zwischenablage kopieren	Strg + Einfg	Strg + C	BEARBEITEN/KOPIEREN 
Text aus Zwischenablage einfügen	⇧ + Einfg	Strg + V	BEARBEITEN/EINFÜGEN 
Text in die Zwischenablage verschieben (ausschneiden)	⇧ + Entf	Strg + X	BEARBEITEN/AUSSCHNEIDEN 

Abbildung 3.19: Kopieren, Ausschneiden und Einfügen

3.2.3 Texte laden, speichern und drucken

Speichern von Texten. Damit Ihre Texte auch nach dem Ausschalten erhalten bleiben, müssen Sie sie speichern. Dies geschieht in der Regel auf der Festplatte. Sie sollten von wichtigen Texten jedoch auch immer Sicherheitskopien auf Disketten anlegen, um Datenverluste zu vermeiden (siehe auch Abschnitt 2.21).

In allen Windows-Programmen erscheint nach dem Aufrufen des Menüpunktes DATEI/SPEICHERN ein ähnliches Fenster wie Sie es in Abbildung 3.20 sehen.

Beim erstmaligen Speichern eines neuen Textes schlägt WinWord einen Dateinamen vor. Sei sollten jedoch lieber einen eigenen wählen, der zum Inhalt des Dokuments paßt.

Den Dateityp „Word Dokument" sollten Sie nur verändern, wenn Sie den Text für ein anderes Programm speichern (z.B. „Word Perfect") oder auf anderen Computern (z.B. einem Macintosh oder einem UNIX-System) einlesen wollen.

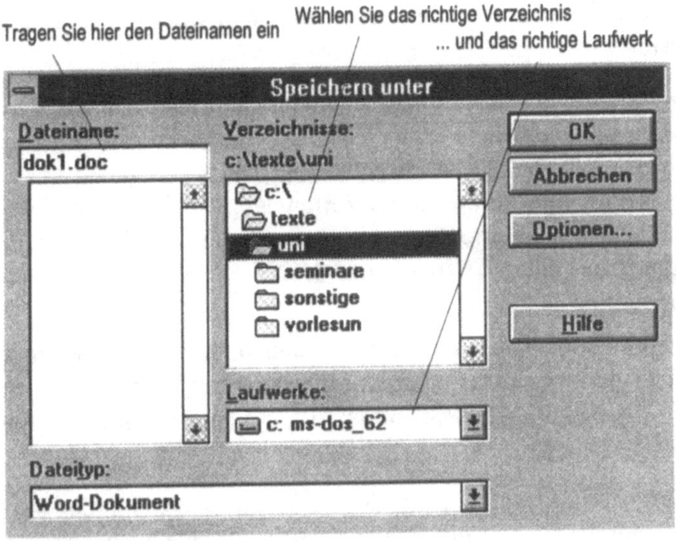

Abbildung 3.20: Dialogbox „Datei/Speichern“

Laden gespeicherter Texte. Sie rufen DATEI/ÖFFNEN auf. Dann erscheint eine Dialogbox wie in Abbildung 3.21.

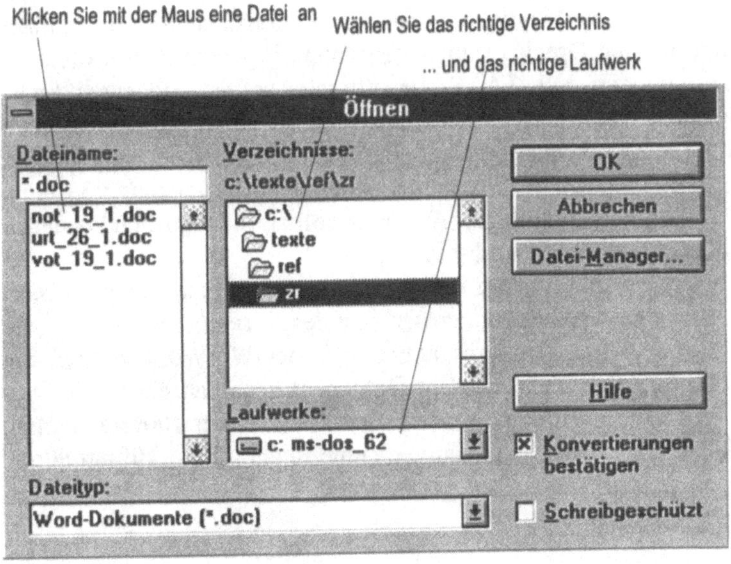

Abbildung 3.21: Dialogbox „Datei/Öffnen“

Wenn Ihre Datei nicht in der Liste erscheint, kann dies verschiedene Ursachen haben.

1. Überprüfen Sie, ob Sie das richtige Laufwerk und das richtige Verzeichnis ausgewählt haben.
2. Haben Sie eventuell eine falsche Diskette eingelegt?
3. Wurde die Datei vielleicht nicht mit der Endung „.DOC“ versehen? Sie können sich alle Dateien unabhängig von der Endung ansehen, indem Sie bei DATEINAME: nicht „*.DOC“ sondern „*.*“ eintragen und auf OK klicken.

Mit einer Kombination dieser Maßnahmen können Sie jede Datei auffinden, die sich noch irgendwo in Ihrem „Machtbereich“ befindet. Hilft dies alles nichts, haben Sie die Datei entweder gar nicht oder unter einem anderen Namen gespeichert.

Drucken. Zum Ausdrucken ist nicht viel zu sagen. Wenn Ihr Drucker eingerichtet, eingeschaltet und mit Papier versorgt ist, dann können Sie mit DATEI/DRUCKEN Ihren Text drucken. Die gängigen Textverarbeitungsprogramme erlauben Ihnen dabei verschiedene Varianten. Bei Word für Windows 6.0 können Sie beispielsweise wählen, ob Sie den gesamten Text, einzelne Seiten oder nur einen zuvor markierten Bereich ausdrucken wollen.

Wenn Sie in der Dialogbox DATEI/DRUCKEN die Schaltfläche DRUCKER und im erscheinenden Einrichtungsfenster OPTIONEN anklicken, können Sie bei den meisten Druckern noch auswählen, in welcher Druckqualität ausgedruckt werden soll. Für Probeausdrucke sollten Sie einen Sparmodus wählen. Bei Nadeldruckern empfiehlt sich hier aus Zeitgründen der „Draft“- oder „Schnelldruckmodus“, bei Tintenstrahl- und einigen Laserdruckern hingegen der „Economy-Modus“ zur Einsparung von Tinte bzw. Toner. Für den endgültigen Ausdruck sollten Sie natürlich wieder in einen Schönschreibmodus wechseln.

Verschwenden Sie so wenig Papier wie möglich. Wenn Sie nur wissen wollen, wie Ihr Dokument später aussieht, rufen Sie dazu die „Druckvorschau“ Ihres Textprogramms auf. Bei WinWord können Sie sich mit DATEI/SEITENANSICHT Ihr Dokument genau ansehen. Die Darstellung dort und die auf dem Drucker stimmt fast immer 100%ig überein. Führen Sie vor dem Drucken auch noch eine Rechtschreibprüfung durch. Dies geschieht mit EXTRAS/RECHTSCHREIBUNG.

3.3 Anfertigung wissenschaftlicher Arbeiten

3.3.1 Vorbemerkung

Wir wollen hier keinesfalls in Ihre Arbeitstechnik beim Schreiben wissenschaftlicher Arbeiten eingreifen, sondern lediglich auf die Punkte aufmerksam machen, an denen der Computer Sie wirksam unterstützen kann. Nur wenn Sie sich schon zu Beginn Ihrer Arbeit darüber klar sind, können Sie seine Möglichkeiten sinnvoll nutzen.

Als erstes sollten Sie sich vor Augen führen, daß die Anfertigung einer größeren Arbeit mit einem Textverarbeitungsprogramm einiges an Kenntnissen und Erfahrungen voraussetzt. Im Gegensatz zum Schreiben eines Briefes benutzen Sie zum Erstellen einer wissenschaftlichen Arbeit viele verschiedene Funktionen des Programms. Sie sollten sich also rechtzeitig mit den wesentlichen Punkten vertraut machen und Ihr Vorgehen entsprechend ausrichten. Wir haben diesen Abschnitt in der Reihenfolge der nötigen Abläufe gegliedert. Das beginnt mit der Vorbereitung des Textprogramms, geht über das Einfügen von Fußnoten, das Gliedern der Arbeit und das Einfügen von Querverweisen bis hin zur Erstellung eines kompletten Vorspanns einschließlich eines Inhalts- und Literaturverzeichnisses sowie des Deckblattes.

3.3.2 Vorbereitung

Nachdem Sie Ihr Textprogramm gestartet haben und ein leeres Dokument bereitsteht, wählen Sie sofort DATEI/SPEICHERN, wählen Laufwerk und Verzeichnis für Ihre Arbeit aus und geben ihr einen Namen.

Zur Vermeidung von größeren Datenverlusten durch einen Absturz Ihres PC sollten Sie im Menüpunkt EXTRAS/OPTIONEN, dort im Register folgende Einstellungen vornehmen:

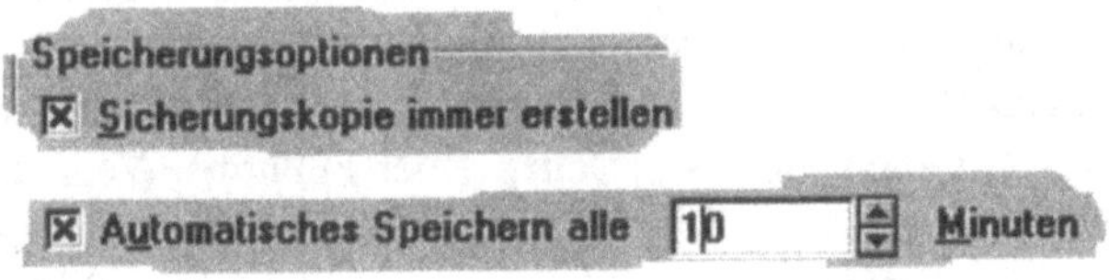

Abbildung 3.22: Optionen für automatisches Speichern

Damit wird Ihr Dokument alle 10 Minuten abgespeichert, so daß beim Absturz Ihres Rechners schlimmstenfalls die Arbeit dieser letzten 10 Minuten verloren geht.

Grundformatierungen. Jetzt kann es mit den eigentlichen Einstellungen für die Arbeit losgehen. Soweit der Aufgabensteller von Ihnen nichts besonderes verlangt, sollten Sie für den Hauptteil einen Rand von ca. 1/3 der Papierbreite einstellen. Das entspricht bei einem A 4-Blatt einer Breite von ca. 7 cm. Ob Sie den Rand links oder rechts lassen, hängt ganz von den Sitten an Ihrer Universität ab. Meist wird es der linke Rand sein. Alle anderen Ränder können Sie bei den Standardeinstellungen belassen. Ändern Sie also in der Dialogbox DATEI/SEITE EINRICHTEN den Rand LINKS oder RECHTS auf 7 cm, wie schon aus 3.2.1 bekannt.

Tragen Sie unter FORMAT/ABSATZ im Register EINZÜGE UND ABSTÄNDE als ZEILENABSTAND „1,5 Zeilen" ein. Wenn sie der Aufgabensteller nicht woanders haben will, stehen die Seitenzahlen normalerweise unten rechts. Klicken Sie auf EINFÜGEN/SEITENZAHLEN und wählen Sie bei POSITION „Seitenanfang" oder „Seitenende" und bei AUSRICHTUNG „links" oder „rechts" an.

So, das waren die wesentlichen Voreinstellungen. Nach dem Eingeben des Hauptteils der Arbeit folgen weitere Einstellungen zur Gestaltung des Vorspanns.

3.3.3 Verwenden von Fußnoten

Beim Eingeben Ihres Textes müssen Sie auch Fußnoten einfügen. Das ist ganz einfach, denn das Textprogramm wird Ihnen fast die ganze Arbeit abnehmen. Setzen Sie die Einfügemarke an die Stelle, an der Sie die erste Fußnote einfügen wollen und klicken Sie auf EINFÜGEN/FUßNOTE und dann auf OK. Es wird sofort eine kleine „1" als hochgestelltes Fußnotenzeichen an dieser Stelle eingefügt. Außerdem erscheint am unteren Bildschirmrand eine Eingabemöglichkeit für den Fußnotentext. Wenn Sie diesen komplett eingetippt haben, klicken Sie doppelt auf die Nummer der eingegebenen Fußnote und kehren damit in den Text zurück.

So verfahren Sie bei allen Fußnoten. Wenn Sie einmal eine vergessen haben und sie nun zwischen zwei bestehenden einfügen wollen, verschiebt das Textprogramm alle nachfolgenden Nummern automatisch nach hinten. Das gilt auch für das Löschen einer Fußnote. Wenn Sie die Nummer im Text markieren und [Entf] drücken, wird sie gelöscht und alle anderen Fußnotennummern werden korrigiert. Mit ANSICHT/FUßNOTEN oder durch Doppelklick auf die Fußnotennummer können Sie den Fußnotentext nachträglich bearbeiten.

3.3.4 Gliedern von Dokumenten

Bei einer wissenschaftlichen Arbeit ist eine gute Gliederung entscheidend. Textverarbeitungsprogramme können zwar keine inhaltliche Hilfe geben, aber diese Arbeit wesentlich erleichtern. Allerdings sind die Funktionen, mit denen WinWord die Gliederung von Dokumenten unterstützt, recht kompliziert. Der Ablauf ist folgender:

- Festlegen von Überschriften unterschiedlicher Ebenen
- Festlegen der Formatierungen für die Überschriftenebenen (z.B. Schriftart und -größe)
- Numerieren dieser Überschriften

Wenn Sie Ihr Dokument auf diese Weise gegliedert haben, haben Sie folgende zusätzliche Möglichkeiten:

- komfortables Bearbeiten des Textes, z.B. Verschieben ganzer Absätze, wobei die Überschriftennummern automatisch angepaßt werden
- automatische Erstellung eines Inhaltsverzeichnisses aus den Überschriften
- Einfügen von automatisch aktualisierten Verweisen im Text auf der Basis der Überschriften

Es gibt drei Varianten der Erstellung einer Gliederung:

1. Sie erstellen im PC eine Gliederung Ihres Dokuments und füllen diese allmählich.
2. Sie tippen eine auf Papier vorgeschriebene Arbeit ein und legen beim Eingeben die Gliederungsstruktur fest.
3. Sie formatieren im Nachhinein die Überschriften eines eingegebenen Textes.

Die erste Variante hat den Vorteil, daß Sie sich quasi einen Rahmen für Ihren Text schaffen. Dies setzt natürlich eine sorgfältige Vorarbeit voraus. Diese Methode empfiehlt sich daher vorrangig für Bearbeiter, die nach einer intensiven Vorarbeit, mit umfangreichen Stichpunkten und einer klaren Vorstellung vom Ergebnis, ihre Arbeit „in den Computer" tippen. Bei einer guten Konzeption kann der Rahmen helfen, Überflüssiges zu vermeiden und Fehlendes zu erkennen. Der Gliederungsrahmen ist natürlich auch selbst nicht starr, bei Bedarf können Sie jederzeit Änderungen und Ergänzungen vornehmen.

Allerdings ist diese Variante nur dem Profi der Textverarbeitung zu empfehlen. Dem Anfänger kann dabei schnell der Überblick über den Text verloren gehen, was unter Umständen zu chaotischen Ergebnissen führt.

Die zweite Möglichkeit empfiehlt sich für den fortgeschrittenen Benutzer, dem es nichts ausmacht, während des Abschreibens des Textes Formatierungen vorzunehmen. Anfängern ist die dritte Variante anzuraten, da so das Eingeben vom Formatieren völlig getrennt ist und man sich jeweils voll auf einen Ablauf konzentrieren kann.

Bei allen Varianten ist allerdings ein gewisser Einrichtungsaufwand erforderlich. Leider entsprechen die Standardformatierungen von WinWord bei den Überschriften nicht unseren Vorstellungen. Daher sollten Sie die Formatierungen verändern. Wenn Ihnen die Einstellungen gefallen, brauchen Sie natürlich nichts zu tun, ansonsten machen Sie folgendes:

Festlegen der Formate für die Überschriften. Klicken Sie dazu FORMAT/FORMATVORLAGEN und wählen Sie in der Dialogbox aus dem Listenfeld FORMATVORLAGEN „Überschrift 1" aus. Klicken Sie nun auf BEARBEITEN. In der darauf erscheinenden Dialogbox klicken Sie auf FORMAT. Es erscheint ein Menü mit verschiedenen Punkten, u.a. ZEICHEN und ABSATZ. Wenn Sie den Menüpunkt ZEICHEN wählen, erhalten Sie die übliche Dialogbox (siehe Abbildung 3.13) und können dort das Zeichenformat für die Überschriftenebene 1 festlegen. Wenn Sie OK klicken, sind Sie wieder in der Dialogbox „Formatvorlage bearbeiten" und können nun das gleiche für das Absatzformat (ABSATZ) tun. Wir empfehlen Ihnen die Einstellungen wie in Abbildung 3.23. Für alle Überschriften sollten Sie einzeiligen Zeilenabstand einstellen und auf Einzüge verzichten.

Ebene	Zeichenformat	Absatzformat/ Abstände
Überschrift 1	„Times New Roman" Größe 14 pt., fett	Abstand vor: 18 pt Abstand nach: 3 pt
Überschrift 2	„Times New Roman" Größe 12 pt, fett	Abstand vor: 16 pt Abstand nach: 3 pt
Überschrift 3	„Times New Roman" Größe 12 pt, fett	Abstand vor: 12 pt Abstand nach: 3 pt
ab Überschrift 4	„Times New Roman" Größe 12 pt, normal	Abstand vor: 6 pt Abstand nach: 3 pt

Abbildung 3.23: Empfohlene Überschriftenformate

Klicken Sie dann solange auf OK, bis Sie wieder in der Dialogbox „Formatvorlage" sind. Dort wählen Sie „Überschrift 2" aus und verfahren wie für „Überschrift 1". Das wiederholen Sie für alle Überschriftenebenen.

An dieser Stelle können Sie jetzt den Text Ihrer Arbeit eingeben, wenn Sie wollen. Oder auch nur die erste Überschrift.

Überschriften festlegen. Egal was Sie tun, markieren Sie bitte nun die Zeile, die Ihre erste Überschrift werden soll. Klicken Sie dann in der Werkzeugleiste auf die in Abbildung 3.24 gezeigte Stelle und wählen Sie „Überschrift 1" aus.

Abbildung 3.24: Aufklappen des Vorlagenmenüs

Augenblicklich nimmt Ihre Überschrift das Format an, das Sie vorher festgelegt hatten. Entsprechend verfahren Sie mit allen anderen Überschriften im Text.

Sollte Ihnen die eine oder andere Formatierung im nachhinein nicht mehr gefallen, so können Sie diese jederzeit unter FORMAT/FORMATVORLAGEN wieder BEARBEITEN und Ihren Vorstellungen anpassen. Änderungen an einer solchen Formatvorlage bewirken die sofortige Änderungen aller Überschriften dieser Ebene im gesamten Text.

Überschriften numerieren. Die Überschriften haben Sie nun ihren Vorstellungen entsprechend festgelegt. Jetzt müssen Sie sie noch durchnumerieren. Dazu klicken Sie zunächst auf FORMAT/ÜBERSCHRIFTEN NUMERIEREN. Hier können Sie eine vordefinierte Numerierungsart auswählen. Wenn Sie sich für eines der angebotenen Numerierungssysteme entscheiden, haben Sie keine weiteren Probleme. Klicken Sie einfach die gewünschte Art an und danach auf OK. Wenn Sie aber ein eigenes System verwenden wollen, müssen Sie zunächst eines der vorgegebenen Systeme auswählen und dann das eigene Format definieren. Dazu klicken Sie in eines der sechs Felder und wählen dann BEARBEITEN. Nun erscheint eine recht komplexe Dialogbox (siehe Abbildung 3.25).

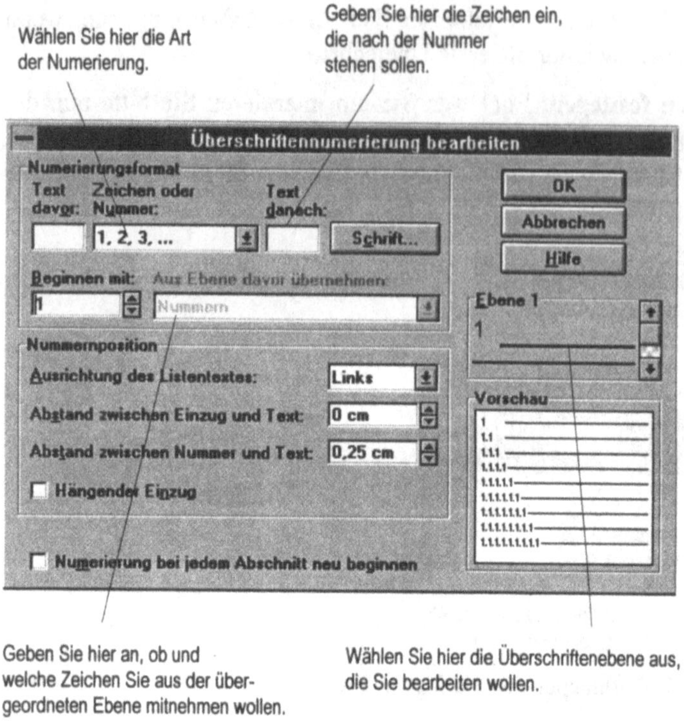

Abbildung 3.25: Einstellen der Numerierungsform

Sie können hier für jede Ebene eine individuelle Numerierung einstellen. Zur Erläuterung soll Ihnen folgendes Beispiel dienen. Angenommen Sie wollen für Ihre Gliederung folgendes Format festlegen:

A. Arbeiten mit WinWord
I. Grundfunktionen
1. Eingeben von Text
2. Löschen von Text
a) Löschen mit „Del“
b) Löschen mit „Entf“
II. DTP-Funktionen

Abbildung 3.26: Beispiel für die Gliederung einer Arbeit

Die erste Ebene soll „A“ gefolgt von einem Punkt beinhalten. Nachdem Sie mit der Bildlaufleiste EBENE 1 angewählt haben, stellen Sie bei ZEICHEN ODER NUMMER „A, B, C, ...“ ein und bei Text danach „. “.

Die Werte für die weiteren Ebenen können Sie der Tabelle entnehmen.

Ebene	TEXT DAVOR	ZEICHEN ODER NUMMER	TEXT DANACH	AUS EBENE DAVOR ÜBERNEHMEN
1		A,B,C,...	.	
2		I,II,III...	.	
3		1,2,3,...	.	
4		a,b,c,....	)	

Abbildung 3.27: Vorschlag für Numerierung der Überschriftenebenen

Auf der zweiten Ebene soll eine römische Ziffer dazukommen, dahinter wieder ein Punkt stehen. Haben Sie das Prinzip erkannt?

So können Sie Ihr individuelles Gliederungssystem erstellen. Wenn Sie die Dialogbox mit OK verlassen, werden alle Überschriften im Text automatisch nach Ihrem System numeriert.

Leider sind Numerierungen wie „aa, bb, cc" damit nicht möglich, so daß die juristische Standardgliederung nicht vollständig übernommen werden kann. Es ist uns auch kein Programm bekannt, das diese Numerierung erzeugen kann. Unter Verzicht auf einen Teil des Komforts der automatischen Gliederungsnumerierung können Sie von der 5. Ebene an die Überschriften von Hand durchnumerieren.

Die Mühe, die Sie sich mit der Gliederung gegeben haben, hat sich gelohnt: Mit der Nutzung der automatischen Gliederungs- und Numerierungsfunktion sind verschiedene Vorteile verbunden. So können Sie später vollautomatisch ein Inhaltsverzeichnis erstellen – das werden wir unter 3.3.7 behandeln – oder Querverweise einfügen – das erfahren Sie unter 3.3.5. Aber auch während des Überarbeitens Ihrer Arbeit kann Ihnen die automatische Gliederung schon helfen. Wenn Sie ANSICHT/GLIEDERUNG anklicken, gelangen Sie in die „Gliederungsansicht". An die Stelle des normalen Zeilenlineals ist die Gliederungsleiste getreten. Klicken Sie nun auf eine der acht Ziffern dieser Leiste, werden nur noch die Überschriften bis zu dieser Ebene angezeigt, die anderen Überschriften und der Text nicht mehr. Jetzt können Sie Überschriften inklusive des zugehörigen Textes völlig problemlos verschieben. Die einzelnen Knöpfe auf dem Gliederungslineal haben dabei folgende Funktionen:

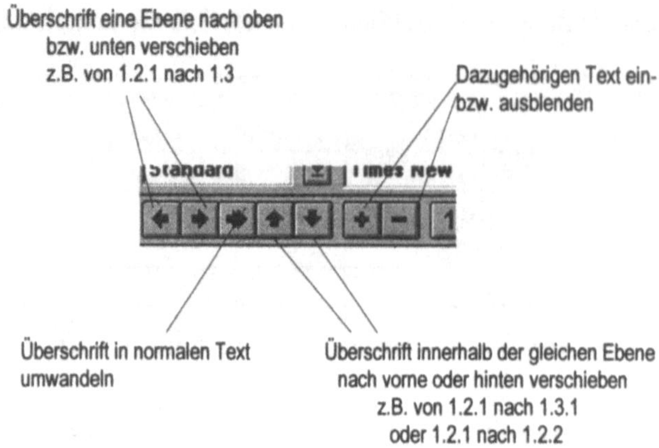

Abbildung 3.28: Funktionen in der Gliederungsleiste

3.3.5 Einfügen von Verweisen

Die Gliederungsfunktion erleichert das Einfügen von Verweisen auf andere Abschnitte der Arbeit. Zum Einfügen eines Verweises setzen Sie einfach die Einfügemarke an die gewünschte Stelle im Text. Wenn Sie nun auf EINFÜGEN/QUERVERWEIS klicken, erscheint folgende Dialogbox:

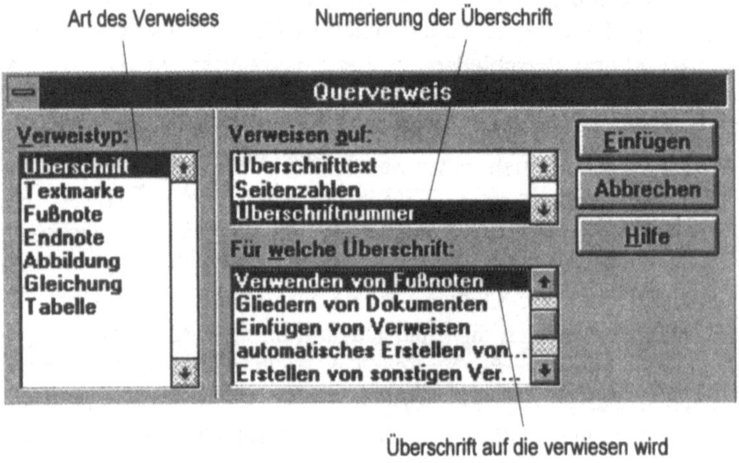

Abbildung 3.29: Dialogbox Querverweise

Wir haben in diesem Buch immer nur anhand der „Überschriftennummer" verwiesen (einstellen bei VERWEISEN AUF). Dies erschien uns am übersichtlichsten. Wählen Sie auch aus FÜR WELCHE ÜBERSCHRIFT Sie den

Verweis haben möchten und klicken Sie auf EINFÜGEN und dann auf SCHLIEßEN.

Dieses Verfahren hat den Vorteil, daß alle Veränderungen, die Sie später vornehmen, den Verweis nicht unaktuell werden lassen. Er wird vielmehr einer veränderten Numerierung angepaßt und immer auf die richtige Textstelle verweisen.

An der Abbildung 3.29 können Sie erkennen, daß nicht nur auf Überschriften verwiesen werden kann. In größeren Arbeiten oder in Ihrer Dissertation werden Sie auch Abbildungen oder Tabellen verwenden. Ähnlich wie Überschriften müssen Sie besonders formatiert werden, damit auf sie verwiesen werden kann. Wie das funktioniert, beschreiben wir kurz unter 3.3.8 auf Seite 118.

3.3.6 Abschluß der Arbeiten am Hauptteil

Nachdem Sie den Text vollständig eingetippt und gegliedert haben, sollten Sie ihn ausdrucken und Korrekturlesen. Danach können Sie mit EXTRAS/RECHTSCHREIBUNG die Rechtschreibhilfe und mit EXTRAS/SILBENTRENNUNG die Silbentrennungsfunktion aufrufen. Wählen Sie bei der Silbentrennung immer den Arbeitsmodus MANUELL. Dann schlägt WinWord Trennstellen vor und fragt Sie, ob dort oder an anderer Stelle getrennt werden soll. Wenn Sie diese Funktionen nutzen wollen, dann sollten Sie dies unbedingt vor dem Erstellen des Inhaltsverzeichnisses (siehe 3.3.8) tun, denn durch das Bearbeiten des Textes können sich die Seitenumbrüche noch ändern.

3.3.7 Erstellen des Vorspanns der Arbeit

Nachdem Sie nun mit viel Mühe die Arbeit einschließlich aller Fußnoten und Verweise eingetippt, gegliedert und nachbearbeitet haben, folgt nun die Erstellung des Vorspanns. Er besteht aus:

- Deckblatt
- ggf. Sachverhalt
- Inhaltsverzeichnis
- Literaturverzeichnis
- ggf. weiteren Verzeichnissen z.B. Abbildungsverzeichnis, Abkürzungsverzeichnis.

Für den Vorspann sind andere Seiteneinstellungen notwendig. Sie müssen römische statt arabischen Seitenzahlen verwenden und der Rand soll ganz normal breit sein. Sie können diese unterschiedliche Einstellung für Hauptteil und Vorspann in WinWord realisieren, indem Sie das Dokument in zwei verschiedene *Abschnitte* teilen. Jeden Abschnitt können Sie so behandeln, als wäre er ein eigenständiges Dokument. Somit können Sie auch unabhängige Seiteneinstellungen vornehmen.

Formatierung. Um vor dem bisher geschriebenen Text einen neuen Abschnitt für den Vorspann einzufügen, klicken Sie auf EINFÜGEN/MANUELLER WECHSEL. Aus der erscheinenden Dialogbox wählen Sie ABSCHNITTSWECHSEL/NÄCHSTE SEITE und klicken dann auf OK. Vor dem Text ist jetzt eine neue Seite entstanden. Bewegen Sie die Einfügemarke bitte an ihren Anfang, auf die gepunktete Linie „Abschnittsende". Jetzt befinden Sie sich im neu geschaffenen Abschnitt, für den Sie die folgenden Einstellungen vornehmen sollten.

Für den Vorspann stellen Sie am besten wieder ein ganz normalen Rand ein. Das erledigen Sie mit DATEI/SEITE EINRICHTEN in der Registrierkarte SEITENRÄNDER. Den Zeilenabstand können Sie so lassen wie er für die bisherige Arbeit eingestellt war. Bei längeren Sachverhalten oder Inhaltsverzeichnissen sollten Sie allerdings einen geringeren Abstand wählen, wenn dadurch alles noch auf eine Seite paßt.

Auf der ersten Seite Ihrer Arbeit sollte keine Seitenzahl erscheinen, die nachfolgenden Seiten sollten beginnend mit II aufsteigend numeriert werden. Wählen Sie dazu EINFÜGEN/SEITENZAHLEN und stellen Sie dort wieder die richtige POSITION (unser Vorschlag: „Seitenende (Fußzeile)") und die richtige AUSRICHTUNG („rechts") der Seitenzahl ein. Sorgen Sie dafür, daß das Kontrollkästchen AUF ERSTER SEITE ausgeschaltet ist. Danach klicken Sie auf FORMAT. In der jetzt erscheinenden Dialogbox wählen Sie nun bei SEITENZAHLEN-FORMAT die Variante „I, II, III, ..." aus. Klicken Sie danach auf OK, bis alle Dialogboxen wieder verschwunden sind.

Das **Deckblatt** sollte keinesfalls künstlerisch aufwendig gestaltet werden, sondern von wissenschaftlich vornehmer Zurückhaltung geprägt sein. Das Deckblatt muß den Titel der Arbeit und den Verfasser enthalten. Bei Hausarbeiten sind weitere Angaben erforderlich: Name des Aufgabenstellers und Art der Lehrveranstaltung sowie Ihre Anschrift, Matrikelnummer und das Semester, in dem Sie sich befinden. Für die einzelnen Teile können Sie auch dezent unterschiedliche Schriftgrößen einsetzen. Verwenden Sie keinesfalls Rahmen oder ähnliche Verzierungen. Dabei entstehen auf Schwarzweißdruckern eher Beileidsadressen als angenehme Deckblätter.

Sachverhalt. In einer Hausarbeit folgt dem Deckblatt der Sachverhalt. Erzeugen Sie dazu zunächst eine neue Seite mit EINFÜGEN/ MANUELLER WECHSEL Anklicken von SEITENWECHSEL und OK. Damit erscheint eine neue Seite, ob die vorhergehende vollgeschrieben wurde oder nicht.

Je nachdem, in welcher Qualität Ihnen der Sachverhalt vorliegt, können Sie ihn entweder abschreiben oder einfach in Ihrer Arbeit eine leere Seite lassen, in die Sie ihn später hineinkopieren. Wir empfehlen hier die Abschreibevariante. Achten Sie aber auf jeden Fall darauf, daß Sie dabei keine Fehler machen. Verwechseln Sie inbesondere nicht die handelnden Personen wie A, B und C. Das kann ärgerlich werden, wenn der Korrektor doch einmal „Ihren" Sachverhalt liest.

3.3.8 Verzeichnisse

Inhaltsverzeichnis. Wenn Sie bisher genau unseren Gliederungsanweisungen gefolgt sind und alle Ihre Überschriften auf den richtigen Ebenen stehen, können Sie nun halbautomatisch ein Inhaltsverzeichnis anlegen.

Wenn Sie vorhaben, noch weitere Verzeichnisse (z.B. ein Abbildungsverzeichnis) anzulegen, so sollten Sie dies vorher tun, damit WinWord die entsprechenden Seitenzahlen noch in das Inhaltsverzeichnis aufnehmen kann.

Erzeugen Sie zunächst – wie beim Sachverhalt – eine neue Seite. Setzen Sie die Einfügemarke an den Anfang dieser Seite. Klicken Sie auf EINFÜGEN/INDEX UND VERZEICHNISSE und wählen Sie in der Dialogbox das Register INHALTSVERZEICHNIS. Hier können Sie verschiedene Darstellungsarten für Ihr Inhaltsverzeichnis wählen. Vermeiden Sie aber wie immer Kunstformen. Nutzen Sie am besten das FORMAT „einfach". Gleichgültig welches Format Sie benutzen, sollten Sie in jedem Fall die Optionen SEITENZAHLEN ANZEIGEN und SEITENZAHLEN RECHTSBÜNDIG anwählen. Als FÜLLZEICHEN, das sind die Zwischenräume zwischen den Überschriften und den Seitenzahlen, sollten Sie entweder einfache Leerzeichen oder eine Punktlinie wählen. Wenn Sie alles eingestellt haben, klicken Sie auf OK. WinWord fügt nun das Inhaltsverzeichnis ein.

Wenn Sie nach Erstellen des Inhaltsverzeichnisses an Ihrer Arbeit noch größere Veränderungen vorgenommen haben, dann stimmen die Einträge eventuell nicht mehr. Sie müssen dann das Verzeichnis markieren und [F9] drücken. Es erscheint eine Dialogbox. Wenn Sie dort die Option NEUES VERZEICHNIS ERSTELLEN wählen und auf OK klicken, werden die Eintragungen aktualisiert.

Literaturverzeichnisse. Nach dem Inhaltsverzeichnis folgt das Literaturverzeichnis. Bei juristischen Arbeiten muß ein Eintrag dort folgendes enthalten:

bei Lehrbüchern, Kommentaren und Monographien:	
Name, Vorname des Verfassers	Titel, Band, Auflage, Erscheinungsort und -jahr, („zitiert als:“ Zitierhinweis)
bei Aufsätzen:	
Name, Vorname des Verfassers	Titel, Titel der Zeitschrift oder der Festschrift, Erscheinungsort (bei Festschriften), Erscheinungsjahr, Seitennummer („zitiert als:“ Zitierhinweis)
bei Dissertationen:	
Name, Vorname des Verfassers	Titel der Arbeit, „Diss.“, Ort, Jahr des Abschlusses
bei Entscheidungsbesprechungen:	
Name, Vorname des Verfassers	„Anm. zu“ Gericht, Datum, Aktenzeichen, „in:“ Titel der Zeitschrift, Erscheinungsjahr, Seitennummer („zitiert als:“ Zitierhinweis)

Abbildung 3.30: bibliographische Angaben im Literaturverzeichnis

Nicht in das Literaturverzeichnis aufzunehmen sind Gesetzbücher, einzelne Gesetze, Entscheidungssammlungen und einzelne Entscheidungen. Und so könnten Ihre Einträge praktisch aussehen:

Bender, Ulrich	Anm. zu BGH vom 1.1.1980 - 2 StR 145/78 in: NJW 1980, 645 (zitiert als: Bender, NJW 1980, 645)
Brox, Hans	Besonderes Schuldrecht, 16. Aufl., München 1990 (zitiert als: Brox, Bes. Schuldrecht)

Abbildung 3.31: Beispiel für Einträge im Literaturverzeichnis

Erzeugen Sie zunächst wieder eine neue Seite. Es gibt viele Möglichkeiten, ein Literaturverzeichnis anzulegen. Die unseres Erachtens optimale Variante ist die Verwendung einer Tabelle. Klicken Sie wie in Abbildung 3.32 auf das Tabellensymbol, halten Sie die linke Maustaste gedrückt und ziehen Sie die Maus so, daß in dem Raster 1*2 Felder („1* 2 Tabelle") markiert sind. Lassen Sie dann die Maustaste los.

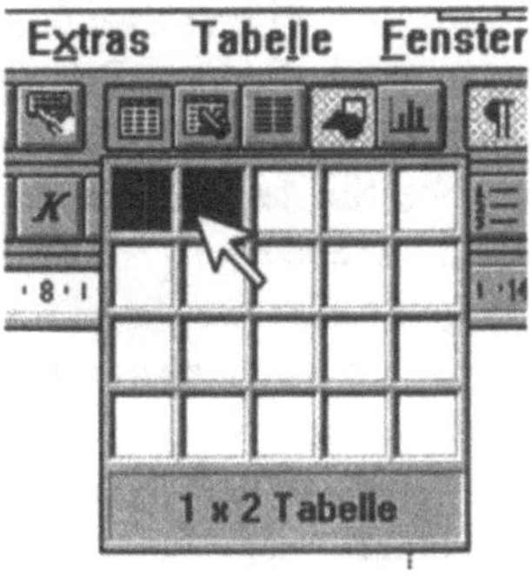

Abbildung 3.32: Einfügen einer Tabelle

Sie haben eine Tabelle mit zwei gleich breiten Spalten erzeugt. Verringern Sie nun die Breite der ersten Spalte auf etwa 6 bis 7 cm. Wie das geht, entnehmen Sie bitte der Abbildung 3.33. Jetzt können Sie den ersten Eintrag vornehmen. Sie setzen dazu die Einfügemarke in die linke Spalte und tragen den ersten Namen ein. Drücken Sie dann die [Tab] Taste, um in die zweite Spalte zu wechseln. Tragen Sie hier die bibliographischen Daten ein. Drücken Sie dann nochmals [Tab]. Die Tabelle wird automatisch um eine zweite Zeile ergänzt. Geben Sie nach dem gleichen Muster hier den zweiten Eintrag ein usw. Sie brauchen sich dabei keine Gedanken um die Reihenfolge der Einträge zu machen. Word für Windows kann abschließend die einzelnen Tabellenzeilen alphabetisch sortieren.

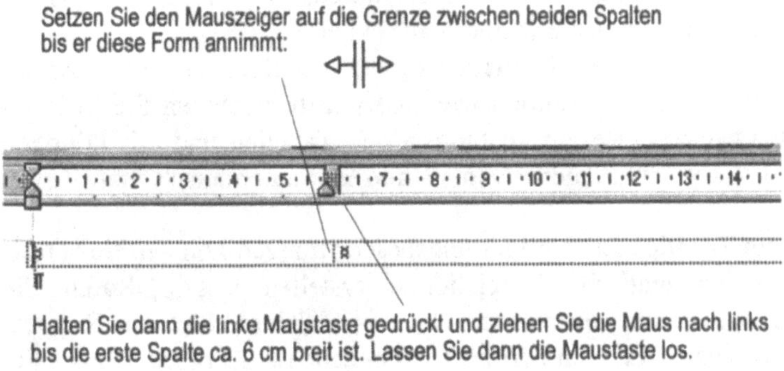

Abbildung 3.33: Spaltenbreite einer Tabelle ändern

Wenn in einem Eintrag mehrere Autoren vorkommen, so trennen Sie diese durch ↵. Die linke Spalte wird dadurch automatisch nach unten vergrößert.

Bei größeren Dokumenten sollten Sie Ihr Literaturverzeichnis in Rubriken für Aufsätze, Kommentare usw. untergliedern. Bei normalen Hausarbeiten ist das nicht angebracht. Die Rubrik-Überschriften schreiben Sie einfach statt des Verfassers in die linke Spalte, drücken dann aber zweimal ⇆, um die rechte Spalte leer zu lassen.

Wenn Sie alle Literaturquellen eingetragen haben, ist eine Tabelle entstanden, die unter Umständen auch aus mehreren Seiten bestehen kann.

Abschließend können sie die Einträge sortieren. Wenn Sie das Literaturverzeichnis nicht in verschiedene Rubriken untergliedert haben, markieren Sie einfach die ganze Tabelle mit TABELLE/TABELLE SORTIEREN. In der erscheinenden Dialogbox wählen Sie als 1.SCHLÜSSEL „Spalte 1" und als 2.SCHLÜSSEL „Spalte 2". Bei TYP stellen Sie jeweils „Text" ein und als Sortierrichtung AUFSTEIGEND.. Wenn Sie dann auf OK klicken, sortiert WinWord Ihr Literaturverzeichnis zunächst nach der ersten Spalte (1.Schlüssel) und, wenn ein Autor doppelt auftreten sollte, nach den Titeln (2.Schlüssel). Haben Sie das Verzeichnis untergliedert, dann müssen Sie zum Sortieren jeweils die Tabellenzeilen markieren, die zu einer Rubrik gehören und die Sortierfunktion aufrufen. Die Überschrift der Rubrik dürfen Sie nicht markieren, da Sie sonst mit einsortiert wird.

Sonstige Verzeichnisse. In Dissertationen und sonstigen größeren Arbeiten können zuweilen auch Tabellen und Abbildungen vorkommen. Auch dafür bietet Word für Windows verschiedene Hilfestellungen an.

Fügen Sie zunächst nach jeder einzelnen Tabelle bzw. Abbildung mit EINFÜGEN/BESCHRIFTUNG eine Abbildungs- bzw. Tabellenunterschrift ein. In der erscheinenden Dialogbox können Sie unter KATEGORIE wählen, welche Art Beschriftung Sie einfügen wollen, im Feld BESCHRIFTUNG schließlich geben Sie einen erläuternden Text ein.

WinWord verwaltet die Numerierung der Abbildungen und Tabellen vollautomatisch für Sie. Ähnlich wie Überschriften können Sie in Ihren Text auch Querverweise auf so beschriftete Tabellen und Abbildungen aufnehmen, deren Nummern von WinWord automatisch aktualisiert werden.

Auch aus Tabellen- und Abbildungsbeschriftungen können Sie selbstverständlich automatisch Verzeichnisse erstellen lassen. Rufen Sie EINFÜGEN/INDEX UND VERZEICHNISSE. auf. Wählen Sie das Register ABBILDUNGSVERZEICHNIS und dort die entsprechende KATEGORIE aus. Hier haben Sie dann ähnliche Gestaltungsmöglichkeiten wie bei Inhaltsverzeichnissen.

3.3.9 Abschluß der Arbeiten

Nun müßten Sie eigentlich fertig sein. Sie können Ihre Arbeit jetzt ausdrucken. Dabei werden Sie feststellen, daß noch eine Menge zu verändern ist. Beachten Sie, daß nach Änderungen und Ergänzungen Ihres Textes u.U. einige der beschriebenen Funktionen nochmals ausgeführt werden müssen. Lassen Sie nochmals die Silbentrennungsfunktion und die Rechtschreibkontrolle ausführen. Prüfen Sie danach, ob WinWord die Worttrennungen korrekt vorgenommen hat. Rechtschreibung und Grammatik sind in einer juristischen Arbeit wichtige Bewertungskriterien. Haben Sie die Struktur Ihrer Arbeit nachträglich noch verändert, muß das Inhaltsverzeichnis aktualisiert werden. Sind in Ihrem Literaturverzeichnis neue Einträge hinzugekommen, muß dieses eventuell wieder sortiert werden.

4 Juristische Datenbanken

4.1 Klassische Darstellung juristischer Informationen

Der Jurist bezieht seine Informationen bisher fast ausschließlich aus gedruckten Materialien. Seien es nun Kommentare, mit denen er sich zu seinem aktuellen Fall kurzfristig und kurzzeitig Spezialwissen zur Problemlösung aneignet, seien es systematische Lehrbücher, um sich größere Problemkreise zu erschließen. Um auf dem neuesten Stand zu bleiben, liest er Aufsätze in juristischen Fachzeitschriften. Diese informieren ihn auch regelmäßig über neue Entscheidungen verschiedener Gerichte. Als weitere Hilfsmittel benutzt er normbasierte Fallsammlungen ebenso wie chronologische Entscheidungssammlungen. In allen diesen verschiedenen Materialien werden die Informationen in typischer Weise präsentiert. Dabei haben sich für bestimmte Arten von Dokumenten spezifische Darstellungsformen entwickelt, die es dem Juristen ermöglichen, jeden gewünschten Text in der Welt der juristischen Dokumente zu lokalisieren und daraus die gesuchten Inhalte zu filtern.

Urteile und sonstige Entscheidungen besitzen immer eine relativ klare Struktur: sie enthalten einige Formalia, wie Akten- bzw. Geschäftszeichen, Entscheidungsdatum, erkennendes Gericht und eine Reihe entscheidungserheblicher Normen (die Normenkette). Dazu kommt eine sich immer wiederholende inhaltliche Aufteilung des Textes in Tatbestand und Entscheidungsgründe. Dieser wird oft noch durch eine kurze Zusammenfassung in Form eines Leit- oder Orientierungssatzes ergänzt, der, wenn er noch nicht vorhanden ist, in der Regel von den Zeitschriftenredakteuren hinzugefügt wird. Vielfach werden Entscheidungen in juristischen Fachzeitschriften auch nicht vollständig abgedruckt. Entweder die Herausgeber verzichten gänzlich auf die Darstellung des Tatbestandes bzw. der Entscheidungsgründe und bieten nur eine selbst formulierte oder amtliche Zusammenfassung an oder sie kürzen den Entscheidungstext so, daß nur die relevanten Passagen gedruckt werden. Ergebnis dessen ist leider, daß in verschiedenen Quellen Entscheidungen in völlig unterschiedlicher Form, zuweilen auch mit verschiedenen inhaltlichen Schwerpunkten, erscheinen.

Aufsätze besitzen naturgemäß keine klare Struktur. Wenn auch häufig bestimmte Formen, wie die Gliederung in verschiedene Abschnitte, eingehalten werden, so läßt sich doch insgesamt keine Einheitlichkeit der

Präsentation konstatieren. Verschiedene Fassungen, wie sie bei Entscheidungsveröffentlichungen vorkommen, werden dagegen bei Aufsätzen recht selten auftreten, da eine Zweit- oder Mehrfachveröffentlichung noch dazu in veränderter Form nicht den Regelfall bildet.

Monographien. Noch komplizierter gestaltet es sich hier. Die Autoren sind in der Regel weitgehend frei in der Gestaltung ihrer Werke. Hier lassen sich allenfalls grundlegende Gemeinsamkeiten konstatieren. Allerdings ist die Fassung für wenigstens eine Auflage festgestellt und Auszüge kommen allenfalls in Form von Vorveröffentlichungen einzelner Kapitel vor.

Kommentare. Hier wird eine gewisse Struktur durch die Notwendigkeit der Besprechung einzelner Paragraphen eines Gesetzes eingehalten. Auch innerhalb dieser finden sich gewisse Wiederholungen, wie z.B. im Strafrecht die Erläuterung der Tathandlung und abschließend die der Konkurrenzen.

Normen hingegen besitzen schon durch ihre Determination im entsprechenden Gesetz klare Formalia und eine relativ klare inhaltliche Struktur, nämlich Absätze und Nummern. In der Praxis untergliedert man bei der Beschreibung einer Norm semantisch weiter in Sätze und Halbsätze oder Alternativen innerhalb eines Satzes. Von „wichtigen" Gesetzen findet man in für Juristen gemachten Gesetzeswerken und Zeitschriften wohl immer den vollständigen Text. Auch von Nebengebieten wird der Text, wenn er denn überhaupt vorliegt, wenigstens paragraphenweise immer vollständig vorliegen. Ein Verzicht auf Teile einer Norm ist dem Juristen kaum zumutbar, da er selbst gerne auswählen wird, was ihm relevant erscheint und was nicht.

4.2 Juristische Informationen in Datenbanken

4.2.1 Einführung

Eine juristische Datenbank können Sie sich zunächst als eine *Sammlung von juristischen Textdokumenten* vorstellen, die um *umfangreiche Register* und die *Retrievalsoftware*, d.h. ein Programm ergänzt ist, mit der man im Datenbestand beliebige Dokumente nach verschiedensten Kriterien herausfinden und auf dem Bildschirm oder Drucker ausgeben kann.

Gegenwärtig stellen juristische Datenbanken fast ausnahmslos eine elektronische Wiedergabe von Papierpublikationen dar. Es liegen heute kaum juristische Informationen vor, für die es kein konventionelles Pendant gibt. Eigentlich besteht daher kein Grund, die vorhandenen Darstellungsmöglichkeiten, die sich jahrzehntelang für „Papier-" oder sagen wir besser konventionelle juristische Materialien herausgebildet haben, zu verwerfen. Gleiches wird im Prinzip auch für die Retrievalmethoden gelten, also wie man die gesuchten Texte und innerhalb dieser Texte, die gesuchten Informationen wiederfindet. Bisher nutzte der Jurist dazu die oben beschriebenen Charakteristika der einzelnen Texte. Das wird jetzt die Retrievalsoftware übernehmen. Damit das funktioniert, müssen aber die Datenbank entsprechend gestaltet und die Texte entsprechend aufbereitet werden.

4.2.2 Dokumentendarstellung

Ein Dokument im Datenbanksinne kann sowohl ein Urteil, ein Beschluß, eine sonstige Entscheidung oder auch ein Aufsatz sein. Bei der Speicherung von Rechtsnormen wird im allgemeinen jeweils ein Paragraph bzw. ein Artikel als Dokument dargestellt. Ein Gesetz besteht dann oft aus mehreren hundert Dokumenten. Die Paragraphen 8 und 9 des AGB-Gesetzes (Abbildung 4.1) sind jeweils einzelne Dokumente der Normendatenbank in juris. Der NVwZ-Aufsatz, den wir ausschnittsweise in Abbildung 4.2 dargestellt haben, ist ebenfalls ein Dokument im Datenbanksinne.

Jeder Paragraph ist ein selbständiges Dokument

DOKUMENT 12, DOKNR 79880

AGBG § 8 Schranken der Inhaltskontrolle
Fassung: 1976-12-09

Die §§ 9 bis 11 gelten nur für Bestimmungen in Allgemeinen Geschäftsbedingungen, durch die von Rechtsvorschriften abweichende oder diese ergänzende Regelungen vereinbart werden.

DOKUMENT 13, DOKNR 79881

AGBG § 9 Generalklausel
Fassung: 1976-12-09

(1) Bestimmungen in Allgemeinen Geschäftsbedingungen sind unwirksam, wenn sie den Vertragspartner des Verwenders entgegen den Geboten von Treu und Glauben unangemessen benachteiligen.
(2) Eine unangemessene Benachteiligung ist im Zweifel anzunehmen, wenn eine Bestimmung
1. mit wesentlichen Grundgedanken der gesetzlichen Regelung, von der abgewichen wird, nicht zu vereinbaren ist, oder
2. wesentliche Rechte oder Pflichten, die sich aus der Natur des Vertrages ergeben, so einschränkt, daß die Erreichung des Vertragszwecks gefährdet ist.

Abbildung 4.1: Normdokumente aus juris

Fundstelle der Papierfassung

Dokumententyp

```
NVwZ 1987, 454                                                    Aufsatz
---------------------------------------------------------------------------
Rechtsanwalt Dr. Harald Pickel, Präsident des LSG a. D., Hamburg

Die Rücknahme von Verwaltungsakten nach dem SGB X
---------------------------------------------------------------------------

(Z)    Die Rücknahme- und Widerrufsvorgänge von Verwaltungsakten
       werden im Zehnten Buch des SGB aus Gründen der besseren Übersicht
       in mehreren verschiedenen Vorschriften geregelt. Es werden in den
       §§ 44, 46 SGB X nicht nur nicht begünstigende, und in §§ 45, 47
       SGB X begünstigende Verwaltungsakte behandelt, sondern darüber
       hinaus auch noch zwischen rechtswidrigen und rechtsmäßigen
       Verwaltungsakten unterschieden, wie sich aus der
       Gegenüberstellung der §§ 44, 45 SGB X mit den §§ 46, 47 SGB X
       ergibt. Die in den nachfolgenden Ausführungen behandelten §§ 44,
       45 SGB X sind nach Art. II § 40 II SGB X erstmals anzuwenden,
       wenn ein Verwalktungsakt nach dem 31. 12. 1980 aufgehoben wird.
       Dieses gilt auch dann, wenn der aufzuhebende Verwaltungsakt vor
       dem 1. 1. 1981 erlassen worden ist.

(T)    I. Einleitung

       Ein Verwaltungsakt ist nach § 77 SGG für die Beteiligten in
       der Sache bindend, wenn der gegen den Verwaltungsakt gegebene
       Rechtsbehelf nicht oder erfolglos eingelegt wird und durch
       Gesetz nichts anderes bestimmt ist. Anderweitige gesetzliche
       Regelungen in diesem Sinne sind die §§ 44 bis 48 SGB X. Sie
       enthalten Aufhebungsregelungen für Verwaltungsakte, die für den
       gesamten Sozialbereich gelten, und damit deutliche Abweichungen
       von dem allgemeinen Verwaltungsrecht, das die entsprechende
       Materie in den §§ 48, 49 VwVfG zusammenfaßt. Die große Bedeutung,
       die den sozialrechtlichen Vorschriften zukommt, spiegelt sich in
       der großen Anzahl der Vorschriften wider, die aufgrund dieser
       Neuregelungen geändert oder gestrichen werden mußten (1). Der
       Oberbegriff der Aufhebung erfaßt sowohl rechtswidrige als auch
       rechtmäßige Verwaltungsakte. Rechtswidrige Verwaltungsakte können
       zurückgenommen werden und rechtmäßige Verwaltungsakte widerrufen
       werden. Es wird ferner zwischen begünstigenden und nicht
       begünstigenden Verwaltungsakten unterschieden. Zu den nicht
       begünstigenden Verwaltungsakten gehört nicht nur der belastende,
       sondern auch

------------------------ NVwZ 1987, 455 ------------------------

der weder begünstigende noch belastende Verwaltungsakt (2).
Regelungen über die Rücknahme von Verwaltungsakten enthalten die
§§ 44, 45 SGB X. Die Verwendung des Wortes "soweit" in diesen
Vorschriften soll sicherstellen, daß eine Rücknahme des
Verwaltungsaktes nur in bestimmtem Umfang erfolgt, wenn er im
übrigen noch Bestand haben kann.
...
```

Zusammenfassung

Volltext

Hinweis auf Seitenwechsel in der Papierfassung

Abbildung 4.2: Beispieldokument aus NVwZ-CD-ROM

Optisch ist die unterschiedliche Formatierung der Hauptunterschied zu den entsprechenden Papierdokumenten. Während diese in schönen Lettern gesetzt sind, bekommen wir aus dem Computer nur sehr schlichte, ohne Hervorhebungen gedruckte Texte. Das ist jedoch nicht so wesentlich und wird sich vermutlich mit dem Aufkommen grafischer Benutzeroberflächen wie Windows in nächster Zeit ändern. Interessanter ist, daß die Dokumente in der Datenbank nicht mehr in verschiedene Seiten aufgeteilt sind, wie in der Papierversion. Für die Datenbank ist der *gesamte* Aufsatz oder die Entscheidung ein Dokument. Die Seiten spielen keine Rolle.

Damit man trotzdem richtig zitieren kann, haben viele Datenbankhersteller entsprechende Hinweise in die Texte eingefügt. Sie sehen das auch in Abbildung 4.2. Auch die Suchfunktionen sind im allgemeinen so gestaltet, daß Sie nach Seitenzahlen suchen können.

Volltextspeicherung. Die beiden Abbildungen zeigen uns Dokumente, die in ihrem vollen Text in der Datenbank vorliegen. In einigen Datenbanken werden neben Volltexten auch sogenannte Langtexte gespeichert. Der Langtext beinhaltet nicht den vollen Text eines Dokuments, aber einen umfangreichen Auszug. So wird z.B. eine Entscheidung, die im Langtext vorliegt, neben dem Leitsatz auch den kompletten Tatbestand sowie die wesentlichen Entscheidungsgründe enthalten. Damit sind solche Dokumente in der Regel genauso gut nutzbar wie Volltexte. Die Speicherung als Voll- oder Langtext ist jedoch nicht die einzige denkbare. In den Anfangszeiten der Datenbanksysteme waren die Speicherkapazitäten der Computer noch zu klein, um größere Menge von Dokumenten in diesem Umfang zu speichern. Auch standen keine Werkzeuge zur Verfügung, Textinformationen anders als durch mühseliges Eintippen elektronisch zu erfassen. Selbst wenn man diese Hürden genommen hätte, fehlte es doch an leistungsfähigen Programmen zur Verwaltung der Datenbestände.

Kurztextspeicherung. Daher haben sich in vielen Bereichen sogenannte abstract-Datenbanken durchgesetzt. Diese enthalten von jedem Dokument statt des vollen Textes nur eine Kurzzusammenfassung, den *abstract*. Dieser abstract wird von einem dafür speziell ausgebildeten Dokumentar erstellt. Werden gerichtliche Entscheidungen in Datenbanken aufgenommen, nimmt man anstelle eines selbstgeschriebenen Kurztextes oft auch den vom Gericht angebotenen Leitsatz. Daneben werden auch die Zusammenfassungen genutzt, die manche juristischen Zeitschriften zu abgedruckten Entscheidungen verfassen. Ein guter Kurztext enthält die Quintessenz der Entscheidung oder faßt den wesentlichen Inhalt des Aufsatzes zusammen. Abbildung 4.3 zeigt den Kurztext einer Entscheidung wie er in juris vorliegt. Den Kurztext eines Aufsatzes sehen Sie am Anfang des Dokuments aus Abbildung 4.2.

```
DOKUMENT        1, DOKNR  59519

Gericht: KG Berlin 4. Strafsenat
Datum: 1983-08-18
Az: (4) Ss 100/83 (45/83)
NK: StGB § 185

Orientierungssatz

(Zur Frage, ob die Bezeichnung "Bulle" für einen Polizeibeamten den Tatbestand
des StGB § 185 erfüllt)
1. Das Wort "Bulle" als Bezeichnung für Polizeibeamte kann infolge eines
Bedeutungswandels, den das Wort in den vergangenen Jahren durchgemacht hat,
nicht mehr regelmäßig als ehrverletzend angesehen werden. Die Umstände des
Einzelfalles sind nunmehr dafür maßgebend, ob der Verwendung des Wortes ein
beleidigender Charakter zukommt (Vergleiche OLG Hamm, 1981-07-15, 2 Ss 920/81,
JMBl NW 1982, 22).

Fundstelle
JR 1984, 165-167 (ST)
```

Abbildung 4.3: Entscheidung aus juris

Die technischen Gründe, die früher nur die Erfassung des Kurztextes zuließen, sind obsolet. Die Erfassung der Texte erfolgt heute oft schon für die Papierversion elektronisch, wenn dies einmal nicht der Fall ist, können Scanner große Mengen Text in kurzer Zeit erfassen. Die Speicherung umfangreicher Datenbestände ist heute wegen der äußerst preiswerten Verfügbarkeit von Massenspeichern wie der CD-ROM oder sehr großer Festplatten kein Problem und auch die Verwaltung derartiger Informationsmengen ist angesichts großer Rechenleistungen relativ unproblematisch.

Die Speicherung von Kurztexten hat aber ihre Bedeutung nicht verloren, denn sie hat einen weiteren Vorteil: Wenn Sie bei einer Suche in der Datenbank mehrere umfangreiche Dokumente gefunden haben, müssen Sie nicht in jedem ewig nach den wichtigen Textpassagen suchen, denn der Kurztext besteht im Idealfall nur aus den wichtigen und relevanten Informationen des vollständigen Textes. Alles Nebensächliche oder Irrelevante bleibt Ihnen zunächst verborgen und belastet Sie nicht. Einerseits können Sie sich so auf das wesentliche konzentrieren, andererseits müssen Sie sich natürlich darauf verlassen, daß der Dokumentar oder das Gericht auch wirklich die interessanten Informationen aus dem Ursprungsdokument zusammengetragen haben. Das ist allerdings nicht so einfach. Was der eine für wichtig erachtet, läßt der andere als irrelevant oder, – viel gefährlicher – dem Nutzer als selbstverständlich bekannt, außer acht. Eine subjektive Prägung durch den Bearbeiter ist wohl nicht vermeidbar. Im günstigsten Fall existieren bei den Datenbankerstellern Regeln für das Verfassen solcher Kurztexte. Trotzdem wird gerade im juristischen Bereich oft eine gewisse Unsicherheit darüber bleiben, daß der abstract eines Dokuments auch dessen tatsächlicher Bedeutung entspricht.

Leider ist es nicht damit getan, ein Dokument anhand seines Kurztextes als relevant zu erkennen. Für Ihre Arbeit werden Sie sich wohl immer den vollen Wortlaut oder wenigstens umfangreiche Auszüge ansehen müssen. Die knappen Angaben im Kurztext werden Sie in der Regel weder wissenschaftlich noch praktisch verwerten können. Schließlich zählt für den Juristen in erster Linie die hinter dem Ergebnis stehende Argumentation, die tatsächlichen und rechtlichen Gründe für eine Entscheidung, was aus dem Kurztext natürlich nicht ersichtlich ist. Sie bleiben also auch weiterhin auf eine konventionelle Bibliothek angewiesen, um dort die "Volltexte" zu lesen.

Volltextspeicherung mit ergänzenden Kurztexten. Wenn Dokumente in ihrem vollen Text gespeichert werden, bedeutet das natürlich, daß auch alle für das Problem irrelevanten Informationen, alle Nebensächlichkeiten und sonstigen Erwägungen mit in der Datenbank gespeichert sind, z.B. im Urteil eine umfangreiche Kostenentscheidung. Hier haben Sie also das oben bereits beschriebene Problem: Bei der Suche stoßen Sie auf viele möglicherweise umfangreiche Dokumente und müssen nun aus jedem die relevanten Informationen im wahrsten Sinne des Wortes ausgraben. Nichts liegt daher näher, die Vorteile der beiden Speicherformen zu kombinieren, indem man dem umfangreichen Dokumententext eine kurze Zusammenfassung voranstellt, anhand derer Sie sich zunächst orientieren können, bevor Sie dann die wirklich relevanten Dokumente komplett durcharbeiten.

Diese Form der Speicherung dürfte die ideale für juristische Informationen sein. Einerseits wird durch die Kurztexte die Übersicht ermöglicht, andererseits aber durch das Vorhandensein des vollen Textes auch der Gang in die konventionelle Bibliothek erspart.

Gemischte Kurz- und Volltextspeicherung. Aus Aufwandserwägungen speichern viele Datenbankbetreiber lediglich die Kurztexte von allen Dokumenten. Nur von den besonders wichtigen halten Sie den vollen Text bereit. Solange auch wirklich die „wichtigen" Dokumente gespeichert werden, spricht nichts gegen dieses Verfahren. Dieses Kriterium ist jedoch kaum faßbar und hängt stark von den potentiellen Nutzern ab. Während Studenten und Wissenschaftler großen Wert auf theoretisch bedeutsame Entscheidungen oder Aufsätze legen, werden Rechtsanwälte, Richter und der Justitiar eines Unternehmens nur praktisch richtungsweisende Dokumente für wichtig halten.

Teilweise stellt die gemischte Voll- und Kurztextspeicherung für den Datenbankanbieter auch nur eine Übergangslösung auf dem Weg von der Kurztext- zur Volltextdatenbank dar. Dabei werden aktuelle Dokumente sofort im Volltext abgelegt, während ältere, vor Jahren zunächst als Kurztext erfaßte Dokumente, nach und nach durch Volltexte ersetzt werden.

Nachweisdatenbanken speichern nur die unbedingt notwendigen Informationen, um ein Dokument in Bibliotheken finden zu können, also nur die bibliographischen Angaben. Auf juristischem Gebiet gibt es kaum derartige Datenbanken.

4.2.3 Strukturen und Register

Wie jede Datensammlung, verfügt auch eine elektronische Datenbank über gewisse Strukturen. Im Gegensatz zu Papiersammlungen kann man hier jedoch zunächst die *technische Struktur* und die *für den Benutzer sichtbare Struktur* unterscheiden.

Als technische Struktur wollen wir hier die bezeichnen, die die Datenbankentwickler vorgesehen haben, um die Dokumente intern zu ordnen. Das kann auf völlig unterschiedliche Weise geschehen, z.B. in der chronologischen Reihenfolge, in der sie in die Datenbank aufgenommen wurden oder so, wie sie in einer Zeitschrift erschienen sind. Diese Struktur ist für den normalen Benutzer nicht sichtbar und soll uns daher auch nicht weiter interessieren.

Für uns interessant sind die Strukturen, die uns die jeweilige Retrievalsoftware auf die Datenbank zeigt. Man nennt diese sichtbaren Strukturen auch „Sichten" auf die Datenbank. Hier kommen verschiedene Formen in Betracht. Wir wollen Ihnen zunächst zwei Varianten für eine Grobgliederung vorstellen. Zuweilen sind beide Möglichkeiten in einer Datenbank kombiniert vorhanden.

Gliederung nach Dokumententypen. Diese Gliederungsform finden Sie häufig in Datenbanken, in denen verschiedene Dokumententypen vorkommen. Das könnte dann aussehen wie in Abbildung 4.4.

Hier ist es jedoch ebensogut möglich, das System in (drei) verschiedene Datenbanken aufzuteilen und diese gemeinsam mit nur einer Retrievalsoftware anzubieten.

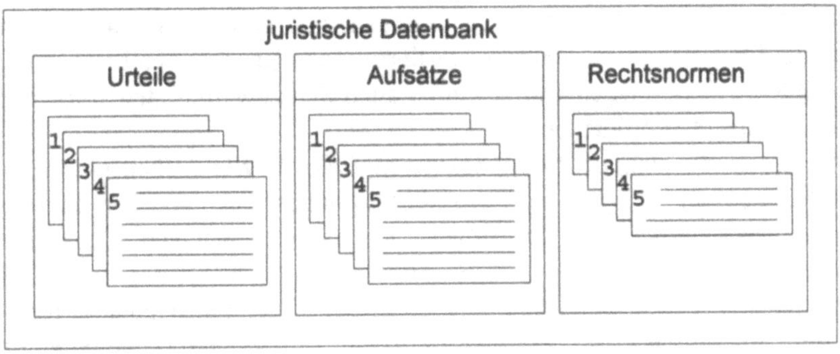

Abbildung 4.4: Gliederung nach Dokumententypen

Gliederung nach Sachgebieten. In Datenbanken mit Dokumenten zu mehreren juristischen Gebieten finden wir diese Form sehr häufig. Als Beispiel soll uns hier ein Ausschnitt aus der Sachgebietsgliederung der Schönfelder CD-ROM dienen (siehe Abbildung 4.5). Klickt man hier eines der Sachgebiete an, zeigt die Retrievalsoftware alle zugehörigen Gesetze an.

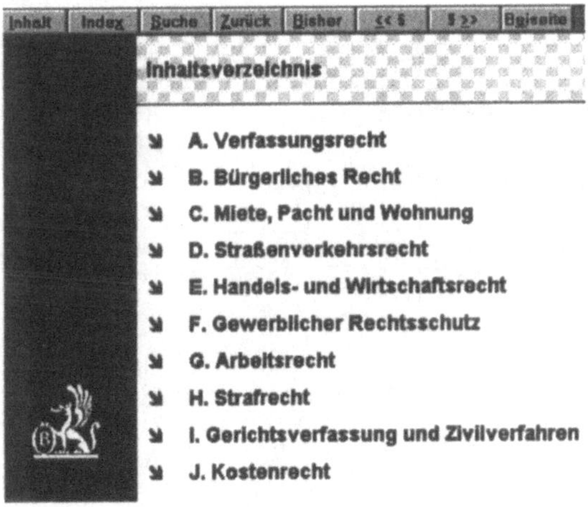

Abbildung 4.5: Sachgebietsgliederung der Schönfelder CD-ROM

Eine solche Sachgebietsgliederung kann noch weiter unterteilt sein. In einigen Datenbanken finden wir sehr umfangreiche derartige Strukturen, so daß schon damit eine genaue Spezifizierung des Themas möglich ist.

Register. Die wichtigste Form der Strukturierung in elektronischen Datenbanken sind jedoch die Register. Sie kennen solche Register aus juristischen Fachzeitschriften. Im Jahresinhaltsverzeichnis finden sich dort umfangreiche alphabetisch sortierte Tabellen mit Rechtsnormen, Gerichten, Aktenzeichen und zuweilen auch Schlagworten, denen jeweils Seitenzahlen zugeordnet sind.

Schauen wir einmal in eine solche Zeitschrift. Wir suchen eine Entscheidung, von der wir nur das Aktenzeichen kennen. Der Eintrag „2 STR 1/87....S. 278" in der Tabelle der Aktenzeichen verrät uns, daß wir unser Urteil auf Seite 278 finden. Jetzt können wir auf Seite 278 nachschlagen und unser Dokument lesen oder kopieren. Genauso funktioniert ein Register in einer elektronischen juristischen Datenbank. Es besteht ebenfalls aus alphabetisch sortierten Einträgen. Der einzige Unterschied ist die eigentliche Verbindung vom Register zum Dokument. Während Sie bei der Papierversion die Entscheidung selbst nachschlagen müssen, tut das bei elektronischen Datenbanken das Retrievalprogramm für Sie. Im Beispiel würde Ihnen sofort die richtige Entscheidung auf dem Bildschirm angezeigt. Die „Sicht" aus dem Aktenzeichenregister ist jedoch nicht die einzige auf unser gesuchtes Dokument. Wissen Sie z.B., daß das Urteil vom BGH stammt, schauen Sie im Register „Gericht" unter BGH nach und finden mehrere zugehörige Urteile. Dabei ist auch unsere Entscheidung. Zur Verdeutlichung des Prinzips der Register betrachten Sie bitte die Abbildung 4.6.

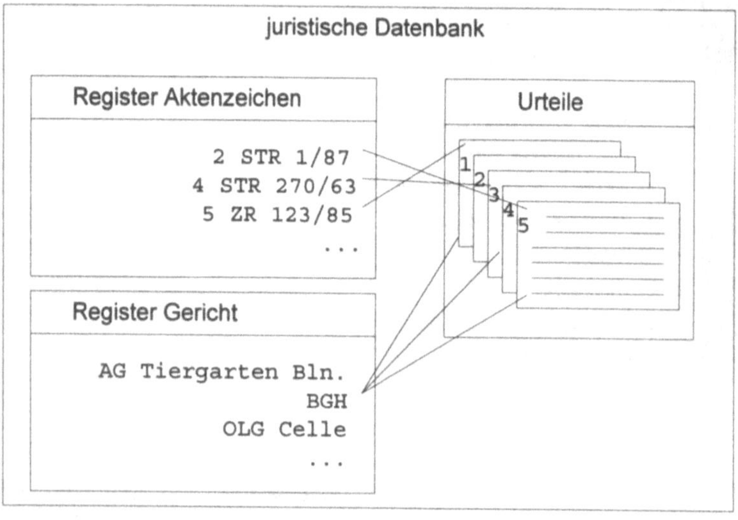

Abbildung 4.6: Zuordnung von Registereinträgen zu Dokumenten

Das Register Aktenzeichen enthält einen Eintrag „2 STR 1/87“, der auf das Dokument Nr. 5 in einer Urteilsdatenbank verweist. Natürlich kann ein Registereintrag auch auf mehrere Dokumente zeigen. In der Abbildung 4.6 ist das beim Eintrag „BGH“ im Register „Gericht“ der Fall. Er verweist auf die Dokumente Nr. 1, 3 und 5.

Ein Vorteil elektronischer Datenbanken ist die Möglichkeit der automatischen Erstellung von Registern. Der einmal in elektronischer Form als Datei vorliegende Text kann nach den verschiedensten Kriterien durchsucht werden. Die Ergebnisse werden in den Registern festgehalten. Für den Registerteil einer juristischen Fachzeitschrift ist dies kaum zu leisten – der Aufwand würde in keinem Verhältnis zum Nutzen stehen. Im Regelfall wird eine juristische Datenbank also über mehr Register verfügen, als wir sie aus Registerbänden von Zeitschriften kennen.

Die Grobeinteilung der Dokumente nach Typen erweist sich bei der Erstellung und Nutzung von Registern als vorteilhaft, weil Urteile, Normen und Aufsätze entsprechend ihrer Struktur über unterschiedliche Formalia verfügen und daher die Register unterschiedlich gestaltet werden können. Zum Beispiel ist ein Register „Verfasser“ in einer Urteilsdatenbank völlig sinnlos, während es in einer Aufsatzsammlung ganz entscheidend ist. Wir wollen die verschiedenen Arten von Registern in elektronischen Datenbanken im folgenden näher darstellen.

Register formaler Kriterien. Nichts liegt bei der Erstellung der Register näher, als sich zunächst der klassischen Gliederungssysteme zu bedienen. Jede gerichtliche Entscheidung besitzt ein Geschäfts- bzw. Aktenzeichen, jede Norm verschiedene Paragraphen oder Artikel. Daneben hat jedes Dokument weitere formale Charakteristika. Eine Entscheidung wurde von einem bestimmten Gericht, an einem bestimmten Ort, zu einem ganz bestimmten Zeitpunkt verkündet. Eine Norm gehört zu einem bestimmten Gesetz und hat einen ganz bestimmten Gültigkeitszeitraum. Abbildung 4.7 zeigt Ihnen die formalen Register, die Sie in guten juristischen Datenbanken mindestens finden sollten.

Begriffsregister. Nicht immer werden Sie formale Daten der gewünschten Dokumente kennen. Sie werden jedoch immer das darin enthaltene Problem an bestimmten Begriffen festmachen können. Mit diesen Begriffen können Sie in einer elektronischen juristischen Datenbank suchen. Die Recherchesoftware wird alle Dokum%nte heraussuchen, die die von Ihnen gesuchten Begriffe enthalten.

in Entscheidungssammlungen:	
Gericht	Bezeichnung des erkennenden Gerichts
Datum	Entscheidungsdatum
Aktenzeichen	Aktenzeichen der Entscheidung
Fundstelle	Literaturquelle z.B. Name, Jahrgang, Seite einer Fachzeitschrift oder einer Entscheidungssammlung
Normenkette	Liste der entscheidungserheblichen Rechtsnormen
nachfolgend	nachfolgende Entscheidungen z.B. LG-> BGH
wird zitiert von	anderes Dokument welches auf dieses Bezug nimmt
in Literaturdatensammlungen, z.B. Aufsatzsammlungen:	
Verfasser/ Autor	Autor eines Literaturdokuments
Fundstelle	Literaturquelle z.B. Name, Jahrgang, Seite einer Fachzeitschrift
in Normensammlungen:	
Geltung	Angabe eines bestimmten Geltungszeitraums
Fundstelle	Quelle im Gesetz- oder VO-Blatt
Fassung	Norm in der Fassung vom ...

Abbildung 4.7: wichtige formale Register

In die Begriffsregister werden bei der Einarbeitung der Dokumente in die Datenbank alle „sinntragenden“ Wörter automatisch eingestellt. Sinntragend sind alle Begriffe, die nicht nur dazu dienen, in der deutschen Sprache die Sätze zu füllen. Reine Füllwörter sind z.B. „der“, „die“ und „das“. Diese Wörter in das Register aufzunehmen hätte keinen Sinn, denn niemand schlägt bei „der“ oder „das“ nach, um alle Urteile zu bekommen, die einen der Artikel enthalten. Diese werden daher gezielt von der Aufnahme in das Begriffsregister ausgeschlossen. Sie werden dazu in einer sogenannten „Stoppwortliste“ zusammengefaßt. „Stoppwortliste“ deshalb, weil bei jedem Begriff geprüft wird, ob er in der Liste vorkommt und, sollte dies der Fall sein, er vor seinem Einzug in das Register „gestoppt“ wird. Eine Stoppwortliste könnte aussehen, wie in Abbildung 4.8.

Sie sehen, daß neben den Artikeln noch viele weitere Worte enthalten sind, die nicht in das Begriffsregister gelangen sollen. Eine einfache Stoppwortliste umfaßt ca. 350-450 Worte. Haben Sie eine fachspezifische Datenbank, so kann es sinnvoll sein, bestimmte Fachbegriffe, die in jedem Dokument einer solchen Datenbank vorkommen, ebenfalls in die Stoppwortliste aufzunehmen. So wird in einer Datenbank zum Steuerrecht der Begriff „Steuer“ so oft vorkommen, daß eine Suche damit kaum etwas bringt.

...	demselben
das	den
dasjenige	denjenigen
daß	dennoch
davon	denselben
dazu	der
dein	derart
deine	deren
deinem	derjenige
deinen	derjenigen
deines	derselbe
dem	derselben
demjenigen	...

Abbildung 4.8: Auszug aus einer Stoppwortliste

Zurück zum Begriffsregister: Ergebnis der automatischen „Verschlagwortung“ ist eine große Tabelle mit allen sinntragenden Begriffen. Könnte man sich jetzt diese Liste ansehen, so würde man allerdings feststellen, daß ein ziemliches Chaos entstanden ist. Viele Begriffe tauchen in verschiedenen *Flexionen* mehrfach im Text auf. „Unterhalt“, „Unterhalts“ oder „Unterhalte“ sind in der Tabelle unterschiedliche Einträge. Sinnvoll wäre es jedoch, wenn alle unter „Unterhalt“ zusammengefaßt würden. Der jetzige Zustand hätte zur Folge, daß Sie bei einer Suche nach „Unterhalt“, die Dokumente nicht bekämen, in denen nur „Unterhalts“ oder „Unterhalte“ enthalten sind. Dieses Suchergebnis wäre aber falsch, denn es geht Ihnen natürlich darum, die Dokumente zu finden, die „Unterhalt“ enthalten, in welcher Flexion auch immer. Diese verschiedenen abgeleiteten Formen müssen daher zunächst auf eine Stammform zurückgeführt werden und erst dieser Stammbegriff sollte in das Register aufgenommen werden. Dies erfordert einen relativ hohen Aufwand: Wegen der vielen Unregelmäßigkeiten in der deutschen Sprache sind umfangreiche Listen nötig, in denen genau steht, welches Wort von welchem abgeleitet wurde. Diese Listen müssen von Hand erstellt werden, was naturgemäß erhebliche Kosten verursacht. Diesen Aufwand scheuen leider viele Datenbankanbieter, was die Suchmöglichkeiten erheblich einschränkt. Teilweise kann man diesen Mangel jedoch durch geschickte Gestaltung der Suche ausgleichen. Wie das geht, wird unter 4.3.3 beschrieben.

Einige gut aufbereitete Datenbanken verfügen auch über Verfahren zur *Kompositazerlegung*, d.h. der getrennten Erfassung der Bestandteile von zusammengesetzten Worten. So wird beispielsweise nicht nur der „Anfechtungsberechtigte", sondern auch die „Anfechtung" und der „Berechtigte" getrennt erfaßt.

Wichtig ist auch die Behandlung von *Synonymen.* Bei gut organisierten Datenbanken verweisen die jeweils synonymen Begriffe innerhalb des Registers aufeinander. In einer Datenbank, in der die Synonyme erfaßt sind, führt eine Suche mit „Kraftfahrzeug" und „Automobil" oder „Kraftwagen" jeweils zum gleichen Ergebnis, denn gleichgültig, welchen der Begriffe man verwendet, wird nach allen gesucht. Auch für die Kompositazerlegung und die Synonymzurückführung sind ähnliche Listen wie für die Stammformzurückführung erforderlich.

Die bisher genannten Funktionen führen heute moderne Computerprogramme automatisch aus, wenn auch eventuell unter Zuhilfenahme von manuell erstellten Listen. Man nennt diese Methoden der Erstellung eines Begriffsregisters daher auch automatische Verschlagwortung.

Praktisch erkennt man automatisch erstellte Begriffsregister leider oft daran, daß im Text vorkommende Zahlenwerte und Sonderzeichen („*#%&/$" zuweilen sogar „§") als einzelne Begriffe enthalten sind. Diese haben für sich zwar in den allerwenigsten Fällen eine wirkliche Relevanz für das Dokument, in die Stoppwortlisten werden sie aber trotzdem nicht aufgenommen und so meint das Verschlagwortungsprogramm, es handele sich um echte sinntragende Begriffe. So gibt beispielsweise eine Datenbank der BFH-Entscheidungen an, daß der Begriff „000" 222 mal vorhanden sei. Offenbar stammt dieses „000" aus Zahlenangaben wie „1 000 000 DM" und hat nun wirklich keinen Wert für die Recherche.

Schlagwortregister. Nicht verschwiegen werden soll, daß die automatische Erstellung von Begriffsregistern auch noch andere Mängel hat. Führt man sich vor Augen, wozu man die Textdokumente eigentlich verschlagwortet, so wird dies schnell deutlich. Ziel dieser Aufbereitung ist es, anhand der Begriffsregister Dokumente zu finden, die sich mit einem bestimmten Problem beschäftigen. Oft werden aber in einem Text Begriffe verwendet, die mit der eigentlichen Thematik nichts zu tun haben. Wenn es zum Beispiel in einem Urteil um die Anfechtung einer Willenserklärung geht, nebenher aber auch die Kostenentscheidung angefochten wurde, so wird man dieses Dokument mit den Suchbegriffen „Anfechtung" und „Willenserklärung" finden, obwohl man eigentlich nur etwas zum Thema Anfechtung einer Willenserklärung finden wollte und eben nicht zur Anfechtung einer Kostenentscheidung. Aber auch der umgekehrte Fall ist denkbar. Ein einschlägiges Dokument wird nicht gefunden, weil ein typischer Begriff nicht auftauchte. Um solche Unstimmigkeiten zu reduzieren, geht man in vielen Datenbanken über die automatische Verschlagwortung hinaus.

Man kehrt zu altbewährten Methoden zurück. Bevor es möglich war, Texte automatisch mit Computern zu bearbeiten, wurden Sach- oder Schlagwortregister vollständig von Hand erstellt. Das Prinzip ist folgendes: Der Dokumentar, d.h. ein Spezialist, der sich mit der Einarbeitung von Dokumenten in eine Datenbank beschäftigt, vergibt für jedes Dokument wichtige „Schlagworte". Dies sind die Begriffe, die nach seiner Meinung das Dokument besonders treffend beschreiben. Er wird also nur solche Begriffe in das Register aufnehmen, um die es in dem Dokument geht. Wenn ein bestimmter Begriff nur am Rande vorkommt, wird er ihn weggelassen. Das schließt natürlich die oben beschriebenen Probleme bei der automatischen Verschlagwortung aus. Der Dokumentar ist auch ansonsten wesentlich leistungsfähiger als ein „dummer" Computer. Er wird natürlich die Flexionen immer sofort auf die Stammform zurückführen. Egal, ob es „Unterhalt", „(des) Unterhalts" o.ä. heißt, wird als Schlagwort immer „Unterhalt" registriert. Der Dokumentar hat auch keine Probleme, Komposita zu zerlegen. Die Frage, ob ein Begriff synonym zu einem anderen ist, wird er zwar auch nicht immer sofort entscheiden können, auch dabei ist er aber wesentlich besser, als ein Computer.

Wenn die manuelle Verschlagwortung so hervorragend funktioniert, warum werden dann nicht alle Datenbanken so bearbeitet? Die Antwort liegt auf der Hand: Der Aufwand, den diese manuelle, intellektuelle Aufarbeitung eines Dokuments erfordert, ist erheblich. Der Dokumentar muß jeden Text lesen, verstehen, das Problem isolieren und in Worte fassen. Das ist gerade bei höherinstanzlichen Entscheidungen oder wissenschaftlichen Aufsätzen nicht so einfach. Es dauert also seine Zeit und verursacht erhebliche Kosten. Viele, gerade kleine Datenbankanbieter, können sich das nicht leisten und beschränken sich daher heutzutage auf die automatische Verschlagwortung.

Die beste Lösung ist wohl die Kombination aus automatischer und intellektueller Verschlagwortung. Zunächst wird das Dokument automatisch bearbeitet. Danach verschlagwortet der Dokumentar die seiner Meinung nach relevanten Begriffe und kann nebenbei auch die Liste der automatisch ermittelten Begriffe auf Fehler und Unstimmigkeiten untersuchen und ggf. korrigieren. Unabsichtlich aufgenommene Begriffe wie „000" werden dann sicher eliminiert und belasten das Begriffsregister nicht mehr.

Register, die sich auf bestimmte Dokumententeile beziehen. Begriffs- und Schlagwortregister müssen nicht notwendig für den gesamten Text gebildet werden. Besonders in Datenbanken, in denen Volltexte und ergänzende Kurztexte gespeichert werden, gibt es dafür getrennte Register. Auch andere Varianten sind dabei denkbar. So könnte man z.B. auch ein Begriffsregister für die Entscheidungsgründe einführen. Ob das sinnvoll ist, wird man im einzelnen nur am Charakter der zu speichernden Dokumente festmachen können.

4.2.4 Bereitstellung von Datenbanken

Wie können Sie nun elektronische Datenbanken nutzen? Es gibt zwei verschiedene Möglichkeiten. Entweder die Datenbank liegt bei Ihnen am Arbeitsplatz vor oder sie ist irgendwo anders gespeichert und Sie können vom Arbeitsplatz aus darauf zugreifen. Letztere werden als *Online-* erstere als *Offline-Datenbanken* bezeichnet.

Online-Datenbanken werden auf einem sogenannten Datenbankhost bereitgestellt. Das ist ein Computersystem, das neben der Speicherung und Verwaltung der Datenbank auch für die Kommunikation mit dem Benutzer sorgt. Dieser kann darauf über einen Online-Dienst zugreifen. Wir werden die verschiedenen Online-Dienste und die zugrundeliegenden Netze ausführlich im 5. Kapitel beschreiben. Vorab nur soviel: Für die Nutzung von Online-Datenbanken werden heute vor allem das normale Telefonnetz und Datex-P, aber auch schon das Internet genutzt.

Offline-Datenbanken liegen dagegen direkt beim Anwender vor. Früher wurden dafür Festplatten und Disketten genutzt. Wegen der oft immensen Datenbestände einer juristischen Datenbank und der beschränkten Speicherkapazität dieser Medien, sind beide Varianten recht unpraktisch. Außerdem muß eine Datenbank, die auf der Festplatte arbeiten soll, dort erst einmal von Disketten installiert werden. Was das für Mühe macht, wissen Sie vielleicht selbst, wenn Sie schon einmal ein größeres Softwarepaket eingespielt haben. Mit dem Aufkommen der CD-ROM hat sich hier Entscheidendes getan. Es ist jetzt möglich, bis zu ca. 650 MByte (also ca. 650 000 000 Zeichen) auf einem solchen Medium zu speichern. Aus diesem Grund werden heute die meisten Datenbanken auf CD-ROM angeboten. Die normale CD-ROM ist nach der Herstellung, ähnlich wie eine Schallplatte, nicht mehr veränderbar. Ist der Datenbestand veraltet, muß die komplette CD ausgetauscht werden. Die Datenbankhersteller bringen daher regelmäßig „Updates“ mit der aktualisierten Datenbank auf den Markt.

Vergleich Online und Offline Nutzung. Wenngleich Sie heute oft noch nicht die Wahl haben, ob Sie eine Datenbank „online“ oder „offline“

nutzen wollen, möchten wir hier trotzdem auf die Erwägungen eingehen, die für oder gegen die jeweilige Nutzungsform sprechen können.

Kosten. Bei *Online-Datenbanken* müssen Sie die Verbindung zum Datenbankhost herstellen. Dabei fallen Verbindungskosten an. Das können Telefongebühren und evtl. zusätzliche Gebühren für die Nutzung eines bestimmten Online-Dienstes sein. Je nach Dienst sind diese recht erheblich, wie Sie im Kapitel 5 näher erfahren werden.

Meist wird Ihnen schon ein bestimmter Pauschalbetrag berechnet, damit Sie überhaupt auf die Datenbank zugreifen dürfen. Dazu kommen Recherchekosten. Der Datenbankbetreiber kassiert von Ihnen Gebühren für die Abfrage seiner Datenbank. In welcher Form, ist dabei unterschiedlich. Teilweise werden Sie nach Nutzungszeit, teilweise auch für die abgerufene Datenmenge berechnet. Manche Datenbankbetreiber berechnen Ihnen die Kosten auch als Kombination von beidem. Zuweilen sind die Recherchegebühren auf die pauschale Grundgebühr anrechenbar.

Bei *Offline-Datenbanken* haben Sie diese Kosten nicht. Dafür müssen Sie die CD-ROM oder die Disketten erwerben. Das kann schon mehrere tausend Mark kosten. Hinzu kommen die Kosten für regelmäßige Updates, die je nach Anbieter pro Stück nochmals mit einem Viertel bis zur Hälfte der Grundausgabe zu Buche schlagen können.

Für denjenigen, der sehr viel auf einem bestimmten Gebiet recherchiert, lohnt sich in der Regel die Anschaffung einer CD-ROM, für den, der nur gelegentlich oder zu verschiedenen Gebieten recherchiert, wird die Nutzung einer Online-Datenbank günstiger sein. Leider sind die CD-ROM-Datenbanken oft durch die Update-Preispolitik der Hersteller unattraktiv. So verlangt der Verlag C.H. Beck für 14 Jahrgänge der NVwZ (einschließlich vieler weiterer Auszüge aus anderen Zeitschriften des Verlages) auf CD-ROM 2998,- DM, für eine halbjährliche Aktualisierung will er dann nochmals 699,- DM haben, obwohl nur ein halber Jahrgang hinzu kommt. Solange das so bleibt, kann man eigentlich nur folgende (nicht ganz ernst gemeinte) Kostensparmethode empfehlen: Sie erwerben einmal das Grundwerk und kaufen dann die nächsten zehn Jahre nur noch die Papierausgabe. Dann verkaufen Sie diese im Antiquariat und erwerben eine neue CD-ROM, die inzwischen auch diese zehn Jahrgänge enthält.

Für Studenten, deren Geldbeutel ohnehin nicht für diese teuren CD-ROM ausreichen dürfte, empfiehlt sich die Suche in Antiquariaten oder die Nachfrage beim Datenbankanbieter nach antiquarischen Ausgaben der CD. Diese sind oft erheblich billiger. Wenn es Ihnen nicht auf äußerste Aktualität ankommt, sind Sie damit ganz gut bedient.

Aktualität. Online-Produkte sind in der Regel wesentlich aktueller als ihre Offline-Pendants. Das ergibt sich aus der Natur der Sache: Wenn ein Gesetz geändert wird oder neue Entscheidungen gefällt wurden, muß nur die Datenbank auf dem Datenbankhost ergänzt werden und schon können Sie auf die neuen Informationen zugreifen. In einer gut organisierten Datenbank können so Aktualisierungszeiten von wenigen Tagen erreicht werden. Der CD-ROM-Nutzer muß dagegen wenigstens das nächste Update abwarten, um diese Informationen abrufen zu können. Für den, der auf hohe Aktualität angewiesen ist, sind also Online-Datenbanken attraktiver.

Interessant ist auch eine Mischform beider Nutzungsmethoden: Sie erwerben regelmäßig die CD-ROM und benutzen für ganz aktuelle Recherchen die Online-Datenbank. Das ist freilich nur möglich, wenn die Datenbank in beiden Varianten identisch oder zumindest ähnlich existiert, was in Deutschland gegenwärtig nur bei juris, dem „JURistischen InformationsSystem" der Fall ist. Juris bietet die sogenannte „Differenzrecherche" an: Nach einer Suche auf der CD-ROM können Sie mit einer speziellen Software auf die Online-Datenbank zugreifen. Von dort werden dann alle Texte zum Thema geholt, die auf der CD-ROM noch nicht vorhanden waren.

4.2.5 Produkte

Inzwischen werden viele konventionelle Sammlungen von Dokumenten auch als elektronische Datenbanken angeboten. So gibt es bereits verschiedene Entscheidungs- und Gesetzessammlungen sowie Zeitschriftenjahrgänge in dieser Form. Die Entscheidungen der obersten Bundesgerichte gibt es sowohl in Online-Datenbanken, als auch in verschiedenen Sammlungen auf CD-ROM. Hier ist schon ein richtiger Markt entstanden. Auch die großen Zeitschriftenverlage bieten ihre Ausgaben teilweise schon auf CD-ROM an, so gibt es seit einigen Jahren die NJW, die NVwZ und die FAM-RZ auf CD-ROM. In letzter Zeit kam z.B. die Zeitschrift der unveröffentlichten BFH Entscheidungen „BFH/NV" als CD-ROM hinzu. Auch solche systematischen Sammlungen wie die „Arbeitsrechtliche Praxis" sind bereits elektronisch verfügbar. Was gegenwärtig noch fehlt, sind Lehrbücher und andere Monographien sowie – was unter computerbegeisterten Juristen besondere Klage verursacht – Kommentare. Der Traum wäre wohl der Palandt auf CD-ROM. Daneben gibt es schon eine Reihe von Anbietern, die juristische Informationen selbst zusammenstellen und als Datenbanken anbieten. Diese sammeln jedoch meist rechtsgebietsweise. Interessant ist da z.B. „ArbIS", das „Arbeitsrechtliche Informationssystem", das neben einem

„Handbuch" verschiedene Entscheidungen, Normen und Mustertexte zum Arbeitsrecht bietet.

Alle Beispiele illustrieren einen gegenwärtig festzustellenden Trend bei Rechtsdatenbanken: Entweder werden auf Papier vorhandene Sammlungen in eine Datenbank übernommen oder es wird eine spezielle Sammlung von Dokumenten aufgebaut, die sich dann auf ein Rechtsgebiet konzentriert. Betrachtet man die Gesamtheit der juristischen Informationen, so ergibt sich etwa ein Bild wie in Abbildung 4.9.

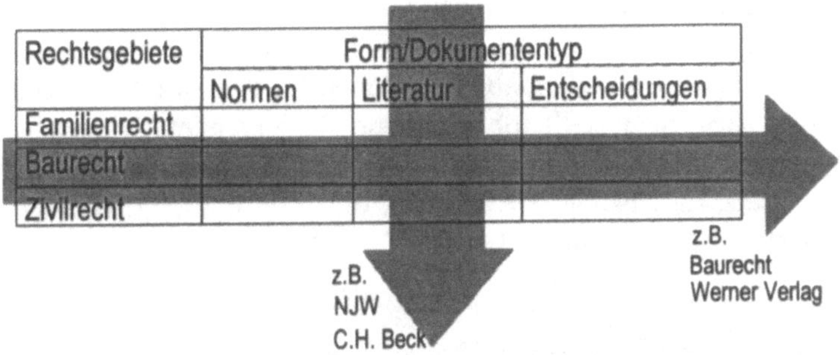

Abbildung 4.9: Datenbankinhalte

Haben Sie sich auf ein Gebiet spezialisiert, werden die Rechtsgebietssammlungen sehr interessant sein, da Sie dort alles finden, was für die Bearbeitung von entsprechenden Rechtsproblemen gebraucht wird. Ansonsten müssen Sie sich überlegen, ob Sie sich für mehrere Spezialgebiete entscheiden oder ob Sie allgemeine Angebote nutzen, die freilich in der Regel nur kleine Ausschnitte präsentieren. Lediglich die „großen" Systeme, z.B. die juris-Online-Datenbanken, versuchen, mit ihrem Angebot alle Gebiete abzudecken.

Spezialfall Normendatenbanken. Auf diesem Sektor entwickelt sich gerade ein Markt eigener Art. Seit einiger Zeit werden wir von unterschiedlichsten Gesetzessammlungen geradezu überflutet. Jeder Softwareanbieter und offenbar auch jeder Verlag, der auf sich hält, sei er nun auf juristische Bücher ausgerichtet oder nicht, bietet zur Zeit mindestens eine Gesetzessammlung auf CD-ROM oder Diskette an. Sie finden Zusammenstellungen mehrerer Gesetze ebenso, wie einzelne Normen. So gibt es beispielsweise in einer Reihe „Das elektronische ...gesetz" eine Diskette mit dem Titel „Das elektronische Strafvollzugsgesetz". Wenn Sie sich an dieser Stelle fragen, warum gerade das Strafvollzugsgesetz einzeln auf einer Diskette angeboten wird, können wir Ihnen auch nicht helfen. Das beschreibt die gegenwärtige Situation auf diesem Markt. Wir können nur die Frage stellen, wozu man denn eigentlich überhaupt einen gängigen

Gesetzestext in elektronischer Form benötigt, den man in jedem Laden für wenig Geld als Papierausgabe kaufen oder aus einer beliebigen Bibliothek entleihen kann.

Von Einzelgesetzen und Sammlungen aus Verlagen, die normalerweise nur im EDV-Bereich vertreten sind, kann man Juristen nur abraten. Es fragt sich, ob diese Verlage in der Lage und Willens sind, regelmäßig Aktualisierungen vorzunehmen. Bei den meisten Produkten wird jedenfalls nicht einmal ein Fortsetzungsbezug angeboten.

Daneben gibt es auch Angebote, die den Juristen bereits aus der Papierversion bekannt sind. Genannt seien hier solche Produkte, wie der Schönfelder und der Sartorius I oder die STUD-JUR Textsammlung auf CD-ROM. Man kann wohl allenfalls zu solchen Produkten raten, wobei sich auch hier die Frage stellt, ob nicht die Papierversion praktischer wäre. Schließlich müssen Sie immer extra den Rechner bemühen, nur um einmal ins Gesetz zu schauen. Ob das nun die Verkörperung des technischen Fortschritts ist, mag dahinstehen.

4.3 Die Recherche in einer Datenbank

Es gibt verschiedene Möglichkeiten, in einer Datenbank zu suchen und die gewünschten Dokumente „herauszuholen". Wie das konkret funktioniert, hängt von der verwendeten Retrievalsprache ab. Ihnen werden gegenwärtig drei verschiedene Arten von Retrievalsoftware begegnen. Die älteste Form ist die *Kommandosprache*. Sie müssen bestimmte Befehle, eben die Sprache, kennen, mit denen Sie die verschiedenen Operationen wie suchen, anzeigen und abspeichern oder drucken von Dokumenten auslösen. In den letzten Jahren gehen immer mehr Datenbankanbieter dazu über, *maskenorientierte Retrievalsoftware* anzubieten. Daneben hat die *menüorientierte Suche* ebenfalls einen gewissen Stellenwert erlangt. Wir werden Ihnen im einzelnen zeigen, wie sie mit den drei Arten von Retrievalsoftware umgehen müssen. Zuvor wollen wir Sie jedoch in die Grundlagen der Suche in Datenbanken einführen. Ohne derartige Kenntnisse werden Sie in der Regel nicht zu brauchbaren Ergebnissen kommen.

4.3.1 Die einfache Suche

Das Problem ist immer gleich: Wie holen Sie sich aus dem großen Gesamtdatenbestand genau die Dokumente, die Sie zur Lösung Ihres Problemes benötigen? Nehmen wir an, die Datenbank ist vollständig durch Begriffsregister und verschiedene formale Register erschlossen. Wie nutzen Sie eigentlich diese Möglichkeiten? Wir wollen dies anhand einer Suche in der Rechtsprechungsdatenbank von juris ausprobieren.

Formulierung einer Suchanfrage. Zuerst sollten Sie sich überlegen, was Sie genau suchen und dann eine entsprechende Frage formulieren, z.B. „Welche BGH-Entscheidungen gibt es zum Kauf von Computern auf Teilzahlung?". Filtern Sie nun die sinntragenden Begriffe aus dieser Frage, kommen Sie zu „BGH-Entscheidung", „Teilzahlung", „Kauf" sowie „Computer". Wenn wir nach diesen Begriffen suchen, müßten wir Dokumente bekommen, die sich mit unserer Problematik befassen.

Festlegung der Suchbegriffe. Wie suchen wir nun? „Teilzahlung" und „Computer" können wir wohl über das Begriffsregister oder das Schlagwortregister suchen. „BGH-Entscheidungen" kann man jedoch viel günstiger über das formale Register „Gericht" suchen. Damit schließen wir nämlich alle Dokumente aus, die „BGH" einfach nur im Text enthalten. Wir vereinbaren für diese Suche zunächst die Schreibweise „Gericht:BGH". Auf den Begriff „Kauf" wollen wir in unserer Beispielsuche verzichten, denn dieser dürfte ohnehin in allen relevanten Entscheidungen vorkommen und uns bei der Suche kaum helfen. Eventuell könnten wir unsere Suchanfrage auf ein bestimmtes Sachgebiet (z.B. Bürgerliches Recht, dort: Schuldrecht, dort: Kauf, Tausch) einschränken. Auch darauf wollen wir hier aber aus Gründen der Übersichtlichkeit verzichten.

Die Suche. Führen wir nun in juris die Suche nach den einzelnen Begriffen durch, kommen wir zu folgenden Ergebnissen (Stand: 8. Juli 1995):

```
Teilzahlung          1000 Dokumente
Computer             1403 Dokumente
Gericht: BGH        44396 Dokumente
```

Leider bringt uns keiner der Suchbegriffe so richtig weiter. Wir könnten nicht einmal die 1000 Dokumente anschauen, die „Teilzahlung" enthalten, geschweige denn alle 44396 BGH-Entscheidungen. Sucht man mit einzelnen Begriffen, wird man allenfalls in sehr kleinen Datenbanken zu einer vertretbaren Anzahl von Dokumenten kommen. In heute gängigen Produkten kann man damit aber kaum noch etwas erreichen.

Wie kommen wir nun doch noch zu einem brauchbaren Ergebnis? Wir meinen, daß jeder der von uns gewählten Begriffe das gesuchte Problem beschreibt. Am ehesten wird unserer Forderung aber ein Dokument entsprechen, das alle oder wenigstens mehrere unserer Begriffe gemeinsam erhält. Mit unserer einfachen Suche kommen wir hier nicht weiter. Wir müssen die verschiedenen Suchbegriffe miteinander verknüpfen. Dies geschieht mittels sogenannter logischer Funktionen.

4.3.2 Mehrbegriffssuche – logische Funktionen

Als Ergebnis unserer Suche nach „Computer“, „Teilzahlung“ und „Gericht:BGH“ haben wir drei Mengen erhalten. Aus dieser Menge möchten wir genau die Dokumente ermitteln, die alle drei Begriffe enthalten. Mathematisch betrachtet suchen wir die „Schnittmenge“. Grafisch läßt sich dies so darstellen:

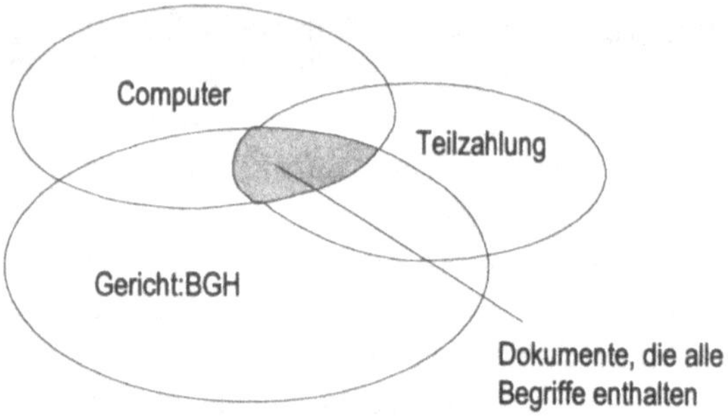

Abbildung 4.10: Beispiel für eine "UND"-Verknüpfung

UND-Funktion. Wir suchen die Dokumente, die die graue Fläche in der Abbildung 4.10 ausmachen. Dazu verbinden wir die Begriffe mit dem logischen Operator „UND“. Vielleicht sind Ihnen logische Operatoren noch aus der Schulzeit bekannt? Die gängigsten sind „UND“, „ODER“ und „NICHT“. Man nennt sie auch „boolsche“ Operatoren. Bevor wir die anderen kennenlernen, zunächst zurück zu unserem Beispiel. Wir haben die Dokumente gesucht, die Entscheidungen des „Gericht(s):BGH“ sind UND in denen die Begriffe „Computer“ UND „Teilzahlung“ vorkommen. Diese Bedingungen erfüllen in juris genau 8 Dokumente. Hätten wir jetzt diese Suche durchgeführt, würde uns eine Liste der acht Dokumente angezeigt. Diese Menge läßt sich problemlos durcharbeiten. Wir würden uns jetzt entweder alles ausdrucken, oder besser schon am Bildschirm eine Vorauswahl treffen und dann die ausgewählten Dokumente drucken.

ODER-Funktion. Zuweilen will man jedoch nicht die Schnittmenge der Dokumente herausfinden, sondern die „Vereinigungsmenge“, d.h. alle Dokumente, die wenigstens einen von den verknüpften Begriffen enthalten. Das ist immer dann sinnvoll, wenn man sich nicht sicher ist, ob man mit einem bestimmten Begriff auch wirklich alle potentiell interessanten Dokumente erfaßt. Statt in unserem Beispiel mit „Teilzahlung“ zu suchen, könnten wir dies auch mit „Ratenzahlung“ tun. Scheinbar läßt sich dies ganz einfach erreichen: Wir führen einfach beide Recherchen nacheinander durch und haben alle Dokumente. In juris würden wir folgendes

Ergebnis erhalten: „Ratenzahlung" kommt in 1571 Dokumenten vor und „Teilzahlung" wie schon oben ermittelt in 1000 Dokumenten. Haben wir nun also 1571 + 1000 = 2571 Dokumente, die einen der beiden Begriffe enthalten? Nein, denn unser Ergebnis hat einen Schönheitsfehler: 208 Dokumente, nämlich die, die beide Begriffe enthalten, sind in unserer Suche doppelt vorhanden. Beim Durchblättern müßten Sie sich diese Dokumente auch doppelt ansehen. Um jedes Dokument wirklich nur einmal zu erhalten, benutzt man daher die ODER-Verknüpfung. Dann werden alle Dokumente gesucht, die wenigstens einen, eventuell aber beide Begriffe enthalten. In der grafischen Darstellung sieht das so aus:

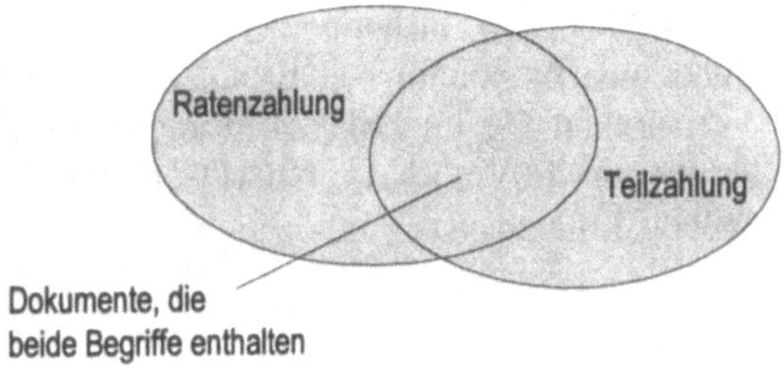

Abbildung 4.11: „ODER"-Verknüpfung

Die graue Fläche zeigt das Ergebnis unserer ODER-Verknüpfung. Wir erhalten tatsächlich nur 2363 Dokumente, also genau 208 weniger als bei den Einzelsuchen. Das sind genau die Dokumente in der Mitte der Abbildung 4.11.

NICHT-Funktion. Die UND- und die ODER-Verknüpfung sind zweifellos die häufigsten logischen Funktionen. Zuweilen genügen diese jedoch nicht. Haben Sie beispielsweise das Problem, alles über ein bestimmtes Rechtsgebiet mit Ausnahme eines Teilgebietes zu suchen, kommen Sie mit UND bzw. ODER nicht weiter. Es fehlt eine Funktion zum Ausschließen bestimmter Begriffe. Dies leistet die NICHT Funktion.

Nehmen wir an, Sie suchen in juris alle Dokumente zu „Ratenzahlung" mit Ausnahme der Dokumente, in denen das Verbraucherkreditgesetz (VerbrKrG) einschlägig war.

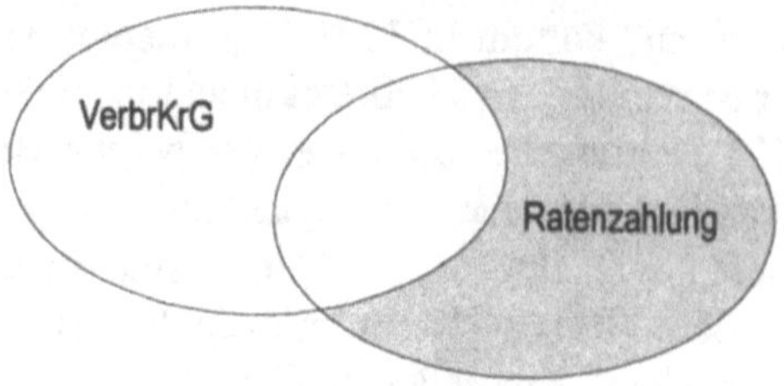

Abbildung 4.12: "NICHT"-Verknüpfung

Die graue Fläche stellt das Ergebnis unserer Verknüpfung von „Ratenzahlung" NICHT „VerbrKrG" dar.

Eine Besonderheit gegenüber den bisherigen Funktion weist die NICHT-Funktion allerdings auf: Es kommt bei ihr auf die Reihenfolge der Verknüpfung an. Vertauschen Sie im Beispiel „Ratenzahlung" und „VerbrKrG", suchen Sie also nach „VerbrKrG" NICHT „Ratenzahlung", erhalten Sie ein völlig anderes Ergebnis:

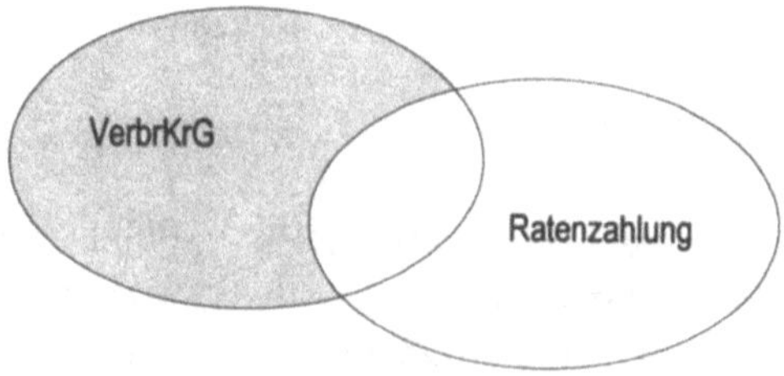

Abbildung 4.13: umgekehrte „NICHT"-Verknüpfung

Die graue Fläche stellt das Ergebnis dieser NICHT-Verknüpfung dar. Jetzt wurden aus den Dokumenten, die „VerbrKrG" enthalten, alle die ausgeschlossen, die auch „Ratenzahlung" aufwiesen. Achten Sie immer auf diesen Unterschied. Die bis jetzt erläuterten logischen Funktionen stellen das Grundvokabular aller modernen juristischen Datenbanken dar.

Mehrere Verknüpfungen mit gleichen logischen Funktionen lassen sich problemlos in einer Anfrage realisieren. So ist der Ausdruck:

```
Ratenzahlung ODER Teilzahlung ODER
Gericht:BGH ODER sonstwas
```

ebenso möglich, wie

```
Ratenzahlung UND Computer UND
Gericht:BGH UND sonstwas.
```

Vorrangregeln bei logischen Operatoren. Verschiedene logische Operatoren lassen sich ebenfalls miteinander verknüpfen. Hier gelten bestimmte Vorrangregeln. Sie kennen alle die Vorschrift „Punktrechnung geht vor Strichrechnung". Ähnlich ist es bei den logischen Operatoren. Hier geht NICHT dem UND und dieses wiederum dem ODER vor. Die Ausdrücke:

```
Computer UND (Ratenzahlung ODER Teilzahlung)
```

und

```
Computer UND Ratenzahlung ODER Teilzahlung
```

unterscheiden sich also. Durch die fehlende Klammerung im zweiten Beispiel kommt es zu einem anderen Ergebnis. In der grafischen Darstellung wird dies deutlich.

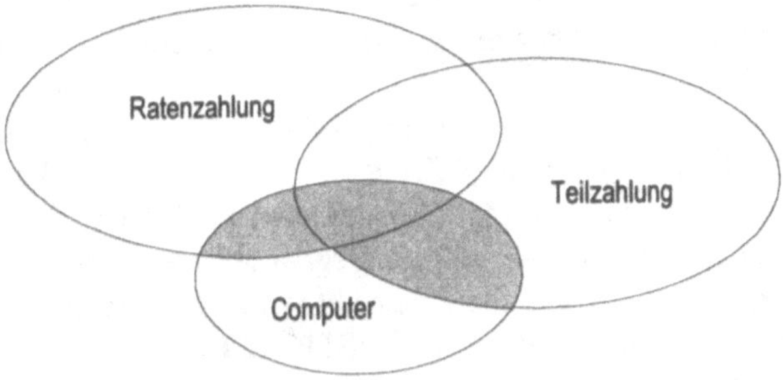

Abbildung 4.14: Computer UND (Ratenzahlung ODER Teilzahlung)

Das ODER wird dabei durch Klammerung gebunden. Ohne die Klammern würde das stärker bindende UND den Begriff „Ratenzahlung" an sich ziehen. Das Ergebnis sähe dann so aus:

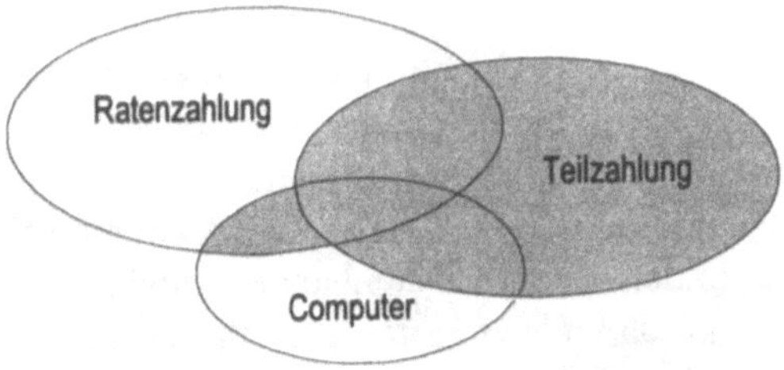

Abbildung 4.15: Computer UND Ratenzahlung ODER Teilzahlung

Wenn Sie die Vorrangregeln nicht beachten und die notwendigen Klammern nicht setzen, werden Sie zu unerwünschten Ergebnissen bei Ihren Suchanfragen kommen.

4.3.3 Suche mit Begriffsfragmenten

Bisher haben wir immer mit den vollständigen Suchbegriffen gesucht. In der Praxis wird es aber oft vorkommen, daß Ihnen bestimmte Informationen fehlen. Zum Beispiel könnte das einzige, was Sie aus einer Vorlesung mitbekommen haben, die Tatsache sein, daß es da mal eine Entscheidung der BGH gab, in der der Beginn des menschlichen Lebens im Sinne der Tötungsdelikte definiert war. Vom Aktenzeichen fehlt Ihnen auch ein Stück: Sie haben nur noch „1 STR 12“ notiert. Würden Sie jetzt einfach mit den Begriffen „Leben“ und „Beginn“ suchen, bekommen Sie in juris aber 2480 Dokumente. Es wäre daher schon nützlich, wenn man die rudimentäre Information „1 STR 12“ mit verwenden könnte. Wenn Sie in Juris aber mit diesem Fragment im Register „Aktenzeichen“– AZ:1 STR 12 suchen, bekommen Sie keine Dokumente, denn dieses Aktenzeichen gibt es nicht.

„Trunkieren“ Sie dagegen den Suchbegriff mittels „*“ (Asterisk), so erhalten Sie auf die Eingabe von „AZ:1 STR 12*“ mehrere Dokumente. Der Unterschied zwischen beiden Eingaben ist einfach folgender: Während zuerst nur nach „1 STR 12“ als Begriff gesucht wurde, bewirkt das Asterisk-Zeichen, daß nach allem gesucht wird, was mit „1 STR 12“ anfängt und beliebig weitergeht, z.B. „1 STR 12/67“, „1 STR 122/86“ oder „1 STR 122/89“.

Die Trunkierung funktioniert in allen Registern. Gerade im Begriffsregister haben Sie allerdings damit noch eine weitere interessante Möglichkeit: Sie können die Suche in Datenbanken verbessern, in denen bei Begriffen auf eine Grundformrückführung verzichtet wurde. Unser Beispiel von Seite 133, die Suche nach „Unterhalt“ kann mit dem Asterisk auf „Unterhalt*“ so erweitert werden, daß auch (des) „Unterhalts“ gefunden wird.

Freilich wird bei einer solchen Suche auch „Unterhaltung“ oder „Unterhaltungskünstler“ mit in das Suchergebnis einbezogen. Daher sollten Trunkierungen sparsam und sorgsam verwendet werden, sonst ufert das Suchergebnis aus und wird dadurch entwertet. Das Extrembeispiel ist die Suche nach „U*“, die in den meisten Datenbanken durchaus möglich ist, jedoch einfach dazu führt, daß alle Begriffe, die mit „U“ beginnen, in die Suche einbezogen werden. Dies liegt daran, daß das Datenbankprogramm bei der Rechtstrunkierung einfach in den alphabetisch sortierten Registern an die Stelle springt, wo der trunkierte Suchbegriff das erste Mal paßt, und solange alle Begriffe einbezieht, bis er nicht mehr paßt.

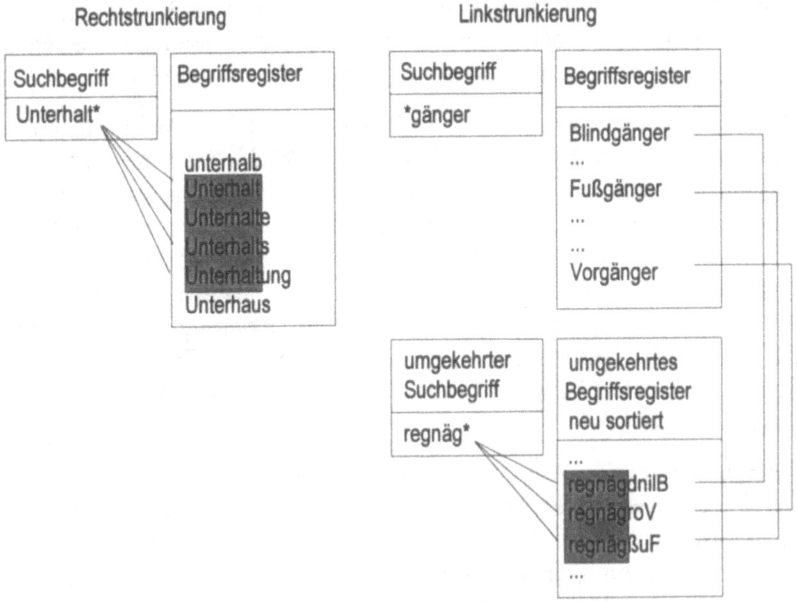

Abbildung 4.16: Prinzip der Trunkierung von Suchbegriffen

Linkstrunkierung. Alle bisherigen Beispiele stellten Rechtstrunkierungen, also das Ersetzen des rechten Wortendes durch Asterisk dar. In vielen Datenbanken ist jedoch heute auch die Linkstrunkierung, also das Abschneiden des Wortanfangs möglich. In einer solchen Datenbank führt das Suchen mit „*gänger“ z.B. zur Suche mit „Fußgänger“, „Blindgänger“ und „Vorgänger. Der Datenbankersteller hat einfach alle Worte aus allen Registern rückwärts nochmals in entsprechende Register geschrieben und diese neu sortiert. Wenn man dann auch den linkstrunkierten Suchbegriff „umdreht“, kann man wieder, so wie bei der Rechtstrunkierung, im entsprechenden Register suchen.

Kombinierte Links- und Rechtstrunkierung. Zuweilen möchten Sie aber auch in einer Anfrage solche Begriffe wie „töten“ verwenden. Berücksichtigen Sie hier die Flexionen, kommen Sie u.a. auch auf „getötet“, „getötete“, „getöteter“ usw. Weder die Links- noch die Rechtstrunkierung wäre hier ausreichend. Sie müßten vielmehr nach „*töte*“ suchen. In vielen Datenbanken ist auch das möglich. In der Regel sind die Suchzeiten dabei aber inakzeptabel. Das liegt daran, daß beide Prinzipien aus der Abbildung 4.16 nicht mehr verwendbar sind, da weder der Anfang noch das Ende des Wortes feststeht und deshalb kein sortiertes Register mehr verwendet werden kann. Es müssen vielmehr alle Begriffe auf das Vorkommen des Musters „*töte*“ durchsucht werden.

Zwar haben die Informatiker auch für dieses Dilemma Auswege gefunden, diese scheinen jedoch gegenwärtig noch nicht so praktikabel zu sein, daß sie in Datenbanken in größerem Umfang eingesetzt werden.

Mitteltrunkierung. In neueren Datenbanken finden wir auch diese Möglichkeit. Wollen Sie nach „Mord“ und „Mörder“ mit nur einer Anfrage suchen, so helfen Ihnen alle bisherigen Varianten nicht weiter. Sie können weder sinnvoll links- noch rechtstrunkieren. Dagegen erscheint die Variante „M*rd*“ erfolgversprechend. Zwischen „M“ und „rd“ kann beliebiger Text stehen, also auch „o“ oder „ö“. Gleichwohl sind die Ergebnisse von Suchanfragen mit der Mitteltrunkierung in der Regel nicht besonders überzeugend: Im Beispiel würden Sie zwar sowohl „**M**o**rd**“ als auch „**M**ö**rd**er“ finden, aber auch „**M**a**rd**er“ und sogar „**M**arktve**rd**rängung“.

Ersatz einzelner Zeichen durch „Platzhalter“. Neben den verschiedenen Formen der Trunkierung erlauben viele Datenbanken auch den Einsatz von Platzhaltern, an deren Stelle jedes beliebige Zeichen stehen kann. Der Unterschied zur Trunkierung besteht darin, daß ein Platzhalter nur ein Zeichen und nicht beliebig viele ersetzt. Als Zeichen für den Platzhalter wird meist „?“ verwendet. Damit läßt sich das Problem unserer vorherigen Anfrage wenigstens teilweise lösen: Auf die Anfrage „M?rd*“ paßt nur noch „**M**o**rd**“, „**M**ö**rd**er“, nicht mehr aber „**M**arktve**rd**rängung“, denn dort stehen zwischen „M“ und „rd“ mehrere Zeichen. „**M**a**rd**er“ wird aber trotzdem noch gefunden.

4.3.4 Retrievalsprachen

Kommandosprachen. Bis vor einigen Jahren konnte man juristische Datenbanken nur mit einer speziellen „Retrievalsprache“ abfragen. Diese verfügt über einen bestimmten Wortschatz, den Kommando- oder Befehlssatz. Die Kommandos werden vom Datenbankprogramm verarbeitet und dementsprechende Operationen ausgeführt, in der Regel Suchen und Verknüpfungen sowie Textausgaben.

Eine solche Befehlsfolge sieht z.B. in *GOLEM*, der Sprache von juris, so aus:

```
s computer+ratenzahlung+teilzahlung
l 1u(2o3)
t
```

Dies läßt sich so übersetzen: Zunächst wurden die drei Begriffe mit dem Befehl „s“ in der Datenbank gesucht, dann mit „l“ logisch miteinander verknüpft und schließlich mit „t“ auf dem Bildschirm ausgegeben. Im Logikbefehl wurden die logischen Operatoren UND (u) und ODER (o) verwandt. Die verwendeten Nummern identifizieren die Begriffe, die zuvor mit „s“ gesucht wurden. Die wichtigsten GOLEM-Befehle finden Sie in der juris-Beschreibung in Abschnitt 4.4.

In ECHO, einer Datenbanksammlung der Europäischen Union wird die Retrievalsprache *„CCL“ –Common Command Language* – verwendet. Diese arbeitet, wie der Name schon sagt, ebenfalls mit Befehlen. Die gleiche Abfrage würde hier so aussehen:

```
find computer AND (ratenzahlung OR teilzahlung)
show
```

Das Vorgehen ist hier etwas vereinfacht: Zunächst wurden die Begriffe in der Datenbank mit „find“ gesucht und gleich miteinander verknüpft. Dann werden die gefundenen Dokumente mit „show“ auf dem Bildschirm ausgegeben.

Maskenorientierte Retrievalsoftware. In den letzten Jahren haben sich mehr und mehr maskenorientierte Retrievalprogramme durchgesetzt. Diese sind wesentlich leichter bedienbar. Sie müssen keine komplizierten Kommandos auswendig lernen, sondern nur noch eine Maske wie ein Formular ausfüllen. Die Suche ist dabei sehr stark registerorientiert. Die Begriffssuche ist dabei nicht besonders hervorgehoben. Im Beispiel ist sie in den Feldern „Kurztext“ und „Volltext“ möglich.

Wie Sie sehen, haben wir in der Abbildung 4.17 in der Zeile „Volltext“ eine logische UND-Verknüpfung vorgenommen. Derartige Verknüpfungen sind uneingeschränkt möglich, einschließlich verschiedener Kombinationen und der Klammerung.

Bei einigen Produkten sind die einzelnen Register untereinander fest mit UND verknüpft, bei anderen gibt es die Möglichkeit, einzelne Register mit ODER oder NICHT zu verknüpfen. Das Fehlen dieser Option schränkt aber die Suchmöglichkeiten nur wenig ein, da der häufigste Fall einer derartigen registerübergreifenden Suche die UND Verknüpfung ist.

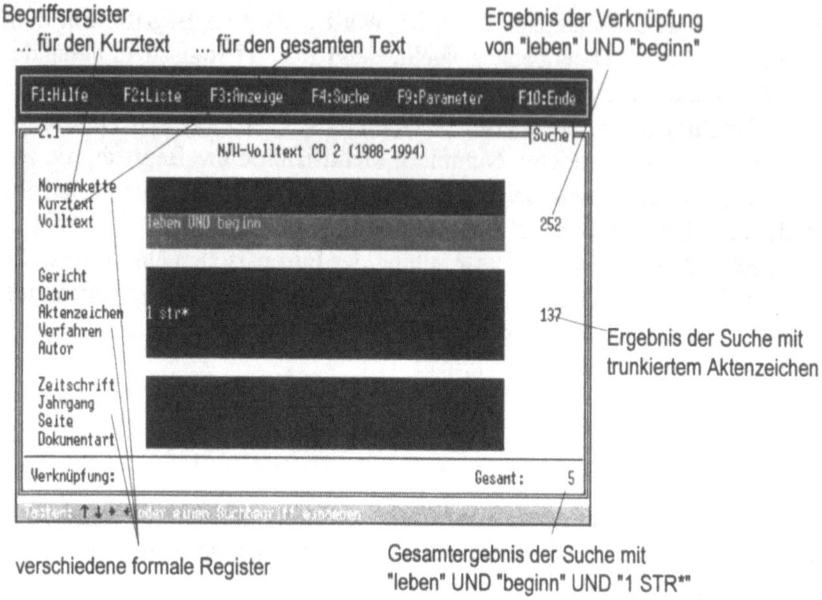

Abbildung 4.17: Beispiel für Suchmaske

Maskenorientierte Programme besitzen in der Regel Menüoberflächen. Diese sind zwar meist noch für DOS programmiert (wie in Abbildung 4.17), bieten aber auch schon Ansätze von „Windows-Komfort", z.B. Fenster mit Listen der Registereinträge. Die Abbildung 4.18 zeigt das für das Kurztextregister der NJW-CD-ROM. Die verschiedenen maskenorientierten Retrievalprodukte unterscheiden sich in der Bedienung nur unwesentlich, so daß Sie nach kurzer Einarbeitungszeit mit fast allen umgehen können.

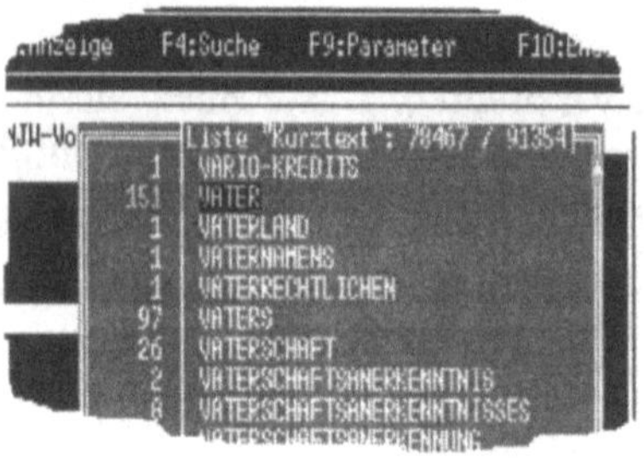

Abbildung 4.18: Liste von Registereinträgen

Menüorientierte Suche. In einigen modernen Produkten ist diese Suchform entweder ausschließlich oder neben der maskenorientierten Recherche möglich. Dabei handelt es sich nicht um eine Begriffs- oder Registersuche. Vielmehr wird die Gliederung der Dokumente, in der Regel nach Sachgebieten, durch verschiedene Menüebenen dargestellt.

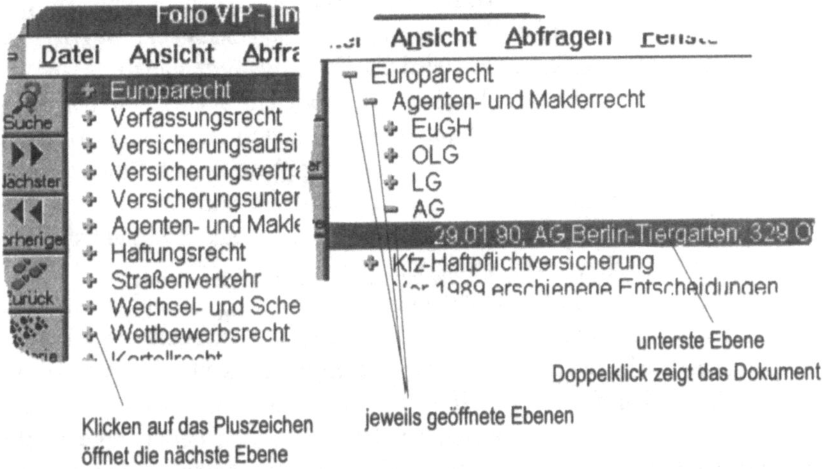

Abbildung 4.19: Beispiel für menüorientierte Recherche

In einer solchen Menüstruktur können Sie sich Ebene für Ebene „durchklicken" und gelangen so immer tiefer in die Datenbankstruktur. Auf unterster Ebene haben Sie dann entweder eine Liste der gewünschten Dokumente oder Sie können nun zur maskenorientierten Suche übergehen. Die Abbildung 4.19 zeigt ein Beispiel für eine solche Menüstruktur.

Durch Anklicken des +-Zeichens können Sie hier eine Ebene tiefer gelangen. Auf der linken Seite wurde eine Struktur bis zur untersten Ebene aufgeschlagen. Am Ende „hängt" ein Urteil des Amtsgerichts Tiergarten in Berlin. Wenn Sie auf diese Zeile klicken, erhalten Sie den Text des Urteils. Die Recherche ist abgeschlossen.

Hypertext als Retrievalmethode? Ein normaler Text wie dieses Buch hat im Grunde eine eindimensionale Struktur. Sie können vorwärts lesen und zurückblättern. Wenn wir als Autoren einen Begriff verwenden wollen, der vielleicht nicht allen Lesern bekannt ist, haben wir drei Möglichkeiten: Wir können ihn vor seiner Verwendung definieren, nach seiner Verwendung erklären (z.B. in Klammern) oder seine Definition in ein Glossar im Anhang aufnehmen.

Würde dieses Buch als *Hypertext* verfügbar gemacht, gäbe es noch eine weitere Möglichkeit: Wir könnten den Begriff im Text besonders auszeichnen, z.B. durch eine Unterstreichung oder eine andere Schriftfarbe, und würden Ihnen damit zu erkennen geben, daß zu diesem Begriff weitere Informationen verfügbar sind. In einem Computerprogramm zur Darstellung von Hypertexten hätten Sie dann die Möglichkeit, durch einen Mausklick auf den Begriff diese zusätzlichen Informationen anzufordern. Wenn Sie sich dann ausreichend über den Begriff informiert hätten, würden Sie zum eigentlichen Text zurückkehren und an der gleichen Stelle weiterlesen. Der besonders gekennzeichnete Begriff, zu dem ein Hypertext verfügbar ist, wird als *Hyperlink* bezeichnet.

Dieses Hypertext-Prinzip kennen Sie vielleicht schon von der MS-Windows-Hilfefunktion. In Abbildung 4.20 sehen Sie z.B. einen Hilfetext zu Word für Windows 6.0. Das Wort Überschreibemodus ist unterstrichen und eingefärbt, um zu signalisieren, daß dazu ein erklärender Text verfügbar ist. Ein Mausklick auf den Begriff läßt das Erklärungsfenster erscheinen, ein weiterer Mausklick läßt es wieder verschwinden.

Hypertext kann auch als Methode zur Suche in Datenbanken sehr hilfreich sein. Damit ist es beispielsweise möglich, innerhalb eines Urteils vorkommende Verweise auf andere Entscheidungen als Hyperlinks zu gestalten. Durch einen Klick mit der Maus gelangen Sie dann sofort dorthin. Sie können weiterarbeiten, ohne eine nochmalige Suche anhand der Entscheidungsfundstelle oder des Aktenzeichens durchführen zu müssen.

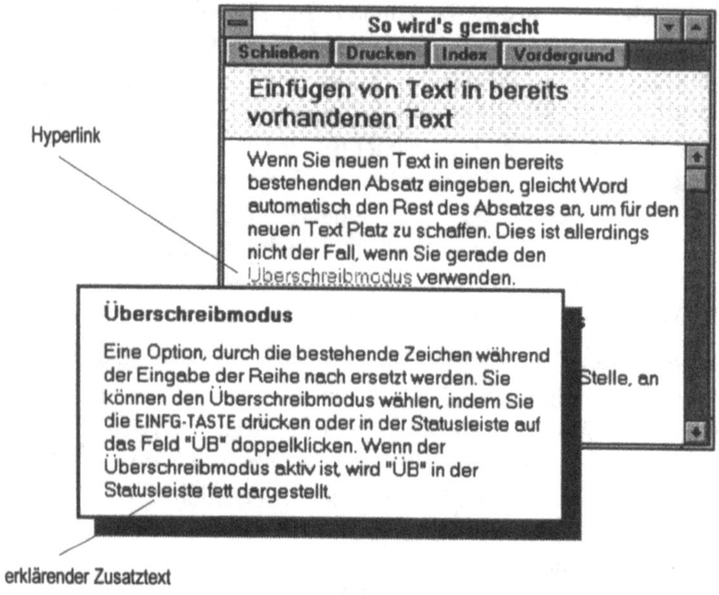

Abbildung 4.20: Windows-Hilfe als Beispiel für Hypertext

Genauso können Sie in derartigen Datenbanken auch zitierte Normen nachschlagen. Das hat nicht nur den Vorteil, daß Sie am Computer und in der angefangenen Recherche bleiben können, Sie bewegen sich auch in einem „Gebiet" relevanter Dokumente: andere Entscheidungen, die zitiert werden, haben eben unmittelbar mit der gefundenen zu tun. Normen, die erwähnt werden, sind bei der Entscheidung gewürdigt worden. Durch geschickte Verknüpfungen innerhalb der Datenbanken kann so eine ganz neue Qualität der Recherche erreicht werden.

Weitere denkbare Erweiterungen sind z.B. Verweise auf Definitionen. Die Abbildung 4.21 zeigt, wie ein Dokument in einer solchen Datenbank aussehen könnte. In einer Entscheidung klicken Sie die Fundstelle aus der amtlichen Sammlung an und erhalten deren Text. In dieser wiederum schlagen Sie eine Norm nach. Auch dort werden Sie dann eventuell wieder Hyperlinks, z.B. für Begriffsdefinitionen finden.

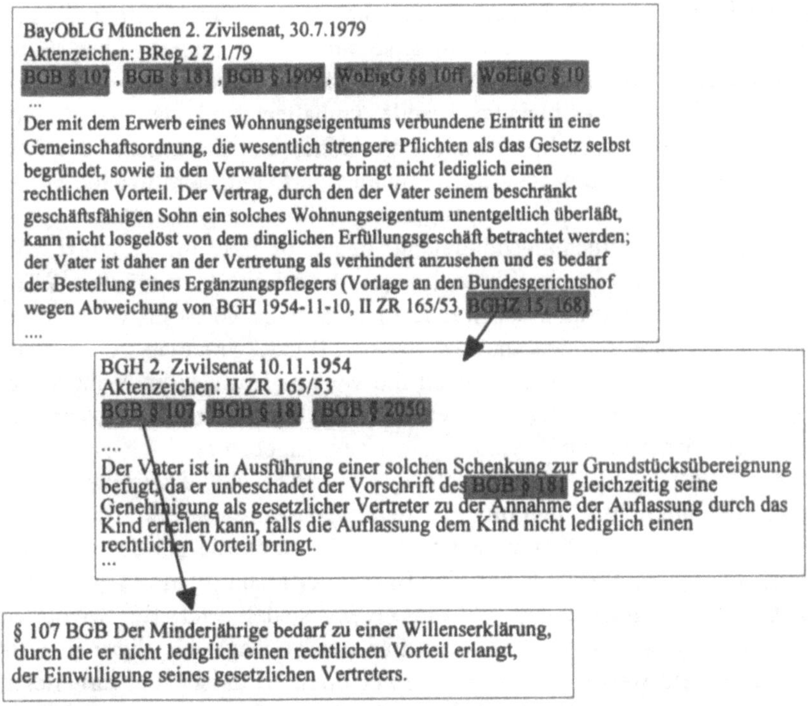

Abbildung 4.21: Datenbankrecherche mit Hypertextunterstützung

4.4 juris

4.4.1 Inhalt und Quellen

Das JURistische InformationsSystem (juris) wurde aufgrund einer Initiative der Bundesregierung Anfang der siebziger Jahre als Forschungsprojekt ins Leben gerufen. Nach seinem erfolgreichen Start wurde das System privatisiert und firmierte als „juris GmbH“. Der Bund hält allerdings weiterhin 90 % der Anteile.

Die einzelnen Datenbanken. Juris bietet gegenwärtig insgesamt 22 Datenbanken. Nur einige davon werden von juris selbst aufgebaut und gepflegt, für die meisten werden die Informationen ganz oder teilweise von verschiedenen Stellen angeliefert, etwa vom Bundesjustizministerium oder den Dokumentationsstellen der Bundesgerichte. Im folgenden wollen wir Ihnen die Datenbanken kurz vorstellen. Die größte von allen ist die *Rechtsprechungsdatenbank*, in der gegenwärtig über 400.000 Dokumente gespeichert sind. Dabei handelt es sich zumeist um Entscheidungen deutscher Gerichte. Inzwischen sind aber auch schon über 3000 Dokumente des EuGH enthalten. Während von den obersten Bundesgerichten die meisten Urteile enthalten sind, ist die Rechtsprechung der unteren Instanzen im Verhältnis zur Gesamtzahl der Entscheidungen nicht so umfangreich dokumentiert. Trotzdem macht sie fast 300.000 Dokumente aus, davon sogar fast 20.000 amtsgerichtliche.

90.000 Rechtsprechungsdokumente liegen in juris im Langtext vor. Von den restlichen ist ein Kurztext, zumeist der Leitsatz, verfügbar. Während die Entscheidungen des Bundesfinanzhofs zu 80 % im vollen Text vorliegen, sind es bei den anderen obersten Bundesgerichten ca. ein Drittel. Neuere Entscheidungen können Sie weitaus häufiger im Volltext erhalten als ältere. Von den Urteilen und Beschlüssen der Instanzgerichte wird nur jedes zehnte mit seinem vollen Text angeboten.

Zur Erfassung der Rechtsprechung werden ca. 400 Fachzeitschriften sowie die amtlichen Sammlungen regelmäßig ausgewertet. Die Dokumente werden von „Dokumentationsstellen“ erfaßt, die bei den obersten Bundesgerichten einschließlich des Bundesverfassungsgerichts und beim OVG Nordrhein-Westfalen in Münster angesiedelt sind. Bei wichtigen Entscheidungen dauert es zuweilen nur wenige Tage, bis diese in juris vorliegen. Sie werden zunächst in einer dokumentarisch unbearbeiteten Fassung angeboten. Die Bearbeitung durch den Dokumentar wird dann später nachgeholt.

Die *Bundesrechtsdatenbank* enthält das gesamte Bundesrecht, d.h. sämtliche zur Zeit geltenden Gesetze und Rechtsverordnungen. Daneben sind die Vorschriften des Einigungsvertrages und die fortgeltenden Vorschriften der ehemaligen DDR enthalten. Von vielen Normen werden nicht nur die jeweils geltende, sondern auch ältere Fassungen nachgewiesen. Die Datenbank wird vom Bundesjustizministerium gepflegt. Bei Gesetzesänderungen wird zunächst ein Hinweis auf die entsprechende BGBl.-Fundstelle eingearbeitet. Die Konsolidierung des geänderten Textes läßt dagegen zuweilen recht lange auf sich warten. Dies scheint vor allem in vermeintlichen Randgebieten der Fall zu sein. So wurde eine Änderung des Bundesdatenschutzgesetzes im Jahre 1994 erst nach mehreren Monaten vollständig in juris eingearbeitet. In der Bundesrechtsdatenbank sind auch einige landesrechtliche Vorschriften enthalten, nach Angaben von juris allerdings unsystematisch.

Die *Datenbank der unselbständigen Literatur* enthält zusammenfassende Kurztexte von fast 400.000 Dokumenten, hauptsächlich von Zeitschriftenaufsätzen und Entscheidungsbesprechungen. Die Länge der sogenannten „Kurzreferate" ist dabei sehr unterschiedlich. Während sie in vielen Fällen über ein bis zwei Sätze nicht hinausgeht, werden teilweise mehrseitige Zusammenfassungen angeboten. Volltexte sind leider nicht enthalten.

Insgesamt werden ca. 450 deutschsprachige Zeitschriften berücksichtigt. Darunter sind natürlich alle großen aber auch viele kleine, wie z.B. die „Zeitschrift für Wasserrecht" oder die „Deutsche Lebensmittel-Rundschau". Auch vorwiegend für Studenten interessante Produkte, wie die JURA oder die JuS, werden ausgewertet. Allein aus der JURA sind insgesamt 1880 Aufsätze nachgewiesen. Die Erfassung der Dokumente erfolgt durch die Dokumentationsstellen des BAG, des BFH und des BSG auf ihren Fachgebieten und für alle anderen Gebiete durch Dokumentare der juris GmbH.

Einen wesentlichen geringeren Umfang hat die *Datenbank der selbständigen Literatur*. Sie enthält im wesentlichen Gliederungen von Dissertationen, Lehrbüchern und ähnlichen Werken. Teilweise wurden auch zusammenfassende Kurzreferate aufgenommen. Gegenwärtig dokumentieren nur die entsprechenden Stellen des BAG und des BSG. Das bedeutet jedoch nicht, daß nur arbeits- bzw. sozialrechtliche Literatur enthalten ist.

Die *Datenbank der Verwaltungsvorschriften* enthält nicht etwa alle bundesdeutschen Verwaltungsvorschriften, sondern lediglich einige auf den Gebieten des Arbeits-, Sozial- und Steuerrechts. Einen einigermaßen vollständigen Überblick über die wichtigsten Vorschriften erhalten Sie nur im Steuerrecht. Diese im Volltext angebotenen Verwaltungsvorschriften machen mit ca. 25.000 Dokumenten über die Hälfte des Gesamtbestandes dieser Datenbank aus. Arbeits- und sozialrechtliche Vorschriften wurden soweit aufgenommen, wie sie den verschiedenen Zeitschriften zu entnehmen waren, die die Dokumentationsstellen des BAG und des BSG auswerten. Von ihnen ist nur ein Kurztext vorhanden.

Die *Datenbank der Gesetzesmaterialien* ist mit ca. 1200 Dokumenten die kleinste aller Datenbanken in juris. Sie enthält nicht etwa komplette Bundestagsdrucksachen, sondern lediglich Übersichten davon, ebenfalls über Drucksachen des Bundesrates, veröffentlichte Sitzungsprotokolle, Ausschußprotokolle und sonstige Materialien zur Gesetzesvorbereitung. Sie finden hier also nur den Hinweis, was ein Dokument enthält und wie es genau bezeichnet ist. Hinzu kommt, daß zur Zeit nur Dokumente zu Gesetzen vorhanden sind, die im Zeitraum von 1972 bis Juli 1990 im BGBl. Teil I verkündet wurden. Dies ist um so betrüblicher, als die erläuternden Materialien gerade kurz nach Verkündung eines neuen Gesetzes interessant wären, zu einem Zeitpunkt also, wo weder Rechtsprechung noch Kommentierung zur Verfügung steht, um die Normen auszulegen und sachgerecht anzuwenden. Die Datenbank wurde vom Parlamentsarchiv des Bundestages und der Dokumentationsstelle des Bundesrates aufgebaut und wird dort gepflegt.

In der *Datenbank der DDR-Vorschriften*, die vom Bundesjustizministerium als reine Nachweisdatenbank angelegt wurde, finden Sie zu jeder Vorschrift, die während der Existenz der DDR veröffentlicht wurde, die entsprechende Fundstelle, z.B. im Gesetzblatt der DDR.

Auch für Studenten interessant sein dürfte die *Datenbank der Pressemitteilungen der Bundesgerichte*. Die Bezeichnung ist nicht mehr ganz korrekt, da inzwischen auch die Pressemitteilungen einiger Instanzgerichte und des EuGH aufgenommen werden. Dabei kann es sich z.B. um Kurzinformationen über Entscheidungen oder auch um einen Schlußantrag eines Generalanwalts beim EuGH handeln. Sobald die Pressemitteilungen bei juris ankommen, werden sie im Volltext in die Datenbank eingestellt.

Einige Angebote werden aus den Original *CELEX-Datenbanken* übernommen. CELEX ist das Rechtsinformationssystem der Europäischen Union. Besonders interessant sind dabei die Rechtsprechungs- und die Gesetzgebungsdatenbank. Erstere enthält beispielsweise die Rechtsprechung des EuGH. Dabei werden die Entscheidungen im vollen Text nachgewiesen. Zusätzlich sind noch Schlußanträge der Generalanwälte mit ihren Fundstellen nachgewiesen. Die Aktualisierung erfolgt durch die Dokumentationsstelle beim EuGH. Die CELEX-Datenbank Gesetzgebung enthält u.a. die Gründungsverträge, sonstige Abkommen, aber auch die Verordnungen und Richtlinien der EU.

Die verschiedenen *Asylrechtsdatenbanken* bieten u.a. Informationen über Herkunfts- und Zufluchtsländer von Asylbewerbern, Entscheidungen und Literatur zum Asylverfahren. Die Datenbanken werden von verschiedenen Stellen gepflegt.

Die drei *Umweltrechtsdatenbanken* werden vom Umweltbundesamt bereitgestellt und enthalten relevante Literatur, Bundes- und Landesvorschriften, sowie Rechtsprechung zu dieser Thematik. Insbesondere die Rechtsprechung ist jedoch zum großen Teil in der Rechtsprechungsdatenbank von juris enthalten.

Die *Datenbank des thüringischen Landesrechts* ist die erste umfassende Aufbereitung des Rechts eines Bundeslandes in juris. Weitere derartige Ländersammlungen sollen folgen. Die Datenbank wird von der Firma Ilmdat, Informations- und Textlogistik GmbH in Ilmenau hergestellt und monatlich aktualisiert. Schließlich existiert eine kleine *Testdatenbank*, in der der Benutzer kostenlos recherchieren kann.

Die Abbildung 4.22 zeigt Ihnen eine Liste aller Datenbanken mit dem mit Stand vom 7. Juli 1995.

Kürzel	Datenbank	Dokumente
R	Rechtsprechung	424.570
L	unselbständige Literatur	373.321
LS	selbständige Literatur	31.312
V	Verwaltungsanweisungen	42.503
M	Gesetzesmaterialien	1.198
N	Bundesrecht / Normendatenbank	205.257
DN	DDR-Vorschriften (nur bibliographische Angaben)	16.546
PR	Pressemitteilungen verschiedener Bundesgerichte	2.688
CR	CELEX – Rechtsprechung	8,488
CG	CELEX – Gesetzgebung	45.083
CN	CELEX – Nationale Durchführungsbestimmungen	1.982
CP	CELEX – Parlamentarische Anfragen	57.176
CV	CELEX – Gesetzgebungsvorarbeiten	20.958
AS	ASYLIS Asylrecht	7.119
VE	ASYLFACT Infos über Herkunftsländer v. Asylbew.	19.438
ZC	ASYLDOC-CASE Asylrechtsprechung	10.989
ZL	ASYLDOC-LIT Infos aus Zeitschriften zu Asylrecht	34.577
UR	Umweltrecht Rechtsprechung	4.634
UN	Umweltrecht Normen	10.777
UL	Umweltrecht Literatur	29.700
TL	Landesrecht Thüringen	21.589
T	Testdatenbank	12.004

Abbildung 4.22: Übersicht der juris Datenbanken

4.4.2 Recherche mit GOLEM

Nahezu 20 Jahre konnte juris nur mit einer Kommandosprache abgefragt werden. Diese Sprache nennt sich GroßspeicherOrientierte ListenErmittlungsMethode (GOLEM) und ist so antiquiert, wie sich der Name bereits anhört. Selbst für den geübten Datenbanknutzer stellt sie mit ihren deutschen Befehlskürzeln und ihrer eigenartigen Syntax eine Herausforderung dar. Gleichwohl können nach einer gewissen Eingewöhnung auch mit GOLEM recht gute Ergebnisse erzielt werden. Da sie immer noch von vielen Nutzern zur Abfrage benutzt wird, insbesondere an Universitäten, werden wir auf die wesentlichen Befehle dieser Sprache eingehen. Eigentlich wurde sie jedoch vor einiger Zeit durch die maskenorientierte Retrieval-Software *„juris-Formular"* abgelöst, welche wir unter 4.4.3 besprechen werden.

Die Recherche mit GOLEM erfolgt im wesentlichen in drei Schritten:

1. Zusammenstellen einer Suchwortliste durch Suchanfragen
2. Verknüpfen der Einträge in der Suchwortliste
3. Ausgabe der Ergebnisse

Die Eingabeaufforderung von GOLEM ist der Stern (*). Wenn er erscheint, ist juris bereit, einen Befehl von Ihnen entgegenzunehmen. Jeden Befehl müssen sie mit der ↵-Taste abschließen.

Wenn ihnen juris zur Verfügung steht, sollten Sie die folgenden Beispiele parallel mit abarbeiten. Bevor es losgeht noch ein Tip. Wenn Sie nicht mehr weiter wissen, rufen Sie mit *„info"* Hilfetexte auf. Leider ist das System nicht besonders komfortabel. Informationen über den Befehl „info" erhalten Sie mit „info info", über die Datenbanken allgemein mit „info dateien", über eine einzelne Datenbank mit „info", gefolgt von dem juris-Kürzel aus Abbildung 4.22 und über die sonstigen Befehle mit „info" und dem Befehl. Beispiele:

```
info info
info dateien
info rs
info streiche
```

1. Schritt: Zusammenstellen der Suchwortliste. Die Suchwortliste enthält jeden Begriff, nach dem von Ihnen in der Datenbank bisher gesucht wurde. Um einen gleichmäßigen Ablauf zu gewährleisten, löschen Sie bitte als erstes die aktuelle Suchwortliste mit dem *Befehl „neu"*. So stellen Sie sicher, daß alle alten Einträge gelöscht werden. Sie können sich die Suchwortliste jederzeit mit dem *Befehl „f"* anzeigen lassen.

Suchbefehl „s". Dies ist der wohl wichtigste Befehl. Er wird entweder mit einem oder mehreren Suchbegriffen oder in Verbindung mit Registern benutzt. Es werden alle Dokumente einer Datenbank auf das Vorkommen des Suchbegriffes durchforstet. Das Ergebnis jeder Suche wird als Eintrag in die Suchwortliste aufgenommen. Die Begriffssuche gestaltet sich relativ unkompliziert, denn die Begriffe in den verschiedenen Registern wurden sorgfältig aufbereitet: Flexionen von Wörtern wurden bei der Einarbeitung der Dokumente auf die Stammform zurückgeführt, bestimmte Begriffe aus mehreren Worten, z.B. „culpa in contrahendo", können als ein Begriff gesucht werden. Schließlich existiert eine umfangreiche Synonymbibliothek. Trunkierungen und Suche nach synonymen Begriffen zur Verbesserung des Suchergebnisses können Sie sich bei juris sparen (siehe auch 4.3.3). Einige Suchbeispiele:

```
s rücktritt
s bulle+polizist
s mieter+hund
s bgb § 823 abs 1
```

Wenn Sie sich jetzt die Suchwortliste mit „f" anzeigen lassen, erhalten Sie folgendes Ergebnis (die Anzahl der Dokumente wird abweichen, weil neue Dokumente hinzugekommen sind):

```
Suchwortliste in Datei    R
  1     5301   F   ruecktritt;
  2      100   F   bulle;
  3      364   F   polizist;
  4    13637   F   mieter;
  5      898   F   hund;
  6     4192   F   'bgb § 823 Abs 1';

G040323 Ende der Ausgabe
*
```

Es wurde dabei immer im gesamten Text der Dokumente gesucht. Besser ist die Suche in den verschiedenen Registern. Sie ermöglicht eine Verfeinerung der Recherche. Die Abbildung 4.23 zeigt Ihnen eine kleine Auswahl der Register aus der Rechtsprechungsdatenbank.

Register	Erläuterung
gericht:	Bezeichnung der erkennenden Gerichts
datum:	Entscheidungsdatum in der Form JJJJ-MM-TT, d.h. für den 12. März 1994: datum:1994-03-12
az:	Aktenzeichen der Entscheidung
k:	Begriffssuche im Kurztext
schlagwort:	Begriffssuche in der Liste der von den Dokumentaren von Hand vergebenen Schlagworte
nk:	Normenkette, Kette der entscheidungserheblichen Normen
fundstelle:	Literaturquelle z.B. Abdruck in einer Fachzeitschrift

Abbildung 4.23: Beispiele für Register in der Rechtsprechungsdatenbank

Eine vollständige Liste der systematischen Register erhalten Sie innerhalb der jeweiligen Datenbank mit dem *Befehl „rname"*. Eine Suche mit Hilfe der Register könnte so aussehen:

```
s gericht:bgh
s az:2 azr 454/89
s fundstelle:njw 1989, 234
s k:versuch
s schlagwort:rücktritt
```

Besonders wichtig im Zusammenhang mit einer effektiven Recherche sind die Register „k" für die Suche im Kurztext und „schlagwort" für die Suche im intellektuell erstellten Schlagwortregister.

Führt man zum Beispiel eine Suche nach dem Begriff „Mord" zunächst im ganzen Text, dann im Kurztext und schließlich in den Schlagworten durch, so erhält man folgendes Ergebnis:

```
neu
s mord+k:mord+schlagwort:mord

Suchwortliste in Datei R
1   3432   F    mord
2    212   F    k=mord
3     43   F    schlagwort=mord
*
```

Mit der Suche im Kurztext und im Schlagwortregister erhält man jeweils weniger Dokumente. In diesen ist der Begriff aber wahrscheinlich auch wichtiger: Wenn er im Kurztext vorkommt, ist er immerhin so bedeutsam, daß er in der Zusammenfassung erwähnt wird. Findet er sich gar in den Schlagworten, so hielt auch der Dokumentar den Begriff für sehr wichtig. Mit der so gestaffelten Suche nach Begriffen lassen sich grobe Recherchen verfeinern und relevantere von weniger relevanten Dokumenten trennen.

Suche nach Begriffsfragmenten. Möchten Sie in juris nach Begriffsfragmenten suchen, können Sie mit den Zeichen „&&" die Rechtstrunkierung benutzen. Linkstrunkierung wird dagegen nicht angeboten:

```
s poliz&&
s fundstelle:njw 1989, 2&&
```

Während das erste Beispiel solche Begriffe findet, wie „Polizei" oder „Polizist", sucht das zweite Beispiel z.B. nach „NJW 1989, 234", „NJW 1989, 23" oder „NJW 1989, 2167".

Suche in bestimmten Bereichen. Möchten Sie dagegen in bestimmten Bereichen, z.B. Zeiträumen, suchen, benutzen Sie „ ** " davor und dahinter jeweils mit Leerzeichen(!).

```
s datum: 1989 ** 1991
s xanten ** xaver
```

Im ersten Beispiel wurden alle Dokumente im Zeitraum von 1989 bis 1991 gesucht, im zweiten Beispiel alle Begriffe, die alphabetisch zwischen „Xanten" und „Xaver" stehen.

Bereinigen der Suchwortliste. Durch die verschiedenen Suchanfragen hat sich Ihre Suchwortliste bereits wieder gefüllt. Vielleicht haben Sie sich ja auch einmal vertippt und damit einen Eintrag erzeugt, mit dem Sie gar nichts anfangen können. Damit Sie nicht den Überblick verlieren, sollten Sie wirklich nur die Begriffe in der Liste belassen, die zur Recherche noch benötigt werden. Die ganze Liste könnten Sie mit „neu" löschen – das wissen Sie schon. Einzelne Einträge löschen Sie dagegen mit dem *Befehl „streiche"*. Hinter dem Befehlswort geben Sie eine oder mehrere Nummern aus der Liste ein, die durch Kommata und ein Leerzeichen getrennt werden:

```
streiche 1
streiche 1, 2
streiche 1 ** 3
```

2. Schritt: Verknüpfen der Einträge in der Suchwortliste. Für logische Verknüpfungen gibt es in juris den *Befehl „l"*. Mit dem Logikbefehl kann man leider nur die Einträge in der Suchwortliste, nicht jedoch Begriffe direkt verknüpfen. In juris stehen die drei logischen Operatoren UND (u), ODER (o bzw. v) und NICHT (un) zur Verfügung.

Beispiele für Verknüpfungen und ihre Ergebnisse:

```
neu
s kind+bulle+polizei

Suchwortliste in Datei R                    (vorher)
1   23053    F    kind
2     100    F    bulle
3    5303    F    polizei
*

1 2u3                              (logische Verknüpfungen)
1 2o3
1 (1o3)u2
1 (2u3)un1

Suchwortliste in Datei R                    (nachher)
1   23053    F    kind
2     100    F    bulle
3    5303    F    polizei
4       9    F    S2 AND S3
5    5394    F    S2 OR S3
6      15    F    (S1 OR S3) AND S2
7       8    F    (S2 AND S3) NOT S1
```

Wie Sie sehen, sind bei den logischen Verknüpfungen die Operatoren beliebig kombinierbar. Jedes Verknüpfungsergebnis ist selbst als Eintrag in der Suchwortliste enthalten (im Beispiel die Nummern 4 bis 7) und kann auch für weitere Verknüpfungen benutzt werden.

3. Schritt: Ausgabe der Ergebnisse. Mit dem *Befehl „t“* werden die Dokumente ausgegeben, die in der Suchwortliste an letzter Stelle stehen. Im Beispiel also das Ergebnis der Verknüpfung Nr. 7 „(bulle UND polizei) NICHT kind. Wenn Sie „t“ eintippen, wird die erste Seite des ersten Dokuments auf dem Bildschirm ausgegeben. Mit den Tasten aus Abbildung 4.24 können Sie sich „im Text“ bewegen. Auch hier müssen Sie nach jedem Befehl [↵] drücken.

Befehl	Wirkung
+	eine Seite vorwärts
-	eine Seite zurück
+ <Anzahl der Seiten>	z.B. „+3“, drei Seiten vor
- <Anzahl der Seiten>	z.B. „-5“, fünf Seiten zurück
++	zum nächsten Dokument
--	zum vorherigen Dokument
t <Dokumentennummer>	z.B. „t 9“, zeigt neuntes Dokument

Abbildung 4.24: Steuerung der Textausgabe bei GOLEM

Möchten Sie sich nur Teile der gefundenen Dokumente ansehen, so können Sie den *Befehl „gib“* in verschiedenen Varianten benutzen. Die Abbildung 4.25 gibt Ihnen einen Überblick.

gibk	zeigt neben den bibliographischen Angaben den Kurztext
gibkk	zeigt nur die bibliographischen Angaben
gibtab	zeigt eine Tabelle der gefundenen Dokumente mit Gericht, Aktenzeichen und Datum
gib <Abschnitt>+ <Abschnitt>+...	zeigt den Inhalt einzelner Dokumentenabschnitte

Abbildung 4.25: Der „gib“ Befehl in GOLEM

Die letzte Variante in der Tabelle erlaubt es Ihnen, die Ausgabe selbst zu gestalten. Die Abschnitte sind teilweise identisch mit den Registern, teilweise jedoch auch spezifisch für dieses Kommando. Erlaubte Abschnittsnamen sind in der Rechtsprechungsdatenbank z.B. „Az“, „Datum“, „Gericht“ aber auch „Tatbestand“ und „Entscheidungsgründe“. Ein vollständige Liste der Abschnittsnamen erhalten Sie mit dem *Befehl „info gibnam“*. Beispiele:

```
gib az+gericht+datum+tatbestand
gib az+kurztext
gib az+tatbestand+entscheidungsgruende
```

Möchten Sie die Ausgabe der Dokumente auf dem Bildschirm mit Ihrem Terminalprogramm mitprotokollieren, ist es unpraktisch, wenn immer nur eine Bildschirmseite ausgegeben wird und Sie erst wieder ↵ drücken müssen. Mit dem *Befehl „dr“* gefolgt von dem eigentlichen Ausgabebefehl, können Sie juris veranlassen, die Texte fortlaufend, ohne Unterbrechung auszugeben. Sie können dabei allerdings nicht mitlesen. Beispiele für „dr“ Befehle:

```
dr t
dr gibtab
dr t 5
```

Nach dem Verbinden mit juris befinden Sie sich automatisch in der Rechtsprechungsdatenbank. Möchten Sie woanders suchen, z.B. in der unselbständigen Literatur, wechseln Sie mit dem *Befehl „w“*, unmittelbar gefolgt von dem juris Kürzel der gewünschten Datenbank (siehe Abbildung 4.22) dorthin. Hier zwei Beispiele:

```
wl
wr
```

Jetzt kennen Sie ein paar GOLEM-Befehle. Wir hoffen, Sie werden sie nicht allzu häufig benötigen, sondern vielmehr die Möglichkeit haben, mit juris-Formular zu arbeiten.

4.4.3 Recherche mit juris-Formular

Nach Angaben von juris erwerben nahezu alle neuen Nutzer diese Oberfläche. Aber auch die teilweise langjährigen juris-Nutzer steigen nach und nach auf dieses System um. Der maskenorientierten Abfrage bei juris dürfte die Zukunft gehören, wenn auch nicht unbedingt mit der gegenwärtigen Oberfläche, die noch nicht unter Windows läuft. Sie soll noch 1995 um eine Windows-Variante ergänzt werden. Der Befehlsumfang wird jedoch vergleichbar sein. Den typischen juris-Formularbildschirm mit der Suchmaske für die Rechtsprechungsdatenbank zeigt die Abbildung 4.26. In den anderen Datenbanken sehen die Masken ähnlich aus, nur die Bezeichnung der einzelnen Register ist entsprechend angepaßt. juris-Formular bietet dem Nutzer fast die gleiche Funktionalität wie die Kommandozeilen-Oberfläche. Einige Befehle, deren Fehlen sich aber kaum bemerkbar macht, wurden nicht in die gegenwärtige Version von juris-Formular integriert. Im folgenden zeigen wir Ihnen die wichtigsten Funktionen.

Suchmaske und Register. Sie füllen einfach das Bildschirmformular aus drücken 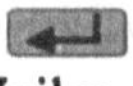 und die Recherche wird durchgeführt. Innerhalb der einzelnen Zeilen können die verschiedenen logischen Verknüpfungen einschließlich der Klammerung benutzt werden. Die Zeilen wiederum sind untereinander im Normalfall logisch UND-verknüpft. Das läßt sich mit F5 verändern. Wir haben dies in der Abbildung 4.26 für die zweite Zeile „Text“, also das Volltextrecherchefeld, getan, um eine ODER Verknüpfung zu realisieren.

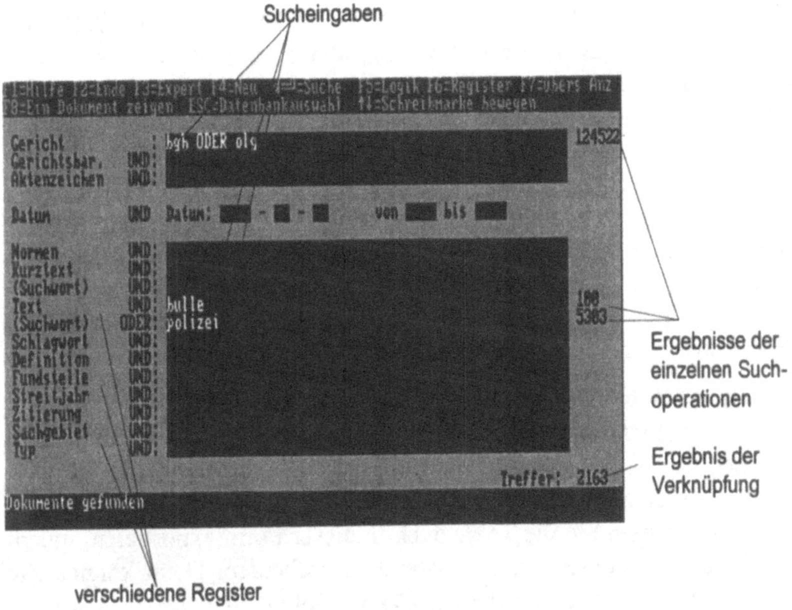

Abbildung 4.26: juris-Formular Suchmaske

Die einzelnen Register kennen Sie ja wahrscheinlich inzwischen. In diesen Registern kann durch Druck auf F6 problemlos nachgeschlagen werden. Dann erscheint eine Liste, wie in Abbildung 4.18. In ihr können Suchbegriffe ausgewählt und in die Eingabemaske übernommen werden. Mit F4 können Sie den Inhalt der Suchmaske löschen, um eine neue Recherche zu beginnen. Mit Esc kehren Sie zurück in den Anfangsbildschirm, der Ihnen die Auswahl einer anderen Datenbank erlaubt.

GOLEM. Wenn Sie es gar nicht lassen können, erreichen Sie mit F3 den „Expertenmodus“, in dem Sie mit den alten GOLEM-Befehlen arbeiten können. Dabei können Sie auch einen ganz interessanten Blick hinter die Kulissen von juris-Formular werfen: Das Programm recherchiert nämlich selbst noch in GOLEM, allerdings mit einigen modifizierten Befehlen aus der Sprache CCL. Es stellt Ihnen die Abfragen nur komfortabler dar. Wenn Sie den Expertenmodus benutzen und vorher schon

Suchoperationen in der normalen Suchmaske durchgeführt haben, steht Ihnen im Expertenmodus die vollständige Suchwortliste der in der Suchmaske gesuchten Begriffe zur Verfügung.

Textausgabe. Mit [F7] können Sie sich eine Übersicht der gefundenen Dokumente anzeigen lassen. Wenn Sie in dieser mit [↵] ein Dokument auswählen, wird Ihnen der gesamte verfügbare Text angezeigt. Innerhalb des Dokuments können Sie mit [Bild ↓] und [Bild ↑] sowie [Pos 1] und [Ende] blättern. Das ist etwas gewöhnungsbedürftig. Schnell haben Sie aus Versehen einmal [↑] oder [↓] gedrückt, womit Sie zum vorherigen bzw. zum nächsten Dokument gelangen.

Wollen Sie nur Dokumententeile ansehen, drücken Sie [⇧]+[F9]. Es erscheint dann ein Menü; in dem Sie den Ausgabeumfang explizit festlegen können. Als erstes müssen Sie dort das „Standardformat“ ausschalten. Dann wählen Sie mit [↵] die gewünschten Teile aus. Ausgewählte Dokumentenabschnitte sind mit einem „*“ gekennzeichnet. Mit [Esc] verlassen Sie dieses Menü wieder.

Drucken & Dateiexport. Mit [F9] können Sie Dokumente auf dem Drucker ausgeben oder auf der Festplatte abspeichern. In den dann erscheinenden Menüs können Sie zunächst das Ausgabeformat wählen. Wenn Sie zuvor mit [⇧]+[F9] das Format an Ihre Bedürfnisse angepaßt haben, können Sie die Texte auch in dieser Form exportieren, indem Sie sich für „gewähltes Ausgabeformat“ entscheiden. Dann können Sie wählen, ob Sie *alle* oder nur die *markierten* Dokumente ausgeben wollen. Markieren können Sie Dokumente mit [F10].Die Taste wirkt dabei wie ein Schalter. Drücken Sie einmal darauf, wird das Dokument markiert, drücken Sie nochmals, wird die Markierung wieder aufgehoben.

Schließlich müssen Sie sich entscheiden, ob Sie die Datei direkt drucken oder auf der Festplatte speichern wollen. Wenn Sie sich für das Speichern entscheiden, sollten Sie sich unbedingt Pfad und Namen Ihrer Datei merken, damit Sie sie später auch wiederfinden.

Hilfe. Wenn Sie einmal gar nicht mehr weiter wissen, können Sie mit [F1] die Hilfefunktion aufrufen. Sie arbeitet kontextsensitiv, d.h. je nachdem, wo Sie sich im Programm befinden, erscheint ein anderer Hilfebildschirm. Die Hilfe nutzt Hypertext und kann Ihnen zu allen Fragen Auskunft geben, die Sie zur Benutzeroberfläche haben.

4.4.4 Zugang und Kosten

Zugangswege. Juris ist bisher für den normalen Benutzer über Datex-P und das WIN (Wissenschaftsnetz) erreichbar. Während das WIN ausschließlich für Forschung und Lehre, insbesondere für die deutschen Universitäten zur Verfügung steht, kann Datex-P allgemein genutzt werden. Ein entsprechender Zugang wird auf Wunsch von der Telekom bereitgestellt.

Für einige Großabnehmer hat juris weitere Zugänge eingerichtet. Daneben existiert ein recht langsames Internet-Gateway, über das juris aus aller Welt zu erreichen ist. Es wird vom DFN-Verein zur Verfügung gestellt. Juris wird sich allerdings dem gegenwärtigen Trend auch nicht verschließen können und selbst Anbieter im Internet werden müssen. Entsprechende Versuche laufen schon. Ein Partner der juris GmbH stellt gegenwärtig (Juli 1995) eine kleine Testdatenbank mit Entscheidungen zum EDV-Recht zur Verfügung. Die Bedieneroberfläche entspricht der von juris-Formular. Noch 1995 will juris als Anbieter in Btx auftreten. Gegenwärtig stehen dort bereits ein Rechercheauftragsdienst zur Verfügung. Mit „*juris GmbH#" bzw. *3353377# gelangen Sie zum Anfang des juris-Angebotes.

Was es kostet. Die juris GmbH verlangt zunächst eine monatliche Bereitstellungspauschale. Je nachdem, welches Abrechnungsmodell Sie wählen, werden die eigentlichen Abfragekosten auf die Bereitstellungspauschale angerechnet oder nicht.

Das Abfragen der Datenbank selbst kostet pro 1000 Zeichen 1,80 DM. Gezählt werden die Zeichen, die auf dem Bildschirm ausgegeben wurden. Die Anzeige einer (!) Bildschirmseite kann also mit bis zu 3,60 DM zu Buche schlagen. Hinzu kommen die Datex-P-Nutzungsgebühren sowie die Telefongebühren (in der Regel Ortstarif) zum Datex-P-Knoten. Bei eigenem Datex-P-Anschluß fällt dessen Bereitstellungsgebühr an. Alles in allem ist die Nutzung der juris-Datenbanken keine billige Angelegenheit.

Für den, der viel recherchiert, lohnt sich daher ein weiteres Angebot der juris GmbH. In den letzten Jahren erschien eine Serie von bisher 12 CD-ROM mit Auszügen aus der Rechtsprechungs- und der Normendatenbank. Diese können unter Umständen eine preiswertere Alternative darstellen.

4.4.5 juris-Datenbanken auf CD-ROM

Elf juris CD-ROM enthalten Auszüge aus der juris-Rechtsprechungsdatenbank, die zwölfte das geltende Bundesrecht:

CD-Nr.	Inhalt
1	Steuerrecht
2	Entscheidungen des BGH
3	Sozialrecht
4	Arbeitsrecht
5	Verwaltungsrecht
6	Mietrecht
7	Verkehrsrecht
8	Gebühren- und Kostenrecht
9	Familienrecht
10	Wettbewerbsrecht
11	Baurecht
12	Bundesrecht

Abbildung 4.27: Liste der juris CD-ROM

Auf der CD Nr. 8 finden Sie zusätzlich noch ein deutschlandweites Anwaltsverzeichnis.

Bedienung. Alle CD-ROM verfügen über eine einheitliche Benutzeroberfläche, die mit der von juris-Formular weitgehend übereinstimmt. Etwas anders sieht hier zunächst der Expertenmodus aus. Diesen können wir Ihnen nicht empfehlen. Einen weiteren Unterschied gibt es bei der Markierung von Dokumenten für die Ausgabe. Eine gesetzte Markierung wird bei den juris-CD-ROM mit [⇧]+[F10] entfernt.

Hypertext. Neu bei den CD-ROM der aktuellen Auflage ist die Verwendung der Hypertexttechnik. So wurden in den Entscheidungstexten Verweise auf andere Entscheidungen, Rechtsnormen und Fundstellenabkürzungen als Hyperlinks gestaltet. Leider ist das Produkt noch nicht ganz ausgereift. Das Hypertext-Feature ist weder besonders bedienerfreundlich, noch optisch geschickt gestaltet. Sie müssen die einzelnen Hyperlinks mit [⇆] anwählen und können dann mit [↵] die nächste „Hypertextebene" aufschlagen. Dabei werden Sie relativ schnell den Überblick verlieren, denn die Hypertexte nehmen immer den ganzen Bildschirm ein und weisen sich als solche nur durch die Überschrift „Hypertextebene x aktiv" aus, wie die Abbildung 4.28 zeigt. Die einzelnen Hypertextebenen können Sie mit [-] wieder verlassen, mit [Esc] gelangen Sie sofort zum Ausgangsdokument zurück.

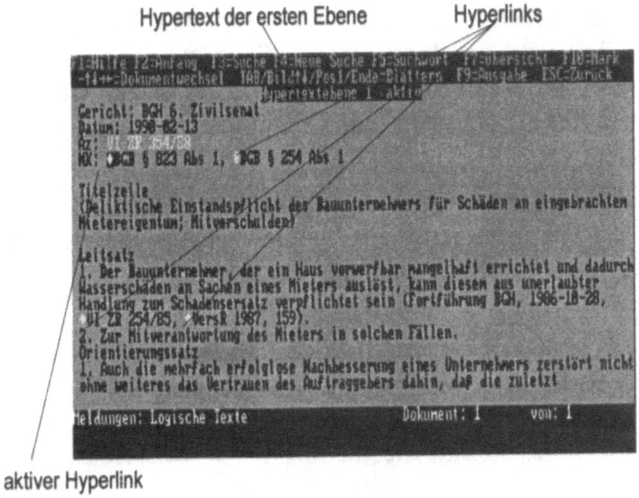

Abbildung 4.28: juris CD-ROM mit Hypertext

Kosten. Die CD-ROM verursachen im Gegensatz zur Online-Datenbank nur Anschaffungs- und Updatekosten. Allerdings sind diese nicht gerade gering. Die Preise bewegen sich im Bereich von ca. 1000,- DM bis zu 5000,- DM für eine der verschiedenen CD-ROM.

4.4.6 Differenzrecherche mit juris CD-ROM und juris-Formular

Sind Sie bei Ihren Recherchen auf besondere Aktualität angewiesen, besitzen aber eine oder mehrere juris-CD-ROM, können Sie mit der Differenzrecherche Geld sparen. Diese ermöglicht es Ihnen zunächst auf der CD-ROM zu suchen und nur für die Informationen, die nicht darauf enthalten sind, eine Online-Recherche durchzuführen. Dazu dient die „juris data line"-Software, die auch in juris-Formular integriert ist. Praktisch funktioniert das so: Zunächst recherchieren Sie ganz normal auf Ihrer CD-ROM. Wenn Sie Ihre Recherche beendet haben, finden Sie dort, wo normalerweise Ihre juris-Dateien gespeichert werden, eine Datei namens „protokol.dfl". Diese Datei speichern Sie in das Verzeichnis, in dem juris-Formular liegt. Rufen Sie nun juris-Formular auf und wählen Sie aus dem Ausgangsmenü anstelle einer der Datenbanken, die „juris data line". Jetzt führt das Programm für Sie eine Differenzrecherche mit den gleichen Suchbegriffen und logischen Verknüpfungen, wie in Ihrer letzten CD-ROM Recherche durch. Dabei gibt es zwei Varianten: die zeitliche und die sachliche Differenzrecherche.

Zeitliche Differenzrecherche. „Juris data line" sucht dabei alle Entscheidungen, die zum Zeitpunkt der Ausgabe Ihrer CD-ROM noch nicht in juris enthalten waren, heute aber auf dieser CD-ROM gespeichert würden. Das Ergebnis wird Ihnen angezeigt, die Dokumente können Sie wie gewohnt behandeln.

Sachliche Differenzrecherche. Hier liefert Ihnen „Juris data line" die Entscheidungen, die sich nicht auf Ihrer CD-ROM befinden, da sie nicht in das Sachgebiet der CD passen, auf die die Suchanfrage aber auch zutrifft.

Kosten. Auch diese Recherche ist natürlich nicht kostenlos, da Sie ja die Online-Datenbank nutzen. Auch müssen Sie eine Kennung bei juris haben. Allerdings entfällt für die Nutzer einer der CD-ROM die Bereitstellungspauschale von juris, so daß Sie nur die reinen Recherchekosten bezahlen müssen.

4.5 Weitere ausgewählte Einzelprodukte

Eine Übersicht des gesamten Marktes der juristischen Datenbanken würde schon heute den Rahmen dieses Kapitels sprengen. Wir haben daher einige Produkte ausgewählt, die uns unter verschiedenen Aspekten interessant erschienen: Die CD-ROM „NJW-Volltext" ist ein Vertreter der klassischen CD-ROM Datenbanken mit einer sehr häufig verwendeten Retrievalsoftware. Der „Schönfelder" auf CD-ROM markiert den Umstieg der Datenbankanbieter auf die Benutzeroberfläche Windows. Fehlen durfte natürlich auch nicht die Jura-Kartei auf CD-ROM, eines der wenigen Angebote vorwiegend für Studenten. Schließlich soll „ArbIS", das „Arbeitsrechtliche Informations-System" den Übergang von reinen Datenbanken zu komplexen Informationssystemen dokumentieren.

4.5.1 NJW-Volltext CD-ROM – Verlag C.H. Beck

Inhalt. Auf der NJW-CD-ROM von C.H. Beck finden Sie alle wesentlichen Beiträge, die in der „Neuen Juristischen Wochenschrift" seit 1981 erschienen sind. Nicht enthalten sind lediglich Werbung und bestimmte Kurzbeiträge. Neben der eigentlichen NJW enthält die CD-ROM noch weitere Zeitschriftenprodukte des Verlages C.H. Beck, so den NJW-Rechtsprechungsreport ab 1986, die DtZ ab 1990 und die VIZ seit

1991. Alle Gerichtsentscheidungen, die in der Papier-NJW nur im Leitsatz enthalten waren, in der NVwZ oder NVwZ-RR hingegen im Volltext veröffentlicht wurden, finden sich auf der CD-ROM ebenfalls im Volltext. Ihr Inhalt geht damit erheblich über den der Papierausgabe hinaus. Insgesamt enthält die CD-ROM mehr als 40.000 Entscheidungen, über 3.000 Aufsätze und einige tausend sonstige Dokumente, z.B. Buchbesprechungen und Mitteilungen über Konferenzen und Jubiläen.

Recherche. Die Abbildung 4.29 zeigt die für maskenorientierte Rechercheoberflächen typische Suchmaske. Im unteren Teil der Abbildung sehen Sie u.a. die Register „Zeitschrift", „Jahrgang" und „Seite". Mit deren Hilfe können Sie in der CD-ROM einen Beitrag nachschlagen, wie Sie es von der Papierausgabe gewohnt sind.

Außerdem können Sie in weiteren formalen Registern und den beiden Begriffsregistern „Voll-" und „Kurztext" suchen. Für die Verknüpfungen in den formalen Registern stehen Ihnen die logischen Operatoren UND, ODER und OHNE (NICHT) zur Verfügung. Für die Verknüpfung von Suchbegriffen innerhalb der Begriffsregister gibt es außerdem NEBEN, NAHE und NAHES, die die UND-Verknüpfung so verfeinern, daß Begriffe nicht nur gemeinsam in einem Dokument vorkommen müssen, sondern in einem bestimmten Wort- oder Satzabstand voneinander.

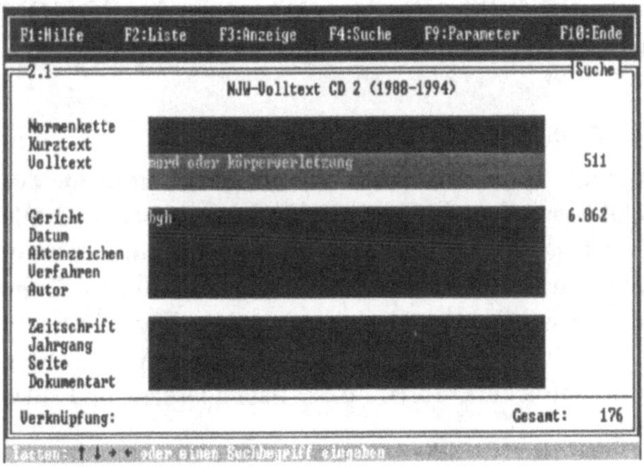

Abbildung 4.29: Suchmaske der NJW CD-ROM

Sie können sowohl Rechts- als auch Links- und Mitteltrunkierung von Suchbegriffen durchführen. Dabei sind die Suchzeiten für links- und mitteltrunkierte Begriffe nicht größer, als für rechtstrunkierte.

Für jedes Register können Sie entsprechende Listen mit allen möglichen Einträgen abrufen. So können Sie sich informieren, welche Suchbegriffe in der Datenbank vorhanden sind und welche nicht.

Gefundene Dokumente können Sie sich als Liste oder im vollen Text anzeigen lassen und in verschiedenen Formaten ausdrucken bzw. speichern. Dabei enthält das Dokument einen Hinweis darauf, wo in der Papierfassung eine neue Seite beginnt. So bleibt Ihnen die Möglichkeit, die Entscheidung oder den Aufsatz ganz normal zu zitieren (siehe auch Abbildung 4.29). Bei der Druckfunktion sollten Sie vorsichtig sein. Standardmäßig ist das Druckmenü so eingestellt, daß alle gefundenen Dokumente gedruckt werden und nicht nur das gerade angesehene.

Ähnliche Produkte. Als Recherchesoftware wird bei der NJW-CD-ROM „CD Answer" eingesetzt. Mit diesem Produkt arbeitet gegenwärtig eine ganze Reihe von Herstellern elektronischer Datenanken. Allein im Verlag C.H. Beck wird diese Oberfläche in gleicher oder ähnlicher Gestalt bei folgenden Produkten eingesetzt: NVwZ-Volltext, Leitsatzkartei des deutschen Rechts, Arbeitsrechtliche Praxis (AP)-Volltext und Rechtsprechung zum Computerrecht. Auch die verschiedenen CD-ROM mit NJW-Auszügen zum Familien-, Miet- und Wettbewerbsrecht nutzen diese Software. Weitere Produkte anderer Verlage auf dieser Basis sind z.B. die „Wirtschafts- und Steuer Datenbank" (WStD) vom DIE Verlag H. Schäfer, die Nomos-CD-ROM „Bundesrecht" sowie die CD-ROM „Eurolex" der Verlage Dr. Otto Schmidt KG und Bundesanzeiger.

4.5.2 Schönfelder „plus" – Verlag C.H. Beck

Inhalt. Der Schönfelder „plus" ist die elektronische Version des bekannten Papierprodukts aus dem Hause C.H. Beck. Enthalten sind alle Vorschriften in dem Umfang, wie sie auch dort vorhanden sind. Das heißt allerdings, daß Sie auch in der elektronischen Version bestimmte Teile einiger Normen, z.B. der StVZO, nicht finden werden. Die CD-ROM enthält zusätzlich zur Papierfassung einige weitere Vorschriften zum gewerblichen Rechtsschutz, z.B. das Patentgesetz und das Gebrauchsmustergesetz.

Recherche. Die Retrievalsoftware läuft unter Windows und bietet damit einen umfangreichen Komfort. Softwaretechnische Grundlage ist der „Microsoft Multimedia-Viewer", ein Programmsystem, das speziell für die Hypertext- und Multimediaproduktion entwickelt wurde. Entsprechend liegen die Gesetzestexte als Hypertext vor. In Ihnen sind Verweise auf zitierte Normen enthalten. Die Abbildung 4.30 zeigt dies beispielhaft.

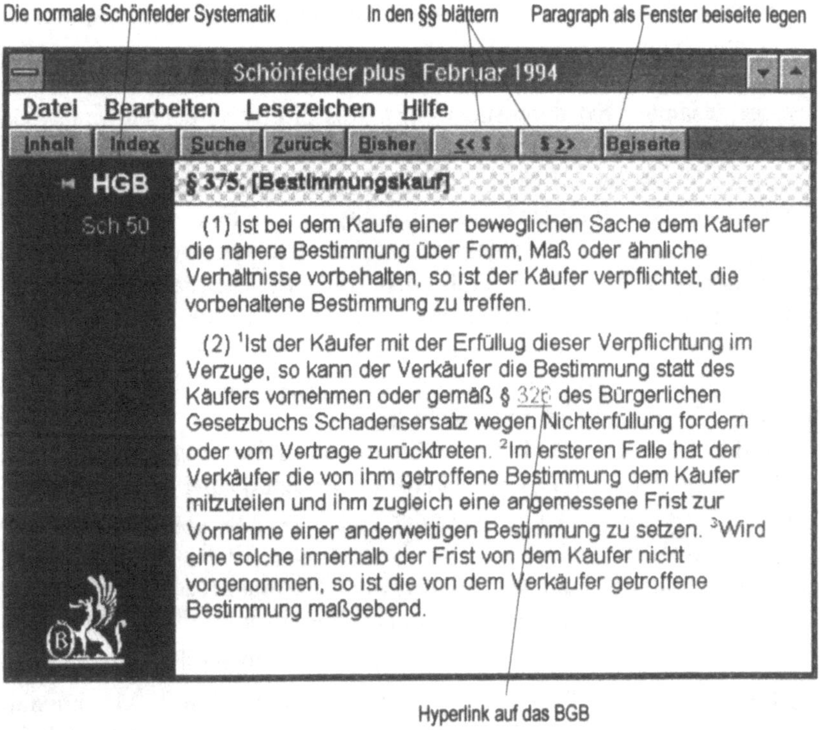

Abbildung 4.30: Paragraph in der Schönfelder CD-ROM

Das Produkt verfügt über eine umfangreiche Gliederung. Um zu einer Einzelnorm zu gelangen, können Sie langsam die Systematik hinabsteigen: Von der Ebene der Sachgebiete (z.B. „Handels- und Wirtschaftsrecht") über die einzelnen Gesetze („Handelsgesetzbuch") und deren Bücher („Viertes Buch. Handelsgeschäfte") zu den Abschnitten („Zweiter Abschnitt. Handelskauf") und dort schließlich zur Norm (HGB § 375) selbst.

Leider können Sie nicht mit der gewohnten Schönfelder-Nummer (z.B. BGB: 20) nachschlagen. Diese wird zwar mitgeführt, die Gesetze sind in der Gliederung jedoch nicht so geordnet und auch ein Register existiert dafür nicht. Dafür finden Sie ein Paragraphenregister und ein Schlagwortregister – das Sachverzeichnis, das Sie sicher aus dem „Papierschönfelder" kennen. Das elektronische Sachverzeichnis stimmt fast mit dem des Originals überein. Allerdings ist es nicht so untergliedert. Die Untereinträge der Papierfassung wurden als Haupteinträge gefaßt und der Unterpunkt wurde nachgestellt. Wählen Sie einen Eintrag an, werden die fraglichen Paragraphen in einer Übersicht angeboten. Wenn nur eine Fundstelle existiert, wird diese gleich angezeigt.

Daneben können Sie auch noch eine Begriffssuche durchführen, bei der der gesamte Text durchsucht wird. Das gibt es in der Papierversion natürlich nicht. Als Ergebnis wird auf Wunsch eine Liste der gefundenen Normen angezeigt. Leider verfügt das Programm über keine Grundformrückführung und keine Synonymverwaltung. Die Suche mit „Erblasser" und mit „Erblasser*" führt also zu unterschiedlichen Ergebnissen, da im zweiten Fall solche Begriffe wie „(des) Erblassers" mit in die Suche einbezogen werden. Darauf sollten Sie achten und Ihre Suche entsprechend gestalten. Unser Beispiel zeigt Ihnen schon, daß eine Rechtstrunkierung von Suchbegriffen möglich ist. Eine Linkstrunkierung bietet das Programm allerdings nicht an.

In der Begriffssuche können Sie die logischen Funktionen UND, ODER, OHNE (NICHT) und NAHE verwenden. Dabei können Sie die Suche auf bestimmte Dokumente oder Teile davon beschränken: Es kann nur im aktuellen Dokument, im Bereich des BGB, in den zuletzt gefundenen Dokumenten oder in allen Überschriften gesucht werden.

Die gefundenen Gesetzestexte können Sie ausdrucken oder in andere Anwendungen, z.B. Ihr Textverarbeitungsprogramm, kopieren.

Beck Connectivity. Durch die Nutzung des Microsoft Multimedia-Viewers als Benutzeroberfläche ergibt sich mit einem Zusatzmodul die Möglichkeit, aus anderen Anwendungen, z.B. Zeitschriften- oder Entscheidungsdatenbanken, auf die Normen des „Schönfelder" zuzugreifen. So könnten Sie in einer zukünftigen Version der NJW-Volltext-CD-ROM in einem Entscheidungstext „§ 433 BGB" anklicken und die Retrievalsoftware holt sich mit Hilfe der Beck Connectivity den Paragraphen von der Schönfelder-CD und zeigt ihn auf dem Monitor an.

Ähnliche Produkte. Außer dem Schönfelder gibt es inzwischen auch „Sartorius I" und die Sammlung „Steuergesetze" auf CD-ROM. Desweiteren werden in der Reihe „Beck Disketten im dtv" verschiedene Einzelgesetze bzw. kleinere Sammlungen mit dieser Retrievalsoftware auf Disketten angeboten. Diese Produkte können Sie jeweils mit oder ohne zusätzliche Papierausgabe erwerben.

4.5.3 Jura-Kartei – Verlag Walter de Gruyter

Inhalt. Die Jura-Kartei auf CD-ROM bietet gegenwärtig die Karteikarten zum Zivil-, Straf- und Öffentlichen Recht aus der gleichnamigen Zeitschrift der Jahrgänge 1979-1993. Insgesamt sind es jetzt 2781 Karten. Eine Ergänzung um die Jahrgänge 1994/1995 steht für Ende 1995 an.

Dieses Update soll auch die Inhaltsverzeichnisse aller Jura-Ausgaben enthalten. Die Neuauflage ist damit zweierlei: nicht mehr „nur" Karteikartensammlung, sondern auch eine Art Nachweisdatenbank für die Aufsätze und sonstigen Beiträge der bisher erschienenen Hefte der Jura.

Die Karteikarten wurden im wesentlichen unverändert und im vollen Text aus der Papierversion übernommen. Abbildung 4.31 zeigt einen Ausschnitt aus einer solchen Karteikarte. Hinzugefügt wurden allerdings Stichwörter, die jede Karteikarte beschreiben, um die Suche zu verbessern.

Recherchemöglichkeiten. Die Retrievalsoftware läuft unter Windows. Die Texte der Karteikarten werden ohne Hypertextmöglichkeiten als einfacher formatierter Text angeboten. Zur Recherche können Sie unter drei verschiedenen Suchfunktionen wählen. Zunächst verfügt das Programm über eine Begriffssuche. Diese kann wahlweise über den ganzen Text der Karten oder nur über einzelne Bestandteile, z.B. den Titel, das Aktenzeichen usw., geführt werden. In der „Volltextsuche" können Sie nach *jedem* Begriff suchen. Leider ist in der gegenwärtigen Version keine Stoppwortliste enthalten, so daß Sie bei der Suche nach „die" oder „der" alle Karteikarten erhalten.

Eine Grundformrückführung der Begriffe ist nicht implementiert. Eingegebene Suchbegriffe werden immer logisch mit UND verknüpft. Eine Änderung dieses Verhaltens ist nur über die kombinierte Suche möglich, die wir später beschreiben werden. Sie können bei der Suche auch ganze Begriffsketten eingeben, wenn Sie diese in Anführungszeichen einschließen. Das müssen Sie sogar tun, wenn Sie nach Paragraphen suchen („§ 433"). Wenn Sie dagegen einfach § 433 ohne Anführungszeichen eingeben, sucht Ihnen das Programm alle Karten heraus, in denen „§" UND „433" im Text einer Karte vorkommen, was kaum im Sinne des Erfinders sein dürfte.

Daneben können Sie bei der Begriffssuche noch festlegen, daß die gesuchten Begriffe „zusammenstehen" müssen. Das heißt, daß die Begriffe maximal acht Worte voneinander entfernt sein dürfen. Außerdem können Sie in der Begriffssuche auch noch einen Suchbereich, z.B. zum Suchen von Zeiträumen, eingeben. Sowohl Rechts- als auch Linkstrunkierung von Begriffen ist möglich, wobei die Suchzeit für letztere mit ca. 8 bis 10 Minuten veranschlagt werden muß. Daneben ist auch eine Mitteltrunkierung implementiert, statt nach „Totschlag" kann also auch nach „T*schlag" gesucht werden.

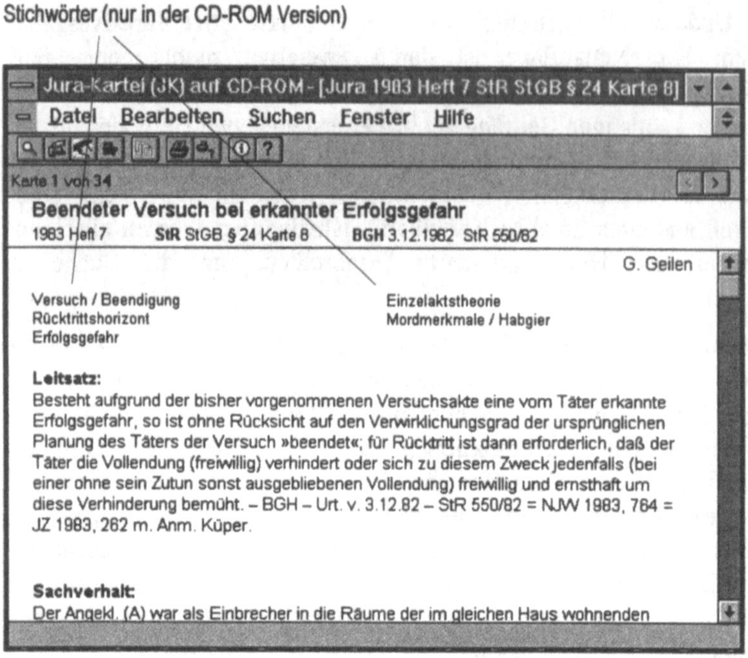

Abbildung 4.31: Karteikarte aus der Jura-Kartei auf CD-ROM

Neben der Begriffssuche verfügt das Programm über eine sogenannte Stichwortsuche. Die Stichwörter (siehe Abbildung 4.31) wurden intellektuell vergeben. Bei ihnen wird nach Haupt- und Unterstichwörtern unterschieden. So finden Sie als Hauptstichwort „Vorsatz“ und als entsprechende Unterstichwörter „bedingt“, „Beihilfe“ und „dolus subsequenz“. In der entsprechenden Dialogbox wird auch gleich angezeigt, wie viele Karteikarten die jeweilige Stichwortkombination enthalten.

Eine dritte Möglichkeit ist die Suche über die Auswahlliste. Die Abbildung 4.32 zeigt die entsprechende Dialogbox. Das Prinzip ist etwas ungewöhnlich: Sie sehen in der Abbildung verschiedene Rubriken. Kreuzen Sie in einer der Rubriken das Kontrollkästchen oberhalb der jeweiligen Liste an (wir haben das in der Abbildung 4.32 bei „Gebiet“ und „Jahr“ getan), wird der dort gerade grau unterlegte Eintrag aktiv. In allen anderen Rubriken werden nur noch die Einträge angezeigt, die auch in der angekreuzten vorkommen. Im Beispiel werden also in den restlichen Listen nur noch die Einträge angezeigt, auf die „Gebiet=StR“ und „Jahr=1981“ zutrifft.

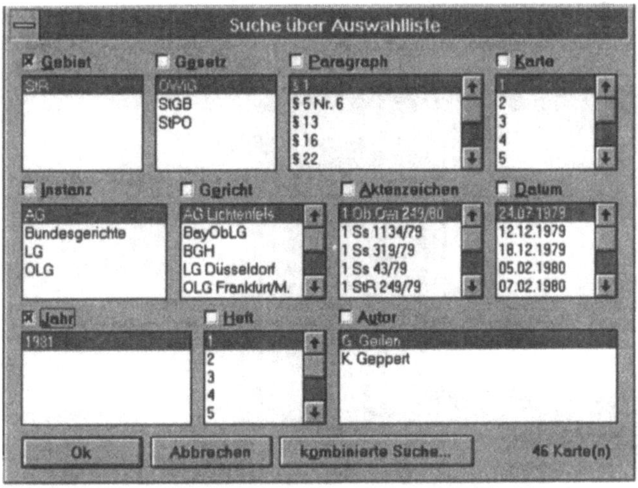

Abbildung 4.32: Suche über Auswahlliste in der Jura-Kartei auf CD-ROM

Das sind insgesamt 46 Karten. Leider ist bei dieser Suchform keine Doppelauswahl, z.B. der Jahre 1981 und 1982, möglich. Dies kann aber durch die Kombination zweier derartiger Suchen mit der kombinierten Suche erreicht werden.

Mit der kombinierten Suche können alle Operationen vorgenommen werden, die in den anderen drei Suchvarianten nicht möglich sind. Es handelt sich um keine eigene Suchform, sondern nur um die beliebige Verknüpfung der drei anderen. Hier sind auch logische ODER- und NICHT-Verknüpfungen möglich. In der Abbildung 4.33 haben wir für Sie eine solche kombinierte Suche durchgeführt. Zunächst haben wir im Volltext nach „Mord“ und dann nach „Körperverletzung“ gesucht und die beiden Suchen mit ODER verknüpft.

Diese Suche wurde dann mit dem Stichwort „Notwehr“ logisch UND verknüpft und brachte uns als Ergebnis zwei Karteikarten.

Wenn Sie eine der verschiedenen Suchvarianten durchgeführt haben, werden Ihnen die gefundenen Karteikarten nach dem Verlassen der Dialogboxen als Liste angezeigt. Von dieser Listendarstellung können Sie in die Karteikartenansicht umschalten. Sie sehen dann eine volle Karte und können zu den anderen weiterblättern.

Sie können sowohl einzelne Karteikarten, als auch die Liste der gefundenen Dokumente ausdrucken. Außerdem können Sie interessante Texte über die Zwischenablage in andere Windows-Anwendungen kopieren. Dabei gehen allerdings die Textformatierungen verloren.

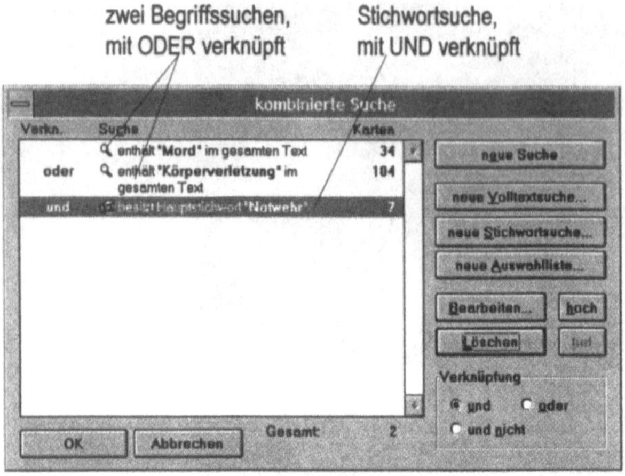

Abbildung 4.33: Kombinierte Suche in der Jura-Kartei

4.5.4 ArbIS – Verlag Rudolf Haufe

Inhalt. Das „Arbeitsrechtliche Informations-System" besteht aus mehreren verschiedenen Komponenten. Es ist nicht vergleichbar mit dem, was wir Ihnen bisher vorgestellt haben. So wurde von den Autoren ein „Handbuch" erarbeitet, das vollständig als Hypertext vorliegt. In ihm werden die wichtigsten Problemkreise des Arbeitsrechts behandelt, z.B. die Begründung und Beendigung von Arbeitsverhältnissen, die Frage des Arbeitsentgelts ohne Arbeitsleistung und die Beteiligungsrechte des Betriebsrates. Im Handbuch existieren Hyperlinks auf relevante Entscheidungen und Rechtsnormen. Sowohl die Entscheidungen als auch die Rechtsnormen bilden eigene Datenbanken. In ihnen kann jeweils auch ganz normal und unabhängig vom Handbuch gesucht werden. Außerdem stellt Ihnen das System auch Hyperlinks auf diverse Mustertexte, z.B. für eine Betriebsvereinbarung, zur Verfügung, die Sie entsprechend Ihren Bedürfnissen anpassen können. Zur Lösung von konkreten Problemen können Sie auf Checklisten zurückgreifen, die Ihnen helfen sollen, z.B. eine Kündigung ordnungsgemäß abzuwickeln. Wenn Sie es wünschen, können Sie Ihren Fall auch sofort mit dem Fallösungsmodul bearbeiten. Schritt für Schritt werden dort in Betracht kommende Normen geprüft und entsprechend dem Ergebnis weiterverzweigt, bis ein Endergebnis vorliegt.

Recherchemöglichkeiten. In den einzelnen Modulen können Sie auf verschiedene Art und Weise suchen. Innerhalb des Handbuchs, der Mustertexte und des Fallbearbeitungsmoduls können Sie im vollen Text suchen. Das funktioniert leider in der Entscheidungssammlung und der

Normendatenbank nicht. Die Volltextverschlagwortung der anderen Datenbanken erfolgte automatisch über eine Stoppwortliste. Eine Stammform- und Synonymzurückführung existiert nicht. Denken Sie also daran, im Zweifel ein „*" an den Suchbegriff zu hängen.

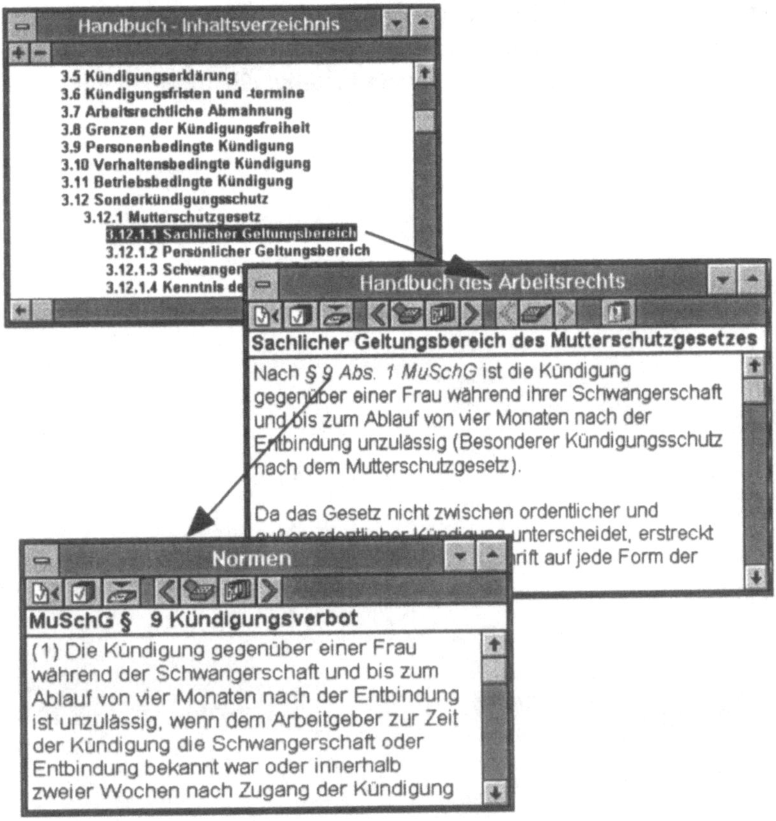

Abbildung 4.34: Hypertext in ArbIS

In allen Datenbanken können Sie außerdem über das Titelverzeichnis auf die gesuchten Dokumente zugreifen. Alphabetisch sortiert finden Sie in diesem Verzeichnis die Überschriften der einzelnen „Seiten" des Handbuchs, die Titel der Mustertexte, Fallösungen oder der jeweiligen Entscheidungen. Ein Inhaltsverzeichnis bietet Ihnen einen systematischen Zugang zu den einzelnen Datenbanken. Wir haben das Prinzip einer solchen menüorientierten Recherche unter 4.3.4 erläutert.

Systemen wie ArbIS wird die nähere Zukunft gehören: Sie können damit einen Fall in einer Sitzung am Computer ohne weitere Hilfsmittel bearbeiten. Das System bietet Ihnen alles, was Sie benötigen. Während Sie sich über einen bestimmten Sachverhalt informieren, können Sie sofort einschlägige Normen und Entscheidungen nachschlagen, eventuell vorhandene Mustertexte abrufen und wenn notwendig sogar Ihr praktisches Problem mit dem Fallbearbeitungsmodul durchprüfen.

Gewünschte Texte, seien es nun Handbuchseiten, Entscheidungen, Gesetzestexte oder ähnliches, lassen sich natürlich auch ausdrucken. Über die Windows-Zwischenablage können Sie auch Textpassagen in andere Anwendungen, z.B. Ihre Textverarbeitung, übernehmen und dort bearbeiten.

5 Online-Dienste für Juristen

5.1 Einführung in die Welt der Online-Dienste

5.1.1 Grundlagen der Computerkommunikation

Eigentlich wollten wir dieses Kapitel ja *Ihre Auffahrt zur Datenautobahn* nennen, aber dann fanden wir diese Metapher doch zu dumm und haben uns für den neuen Begriff „Online-Dienste" entschieden. In keinem Bereich des Computereinsatzes wird derzeit mit so bombastisch klingenden, gleichwohl völlig unklaren Begriffen operiert wie bei der Kommunikation in Computernetzen. Was früher „Datenfernübertragung" hieß, ist heute mindestens „Elektronische Kommunikation" oder gar ein Aufenthalt im „Cyberspace" geworden. Was früher ein posteigenes Fernmeldenetz war, ist heute Teil des „Information Highway", der Datenautobahn. Nachdem sich die Ausstattung mit PC bei Unternehmen, Behörden und Privatanwendern langsam dem Sättigungsgrad nähert, erleben wir gegenwärtig den großen Boom im Bereich der Vernetzung all dieser Geräte – zur elektronischen Information im Computer kommt die elektronische „Kommunikation" im Computernetz.

Netze sind für viele Unternehmen normaler Teil der Infrastruktur. Banken und Versicherungen oder auch manche öffentliche Verwaltung können auf eine „Vernetzung" ihrer Geräte nicht mehr verzichten. Die Überprüfung der Solvenz bei der Abhebung am Geldautomaten gehört ebenso zu den Anwendungen eines Computernetzes wie die Abfrage eines polizeilichen Informationssystems bei der Verkehrskontrolle.

Wenn Sie Ihren Computer mit der Außenwelt verbinden wollen, also elektronische Kommunikation betreiben, müssen Sie zwei wesentliche Fragenkomplexe klären:

- Welche Informationen will ich in elektronischer Form erhalten? Wer bietet diese Informationen an? Will ich selbst Informationen zur Verfügung stellen? Wenn ja: wem?
- Auf welchem technischen Wege verbinde ich meinen Computer mit dem Computer des Kommunikationspartners?

Die erste Gruppe von Fragen betrifft den genutzten *Dienst*. Die zweite Frage ist die Frage nach dem *Netz*, das die Kommunikationspartner verbindet. Die Unterscheidung zwischen Diensten und Netzen ist wesentlich für das Verständnis aller Formen der elektronischen Kommunikation. Zwar benötigen Sie immer sowohl ein Netz als auch einen Dienst, beide sind aber nicht identisch: Über ein Netz können verschiedene Dienste angeboten werden, umgekehrt sind manche Dienste in mehreren Netzen vorhanden.

Netze. Telekommunikationsnetze sind physikalische Übertragungswege für Informationen. Üblich sind drahtgebundene Netze (Kabelnetze) wie das altbekannte Telefonnetz der Deutschen Telekom oder ein „Local Area Network“ (LAN), das hausinterne Computernetz eines Unternehmens. Netze können aber auch drahtlos geknüpft werden, wie z.B. für den Mobilfunk. In einigen Jahren wird es weltweite Telefonnetze geben, die nur aus Satellitenverbindungen bestehen. In Deutschland gibt es derzeit folgende *öffentlichen* Netze: das Telefonnetz und das „Integrierte Datennetz“ (IDN) der Telekom sowie die Mobilfunknetze C und D1 (Telekom), D2 (Mannesmann Mobilfunk) und eplus (E-Plus Mobilfunk). Außerdem betreibt die Telekom das „Integrated Services Digital Network“ (ISDN). Es bedient sich teilweise der Übertragungswege von Telefonnetz und IDN, hat aber auch eigene Vermittlungstechnik und soll im Laufe der Zeit die beiden anderen Telekom-Netze ablösen. Im ISDN ist schnellere und bessere Datenkommunikation möglich als im Telefonnetz.

Alle bisher genannten Netze sind *vermittelte Netze*, d.h. die Verbindungen zwischen zwei Teilnehmern werden durch Vermittlungsstellen des Betreibers auf Dauer (Standleitungen) oder auf Anforderung (Wählverbindungen) geschaltet. Daneben gibt es in Deutschland noch ein bedeutsames Telekommunikationsnetz, das nicht vermittlungsorientiert ist: das Kabelnetz zur Übertragung von Rundfunk- und TV-Programmen. Hier spricht man von einem *Verteilnetz.* An einem Punkt werden die Programme eingespielt und zu allen anderen Punkten weiterverteilt. Verteilnetze eignen sich nur sehr eingeschränkt für Computerkommunikation.

Große Unternehmen knüpfen ihre eigenen Computernetze, indem sie ihre Gebäude verkabeln und für die Verbindung zwischen den verschiedenen Standorten auf die öffentlichen Telekommunikationsnetze zurückgreifen, also z.B. von der Telekom zur Verfügung gestellte ISDN-Standleitungn mieten.

Dienste. Über die verschiedenen Netze wickeln die Netzbetreiber selbst oder auch andere Anbieter Telekommunikationsdienste ab. Das kennen Sie schon aus dem Telefonnetz: Sie können nicht nur telefonieren (im Fachjargon: Sprachtelefon*dienst*), sondern auch faxen oder Bildschirmtext nutzen. Das sind andere Dienste auf dem gleichen Netz, das Telefonieren ist nur *ein* Dienst unter vielen. Für diesen Dienst hat die Telekom noch bis Ende 1997 ein Monopol, während die Datenübertragung im Telefonnetz schon heute auch von anderen Dienstleistern angeboten werden darf.

Zur Nutzung eines Dienstes gehören immer zwei Partner: Einer erbringt den Dienst, der andere nimmt ihn in Anspruch. Der Computer, der den Dienst erbringt, wird üblicherweise als *Server* bezeichnet, der andere als *Client*. Beim Fax agieren z.B. beide Faxgeräte manchmal als Server, manchmal als Client. Wir beschäftigen uns in diesem Kapitel jedoch nur mit Diensten, bei denen die Rollenverteilung eindeutig ist: Der Betreiber des Dienstes hat einen oder mehrere Server und Sie als Nutzer des Dienstes haben mit Ihrem PC den Client. Server sind üblicherweise dauerhaft in Betrieb und warten auf Clients, die ihre Dienste nutzen wollen.

Ansonsten unterscheiden sich Server und Client im wesentlichen in der Art der eingesetzten Software. Die ist zudem von Dienst zu Dienst unterschiedlich: Mit der Client-Software eines Dienstes können Sie selten auch Dienste anderer Server benutzen. Server- und Client-Software müssen nämlich die gleiche Sprache sprechen, das gleiche *Kommunikationsprotokoll* benutzen. Es gibt eine Vielzahl verschiedener Protokolle, schon weil der Betreiber eines Dienstes seinem Kunden am liebsten auch eigene Client-Software verkaufen und damit ein Zusatzgeschäft machen will.

Beispiel. Nachdem jetzt alle wesentlichen Begriffe eingeführt sind, wollen wir die Anatomie eines Dienstes an einem (noch fiktiven) Beispiel beschreiben:

Da die Entwicklung des Computermarktes sehr stürmisch verläuft, entscheiden wir uns, zusätzlich zu diesem Buch einen Dienst anzubieten, der laufend aktualisierte Informationen zum Thema „PC-Einsatz für Juristen" zur Verfügung stellt. Zunächst stellen wir einen PC als Server auf, verbinden ihn über ein Modem mit dem Telefonnetz und entwickeln eine geeignete Server-Software. Ihnen als Käufer des Buches legen wir eine Diskette mit einer einfachen Client-Software bei. Wenn Sie diese Software starten, wählt sich Ihr PC in unseren Server ein und Sie können durch Eingabe der Kapitelnummer oder eines Suchbegriffs neue Informationen recherchieren. Die Client-Software übernimmt diese Dokumente vom Server und stellt Sie Ihrer Textverarbeitung zur Verfügung.

Online-Dienste. Da wir in diesem Kapitel nicht jede Form elektronischer Kommunikation beschreiben können, beschränken wir uns auf die sogenannten Online-Dienste. Dieser Begriff ist relativ neu und nicht präzise definiert. Der Server eines Online-Dienstes soll nach unserem Verständnis öffentlich zugänglich sein und den Clients mindestens drei Basisdienste zur Verfügung stellen:

1. Elektronische Post (electronic mail)
2. Abrufen von Informationen aus Archiven (download)
3. Teilnahme an Diskussionsforen (bulletin boards)

Die einfachsten Online-Dienste sind *Mailboxen*. Das sind einzelne Server mit einem Telefon- oder ISDN-Eingang. Mailboxen werden von Privatleuten, Firmen oder Organisationen betrieben und sind in der Regel kostenlos oder gegen Unkostenbeitrag zu benutzen. *Kommerzielle Online-Dienste* wie Bildschirmtext (Btx), CompuServe oder demnächst Microsoft Network (MSN) bestehen aus mehreren Vermittlungscomputern und Servern. Sie bieten Einwählpunkte an verschiedenen Orten und für sie ist der Betrieb des Dienstes eine wirtschaftliche Betätigung. Einige Beispiele für Mailboxen und kommerzielle Online-Dienste geben wir Ihnen in Abschnitt 5.1.3.

Bei fast allen Online-Diensten ist die Benutzung an eine vorherige Anmeldung geknüpft. Sie können sich meistens auch elektronisch anmelden, indem Sie zunächst einen eingeschränkten Gast-Zugang nutzen. Für eine uneingeschränkte Bereitstellung des Dienstes, vor allem der kostenpflichtigen Angebote, müssen Sie sich jedoch mit Ihrem Namen und einem Kennwort identifizieren, das Sie bei der Anmeldung erhalten.

Schließlich gibt es noch das *Internet* mit hunderttausenden von Servern, vielfältigen Anschlußmöglichkeiten und einem Gemisch aus kostenlosen und kommerziellen Diensten. Im Internet gibt es zwar auch die oben beschriebenen Basisdienste, es ist aber trotzdem nach unserem Verständnis kein Online-Dienst, eher ein Bündel verschiedener Online-Dienste. Wir beschreiben das Internet und seine Dienste in den Abschnitten 5.2 bis 5.5.

Kosten. Die Kostenstruktur von Online-Diensten ist eine äußerst komplizierte Angelegenheit. Zunächst zahlen Sie für die Benutzung des Netzes, beim Telefonnetz also die monatliche Grundgebühr und zeitabhängige Verbindungsgebühren. Wenn wir eines Tages unseren Beispiel-Dienst einrichten und den Server in Australien betreiben, freut das natürlich die verschiedenen Telefongesellschaften, die für Sie die Verbindung gegen saftige Gebühren herstellen. Große Online-Dienste bieten möglichst flächendeckende Einwählpunkte aus dem Telefonnetz, um ihren Kunden hohe Telefonkosten zu ersparen. Bei Bildschirmtext ist der nächstgelegene Vermittlungscomputer z.B. immer zum Ortstarif erreichbar, CompuServe und die meisten Internet-Anbieter sind außerhalb der großen Städte noch nicht so günstig zu erreichen.

Bei kommerziellen Diensten müssen Sie auch dem Dienstbetreiber Entgelte zahlen. Das kann ein monatlicher Grundpreis zuzüglich zeitabhängiger Entgelte sein, so bei Btx. Es gibt aber auch einige andere Modelle, z.B. die Abrechnung nach übermittelter Datenmenge oder feste Beträge für den Abruf eines einzelnen Dokuments. Bisweilen kommen noch weitere Kosten hinzu: Oftmals ist nämlich der Betreiber des Online-

Dienstes nicht gleichzeitig derjenige, der über die gewünschten Informationen verfügt, sondern nur ein Vermittler. In so einem Fall müssen Sie noch Entgelte an den Lieferanten der Informationen bezahlen. Wenn Sie z.B. tagsüber in Btx die Zugauskunft der Bahn benutzen, bezahlen Sie Telefongebühren (Ortstarif, also ca. 4 Pfg. pro Minute) an den Netzbetreiber, Btx-Entgelte (6 Pfg. pro Minute) an den Dienstbetreiber und weitere 30 Pfg. pro Minute an die Deutsche Bahn als Informationslieferant.

Die Rechnungsstellung erfolgt bei Online-Diensten in der Regel nachträglich, d.h. die aufgelaufenen Entgelte für die Inanspruchnahme der Dienste werden gespeichert und einmal im Monat von Ihrem Konto abgebucht. Dieses Verfahren hat den Nachteil, daß der Anbieter genau speichert, welche Dienste Sie wann und wie lange in Anspruch nehmen. Damit will sich der Anbieter des Dienstes davor schützen, daß Sie später die Höhe der Rechnung anzweifeln können. Wenn Sie also mehr und mehr Dienstleistungen in Computernetzen in Anspruch nehmen, hinterlassen Sie immer umfangreichere persönliche Daten, die lange in den Computern der Anbieter gespeichert bleiben und die auch für andere Zwecke verwendet werden können.

Vor Nutzung eines Online-Dienstes sollten Sie sich genau über die entstehenden Kosten, die Abrechnungs- und Zahlungsmodalitäten erkundigen. Außerdem bieten fast alle Online-Dienste die Möglichkeit, auch während des Abrechnungszeitraums die bislang entstandenen Kosten anzuzeigen.

Bevor wir zu den verschiedenen Online-Diensten kommen, wollen wir nun die technische Seite des Zugangs erläutern, soweit sie bei allen Diensten ähnlich ist.

5.1.2 Zugang zu Online-Diensten – die technische Seite

Das A und O des Zugangs ist das Modem (beim Telefonnetz) bzw. ein ISDN-Terminaladapter (beim ISDN). Damit haben Sie die hardwareseitigen Voraussetzungen für die Verbindung Ihres Computers mit der weiten Welt bereits geschaffen. Ratschläge zur Auswahl eines Modems finden Sie in Abschnitt 1.3.4.

Softwareseitig benötigen Sie ein geeignetes Client-Programm für den gewünschten Online-Dienst. Gerade die kommerziellen Dienste wie Btx oder CompuServe verwenden eigene Client-Software, die nur für ihren Dienst taugt und den Aufbau der Verbindung selbständig erledigt. Zu diesen Programmen brauchen wir nicht viel sagen, das machen die Anleitungen des Online-Dienstes. Außerdem zahlen Sie für den Dienst einschließlich des Clients und sollten bei Problemen die Hilfe des Betreibers in Anspruch nehmen.

Terminalprogramme. Für Mailboxen und auch für das Internet werden hingegen häufig universelle Client-Programme eingesetzt, die nicht dienstspezifisch sind. Diese heißen Terminalprogramme und werden heute bei jedem neuen Modem mitgeliefert. Außerdem enthält MS-Windows 3.1 ein derartiges Programm namens „Terminal“ (Programmgruppe Zubehör), das allerdings in seiner Leistungsfähigkeit im Vergleich zu anderen Programmen sehr eingeschränkt ist.

Um die Funktionsfähigkeit Ihres Modems zu testen, sollten Sie zu Beginn versuchen, mit einem Terminalprogramm eine Verbindung zu einer beliebigen kostenlosen Mailbox herzustellen. Zu Testzwecken können Sie die Mailbox Ihres Modemherstellers benutzen, dessen Telefonnummer im Modemhandbuch angegeben ist.

Windows-Terminal. Wir wollen Ihnen die Grundzüge der Benutzung eines Terminalprogramms am Beispiel von „Terminal“ erläutern. Ihr Modem sollte mit dem Computer und der Telefondose verbunden sein. Nach Aufruf von Terminal erhalten Sie ein leeres Fenster und müssen zunächst einige Grundeinstellungen über die Art des Modems und die gewünschte Datenkommunikation eintragen. Wenn Sie den Menüpunkt EINSTELLUNGEN/MODEMBEFEHLE aufrufen, erhalten Sie das in Abbildung 5.1 wiedergegebene Dialogfenster.

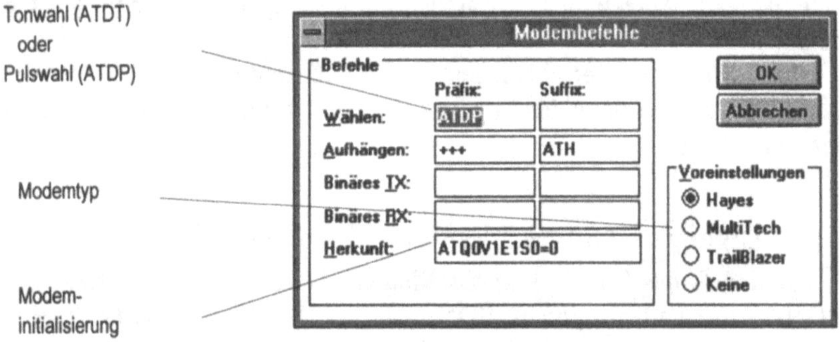

Abbildung 5.1: Menüpunkt Einstellungen/Modembefehle

Hier müssen Sie Ihren Modemtyp einstellen. Es werden aber nur drei Modems zur Auswahl angeboten – im Regelfall haben Sie ein anderes Modell. Dann ist es sinnvoll, „Hayes“ einzustellen, da die allermeisten Modems kompatibel sind zu Geräten dieser Marke.

Die Steuerung des Modems durch das Terminalprogramm erfolgt über sogenannte *Modembefehle*. Die „Hayes-kompatiblen“ Modems beherrschen den von dieser Firma verwendeten „AT-Befehlssatz“. Durch Auswahl von „Hayes“ wird im Kasten HERKUNFT eine Kette von Modembefehlen eingestellt, die zu Beginn der Arbeit zur Initialisierung an das Modem gesendet werden. Falls Ihr Modem mit diesen Werten nicht funktioniert, sollten Sie im Handbuch des Modems nachschauen oder den Betreiber der Online-Dienstes befragen, den Sie nutzen wollen. Oftmals funktioniert auch der einfache Befehl „AT&F0", der das Modem in den Werkszustand zurückversetzt. Im Kasten WÄHLEN ist der Modembefehl einzutragen, mit dem das Modem zum Wählen einer Nummer veranlaßt wird. Im Normalfall ist das beim in Deutschland weit verbreiteten Pulswahlverfahren der Befehl „ATDP". Sofern Ihr Telefon bereits an eine moderne digitale Vermittlungsstelle angeschlossen ist, kann auch der Befehl „ATDT" für das Tonwahlverfahren eingetragen werden.

Modembefehle können Sie nicht nur zur Initialisierung und beim Wählen an das Modem senden lassen, sondern auch während der laufenden Arbeit. Damit steuern Sie das Verhalten Ihres Geräts.

Modembefehle und -rückmeldungen

Eine vollständige Liste aller Modembefehle finden Sie im Handbuch des Modems. Hier einige Beispiele:

AT	Modem meldet „OK". Daran erkennen Sie, daß zumindest der Anschluß richtig eingestellt ist.
ATDP12345	Modem wählt Telefonnummer „12345" (Pulswahl).
ATDT12345	Modem wählt Telefonnummer „12345" (Tonwahl).
ATH0	Modem bricht Verbindung ab und legt auf.
ATM0 / ATM1	Lautsprecher aus / Lautsprecher ein
ATV1	Modem gibt Rückmeldungen im Klartext aus statt als Zahl.
AT&V	Anzeige der aktuellen Modemeinstellungen
AT&K3	Hardware-Flußsteuerung ein. Falls beide Seiten diese Funktion unterstützen, erhöht das die Sicherheit der Übertragung.
AT&Q0\N0	Asynchroner Betrieb, Ausschalten der Datenkompression. Diese Befehle benötigen einige Online-Dienste, u.a. Btx.
ATX3	Ausschalten der Wähltonerkennung. Dieser Befehl kann in Nebenstellenanlagen erforderlich sein.
AT&F0	Hayes-kompatible Werkseinstellungen laden. Damit versetzen Sie das Modem wieder in der Auslieferzustand.

Vom Modem kommen auf jede Befehlseingabe Rückmeldungen. Wenn der Befehl ATV1 wirksam ist, sind u.a. diese Klartext-Rückmeldungen möglich:

OK	Befehl ausgeführt.
CONNECT	Verbindung hergestellt (gefolgt von der Übertragungsrate)
NO CARRIER	Verbindung abgebrochen
NO DIALTONE	keinen Wählton erkannt
BUSY	Gegenstelle ist besetzt

NO ANSWER	Gegenstelle nimmt nicht ab
RING	Eingehender Anruf
ERROR	fehlerhafter Modembefehl

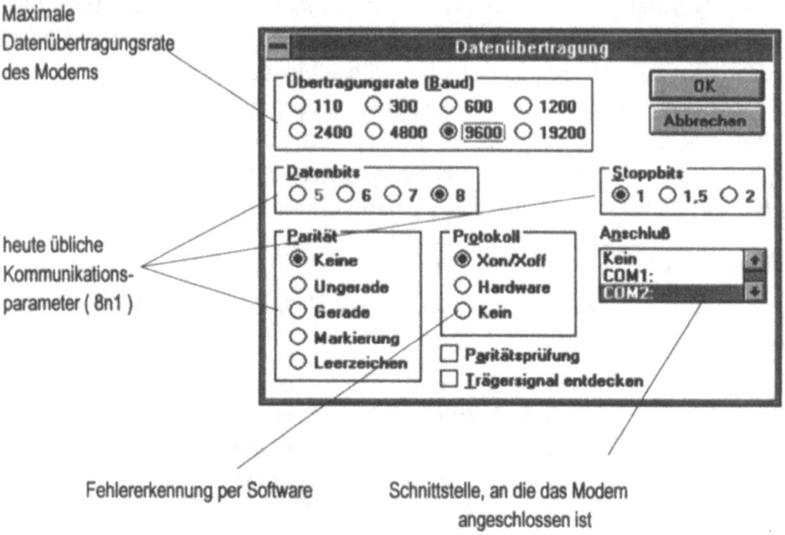

Abbildung 5.2: Menüpunkt Einstellungen/Datenübertragung

Allerwichtigste Einstellung in diesem Fenster ist der Modemanschluß. Nur wenn Sie dort richtig festlegen, an welcher Schnittstelle des PC das Modem angeschlossen ist, kann der PC das Gerät überhaupt finden. Für eingebaute Modems ist COM2 oder COM3 der richtige Wert, für extern angeschlossene auch COM1. Falls im späteren Verlauf Ihrer Tests von Ihrem Modem überhaupt keine Reaktion kommt, kann es an dieser Einstellung liegen. Weiterhin definieren Sie in diesem Dialogfenster die Datenübertragungsrate (also Geschwindigkeit) des Modems sowie die sogenannten Kommunikationsparameter. Hier müssen Sie die gleichen Werte eingeben, die der Online-Dienst verwendet. Bei der Übertragungsrate können Sie im allgemeinen den höchsten Wert eintragen, da Ihr Modem mit der Gegenseite ohnehin die für beide Seiten brauchbarste Übertragungsrate „aushandelt". Haben Sie keine Angaben von dem Betreiber des Online-Dienstes sollten Sie als Kommunikationsparameter „8N1" einstellen, d.h. in den entsprechenden Kästen 8 Datenbits, keine Parität und 1 Stoppbit anklicken. Bei „Protokoll" lassen

Sie „Xon/Xoff“ stehen. Das ist ein softwareseitig realisiertes Verfahren zur Kontrolle einer korrekten Verbindung. „Hardware“ sollten Sie nur anklicken, wenn Sie sicher sind, daß Ihr Modem und auch die Gegenseite dieses Verfahren beherrschen und die Kabel dafür ausgelegt sind.

Als letztes müssen Sie im Menü Einstellungen den Punkt Terminal-Emulation wählen und haben dort die Wahl zwischen drei Protokollen, die die Informationsdarstellung auf dem Bildschirm betreffen (s. Abbildung 5.3).

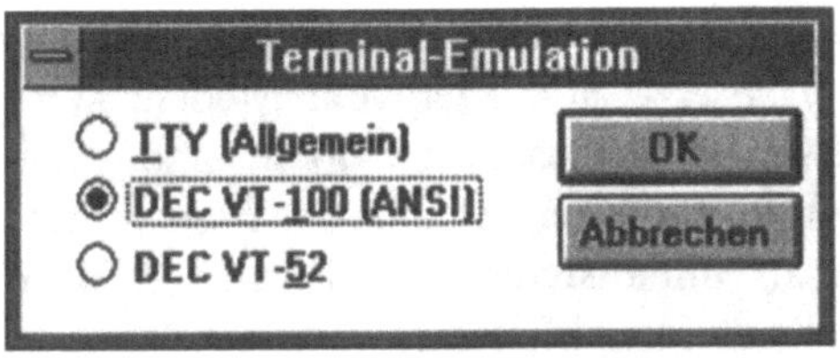

Abbildung 5.3: Menüpunkt Einstellungen/Terminalemulation

VT52 und VT100 sind Standardprotokolle, die die meisten Terminalprogramme und die meisten Online-Dienste beherrschen, so daß mit ihnen eine brauchbare Bildschirmdarstellung zustande kommen sollte. Falls das nicht funktioniert, ist TTY der kleinste gemeinsame Nenner. Wenn Sie das eingestellt haben, sollte nach der Einwahl mindestens irgendeine Ausgabe des Servers auf Ihrem Bildschirm erscheinen. Sofern das nicht der Fall ist, brauchen Sie für den benutzten Online-Dienst möglicherweise einen eigenen Client, da der Server keines der Standardprotokolle verwendet.

Haben Sie alle technischen Daten eingestellt, fehlt nur noch die Eintragung der Telefonnummer bei Einstellungen/TelefonNummer. Mit Telefon/Wählen starten Sie die Anwahl. Auf dem Bildschirm sehen Sie die vom Terminalprogramm an das Modem abgesetzten Befehle zur Initialisierung und Anwahl und aus dem Modem hören Sie, wie es die eingegebene Nummer wählt. Sofern nicht besetzt ist, meldet sich die Gegenstelle mit einem Pfeifton, der u.U. in der Höhe variiert, wenn beide Modems versuchen, die optimale Geschwindigkeit auszuhandeln. Wenn dann ein Rauschen zu hören ist, haben die Modems eine Verbindung hergestellt und Ihr Modem schaltet den Lautsprecher aus, um Ihnen die lärmenden Details der Datenverbindung zu ersparen. Auf dem Bildschirm sollte die Anzeige „CONNECT“ sowie eine erste Begrüßungsnachricht des Servers erscheinen.

„Troubleshooting". Leider geht das nicht immer so glatt. Bei der Arbeit mit Terminalprogrammen und Modems geht oft etwas schief. Dummerweise kann man in vielen Fällen aufgrund der Ausgaben des Programms nicht erkennen, wo es hakt. Einige typische Probleme sind die folgenden:

- Falls das Modem schon die Initialisierungs-Befehlskette nicht mit „OK" bestätigt, ist vermutlich der falsche Anschluß eingestellt. (EINSTELLUNGEN/DATENÜBERTRAGUNG).
- Meldet das Modem als Reaktion auf die Initialisierung „ERROR", ist der Modemtyp falsch eingestellt.
- Wenn die Initialisierung scheinbar funktioniert, das Programm den Wahlbefehl („ATD...") absetzt, nun aber vom Modem weder eine Meldung noch irgendwelche Geräusche zu hören sind, sind wahrscheinlich die falschen Inititialisierungsbefehle ans Modem übermittelt worden. Probieren Sie als Initialisierung den Befehl „AT&F0" oder schauen Sie in das Handbuch Ihres Modems.
- Funktioniert die Wahl und nimmt das andere Modem ab, sollte auch eine Verbindung zustande kommen. Hängt das andere Modem jedoch ein oder meldet Ihr Modem „NO CARRIER", sind möglicherweise die Datenübertragungsrate oder andere Kommunikationsparameter falsch eingetragen (EINSTELLUNGEN/DATENÜBERTRAGUNG). Wenden Sie sich bitte an den Betreiber des Servers, um die von ihm verwendeten Werte in Erfahrung zu bringen.
- Wenn die Verbindung zustande kommt (Rauschen ist zu hören, CONNECT-Meldung), jedoch keine Meldung von der Gegenseite erscheint, ist häufig die Terminalemulation falsch eingestellt. Wählen Sie im Zweifelsfall als Emulation TTY (EINSTELLUNGEN/TERMINALEMULATION). Klappt es auch dann nicht, wenden Sie sich bitte an den Betreiber des Servers.

Arbeit mit dem Terminalprogramm. Wenn Sie die Verbindung erfolgreich hergestellt haben, arbeiten Sie als Terminal an einem anderen Computer. Ihr PC stellt praktisch nur noch die Tastatur und den Bildschirm für dieses andere Gerät zur Verfügung. Welche Eingaben erforderlich sind und welche Möglichkeiten Ihnen offenstehen, hängt von diesem Computer ab. Daher nützt Ihnen von diesem Punkt an das Handbuch des Terminalprogramms nicht mehr viel, Sie benötigen vielmehr eine Anleitung für den Online-Dienst. Wenn Sie irgendwann Ihre Arbeit mit dem Dienst beenden wollen, sollten Sie dem Server den von ihm vorgesehenen Ende-Befehl übermitteln, damit das serverseitige Modem auflegt. Bei Btx ist das z.B. die Sequenz „*9#", bei UNIX-Servern der Befehl „logout", bei anderen Computern auch „quit", „exit", „ende" oder „bye".

Nur wenn diese Art des Verbindungsabbruchs nicht funktioniert, sollten Sie Ihr Modem anweisen, die Verbindung zu trennen. Bei Windows-Terminal geht dies mit dem Menüpunkt TELEFON/AUFHÄNGEN. Diese Art der „Verabschiedung" stürzt den Server in gewisse Verwirrung, weil er zunächst von Leitungsproblemen ausgehen wird und einige Zeit auf weitere Reaktionen von Ihnen wartet, bevor er auflegt.

Die technischen Einstellungen für Datenübertragung und Terminalemulation unterscheiden sich von Online-Dienst zu Online-Dienst. Daher können Sie bei jedem Terminalprogramm diese Informationen in einer Datei abspeichern und bei der nächsten Arbeit mit diesem Dienst wiederverwenden. In Windows-Terminal funktioniert das mit DATEI/SPEICHERN. Bessere Terminalprogramme bieten darüber hinaus eine ganze Reihe weiterer nützlicher Hilfen für eine komfortable Datenkommunikation:

- In einem *Anwahlverzeichnis* können Sie Namen, Telefonnummern und Einstellungen für viele Online-Dienste vermerken; sie werden bei der Anwahl automatisch eingestellt.
- Der Inhalt des Dialogs mit dem Online-Dienst – also Ihre Eingaben und die Ausgaben des Servers – können mitprotokolliert und später ausgedruckt oder weiterverarbeitet werden.
- *Scripts* können definiert werden. Das sind kleine Programme, die häufig wiederkehrende Befehlsfolgen bei der Arbeit mit dem Dienst automatisieren. So könnten Sie z.B. ein Script erstellen, das Samstagabend einen Online-Dienst anruft, die Rubrik „Lotto" aufschlägt, die aktuellen Lottozahlen abruft und auf Ihrer Festplatte unter C:\LOTTO.DOC abspeichert.

Dateitransfer. Online-Dienste bieten üblicherweise nicht nur einfache Textinformationen, die Sie auf dem Bildschirm lesen. Sie umfassen auch umfangreiche Dateiarchive, die je nach Ausrichtung des Online-Dienstes z.B. Public-Domain-Programme, Bilder oder Musikstücke enthalten. Diese Dateien können Sie sich nicht ohne weiteres vom Terminalprogramm auf dem Bildschirm anzeigen lassen. Sie müssen sie vielmehr auf Ihren PC kopieren und können sie dort verwenden, also als Programm ausführen, als Bild mit einem Bildbetrachter ansehen oder als Musikstück mit Ihrer Soundkarte und entsprechender Software anhören.

Den Vorgang des Kopierens ganzer Dateien vom Server auf Ihren Client-PC nennt man *Download*. Den umgekehrten Vorgang gibt es natürlich auch, wenn Sie z.B. den anderen Teilnehmern des Dienstes Ihre neuesten Kochrezepte zur Verfügung stellen. Das nennt man dann *Upload*, also Kopieren von Dateien vom Client auf den Server. Bei beidem unterstützt Sie das Terminalprogramm. Da gerade Computerprogramme, Fotos oder Tonsequenzen sehr große Dateien sind, kommt dabei der Geschwindigkeit des Datentransfers erhebliche Bedeutung zu. Sie hängt nicht nur von der Geschwindigkeit des Modems ab, sondern auch davon, ob die Dateien vor der Übertragung komprimiert werden. Moderne Terminalprogramme sehen Datenübertragung mit Kompressionsverfahren vor, etwa mit Hilfe des sehr guten Protokolls ZMODEM. Nach Möglichkeit sollten Sie dieses Verfahren verwenden, im Notfall die älteren Verfahren XMODEM, YMODEM, Modem7, Telink oder SEALINK. Nur wenn keines dieser Verfahren zur Verfügung steht, sollten Sie das Kermit-Protokoll einsetzen; es ist eine Art kleinster gemeinsamer Nenner und ausgesprochen langsam.

Weitere Funktionen der Terminalprogramme hängen ganz stark vom jeweils genutzten Online-Dienst ab. Hiermit brauchen Sie sich erst dann vertraut zu machen, wenn Sie eine solche Funktion benötigen. Bei Problemen mit der Herstellung einer Verbindung zu einem Dienst oder mit der Benutzung des Dienstes ist immer in erster Linie der Betreiber des Dienstes Ihr Ansprechpartner.

5.1.3 Beispiele für Online-Dienste

Schwerpunktmäßig beschäftigen wir uns in diesem Kapitel mit dem Internet. Beispielhaft für die außerhalb des Internets existierenden Online-Dienste wollen wir in diesem Abschnitt auf Mailboxen und auf Bildschirmtext eingehen. Die Anschlußbedingungen und Inhalte des neuen Online-Dienstes Microsoft Network standen bei Redaktionsschluß dieses Buches noch nicht fest.

Mailboxen. Die Mailbox ist die einfachste Form eines Online-Dienstes, die jeder heute mit seinem PC aufbauen kann. Wenn Sie die kostenlos erhältliche Server-Software auf Ihrem PC installieren, das Gerät mit dem Telefonnetz verbinden und immer angeschaltet lassen, haben Sie eine Mailbox eingerichtet. Viele Privatleute machen davon Gebrauch – allein in Berlin gibt es derzeit über 250 öffentlich bekanntgemachte Mailboxen mit ca. 400 Wähleingängen. Sicher gibt es viele weitere, deren Telefonnummer nicht öffentlich, sondern nur im Freundeskreis des Betreibers bekannt ist.

Bei den öffentlichen Mailboxen kann sich normalerweise jeder mit einem Terminalprogramm einwählen. Die Mailbox meldet sich dann mit einem Begrüßungsbildschirm und fordert zur Eingabe einer Identifizierung auf. In Abbildung 5.4 sehen sie beispielhaft den Eröffnungsbildschirm der Berliner IPN-Mailbox. Durch Eingabe von „Gast“ können Sie sich in den meisten Boxen zwar umsehen, sind aber in den Nutzungsmöglichkeiten stark eingeschränkt. Den ganzen Leistungsumfang einer

Box dürfen Sie in der Regel erst dann nutzen, wenn Sie sich beim Betreiber der Box registrieren lassen und ggf. eine monatliches Entgelt zahlen. Dann erhalten Sie eine eigene Kennung, mit der Sie sich jeweils identifizieren.

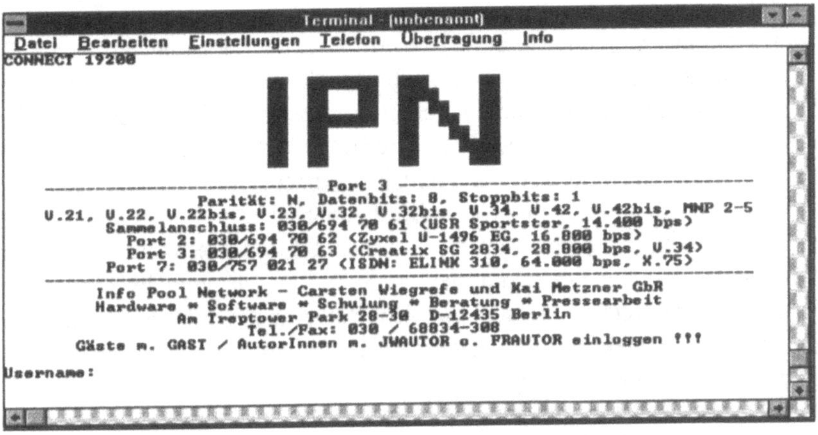

Abbildung 5.4: Eröffnungsbildschirm der IPN-Mailbox

Jede Mailbox bietet Ihnen mindestens ein eigenes Postfach. In ihm finden Sie elektronische Briefe, die Ihnen andere Nutzer der Box geschrieben haben. Natürlich können Sie auch selbst Briefe versenden. Außerdem hat die typische Mailbox eine Reihe schwarzer Bretter, Diskussionsforen zu bestimmten Themen. Statt an eine Person zu schreiben, können Sie auch Nachrichten an ein solches Brett „hängen". Diese Nachrichten können dann von allen anderen Nutzern gelesen werden, sofern sie sich für das Thema des Brettes interessieren und dort nachschauen. Wir gehen auf diese Methode elektronischer Kommunikation im Zusammenhang mit dem NetNews-Dienst im Internet näher ein (s. Abschnitt 5.2.3). Schließlich enthalten die meisten Mailboxen Dateiarchive mit Texten, Bildern, Computerprogrammen usw., die Sie auf Ihren eigenen PC kopieren können.

Den Betreiber einer Mailbox nennt man „SysOp", eine Kurzform von „System Operator". Viele Boxen haben eine spezielle inhaltliche Ausrichtung, die von den Interessen des SysOps abhängt. Schwerpunkt kann ein bestimmtes Computersystem sein, für das die Mailbox Software enthält. Es kann auch ein gesellschaftliches oder politisches Thema sein, das sich in den Themen der schwarzen Bretter widerspiegelt. Eine Mailbox ist leicht einzurichten, zudem erlaubt sie schnelle Informationsflüsse. Daher nutzen inzwischen auch Parteien, Gewerkschaften und andere Institutionen diese Möglichkeit zur internen Kommunikation und zur Darstellung nach außen. Leider gehören dazu auch eine Anzahl rechtsextremistischer Boxen, über die Neonazis Aktionen planen und Propaganda verbreiten. Der Online-Dienst „Mailbox“ kann eben von jedem PC-Besitzer selbständig organisiert werden und entzieht sich der Kontrolle des Netzbetreibers Telekom völlig.

Zahlreiche SysOps haben Ihre Boxen zu *Mailbox-Netzen* zusammengeschlossen. Die Computer innerhalb eines Netzes rufen nachts automatisch andere an und gleichen mit diesen den Inhalt der Postfächer, schwarzen Bretter und Dateiarchive ab. Durch feste Austauschpläne innerhalb der Netze erreichen elektronische Briefe auf diese Art auch Empfänger anderer Boxen, manchmal über mehrere Zwischenschritte. Eine Diskussion innerhalb eines schwarzen Brettes führen dann nicht nur wenige Benutzer einer Mailbox, sondern alle Interessierten im gesamten Netz. Mit der Anmeldung bei einer Mailbox haben sie Zugang zu allen Informationen innerhalb des Netzes. Gerade aus den Boxen eines Netzes können Sie meistens auch elektronische Briefe in das Internet oder andere Online-Dienste versenden.

An welches Netz sich eine Box anschließt, bestimmt sich vor allem technisch durch die Art der verwendeten Software. Die wichtigsten derartigen Mailbox-Netze sind:

- FidoNet
- Maus
- Zerberus

FidoNet als größtes Mailboxnetz umfaßt derzeit weltweit ca. 20.000 Computer mit 3 Millionen Anwendern. Daneben haben sich auch Mailboxen zu Netzen zusammengeschlossen, die ähnliche Ziele verfolgen, so z.B. das „Computernetzwerk Linkssystem“ (ComLink bzw. CL), das vor allem links-alternative Boxen umfaßt.

Sie können die meisten Mailboxen mit einem einfachen Terminalprogramm bedienen, wie wir es in Abschnitt 5.1.2 beschrieben haben; manche setzen allerdings eine besondere Software voraus, z.B. die im Macintosh-Bereich verbreiteten FirstClass-Mailboxen.

Für Juristen sind die privaten Mailboxen weniger interessant, denn in ihnen finden Sie fast keine juristischen Informationen. In den großen Mailboxnetzen sind immerhin schwarze Bretter zur Diskussion über juristische Themen eingerichtet, die auch stark frequentiert werden. Im einzelnen sind das:

- „recht.ger“ und „jura.ger“ im deutschen FidoNet
- „zer.z-netz.rechtswesen.*“ im Zerberus-Netz
- „cl.recht.allgemein“ und „cl.recht.diskussion“ im ComLink

Bildschirmtext. Der Bildschirmtext-Dienst der Deutschen Telekom besteht seit 1984 und ist damit einer der ältesten deutschen Online-Dienste. Nachdem er sich lange Jahre nicht sehr erfolgreich entwickelte, setzte zu Beginn der 90er Jahre ein Boom ein. Gegenwärtig nutzen über 800.000 Teilnehmer den Dienst und die von ca. 2500 Anbietern bereitgestellten Informationen. Inzwischen hat die Telekom den Bildschirmtext-Dienst in Datex-J und Bildschirmtext (Btx) aufgeteilt, wobei Datex-J den Zugang zu Btx und weiteren Diensten realisiert und Btx selbst den eigentlichen Online-Dienst darstellt. Am 1. Juli 1995 ist schon wieder ein neuer Name eingeführt worden: „Telekom Online". Das bezeichnet letztlich auch den Btx-Dienst, allerdings erweitert um einen neuen Standard für die Bildschirmdarstellung (KIT), schnellere Verbindungen für die Einwahl (14.400 bps) und einen Übergang zum Internet.

Bildschirmtext können Sie erst benutzen, wenn Sie sich bei der Telekom angemeldet haben. Sie erhalten dann eine Anschlußkennung und eine Btx-Teilnehmernummer. Mit diesen Angaben müssen Sie sich jeweils identifizieren. Außerdem benötigen Sie eine spezielle Client-Software, einen sog. Btx-Decoder. Ein normales Terminalprogramm reicht nicht aus.

Das Angebot im Btx-Dienst ist in sogenannte Btx-Seiten aufgeteilt, die Sie sich auf den Bildschirm holen können. Die Seiten stammen nicht in erster Linier von der Telekom selbst, sondern von Fremdanbietern. Das sind Unternehmen oder auch nichtkommerzielle Organisationen. Diese erstellen Ihre Seiten selbständig und übergeben sie der Telekom zur Aufnahme in den zentralen Btx-Computer. Manche Unternehmen betreiben auch einen eigenen Server für Btx. Wenn Sie das Angebot dieses Unternehmens aufrufen, leitet Sie der Telekom-Computer weiter zum „externen Rechner" des Anbieters. Zur Zeit sind etwa 560 externe Rechner an Btx angeschlossen, von der Reisezugauskunft der Bundesbahn bis zu den Computern vieler Banken.

Die vielen hunderttausend Seiten im Btx-Dienst sind numeriert. Durch Eingabe einer in „*" und „#" eingeschlossenen Ziffernfolge erreichen Sie eine Btx-Seite, mit „*25800#" die Deutsche Bahn AG, mit „*30000#" die Firma Quelle, mit „*69369#" die CDU-Bundesgeschäftsstelle usw. Von der „Hauptseite" eines Anbieters führen dann Verweise durch das komplette Informationsangebot. Inzwischen können Sie viele Seiten auch über gängige Kürzel erreichen, also „*Bahn#", „*Quelle#" oder „*CDU#".

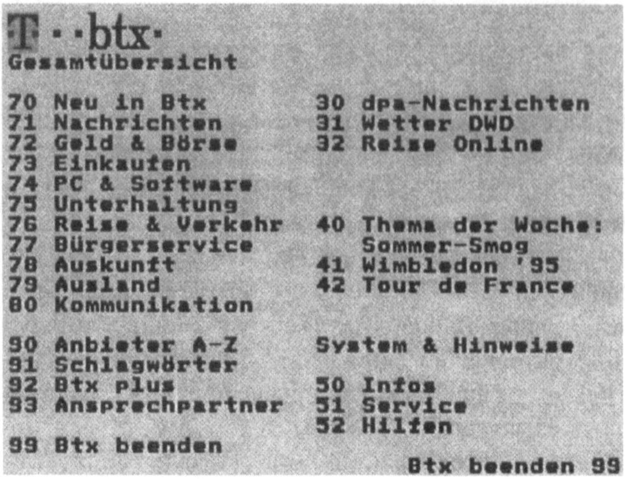

Abbildung 5.5: Übersicht des Bildschirmtext-Dienstes

Bildschirmtext ist in den letzten Jahren sehr vielfältig geworden: Sie können (bei den Beispielen beginnend) Zugverbindungen heraussuchen und reservieren, Waren aus dem Katalog bestellen, die CDU-Politik unter die Lupe nehmen, Ihre Bankgeschäfte abwickeln oder Reisen buchen. Schlagwort- und Anbieterverzeichnisse erleichtern Ihnen das Auffinden der Informationen im Dschungel der Btx-Seiten. Eine weitere Dienstleistung von Btx ist der Mitteilungsversand an andere Btx-Teilnehmer. Auch ein Telefax oder ein Telex können Sie aus Btx versenden, ebenso ausländische Btx-Dienste oder andere Online-Dienste wie CompuServe oder das Internet nutzen.

Allerdings ist Bildschirmtext nicht ganz billig. Bei der Anmeldung wird eine Gebühr von 50,- DM fällig. Vielen Modems liegt allerdings ein Btx-Gutschein bei, bei dessen Vorlage Ihnen die Gebühr erlassen wird. Monatlich müssen Sie jedoch eine Grundgebühr von 8,- DM an die Telekom zahlen. Während der Nutzung von Btx fällt eine Telefongebühr zum Ortstarif an und zusätzlich ein zeitabhängiges Nutzungsentgelt für Btx: 6 Pfg./Min. am Tage und 2 Pfg./Min. nachts und am Wochenende. Alle diese Kosten müssen Sie mit Ihrer Telefonrechnung an die Telekom zahlen.

Im Btx-Dienst verlangen aber auch viele Informationsanbieter „Vergütungen". Das können bis zu 10,- DM für den Abruf einer einzelnen Seite oder zeitabhängige Vergütungen für die Benutzung eines externen Rechners sein. So kostet z.B. die Recherche im Fahrplancomputer der Bahn 30 Pfg./Min. Auch die Anbietervergütungen zieht die Telekom mit der Telefonrechnung ein.

Das Angebot an juristischen Informationen in Bildschirmtext richtet sich vornehmlich an den Laien, z.B. die Rechtsinformationen der Verbraucherzentralen. Wir konnten lediglich zwei umfangreichere juristische Angebote im Btx ausmachen:

- Die steuerrechtliche Datenbank *LEXinform* der DATEV e.G. enthält Gerichtsentscheidungen, Verwaltungsanweisungen und Zusammenfassungen von Beiträgen aus Fachzeitschriften, insgesamt derzeit 93.000 Dokumente. LEXinform kann jedoch nur von DATEV-Mitgliedern genutzt werden. (*20500#)
- Der *Haufe-Urteilsdienst* enthält gegenwärtig 2200 höchstrichterliche Entscheidungen seit 1990. Zum Preis von 40 Pfg./Min. können Sie in dieser Datenbank nach Entscheidungen suchen. Gefundene Dokumente bekommen Sie im Kurztext angezeigt oder für 8,- DM pro Dokument als Volltext zugeschickt. Abonnenten der Haufe-Loseblattzeitschriften können den Urteilsdienst kostenlos benutzen. (*33933#)
- Über den *Juris-Recherche-Auftragsdienst* können Sie eine Suchanfrage an Juris übermitteln und erhalten das Ergebnis der von Juris-Fachleuten in der Saarbrücker Datenbank durchgeführten Recherche zugesandt. Der Grundpreis einschließlich bis zu 15 Seiten Ausdruck beträgt 150,- DM zzgl. MWSt. und Versand. Jede weitere Seite kostet 1,50 DM. Ab Ende 1995 will Juris auch die Online-Recherche im Btx-System anbieten. (*3353377#)

Btx enthält außerdem diverse Datenbanken, die *auch* für Juristen interessant sind, z.B. Wirtschaftsdatenbanken oder Volltextdatenbanken verschiedener Zeitungen wie der FAZ, der SZ oder dem Handelsblatt.

5.2 Das Internet – Grundlagen

5.2.1 Geschichte und Aufbau des Internet

Wenn von weltweiter Computerkommunikation die Rede ist, und die Zeitungen sind ja voll davon, wird als Vorzeigebeispiel immer das Internet angeführt. Tatsächlich ist das Internet inzwischen Vorläufer und Prototyp zugleich für die zukünftige weltweite Computervernetzung, für das, was die amerikanische Regierung etwas hochtrabend als *Global Information Infrastructure (GII)* bezeichnet. Wir erlauben uns zunächst einen Blick in die Geschichte dieses Netzes. Pardon, nach unserer Definition vom Anfang dieses Kapitels ist das Internet eigentlich gar kein Netz. Trotzdem wird dieser Begriff für das Internet nicht ganz zu unrecht verwendet. Denn das Internet ist mehr als eine Menge von Diensten, es stellt einige grundlegende Mechanismen der Computerkommunikation zur

Verfügung, auf die man beliebige Dienste aufsetzen kann, von der elektronischen Post bis zur Videokonferenz.

Geschichte des Internet. Der Ursprung des Internet liegt beim amerikanischen Militär. Ende der 60er Jahre begann die „Advanced Research Project Agency" (ARPA) des amerikanischen Verteidigungsministeriums mit der Verbindung von vier militärischen Forschungscomputern, dem sogenannten ARPANET. Ziel dieser Vernetzung war die bessere Ausnutzung kostbarer Computerressourcen, vor allem Rechenzeit und Speicherkapazität. Anfang der 70er Jahre wurde das Netz um immer mehr Computer erweitert. Als Problem erwies sich dabei, daß die verschiedenen Computersysteme ohne weiteres nur mit Geräten des gleichen Typs oder Herstellers kommunizieren konnten. Für die unterschiedlichen Computer im ARPANET wurde daher ein herstellerunabhängiges Verfahren zur Computerkommunikation, ein universelles Kommunikationsprotokoll entwikkelt, das *Transmission Control Protocol/Internet Protocol (TCP/IP).*

Bei TCP/IP ist zwischen zwei Computern keine dauerhaft geschaltete Leitung notwendig. Die Kommunikation erfolgt vielmehr *paketorientiert.* Der absendende Computer schickt ein Datenpaket los, das die Adresse des Zielcomputers enthält. Entweder erreicht es diesen Computer auf direktem Wege oder es wird durch andere Computer im Netz an den Empfänger weitergeleitet. TCP/IP ist daher völlig unabhängig von der Art des Übertragungsmediums sowie äußerst robust gegen Netzstörungen – bei Ausfällen von Teilen des Netzes nimmt das Paket im Notfall eben einen anderen Weg. TCP/IP setzte sich ab 1974 im ARPANET durch. Seit 1983 ist es auch fester Bestandteil des UNIX-Betriebssystems, so daß diese im Wissenschaftsbereich weit verbreiteten Rechner ohne zusätzliche Software in TCP/IP-basierte Computernetze integriert werden können.

1980 wurde der militärische Teil aus dem ARPANET ausgegliedert; übrig blieben staatliche und private Forschungseinrichtungen, hinzu kamen mehr und mehr Universitäten. Mitte der 80er Jahre gründete die amerikanische National Science Foundation das NSFNET. Es verband als sogenanntes Backbone-Netz (Rückgrat) die großen wissenschaftlichen Rechenzentren der USA. Viele bereits bestehende campusweite Netze wurden zu einem landesweiten TCP/IP-basierten Computernetz zusammengeschaltet. Irgendwann in den 80er Jahren setzte sich für dieses Netz der Begriff Internet durch. Noch bis Ende 1994 bildete das von der US-Regierung finanzierte NSFNET das Rückgrat des amerikanischen Internet. Inzwischen wurde das NSFNET in mehrere Teile aufgeteilt, die durch private Gesellschaften betrieben werden.

In Deutschland setzte man zunächst nicht auf TCP/IP. Zwar entstanden Anfang der 80er Jahre in einigen Universitäten TCP/IP-basierte Netze, doch das 1984 in Betrieb genommene bundesweite „Wissenschaftsnetz“ (WIN) basierte auf einem anderen Protokoll. Erst seit 1988 bietet das WIN auch TCP/IP-Dienste an. Inzwischen macht die TCP/IP-Kommunikation schon mehr als 90 % der gesamten WIN-Nutzung aus. Als Pendant des amerikanischen NSFNET wurde in Europa 1992 das „Ebone“ als europäischer Internet-Backbone errichtet. Gleichzeitig wurden auch leistungsfähige Verbindungen zum NSFNET geschaltet.

Neben dem Internet entstanden auch andere weltweite Netze, z.B. das von IBM geförderte BITNET mit seinem europäischen Ableger EARN.

Außerdem gab und gibt es Zusammenschlüsse von Mailboxen wie das FidoNet und international tätige kommerzielle Online-Dienste wie CompuServe. Viele dieser Netze sind entweder fast völlig im Internet aufgegangen (z.B. BITNET) oder bieten immer umfangreichere Netzübergänge zum Internet an, um ihren Nutzern den Zugang zu den Internet-Diensten anbieten zu können.

Wegen der vielen Verbindungen mit anderen Netzen ist die genaue Abgrenzung des Internet nicht ganz einfach. Selbst vom Btx-Dienst der Telekom können Sie inzwischen Nachrichten ins Internet verschicken, ohne daß man Btx deshalb dem Internet hinzurechnen würde. So bleibt das Internet zwar ein etwas unscharfes Gebilde, es steht jedoch im Zentrum der weltweiten Computervernetzung und umfaßt unbestritten mehrere Millionen Computer.

IP-Adressen und Routing. TCP/IP funktioniert, indem adressierte Datenpakete auf dem Weg zum Empfänger durch ein Netz geschickt werden. Notwendigerweise hat also jeder Computer im Internet eine eindeutige Adresse, die sogenannte *IP-Adresse*. Einen Computer mit IP-Adresse nennt man Internet-Host. Eine IP-Adresse ist eine durch Punkte getrennte Kette von vier Zahlen zwischen 0 und 255; im Gegensatz zu normalen Anschriften enthält die IP-Adresse keine regionalen Hinweise, die etwas über den Standort des Rechners verraten. Der Internet-Host 141.20.120.2 steht z.B. in Berlin, der Rechner 198.137.240.100 in Washington und der Computer 202.33.45.12 in Tokio.

Eine Institution, die ihre Computer an das Internet anschließen will, bekommt einen gewissen Nummernraum zugeteilt und kann ihre Computer in dem zugeteilten Bereich beliebig durchnumerieren. Ein Beispiel: Ein großes Unternehmen bekommt den Nummernbereich 123.123.x.x zugeteilt und darf die letzten beiden Zahlen selbst verwalten. Die Geschäftsleitung erhält die Nummern 123.123.1.x, die Verkaufsabteilung 123.123.2.x, der Einkauf 123.123.3.x usw. Innerhalb der Abteilungen werden die vernetzten Computer einfach durchnumeriert. Die Abteilungsnetze werden durch einen Vermittlungscomputer verbunden, um im ganzen Unternehmen miteinander kommunizieren zu können. Dieser Vermittlungscomputer hält über eine gemietete Telekom-Leitung auch die Verbindung zum nächsten Internet-Knoten. Wenn jetzt der Sachbearbeiter am Computer 123.123.2.17 eine elektronische Mitteilung verschickt, muß der Vermittlungscomputer dafür sorgen, daß sie richtig weitergeleitet wird. Alle Datenpakete, die an Nummern mit 123.123.x.x geschickt werden, kann er unmittelbar in die richtige Abteilung weiterleiten, für diesen Nummernbereich ist er „zuständig". Alle anderen Datenpakete sind offenbar nicht für einen unternehmensinternen Adressaten bestimmt und werden über die Telekom-Leitung zum nächstgrößeren Vermittlungscomputer im Internet geschickt. Dieses Verfahren wird als *Routing* bezeichnet. Alle Internet-Vermittlungscomputer führen große Routingtabellen, aus denen sie erkennen können, wohin Pakete mit einer bestimmten Nummernfolge gesendet werden müssen.

Domain-Namen. IP-Adressen sind für Menschen weder aussagekräftig, noch besonders gut zu merken. Daher wurde 1986 ein Verfahren zur eindeutigen und leicht verständlichen Bezeichnung aller Hosts im Internet eingeführt: der *Domain Name Service (DNS)*. Jeder Computer erhält einen Namen, der durch eine hierarchische Aneinanderreihung von Abkürzungen entsteht. Zunächst wurde jedem Land eine Abkürzung zugewiesen: DE für Deutschland, AT für Österreich, CH für die Schweiz, CA für Kanada, BR für Brasilien, ZA für Südafrika, JP für Japan, NZ für Neuseeland usw. Für die Vereinigten Staaten gab es zunächst statt der Länderkennung US die Abkürzungen COM für Unternehmen, EDU für Bildungseinrichtungen, GOV für Regierungsbehörden und MIL für Militäreinrichtungen. Daneben wurden weltweit für internationale Organisationen INT, für Netzbetreiber NET und für sonstige Einrichtungen ORG festgelegt. Inzwischen dürfen auch COM und EDU von nichtamerikanischen Einrichtungen benutzt werden. Die Länderabkürzungen und die sieben besonderen Abkürzungen bezeichnet man als „Top-Level-Domains". Innerhalb einer Top-Level-Domain können sich Organisationen nach bestimmten Regeln eigene Namen geben. Damit entstehen zusammengesetzte Bezeichnungen wie „ibm.com" für die Firma IBM, „sni.de" für die Firma Siemens-Nixdorf, „ucla.edu" für die University of California at Los Angeles oder „hu-berlin.de" für die Humboldt-Universität zu Berlin.

Jede Einrichtung mit einem Domain-Namen kann nun für ihre Untergliederungen weitere Abkürzungen selbständig festlegen, so bezeichnen „physik.hu-berlin.de", „rewi.hu-berlin.de" und „mathematik.hu-berlin.de" Institute oder Fakultäten der Humboldt-Universität, während „munich.ibm.de" und „mainz.ibm.de" Standorte der deutschen Niederlassung von IBM sind. Schließlich erhält jeder Internet-Host einen eigenen Namen, z.T. einfach „pc01“ oder „„mac5“, manchmal aber auch phantasievoll „niemand“ oder „zetkin“. Dieser Name wird der Domain-Namenskette vorangestellt, es entsteht der „fully qualified domain name“ eines Hosts: „zetkin.cs.tu-berlin.de“ etwa oder „respa.rewi.hu-berlin.de“ für einen von den Verfassern dieses Buches häufig benutzten Internet-Host.

Das TCP/IP-Protokoll und die für das Routing der Datenpakete zuständigen Vermittlungsrechner können mit solchen Namen allerdings wenig anfangen. Deshalb wird jedem Host-Namen eine IP-Adresse zugeordnet. Ein weitverzweigtes Netz von „Domain Name Servern“ setzt die Namen in die zugehörigen IP-Adressen um. Die Host-Namen sind also lediglich ein Service zur leichteren Benutzbarkeit des Internet.

In Abbildung 5.6 sehen Sie ein Beispiel für den Weg, den ein Datenpaket im Internet von der Technischen Universität Berlin zur Universität St. Petersburg nimmt. Daran können Sie das Weiterleiten über mehrere Stationen ebenso erkennen wie die Umsetzung der Host-Namen in IP-Adressen.

```
traceroute to www.spb.su (193.124.83.67)
 1  gate18 (130.149.18.2)
 2  cisco2.gate.TU-Berlin.DE (130.149.6.2)
 3  cisco3.gate.TU-Berlin.DE (130.149.1.30)
 4  Duesseldorf3.WiN-IP.DFN.DE (188.1.133.68)
 5  ipgate2.win-ip.dfn.de (193.174.74.134)
 6  aachen1.dante.net (193.174.74.110)
 7  Amsterdam1.dante.net (194.41.0.73)
 8  Amsterdam1.NL.EU.net (192.87.4.20)
 9  Amsterdam6.NL.EU.net (134.222.32.2)
10  Helsinki1.FI.EU.net (134.222.27.2)
11  134.222.23.2 (134.222.23.2)
12  news.spb.su (193.124.83.67)
```

Abbildung 5.6: Weg eines Datenpakets von Berlin nach St. Petersburg

Dienste im Internet. Wir haben das Internet im Kapitel über Online-Dienste plaziert, obwohl es sich von Mailboxen oder kommerziellen Online-Diensten erheblich unterscheidet: Es gibt keinen Betreiber des Internet und damit auch niemanden, der festlegt, welche Dienste angeboten werden und wer mit wem unter welchen Umständen kommunizieren kann. Jeder Host im Internet (also zukünftig auch Ihr PC) kann als Server oder als Client beliebiger Dienste auftreten. Unseren beispielhaften Dienst zur Aktualisierung dieses Buches (s. S. 183) könnten wir ohne weiteres im Internet anbieten. Genauso kann der Anbieter eines kommerziellen Online-Dienstes die Möglichkeiten des Internet nutzen, um seine eigenen

Dienstleistungen zur Verfügung zu stellen. So gesehen ist das Internet nur eine Infrastruktur, die Nutzungen beliebiger Art zuläßt.

Gleichzeitig ist es aber selbst auch ein Online-Dienst. Fast alle Computer im Internet realisieren nämlich eine Reihe von Grunddiensten, darunter auch die Dienste, die wir als Kriterium für Online-Dienste gefordert haben. Im einzelnen sind es folgende Dienste:

- Elektronische Post (Electronic Mail)
- Diskussionsforen (NetNews)
- Dateitransfer (FTP)
- Terminalemulation über das Internet (Telnet)
- Verteiltes Informationssystem im Internet (WWW)

In den folgenden Abschnitten beschreiben wir diese Dienste einschließlich einiger beispielhafter Client-Programme. Dem WorldWideWeb (WWW) widmen wir wegen seiner besonderen Bedeutung den ganzen Abschnitt 5.3.

Jeder Server kann im Internet mehrere (auch verschiedene) Dienste gleichzeitig erbringen und jeder Client kann mehrere (auch verschiedene) Dienste gleichzeitig nutzen. Jedes Datenpaket im Internet enthält neben der Adresse des Empfängers eine Information über den gerade genutzten Dienst. Deshalb kann ein Server z.B. ohne weiteres eingehende EMails entgegennehmen und gleichzeitig eine Datei übertragen.

Organisation des Internet. Das Internet ist kein einheitliches Netz, sondern wird häufig als „Netz der Netze" bezeichnet. Es funktioniert nur durch das Zusammenwirken vieler Netzbetreiber. Eine zentrale Instanz zur Überwachung und zum Betrieb des Netzes gibt es nicht. Es gibt allerdings eine Reihe von technischen Standards, die von den angeschlossenen Hosts einzuhalten sind, damit das Internet funktioniert. Eine institutionelle Zusammenarbeit gibt es nur bei der Vergabe von IP-Adressen und Domain-Namen.

Die großen Backbone-Netze wurden lange Zeit direkt aus öffentlichen Mitteln finanziert, z.B. das NSFNET in USA oder das WIN in Deutschland. Außerdem erfolgte eine indirekte staatliche Förderung, indem die Universitäten wichtige Vermittlungsrechner und einige zentrale Dienste betrieben. Das hat sich in den letzten Jahren stark verändert. Backbone-Netze werden zunehmend von Privatunternehmen betrieben. Den Anschluß der Endkunden an diese Netze besorgen kommerzielle *Internet-Provider*. Großkunden verbinden sich über leistungsfähige Standleitungen mit dem Provider, Privatleute nutzen meistens Telefon- oder ISDN-Wählverbindungen, um den Provider zu erreichen. Für die Bereitstellung der nötigen IP-Adressen und Host-Namen seiner Kunden sorgt der Provider.

Die Konditionen der Provider und die technischen Voraussetzungen für den Zugang zum Internet erläutern wir Ihnen in Abschnitt 5.5.

Wichtig zum Verständnis des Internet ist, daß bei einem Neuanschluß außer dem jeweiligen Provider niemand im Internet mitbekommt, daß ein Computer zum Netz hinzugekommen ist. Ob ein Provider den ihm zugeteilten IP-Adressenbereich ausgeschöpft hat oder die Nummern alle noch unbenutzt sind, kann man nämlich nicht herausfinden. So wuchert das Internet vor sich hin, ohne das eine Chance besteht, seine aktuelle Größe einigermaßen genau zu bestimmen.

5.2.2 Elektronische Post

Mit Hilfe des elektronischen Postdienstes kann jeder Benutzer des Internet jedem anderen Briefe senden, die im allgemeinen in wenigen Sekunden zugestellt werden. Diese Electronic Mails (EMails) sind für die allermeisten Internet-Nutzer kostenlos, weil sie entweder einen kostenlosen Internet-Zugang haben, z.B. am Arbeitsplatz, oder eine monatliche Pauschale für alle Internet-Dienste zahlen. Das hat EMail zu einem der populärsten Internet-Dienste gemacht. Um am elektronischen Postverkehr teilzunehmen, benötigen Sie neben dem Internet-Zugang eine EMail-Adresse und eine EMail-Client-Software. Da EMail der fundamentale Dienst des Internet ist, erhalten Sie beides in der Regel gleich mit dem Zugang zum Internet von Ihrem Provider.

EMail-Adressen. Bislang kennen Sie nur Namen für Computer im Internet. Natürlich gibt es auch Namen, mit denen Sie Menschen über das Internet erreichen können: die EMail-Adressen. Da das Internet aber ein Netz von Computern ist, wird die EMail-Adresse eines Benutzers vom Namen des Hosts abgeleitet, den er benutzt. Die meisten Hosts im Internet können Sie nur benutzen, wenn Ihnen der Administrator des Hosts eine Benutzerkennung (User-ID) und ein Kennwort (Password) eingerichtet hat. Nur durch Eingabe der Kennung mit dem passenden Kennwort erhalten Sie Zugang zu dem Computer. Dieser Vorgang wird im Fachjargon „login" genannt.

Um für jeden Benutzer eines Internet-Hosts eine EMail-Adresse zu erzeugen, wird die vor Ort vergebene Benutzerkennung dem Host-Namen vorangestellt, getrennt durch ein „@", das für das englische „at" steht (AltGr+Q). Die Verfasser dieses Buches, die beide den Internet-Host respa.rewi.hu-berlin.de benutzen und dort die lokalen Nutzerkennungen „schejch" und „mascha" haben, sind also im Internet automatisch unter den EMail-Adressen „schejch@respa.rewi.hu-berlin.de" und „mascha@respa.rewi.hu-berlin.de" zu erreichen. Aufgrund der Konstruktionsvorschriften ist eine solche EMail-Adresse im ganzen Internet eindeutig.

Wenn Sie nicht auf einem größeren Internet-Host arbeiten, sondern Ihren PC über Wählleitung und einen lokalen Provider an das Internet anschließen, können Sie sich in der Regel selbst eine Benutzerkennung aussuchen. Wie der Rest Ihrer EMail-Adresse aussieht, teilt Ihnen der Provider mit.

Versand und Empfang von EMail. Für das Schreiben und Lesen von EMail benötigen Sie eine geeignete Software, einen EMail-Client. Im UNIX-Bereich sind „mail“, „elm“ und „pine“ üblich, im PC-Bereich „Eudora“ und „Pegasus“. Auch mit WWW-Clients wie „Netscape“ (s. Abschnitt 5.3.1) können Sie inzwischen EMail versenden, jedoch keine EMail lesen. Auf Ihrem Internet-Host wird für Sie eine Mailbox geführt, in der die eingehenden EMails gesammelt werden und die Ihr EMail-Client abfragt. Sofern Sie sich mit Ihrem PC nur gelegentlich ins Internet einwählen, sammelt der Provider die eingehenden Mails für Sie und übermittelt sie Ihnen beim nächsten Einwählen. Dann werden auch Ihre Mails versandt. Wir orientieren uns in der nachfolgenden Darstellung an dem EMail-Client „Pegasus Mail für Windows“, einem sehr komfortablen Programm für PC, das als Shareware erhältlich ist; leider gibt es derzeit noch keine deutsche Windows-Version.

In Abbildung 5.7 sehen Sie das Programmfenster von Pegasus Mail. Die Symbolleiste am oberen Rand enthält ganz links die beiden wichtigsten Funktionen eines jeden EMail-Clients: Schreiben und Lesen von Briefen. Neben diesen Grundfunktionen bietet das Programm Möglichkeiten zum Ablegen von EMails in verschiedene Ablagefächer, zur Verwaltung von Adreßbüchern und Verteiler-Listen sowie die Möglichkeit des automatischen Filterns eingehender EMails: Je nach Absender oder Titel der EMail kann der Posteingang z.B. auf verschiedene Ablagefächer verteilt werden, damit Sie die private Essenseinladung nicht inmitten dutzender geschäftlicher Mails völlig übersehen.

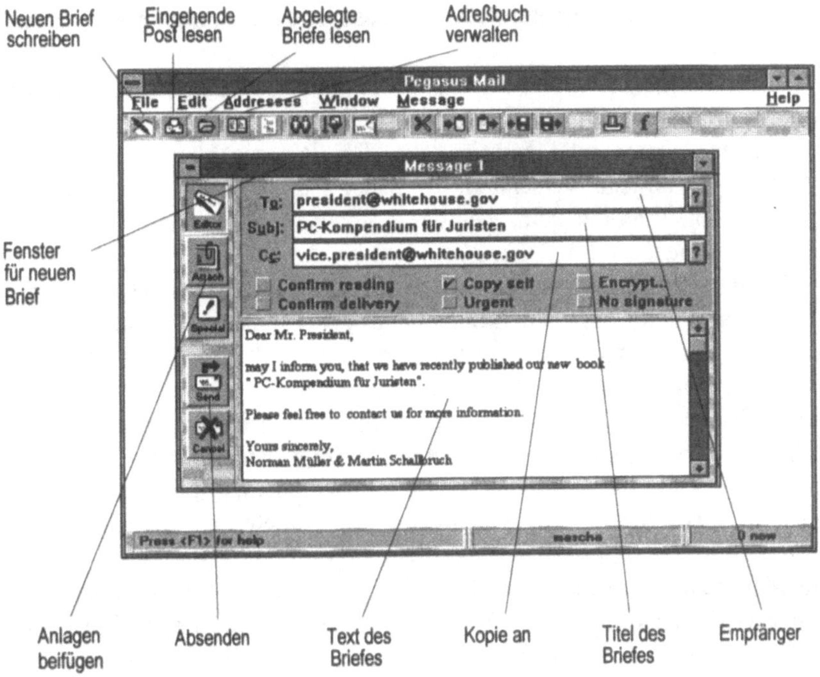

Abbildung 5.7: Pegasus Mail mit Entwurf eines Briefes

In Abbildung 5.7 sehen Sie in der Mitte das Fenster „Message 1", ein Formular für den Entwurf eines Briefes. Mindestens die EMail-Adresse des Empfängers muß angegeben werden, im Gegensatz zur herkömmlichen Briefpost in exakter Schreibweise! Außerdem sollten Sie immer das SUBJECT-Feld ausfüllen, da dem Empfänger dessen Inhalt als erstes angezeigt wird und er so auf einen Blick weiß, um was es bei dieser EMail geht. Wir haben es uns im Beispiel erlaubt, eine EMail für Präsident Clinton mit Durchschlag (CC:) an Vizepräsident Gore zu entwerfen, mit der wir beide auf das Erscheinen dieses Buches hinweisen. Eine Kopie soll bei uns verbleiben (COPY SELF), Anlagen fügen wir keine hinzu (ATTACH), auch einer Verschlüsselung (ENCRYPT) bedarf dieser Brief nicht. Unsere vorgefertigte und Pegasus Mail bekannte Unterschrift (SIGNATURE) mit Name, Adresse und EMail-Adresse soll hingegen beim Absenden automatisch an die EMail angehängt werden.

Wir haben es uns natürlich verkniffen, den Präsidenten (bzw. seinen Stab) durch einen Mausklick auf SEND tatsächlich mit dieser EMail zu behelligen; Werbebriefe sind im Internet nämlich verpönt (siehe Kasten „Netiquette" auf Seite 213). Außerdem ist die Zielgruppe dieses Buches vielleicht doch eine andere. Aber so leicht ist es, im Internet eine EMail zu versenden.

Früher durften EMails nur reine Texte enthalten. Doch die modernen Clients erlauben auch die Versendung beliebiger Dateien wie Computerprogramme, Fotos oder Musikstücke. Bei Pegasus können Sie solche Dateien als Anlage versenden; in naher Zukunft wird dann „Multimedia-Mail" möglich sein, bei der Fotos o.ä. in den Brief integriert werden können.

Eingehende EMails werden Ihnen als Liste mit Absender, Titel und Datum angezeigt und Sie können sie per Mausklick abrufen. Dann erscheint in Pegasus Mail ein Fenster wie in Abbildung 5.8, das den Inhalt der EMail wiedergibt. Die ersten fünf Zeilen sind der sogenannte *Header* der EMail, praktisch ein Briefumschlag mit Angaben über Absender, Empfänger, Versanddatum und Titel. Pegasus zeigt Ihnen hier nur einen Teil des Headers an, dieser enthält weitere Informationen, z.B. den kompletten Laufweg der EMail, also die Namen aller Computer, die die EMail weiterbefördert haben. Daran können Sie dann auch erkennen, durch wieviel Hände solch eine EMail üblicherweise geht. Die Administratoren jeder der Zwischenstationen sind übrigens theoretisch in der Lage, Ihre EMail zu lesen. Dagegen können Sie sich nur schützen, indem Sie wichtige EMails mit Verschlüsselungsverfahren codieren. Zunehmend bieten die EMail-Clients diese Möglichkeit an.

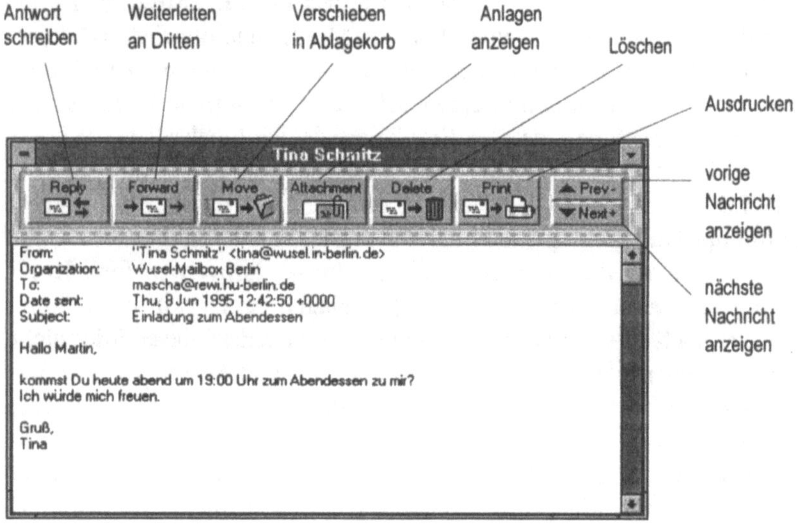

Abbildung 5.8: Pegasus Mail mit eingegangenem Brief

Betrachten Sie noch einmal Abbildung 5.8. Pegasus bietet Ihnen in der Symbolleiste dieses Fensters einige Möglichkeiten, die eingehende Post zu bearbeiten. Sie können sie Dritten zur Kenntnis geben (FORWARD), in einen Ablagekorb legen (MOVE), ausdrucken (PRINT) oder schlicht löschen (DELETE).

Wenn Sie eine EMail beantworten wollen und REPLY anklicken, erhalten Sie für den Antwortbrief ein Formular wie in Abbildung 5.7. Allerdings füllt Pegasus bereits das To:-Feld mit der richtigen Adresse und setzt als SUBJECT den Titel der ursprünglichen EMail mit vorangestelltem „Re:"; daran erkennt die Empfängerin sofort, welchen Brief sie beantworten. Auf Wunsch wird der komplette Text der Ursprungs-EMail als Zitat in Ihre Antwort übernommen und Sie können die Textpassagen direkt kommentieren. Da das so einfach funktioniert, hat sich im Internet ein ganz eigener Schreibstil herausgebildet, bei der die Übernahme und Kommentierung von Textpassagen eine große Rolle spielt.

Auf diese Art und Weise arbeiten Sie sich per Mausklick durch die eingehenden Postberge. Nicht alle EMail-Clients sind so komfortabel zu bedienen wie Pegasus, ähnliche Funktionen bieten sie jedoch alle.

Mailing-Listen. Moderne EMail-Clients erlauben die Pflege von Adreßlisten (Mailing Lists), die als Verteiler für ausgehende EMails dienen. Damit läßt sich die Kommunikation innerhalb einer größeren Gruppe organisieren. Aus diesen einfachen Adreßlisten wurde ein eigener Internet-Dienst. Betrachten Sie dazu bitte folgendes Beispiel:

Immer bemüht, seine Mitglieder auf dem laufenden zu halten, möchte der Verein Deutscher Storchenfreunde eine Liste mit den EMail-Adressen derjenigen Interessenten anlegen, die regelmäßig neueste Informationen erhalten wollen. Jedes Mitglied soll allgemein interessierende Texte per EMail an den Vorstand schicken, der sie dann an alle auf der Liste stehenden Interessenten weiterleitet. Dieses Verfahren ließe sich von Hand realisieren, es gibt aber auch eine Software, die das automatisch als Dienst im Internet durchführt: die Listserver-Software.

Auf dem Vereinscomputer „adebar.storchenfreunde.de" wird die Listserver-Software installiert. Sie verfügt über die eigene EMail-Adresse „listserv@adebar.storchenfreunde.de". Außerdem wird eine weitere EMail-Adresse „storchliste@adebar.storchenfreunde.de" eingerichtet. Nun kann z.B. das Vereinsmitglied Musterfrau an den Listserver (listserv@...) eine EMail schicken, die die Zeile

```
SUBSCRIBE STORCHLISTE ERIKA MUSTERFRAU
```

enthält. Dies hat zur Folge, daß sie automatisch in die Liste der Adressen aufgenommen wird. Wenn jetzt jemand eine EMail an

„storchliste@adebar.storchenfreunde.de“ sendet, leitet sie der Listserver an alle Adressen weiter, die sich in die Liste eintragen ließen. Damit ist das vom Vorstand des Vereins gewünschte Verfahren vollautomatisch realisiert. Mit einer einzigen EMail sind Millionen Storchenfreunde zu erreichen.

Bei dem Listserver-Verfahren ist der Unterschied wichtig zwischen der EMail-Adresse des Listservers selbst und der EMail-Adresse der Liste. Mancher Listserver verwaltet nämlich mehrere Listen. EMails, die der Steuerung des Listservers dienen, müssen an „listserv@...“ gesendet werden, neben SUBSCRIBE z.B. SIGNOFF für das Verlassen der Liste oder REVIEW für die Anforderung eine kompletten Teilnehmerliste. EMails an die verwaltete Liste selbst (also im Beispiel an „storchliste@...“) werden vom Listserver ohne Berücksichtigung des Inhalts einfach an alle weitergeleitet.

Tausende solcher Mailing-Listen gibt es derzeit im Internet als Informations- und Diskussionsforen, darunter auch eine Reihe von Listen, die juristischen Themen gewidmet sind. Beispiele finden Sie in Abschnitt 5.4.3. Wenn Sie die Adresse eines Listservers haben, können Sie Informationen über seine Bedienung üblicherweise durch eine EMail an „listserv@...“ erhalten, die nur eine Zeile mit dem Kommando HELP enthält.

5.2.3 Diskussionsforen und schwarze Bretter: NetNews

Schon über Mailing-Listen ist auch die Kommunikation innerhalb einer größeren Gruppe möglich, also eine Art öffentlicher Diskussion. Allerdings müssen Sie in die Liste eingetragen sein, um die Diskussion verfolgen zu können. Dann bekommen Sie alle EMails, die an die Liste gehen und Ihr elektronisches Postfach füllt sich schnell. Für manche Themen interessieren Sie sich aber vielleicht nur am Rande und wollen ab und zu nachschauen, was es zu diesem Thema Neues gibt und über was gerade diskutiert wird. Oder Sie haben z.B. Probleme mit dem Anschluß Ihres CD-ROM-Laufwerks und würden gerne Fachleute befragen, nicht aber wochenlang deren Diskussion über die Vor- und Nachteile bestimmter CD-ROM-Technologien verfolgen.

Für alle diese Anwendungen steht im Internet der Dienst *Network News (NetNews)* zur Verfügung. Immer wenn Sie in der Zeitung lesen, daß im Internet dieses oder jenes diskutiert wird, oder daß eine Information im Internet verbreitet wurde, ist in der Regel der NetNews-Dienst gemeint.

News-Gruppen. NetNews ist ein System tausender schwarzer Bretter, jedes von ihnen zu einem mehr oder weniger genau abgegrenzten Thema.

Ein schwarzes Brett heißt bei NetNews *News-Gruppe* und hat (wie fast alles im Internet) einen hierarchisch aufgebauten eindeutigen Namen. Die oberste Ebene (Top-Level) der Brett-Hierarchie ist traditionell eine Gliederung nach Sachgebieten. Hinzu kamen im Laufe der Zeit News-Gruppen, die nur in einem Land oder einer Region verbreitet werden und in denen dann auch die Sprache des Landes statt des sonst üblichen Englisch verwendet wird. Sie haben die Länder- oder Regions-Abkürzung als oberste Ebene der Hierarchie. Weitere News-Gruppen stammen aus anderen Computernetzen und werden lediglich in das NetNews-System weitergeleitet. Sie haben als Top-Level eine Abkürzung für das Ursprungsnetz. Einige wichtige Top-Level-Abkürzungen sind in Abbildung 5.9 wiedergegeben.

Klassische Sachgebietsgliederung	
comp	Computerthemen
news	Informationen zum NetNews-System selbst
rec	Freizeit und Hobby (recreation)
sci	Wissenschaft (science)
soc	Gesellschaft und Soziales (social)
talk	Diskussionen aller Art
alt	Themen, die in die anderen Bereiche nicht passen (alternative)
Regionale News-Gruppen	
de	Deutschland
bln	Berlin
belwue	Baden-Württemberg
jp	Japan
uk	Großbritannien
Übernahme aus anderen Netzen	
bit	BITNET
cl	Mailboxnetz ComLink
fidonet	Mailboxnetz FidoNet
maus	Mailboxnetz Maus
zer	Mailboxnetz Zerberus

Abbildung 5.9: Beispiele für Top-Level-Abkürzungen bei NetNews

Unterhalb des Top-Levels wird nach Themen gegliedert. Auch bei manchen deutschen News-Gruppen werden dabei die englischen Abkürzungen verwendet. News-Gruppen, die mit „de.comp" beginnen, beschäftigen sich also (deutschsprachig) mit Computerthemen, solche mit „de.soc“ mit gesellschaftlichen Fragen. Unterhalb dieser Ebene gibt es noch weitere Unterteilungen, wie Sie aus Abbildung 5.10 erkennen, die einen Ausschnitt der NetNews-Hierarchie zeigt.

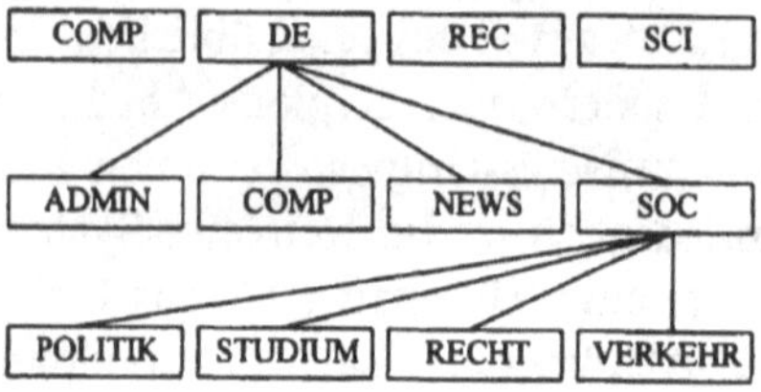

Abbildung 5.10: Ausschnitt aus der NetNews-Hierarchie

Für ein Thema gibt es oftmals mehrere News-Gruppen in verschiedenen Hierarchien, z.B. „cl.datenschutz.allgemein“ und „de.soc.datenschutz“ für Datenschutzthemen im deutschen Sprachraum. International gibt es dazu noch die News-Gruppen „alt.privacy“ und „comp.society.privacy“. Das System der News-Gruppen ist im Laufe der Jahre quasi organisch gewachsen und daher für Neulinge nicht gerade logisch aufgebaut. Neue News-Gruppen werden eingerichtet, wenn sich in einem per EMail durchgeführten Abstimmungsverfahren eine Mehrheit dafür ausspricht. Die Quoren für die Beteiligung an der Abstimmung sind allerdings so gering, daß die meisten vorgeschlagenen Rubriken zustande kommen.

Funktionsweise und Bedienung. Nehmen wir an, wir wollen die Ankündigung eines Vortrags zum Thema Datenschutz verbreiten, der in Berlin stattfindet. Wir schreiben mit unserem NetNews-Client einen Text, den wir an eine (oder mehrere News-Gruppen) adressieren, im Beispiel an „bln.termine“ und „de.soc.datenschutz“. Unser Client leitet den Text, bei NetNews *News-Artikel* genannt, weiter an den nächstgelegenen NetNews-Server. Dieser speichert ihn ab und tauscht nach festgelegten Verteilungsregeln mit anderen News-Servern alle neuen Artikel aus. Wenn Sie jetzt Ihren eigenen News-Client starten und z.B. die News-Gruppe „de.soc.datenschutz“ aufschlagen, holt sich Ihr Client von Ihrem nächsten News-Server die verfügbaren Artikel in dieser News-Gruppe und zeigt sie Ihnen an. Darunter wird dann auch unsere Vortragsankündigung sein.

Ob eine bestimmte News-Gruppe auf dem jeweiligen News-Server verfügbar ist und wie lange ältere Artikel aufgehoben werden, entscheidet der Administrator des Servers. Bei besonders aktiven News-Gruppen, z.B. „comp.infosystems.www.users“, laufen pro Tag soviele Artikel auf, daß schon aus Gründen der Festplattenkapazität kaum ein News-Server die Artikel dieser News-Gruppe länger als einige Wochen aufheben kann.

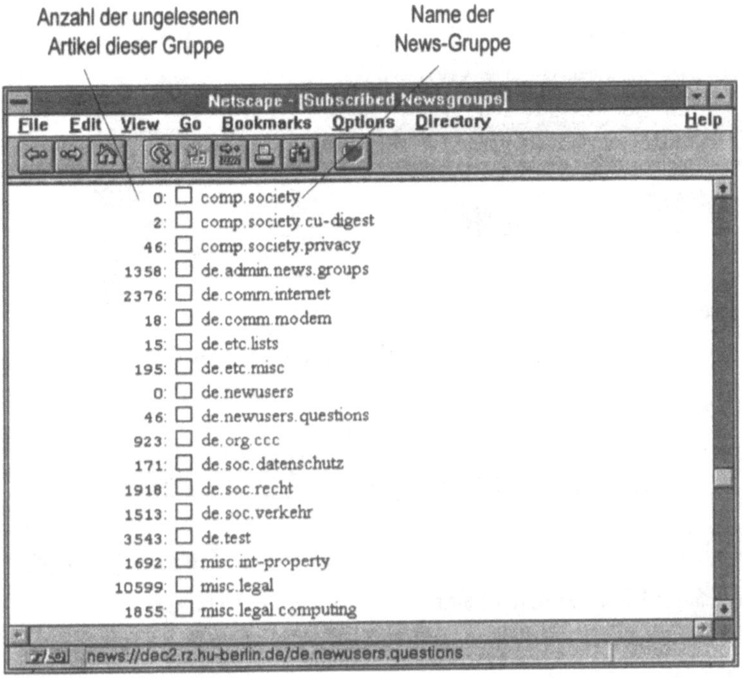

Abbildung 5.11: Liste der abonnierten News-Gruppen in Netscape

Als News-Client können Sie z.B. den WorldWideWeb-Client „Netscape" verwenden oder auch eine speziell für das NetNews-System entwickelte Software. Der Client gibt Ihnen die Möglichkeit, aus den tausenden von News-Gruppen einige auszuwählen, sie zu abonnieren. Beim Start des Clients zeigt er Ihnen die Liste dieser News-Gruppen und gibt bei jeder Gruppe die Anzahl der neuen Artikel an (s. Abbildung 5.11). Jeder News-Client merkt sich diejenigen Artikel einer News-Gruppe, die Sie schon gelesen haben, und gibt Ihnen so die Möglichkeit zu erkennen, ob und was es in der jeweiligen Gruppe Neues gibt. Aus der Liste wählen Sie dann per Mausklick die Gruppe aus, die Sie lesen wollen und erhalten eine Liste der aktuellen Artikel mit Verfasser und Thema (s. Abbildung 5.12). Aus der Liste können Sie dann die Sie interessierenden Artikel auswählen. Sie werden Ihnen dann ähnlich wie EMails angezeigt und Sie haben auch ähnliche Bearbeitungsmöglichkeiten: Sie können durch einen eigenen News-Artikel antworten („Followup"), eine Antwort-EMail versenden („Reply"), die nur der Autor des Artikels bekommt, oder den Artikel abspeichern und ausdrucken.

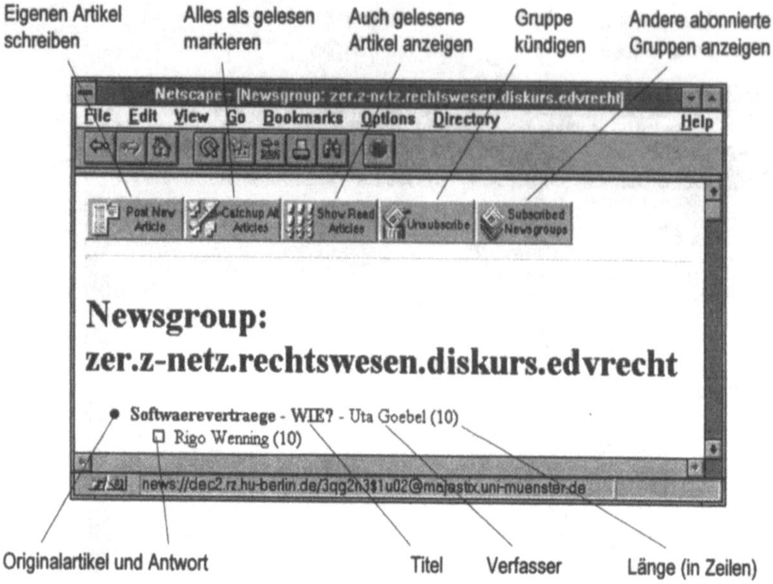

Abbildung 5.12: Liste der Artikel einer News-Gruppe in Netscape

NetNews – ein vielfältiges Gebilde. In NetNews können Sie eintauchen wie in eine eigene Welt. Jede News-Gruppe hat eine eigene „Atmosphäre“. In manchen Gruppen passiert fast nichts, in anderen wird sachlich über die Neuentwicklung bei dieser oder jener Computertechnik informiert, in wieder anderen werden heftige politische oder religiöse Meinungsverschiedenheiten ausgetragen. Es gibt kostbare News-Gruppen mit Informationen aus erster Hand über Ereignisse in fernen Ländern und etwas verruchte News-Gruppen mit geschmacklosen Witzen. Auf jeden Fall werden Sie in NetNews alle die Informationen finden, die Sie für die Teilnahme am Internet benötigen. Hier sind vor allem die Gruppen „alt.announce.newusers“, „news.announce.newusers“, „news.answers“ und „de.answers“ zu empfehlen, wo wertvolle Informationen für Einsteiger gegeben werden und die News-Gruppe „news.newusers.questions“, wo Sie Ihre Fragen zur Bedienung des Systems loswerden können. Darüber hinaus enthält NetNews inzwischen auch eine ganze Reihe News-Gruppen zu juristischen Themen, auf die wir im Abschnitt 5.4.3 eingehen werden.

Netiquette

Ein Artikel, der in eine NetNews-Gruppe gesendet wurde, kann im Grunde von allen Benutzern des Internet auf der ganzen Welt gelesen werden, stellt also eine Art weltweite Veröffentlichung dar. Niemand kontrolliert seinen Inhalt, bevor er weitergeleitet wird. Daraus ergibt sich eine hohe Verantwortung des Schreibers eines Artikels für den Inhalt seines Textes. Da es keine formalen Regeln für solche Inhalte gibt, wurden im Laufe der Zeit im NetNews-System informelle Regeln entwickelt, die als „Netiquette" bezeichnet werden. Den Versuch einer Zusammenfassung dieser Regeln unternimmt ein monatlich aktualisierter Artikel in der News-Gruppe „de.newusers".

Wichtigster Bestandteil der Netiquette ist, daß sich der Schreiber eines Artikels vor dem Absenden überlegen sollte, ob der Inhalt tatsächlich geeignet ist, aller Welt zur Kenntnis gebracht zu werden. Nicht dazu gehören persönliche Inhalte, die besser in EMails aufgehoben sind, oder Beschimpfungen und Beleidigungen aller Art. Auch schnell geschriebene Antworten auf andere Artikel sind ärgerlich, denen anzusehen ist, daß der Schreiber den Originalartikel nicht genau genug gelesen hat. Denken Sie daran, daß alles was Sie in News-Gruppen schreiben auch von Ihren Nachbarn, Kollegen oder Freunden gelesen werden kann. Das sollten Sie auch bei der Form Ihrer Artikel beachten. Seitenlanges Zitieren anderer Artikel oder völlig schlampige Aufmachung und Rechtschreibung werfen kein gutes Licht auf Sie.

Ein besonders krasser Verstoß gegen die Netiquette ist das Versenden von Werbematerial in News-Gruppen. Traurige Berühmtheit hat in diesem Zusammenhang eine amerikanische Anwaltskanzlei erlangt, die 1994 alle News-Gruppen mit einem gleichlautenden Werbebrief überschwemmte. In diesem Fall wußte sich die „Netzgemeinde" zu wehren: durch „Mail-Bombing", das massenhafte Versenden elektronischer Antwortbriefe, wurde der Zusammenbruch des Vermittlungscomputers erreicht, den die Anwaltskanzlei benutzt hatte.

5.2.4 Terminalemulation über das Internet – Telnet

Terminalprogramme kennen Sie bereits aus Abschnitt 5.1.2. Sie stellen über das Telefonnetz eine Verbindung zu einem Server her, um dessen Dienste zu nutzen. Wenn Sie bereits einen Anschluß zum Internet haben, können Sie den Zugang zu anderen Servern auch innerhalb des Internet durchführen, mit Telnet. Telnet ist ein Internet-Dienst, der den Zugang von einem Internet-Host zu einem anderen Host realisiert, um diesen so benutzen zu können, als säßen Sie direkt an ihm. Telnet ist einer der ältesten Dienste des Internet, hat allerdings inzwischen stark an Bedeutung verloren.

Um einen Host per Telnet zu benutzen, brauchen Sie im Normalfall dort eine Benutzerkennung. Allerdings haben viele Bibliotheken und andere Einrichtungen ihre Computer für alle Internet-Benutzer freigegeben, um Bibliothekskataloge oder andere öffentliche Informationssysteme nutzen zu können. Einige für Juristen interessante Bibliothekssysteme beschreiben wir in Abschnitt 5.4.7.

5.2.5 Dateiarchive nutzen – FTP

Neben seinen vielen anderen Funktionen hat sich das Internet auch zu einem Verteilsystem für kostenlose Software entwickelt. Möglich macht das das *File Transfer Protocol (FTP)*. Mit einem FTP-Client können Sie von einem fremden Internet-Host (FTP-Server) Dateien auf Ihren eigenen Computer transferieren. In den allermeisten Fällen wird dies für die Verteilung von Public-Domain-Software und Shareware benutzt, es gibt aber auch andere Anwendungen dieses Dienstes: FTP-Server mit Satellitenbildern etwa oder solche mit der Rechtsprechung des amerikanischen Supreme Court. Auch bei FTP benötigen Sie wie bei Telnet im Grunde eine Benutzerkennung; auch hier gibt es aber zahlreiche Hosts, die jedem das Stöbern in ihren Dateiarchiven erlauben. Solche FTP-Server werden *Anonymous-FTP-Server* genannt. Als Benutzerkennung müssen Sie nur FTP eingeben und als Kennwort Ihre eigene EMail-Adresse.

Auch als FTP-Client können Sie Netscape benutzen. Wenn Sie z.B. die Liste aller deutschen FTP-Server haben wollen, die sich auf dem Host „askhp.ask.uni-karlsruhe.de“ unter dem Namen „/pub/info/ftp-list.de“ befindet, wählen Sie bei Netscape den Menüpunkt FILE/OPEN LOCATION und geben „ftp://askhp.ask.uni-karlsruhe.de/pub/info/ftp-list.de“ an – schon überträgt Netscape die Datei auf Ihren Computer. Wenn Sie allerdings nicht nur Dateien holen, sondern auch eigene Dateien auf fremde Computer kopieren wollen, reicht Netscape als Client nicht aus. Dann brauchen Sie einen speziellen FTP-Client.

Archie. Vielfältige Anonymous-FTP-Server auf der ganzen Welt halten gigantische Informationsmengen zum Abruf bereit. Meistens müssen Sie zunächst herausfinden, auf welchem Server sich die gewünschte Datei befindet und unter welchem Namen. Dabei hilft Ihnen Archie. Das ist ein Internet-Dienst, der für Sie Inhaltsverzeichnisse vieler FTP-Server durchsucht und die gewünschte Datei aufspürt. Sie erreichen den deutschen Archie über eine Telnet-Verbindung zum Internet-Host „archie.th-darmstadt.de“.

5.3 Das WorldWideWeb

Das WorldWideWeb (WWW) ist innerhalb zweier Jahre zum populärsten Dienst des Internet geworden und hat begonnen, andere Dienste wie Net-News und FTP in sich aufzunehmen. Mit WWW-Clients ist die weltweite Informationsbeschaffung und „Kommunikation" im Internet praktisch ohne Vorkenntnisse möglich geworden. Damit hat das WWW gleichzeitig für einen gewaltigen Entwicklungsschub des Internets selbst gesorgt – sowohl in quantitativer Hinsicht als auch inhaltlich. Denn mit dem WWW kam es zu der derzeit zu beobachtenden massiven Kommerzialisierung der Internet-Angebote.

In dem Maße, in dem andere Dienste im WWW aufgehen, verlagern sich auch die juristischen Informationsangebote dorthin. Gleichzeitig werden im WWW viele neue juristische Informationssammlungen angeboten – Grund genug, dem Aufbau und Angebot des WorldWideWeb einen eigenen Abschnitt zu widmen.

5.3.1 Aufbau des WorldWideWeb

Das Grundkonzept des WWW wurde Anfang der 90er Jahre am Europäischen Kernforschungszentrum CERN in Genf entwickelt. Von dort stammen auch die ersten WWW-Server und -Clients. Ziel der Entwicklung dieses Dienstes war es ursprünglich, die Zugriffsmöglichkeiten auf die vielen tausend auf verschiedenen Computern gespeicherten Dokumente des CERN zu verbessern.

An und für sich ist das WWW ein sehr einfacher Internet-Dienst: Ein Client kontaktiert einen WWW-Server, fordert ein genau bezeichnetes Dokument an, erhält dieses und präsentiert es seinem Benutzer. Zwischen Client und Server besteht keine dauerhafte Verbindung, der Kontakt wird nach Erhalt des Dokuments wieder abgebrochen.

Drei über dieses einfache Prinzip hinausgehende Ideen wurden im WWW verwirklicht und machen diesen Dienst so erfolgreich:

- Die Dokumente im WWW liegen in der Regel als *Hypertexte* vor, d.h. sie enthalten Verweise auf weitere ergänzende oder vertiefende Dokumente, die der Benutzer auf Anforderung ebenfalls zur Verfügung gestellt bekommt.
- Alle Ressourcen im Internet, auf die durch das WWW zugegriffen werden kann, sind nach einem eindeutigen System benannt, dem System der *Uniform Resource Locator (URL)*; dies schließt auch Informationen aus anderen Internet-Diensten ein.
- Das WWW erlaubt nicht nur Hyper*text*-Dokumente, sondern Hyper*media*-Dokumente. Das bedeutet, daß WWW-Dokumente alle mögli-

chen multimedialen Elemente enthalten oder auf sie verweisen können, Fotos etwa oder Karten, Ton- und Filmsequenzen.

Hypertext. Hypertextstrukturen kennen Sie bereits aus der Beschreibung in Abschnitt 4.3.4 Alle WWW-Dokumente werden in der *Hypertext Markup Language (HTML)* abgefaßt. Auf die Möglichkeiten dieser Sprache gehen wir in Abschnitt 5.3.4 ein. Gegenüber allen anderen Hypertext-Systemen zeichnet sich das WWW dadurch aus, daß Hyperlinks auf andere Dokumente *irgendeines* WWW-Servers im Internet verweisen können. So könnten wir z.B. in einem eigenen Hypertext einen Satz schreiben wie

> Im März 1994 stellte der amerikanische Vizepräsident Gore in einer Rede vor der International Telecommunications Union seine Vision von einer „Global Information Infrastructure" vor, eine Vision, die ein Jahr später im Abschlußdokument der G7-Konferenz zur Informationsgesellschaft aufgegriffen wurde.

Dieser Text enthält zwei Hyperlinks (unterstrichen). Der erste soll den Wortlaut der Gore-Rede, der zweite das Original-G7-Dokument liefern. Wir müssen nicht beide Dokumente besorgen und auf einen WWW-Server kopieren, sondern können auf den WWW-Server des Weißen Hauses bzw. den WWW-Server der Europäischen Kommission verweisen. Ein Internet-Nutzer, der unseren Text liest und einen der Hyperlinks anklickt, erhält das Originaldokument zum Nachlesen, nur eben nicht von unserem Server sondern aus Washington oder Brüssel.

Dieses Verfahren hat den großen Vorteil, daß nicht immer alle Informationen an vielen Stellen vorliegen, sondern (im Idealfall) jeweils nur bei einer Stelle gespeichert sind, die gleichzeitig auch die inhaltliche Verantwortung für das Dokument übernehmen kann. Wenn sich in die Gore-Rede nämlich ein Tippfehler eingeschlichen hat, kann der Stab des Weißen Hauses den Text verbessern, unser Hypertext-Dokument verweist dann automatisch auf den korrigierten Text. Wenn der Stab des Weißen Hauses das Dokument allerdings ganz löscht, werden wir nicht unterrichtet und unser Hyperlink geht ins Leere.

Uniform Resource Locator (URL). Damit die Verfasser von Hypertexten auf andere Dokumente anderer Server verweisen können, müssen diese so eindeutig benannt werden können, daß der andere WWW-Server sie auf Anforderung auch findet. Dafür wurde das URL-System entwickelt. Das ist eine Art einheitliches Katalogisierungssystem des Internets. Eine URL bezeichnet ein Dokument eindeutig. Mehr braucht der WWW-Client nicht, um das richtige Dokument vom richtigen Server anzufordern. Die erwähnte Rede Gores hat z.B. die in Abbildung 5.13 wiedergegebene URL.

Abbildung 5.13: Aufbau einer URL

Im Mittelpunkt der URL steht der Name des Internet-Hosts, im Beispiel „www.whitehouse.gov“. Vorne steht die Abkürzung des Dienstes, der benutzt werden soll, in diesem Fall das „Hypertext Transfer Protocol“, eine technische Bezeichnung für den WWW-Dienst. Ganz hinten stehen die Angaben, wie das Dokument innerhalb des Dienstes zu finden ist. Da WWW-Server ihre Dokumente hierarchisch verwalten wie bei dem DOS-Dateisystem (s. Abschnitt 2.1), ist das einfach der Pfadname der Datei. So sehen URL immer aus, etwa die URL des erwähnten G7-Abschlußdokuments („http://www.ispo.cec.be/g7/keydocs/G7en.html“) oder die URL der Dinosaurier-Ausstellung des Honolulu Community College („http://www.hcc.hawaii.edu/hccinfo/dinos/dinos.1.html“).

Mit URL lassen sich nicht nur WWW-Angebote beschreiben, sondern auch andere Internet-Dienste. „ftp://ftp.mcafee.com/pub/antivirus“ steht z.B. für einen Zugriff auf den FTP-Server der Firma McAfee, eines bekannten Herstellers von Virenschutzsoftware. „news:de.soc.recht“ steht für die NetNews-Gruppe „de.soc.recht“. Im einzelnen gibt es die in Abbildung 5.14 genannten Dienstkennungen innerhalb der URL.

http	WWW-Server abfragen
gopher	Gopher-Server abfragen (WWW-Vorläufersystem)
ftp	Datei per FTP transferieren
telnet	Telnet-Verbindung herstellen
news	News-Gruppe anzeigen
mailto	EMail versenden

Abbildung 5.14: Dienstkennungen in der URL

Multimedia im WWW. Die HTML-Sprache bietet eine Reihe Möglichkeiten, die Dokumente für die Anzeige im WWW-Client zu formatieren. Darüber hinaus können aber auch Fotos eingebunden werden oder Zeichnungen oder andere Grafikdateien. Dies gibt den WWW-Anbietern die Möglichkeit, Ihre Angebote optisch ansprechend zu gestalten. Hiervon machen natürlich gerade die kommerziellen Anbieter regen Gebrauch. Besonderer Clou sind dabei die *clickable images*. Im WWW-Client angezeigte Bilder können nämlich so gestaltet werden, daß der Benutzer durch einen Mausklick auf bestimmte Stellen des Bildes einen Hyperlink auslöst. Unter der URL „http://wings.buffalo.edu/world/" findet sich z.B. ein „Virtual Tourist". Laden Sie dieses Dokument, erhalten Sie zunächst eine Weltkarte. Darin können Sie einen Kontinent anklicken und erhalten dann die Karte dieses Kontinents. Wenn Sie in dieser Karte ein Land anklicken, liefert Ihnen ein WWW-Server des betreffenden Landes eine detailliertere Karte des Landes mit Kennzeichnung aller derjenigen Städte, in denen es WWW-Server gibt. Ein Klick auf eine dieser Städte präsentiert Ihnen dann die Liste aller Server der betreffenden Stadt.

Noch nicht ganz so stark genutzt werden bislang die Fähigkeiten des WWW im Bereich der Ton- und Filmsequenzen. Als Beispiel für diese Möglichkeiten können Sie sich ja mal die Begrüßungsansprache Clintons für die Besucher des WWW-Servers des Weißen Hauses anhören („http://www.whitehouse.gov/") oder ein Video der Reichstagsverhüllung abrufen (über „http://www.kulturbox.de/").

WWW-Clients. Beim WorldWideWeb werden die Clients, wie bei Hypertextsystemen üblich, auch als „Browser" bezeichnet. Wir behalten trotzdem die Bezeichnung Client bei, gerade weil über die WWW-Clients inzwischen weit mehr als nur Hypertexte angezeigt werden können.

Auch und gerade für das WWW gibt es eine ganze Menge Clients. Die populärsten sind auch für MS-Windows erhältlich; sie heißen „Mosaic" und „Netscape". Mosaic ist eine Entwicklung des „National Center for Supercomputing Application" (NCSA) und wird im Internet kostenlos verbreitet. Netscape ist eine kommerzielle Weiterentwicklung von Mosaic und wird als Shareware vertrieben. das heißt: Das Programm ist frei im Internet erhältlich. Bevor Sie Netscape die Lizenzgebühr bezahlen müssen, können Sie es 90 Tage ausprobieren. Eine Lizenz von Netscape kostet $ 39, lohnt sich aber, da Netscape sicherlich der beste WWW-Client auf dem Markt ist. Schulen und Universitäten sowie deren Angehörige dürfen Netscape kostenlos benutzen.

Abbildung 5.15 zeigt Netscape, während es gerade ein Dokument lädt. Bei dem Dokument handelt es sich um die Liste aller deutscher WWW-Server, die an der FU Berlin geführt wird. Die URL sehen Sie im Feld LOCATION. Zum Zeitpunkt des Bildschirmfotos hatte Netscape erst einen Teil des Dokuments empfangen, zeigte aber bereits den Anfang an. Wenn Ihnen ein solcher Ladevorgang zu lange dauert, können Sie den Transfer jederzeit mit [Symbol] abbrechen. Gerade werktags am späten Nachmittag sind z.B. die internationalen Verbindungen in die USA extrem belastet und alle Transfers dadurch verhältnismäßig langsam.

Abbildung 5.15: WWW-Client Netscape

Wie bei einer Textverarbeitung können Sie sich in dem gerade angezeigten Dokument mit den Bildlaufleisten am Rand bewegen. Außerdem können Sie das gesamte Dokument auf Ihrer Festplatte abspeichern (FILE/SAVE AS), ausdrucken (FILE/PRINT) oder nach bestimmten Begriffen durchsuchen (FIND oder Symbol [Symbol]). Da viele WWW-Dokumente heutzutage Bilder enthalten und deren Übertragung besonders lange dauert, läßt sich in Netscape einstellen, daß Bilder normalerweise nicht übertragen werden (Menüpunkt OPTIONS/AUTO LOAD IMAGES). Wollen Sie die Bilder dann doch sehen, können Sie sie durch Mausklick auf das Symbol [Symbol] nachladen.

Alle unterstrichenen Passagen des angezeigten Dokuments sind Hyperlinks; im Original sind sie zusätzlich blau eingefärbt. Sofern Sie das Dokument bereits angeschaut haben, das sich hinter einem Link verbirgt, ist der Hyperlink anders eingefärbt, zumeist lila oder rot. Jedem Link können Sie durch einen einfachen Mausklick nachgehen. Wenn Sie den Mauszeiger auf einen Hyperlink bewegen, ohne zu klicken, zeigt Ihnen Netscape am unteren Bildrand die URL dieses Links an. Am Host-Namen des Servers können Sie einigermaßen abschätzen, wo der Server steht und ob die Übertragung wohl besonders lange dauert.

Im Grunde können Sie sich nun von Dokument zu Dokument bewegen, indem Sie immer die blauen Hyperlinks anklicken. In sehr vielen Fällen werden Sie aber nach einem kurzen Blick auf ein abgerufenes Dokument feststellen, daß es Sie gar nicht interessiert. Dann wollen Sie natürlich zurück in das vorige Dokument. Dafür gibt es das -Symbol oben links. Mit dem daneben liegenden -Symbol kommen Sie zu dem Hauptdokument Ihres „Home-Servers". Einen solchen können Sie im Menüpunkt OPTIONS/PREFERENCES eintragen. Dies hat vor allem den Sinn, daß Netscape ein Dokument hat, das es Ihnen beim Start anzeigen kann (ansonsten holt es natürlich das Hauptdokument der Firma Netscape Communications in Kalifornien). Aber das -Symbol ist auch ganz nützlich, wenn Sie die Orientierung im Hyperlink-Dschungel völlig verloren haben („Lost in Hyperspace") und zu einem Dokument zurückkehren wollen, von dem aus Sie Ihre Informationssuche erneut starten können. Sie sollten daher als Home-Server den WWW-Server Ihrer eigenen Organisation oder einen WWW-Server in der Nähe eintragen, damit das Hauptdokument schnell abgerufen werden kann.

Netscape merkt sich, welche Dokumente Sie im Laufe einer Sitzung abgerufen haben. Über das Menü GO! können Sie in eines dieser Angebote zurückspringen. Wollen Sie sich besonders interessante WWW-Angebote merken, verwenden Sie das Menü BOOKMARK. Hier eingetragene URL bleiben auch für die nächste Benutzung von Netscape erhalten und Sie finden die damit verbundenen Informationen leicht wieder. Für das Durchsuchen der Datenbestände des WWW per Mausklick hat sich übrigens im Internet der Begriff *Netsurfing* eingebürgert. Denn die Vielfalt der Angebote verführt viele Nutzer zu stundenlangem Stöbern im WWW statt zielgerichteter Informationssuche. Das Fehlen einer hierarchischen Struktur der Informationen im WWW macht es seinen Benutzern auch sehr schwer, den Überblick zu behalten.

Die speziellen Buttons „Welcome", „What's New!" usw. führen allesamt in den WWW-Server der Firma Netscape. Gleiches tut übrigens auch der Aufruf der Hilfefunktion, denn auch das Handbuch des

Netscape-Clients ist online auf dem WWW-Server in Kalifornien verfügbar.

Wenn Sie über Netscape andere Dienste als das WWW nutzen wollen, müssen Sie das Programm entsprechend konfigurieren. Dies erfolgt im Menü OPTIONS/PREFERENCES. Wichtigste Einstellungen sind die Angabe Ihrer EMail-Adresse, Ihres EMail-Servers sowie Ihres NetNews-Servers. Ohne diese Angaben können Sie EMail und NetNews nicht aus Netscape heraus benutzen.

5.3.2 Angebote im WWW

Die Angebote im WorldWideWeb sind in kürzester Zeit zahlreich und vielfältig geworden. Erst Ende 1993 begann die breitere Nutzung dieses Dienstes, heute gibt es nach Schätzungen weltweit bereits 30.000 WWW-Server. Begonnen haben die Universitäten und Forschungsinstitute in Nordamerika und Europa, von denen heute sicher fast alle im WWW vertreten sind. Sie informierten zunächst nur über Mitarbeiter, Lehrangebot und Forschungsvorhaben. Die Angehörigen der Universitäten begannen aber schnell damit, auch über die Darstellung ihrer Institution hinausgehende Informationen im WWW zur Verfügung zu stellen. Das waren zunächst beispielsweise touristische Informationen über ihre Region oder Sammlungen zu privaten Interessengebieten – vom Fußballverein über eine bestimmte Musikrichtung bis zum Kneipenführer.

Während zu Beginn die Betreuer eines WWW-Servers solche privaten Angebote ausdrücklich in das Angebot des Servers übernehmen mußten, ist der Mechanismus zur Einspielung privater Angebote in das WWW inzwischen sehr viel einfacher geworden: In vielen Universitäten ist der WWW-Server so eingerichtet, daß jeder Nutzer des lokalen Netzes der Universität in seinem Dateibereich ein bestimmtes Verzeichnis anlegen kann („.public_html") und alle Dateien des Verzeichnisses vom WWW-Server weltweit zur Verfügung gestellt werden. Da manche Universitäten diesen Mechanismus inzwischen sogar den Studenten offerieren, enthalten die Uni-eigenen WWW-Server häufig eine völlig unübersichtliche Menge unterschiedlichster Informationen.

Den großen Boom erlebt das WWW aber erst seit dem Einstieg privater Unternehmen. Viele Firmen, die das Internet lange Zeit nur als Spielwiese der Wissenschaftler begriffen, haben inzwischen seine Bedeutung als weltweit verfügbarer Online-Dienst erkannt. Mit der Verbreitung des WWW ist die Teilnahme am Internet so einfach geworden, daß die Anschlußzahlen auch im privaten Bereich steigen. Das ist für viele Firmen Grund genug, sich selbst und ihre Angebote im WWW zu präsentieren und zunehmend auch Geschäfte im Internet abzuwickeln. Gleichzeitig beginnen immer mehr Behörden, öffentliche und kulturelle Einrichtungen, ein WWW-Angebot bereitzustellen.

Es ist unmöglich, die Vielzahl der Angebote im WorldWideWeb auch nur einigermaßen vollständig wiederzugeben. Wir beschränken uns daher hier auf den Versuch der Darstellung einzelner Angebote, die beispielhaft für das WWW sind. Juristische Informationen im WWW klammern wir aus, ihnen widmen wir uns in Abschnitt 5.4. Wir geben bevorzugt Beispiele aus Deutschland wieder. Die ganze Vielfalt des WWW-Angebots der US-amerikanischen Server darzustellen, würde diesen Rahmen sprengen. Auf die Angabe der jeweiligen URL verzichten wir, um die Lesbarkeit des Textes zu erhalten. Die URL der aufgeführten Beispiele finden Sie in Anhang B.

Außerdem haben wir einige HTML-Dokumente zusammengestellt, die Hyperlinks zu allen im Text dieses Buches erwähnten Internet-Angeboten enthalten, Ihnen also das Eintippen langer URL ersparen können. Diese HTML-Seiten finden Sie auf dem WWW-Server der Juristischen Fakultät der Humboldt-Universität zu Berlin unter der URL

```
http://www.rewi.hu-berlin.de/~mascha/jura/
```

Aktuelle Informationen. Das WWW ist ein sehr schnelles Medium. Daher ist es wie geschaffen für die Bereitstellung ständig aktualisierter Informationen. Ein gutes Beispiel sind hier die Nachrichten der Deutschen Welle (DW). Die DW-Nachrichten werden im WWW derzeit in Deutsch und Englisch, demnächst auch in Französisch, Spanisch und Portugiesisch angeboten und ständig aktualisiert. Die Benutzung des WWW-Angebots ist ganz einfach: Jede Nachricht wird zunächst in Kurzform dargestellt. Bei Interesse erscheint durch Mausklick auf das „+“-Symbol der vollständige Text. (s. Abbildung 5.16).

Neben der Deutschen Welle bietet ein Team aus Ulm, Berlin und Karlsruhe die „GERMNEWS“ an, Nachrichten aus Deutschland. Die Meldungen stammen aus den Nachrichtensendungen der Rundfunkanstalten und werden von ehrenamtlichen Helfern eingegeben. Zunächst wurden sie über eine Mailing-Liste verteilt, inzwischen sind sie über einen Server der Universität Karlsruhe auch im WWW zu lesen. Internationale Nachrichten finden Sie z.B. auf dem Server von „Voice of America“. Vom Institut für Meteorologie der Freien Universität Berlin erhalten Sie Wetterinformationen aus Berlin und Brandenburg sowie Hinweise auf weitere WWW-Server mit Wetterdaten anderer Regionen.

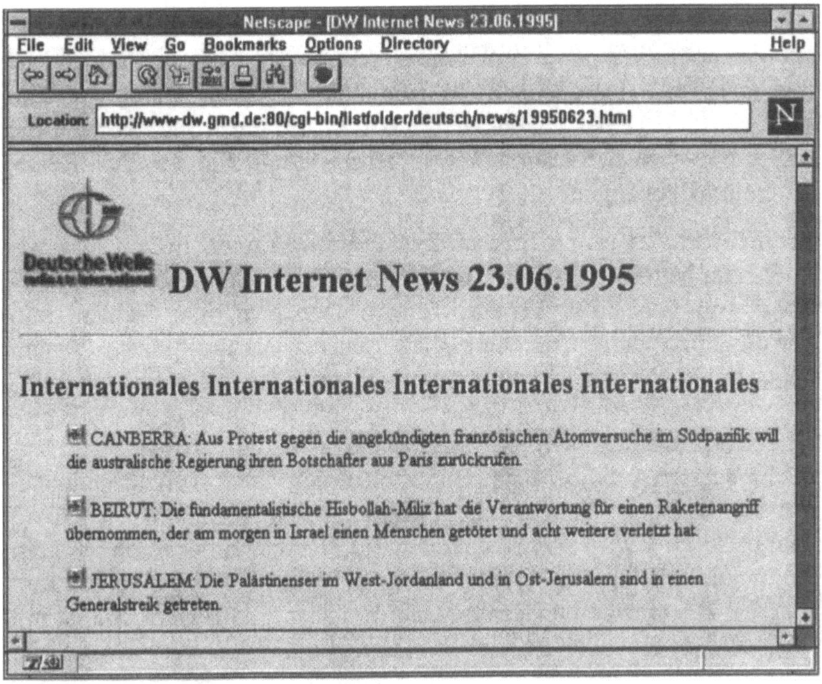

Abbildung 5.16: DW-Nachrichten im WWW

Länder- und Städteinformationen. Über das WWW ist es sehr leicht, Informationen aus fremden Ländern abzurufen. Viele WWW-Benutzer wünschten sich daher, daß die jeweiligen Server auch touristische Informationen über ihr Land oder ihre Region anbieten. Das haben viele Serverbetreiber zunächst in Eigeninitiative getan, z.B. bietet ein Server der Freien Universität Berlin allgemeine Informationen über Deutschland in englischer Sprache an und ein Server der Berliner Humboldt-Universität einen Berlinführer. Inzwischen haben manche Städte und Regionen selbst ein eigenes WWW-Angebot aufgebaut, um Tourismuswerbung zu betreiben. Ein besonders gutes Beispiel ist Paris, das umfangreiche Informationen über die Stadt im WWW zur Verfügung stellt. Ein erstes deutsches Angebot ist „München OnLine" des Kulturreferats der Landeshauptstadt München, das mögliche Besucher über das Münchner Kulturgeschehen informiert.

Über die politische und wirtschaftliche Situation eines Landes sowie die wichtigsten Daten können Sie sich sehr gut im „CIA World Factbook" des amerikanischen Geheimdienstes CIA informieren. Das World Factbook enthält für jedes Land der Erde einen ausführlichen Bericht.

Eine umfangreiche Liste der Firma City.Net faßt alle weltweit verfügbaren touristischen Informationen zusammen. Auf sie können Sie unter anderem durch den „Virtual Tourist II“ zugreifen: Durch Auswahl eines Kontinent, eines Landes, einer Region und einer Stadt können Sie sich schrittweise die Informationen besorgen, die Sie für Ihre Reisevorbereitung benötigen.

Staatliche Stellen und nichtstaatliche Organisationen. In den Vereinigten Staaten betreiben staatliche Stellen inzwischen Hunderte von WWW-Servern, mit denen Sie über Ihre Tätigkeit berichten, vom Weißen Haus über die einzelnen Ministerien bis zur kleinsten nachgeordneten Organisation. In Großbritannien betreibt das „UK Government Centre for Information Systems“ einen WWW-Server mit Informationen über alle Bereiche der britischen Regierung. Deutschland ist in der Hinsicht noch Entwicklungsland. Auf Ebene des Bundes hat lediglich das Bundesministerium für Bildung, Wissenschaft, Forschung und Technologie (BMBF) einen eigenen WWW-Server, über den Sie Pressemitteilungen lesen können, Veröffentlichungen bestellen oder Minister Rüttgers per EMail kontaktieren. Die einzige Landesregierung im Internet ist Bayern. Sie ist mit einem sehr professionell gemachten Angebot im WWW vertreten. In diesem Bereich ist in nächster Zeit eine starke Entwicklung zu erwarten.

Große internationale Organisationen wie Greenpeace oder Amnesty International betreiben eigene WWW-Server und informieren dort über ihre Arbeit (s. Abbildung 5.17)

Als erste deutsche Partei hat die CDU einen WWW-Server aufgebaut, der das Grundsatzprogramm, Wahlergebnisse sowie persönliche Daten über Bundeskanzler Kohl und einige CDU-Abgeordnete enthält.

Kulturelle Angebote. Der Mut zu Experimenten mit neuen Medien ist im Kulturbereich recht groß. Dem entspricht auch der große Umfang kultureller Angebote im WWW. Kinoprogramme und Veranstaltungspläne gibt es im WWW bereits für mehrere deutsche Städte. Über die bloße Ankündigung kultureller Veranstaltungen hinaus wird das WWW aber auch als Medium für Kunst genutzt, etwa bei der „Galerie Online“ der Deutschen Gesellschaft zur Förderung der Kultur oder im Projekt „Fenster im Netz“ der Berliner Firma „Art+Com“.

Abbildung 5.17: WWW-Server von Greenpeace

Zur Verhüllung des Reichstags im Sommer 1995 gestaltete die Berliner „Kulturbox" in Zusammenarbeit mit dem Ehepaar Christo und dem Berliner Senat ein umfangreiches Angebot mit ständig aktualisierten Berichten und Fotos rund um dem Berliner Reichstag. Über das Kulturbox-Angebot konnten außerdem Tausende kultureller Veranstaltungen in Berlin ermittelt werden. Im „virtuellen Parlament" war es jedem WWW-Benutzer möglich, seine eigene Meinung zu dem Christo-Projekt im WWW zu veröffentlichen.

Medien im WWW. Mehrere Zeitungen und Zeitschriften sind dazu übergegangen, neben ihrer Papierausgabe auch im WWW zu veröffentlichen. Teilweise werden Auszüge angeboten, etwa beim SPIEGEL oder der WELT. Weiter geht die Berliner „tageszeitung" (taz), die seit Mai 1995 ihre tägliche Ausgabe schon am Vorabend ab 19:00 komplett im WWW zur Verfügung stellt. International finden Sie inzwischen eine beachtliche Menge an Zeitungen, die im WWW vertreten sind, vom „Standard" (Wien) über die „Libération" (Paris) bis zur „New York Times".

Auch elektronische Medien nutzen das WWW zur Bereitstellung von Informationen über sich und ihr Programm, von der eben erwähnten Deutschen Welle über Radio Fritz bis zu SAT 1 und dem Westdeutschen

Rundfunk. Eine gute Zusammenstellung aller Medien-Angebote im WWW finden Sie in den „Media Pages“, einem WWW-Angebot des SPIEGEL.

Business im WWW. Die Unternehmen der Computerbranche haben damit begonnen, andere sind gefolgt: Zahlreiche Unternehmen nutzen das WorldWideWeb zur Präsentation der eigenen Produktpalette. Gerade für Großunternehmen gehört es zum guten Ton, im WWW präsent zu sein. Die Deutsche Telekom bietet Informationen über Ihre Dienste und im WWW-Angebot der Deutschen Bank finden Sie neben Eigenwerbung auch die Börsenkurse aus Frankfurt. Mit der zunehmenden Präsenz von Großunternehmen im WWW sind auch die Angebote professioneller geworden. Spezialisierte Agenturen übernehmen für kommerzielle Anbieter die Gestaltung der WWW-Dokumente.

In geringem Umfang werden in Deutschland auch schon Geschäfte über das WWW abgewickelt. Bei der Buchhandlung „Lehmanns“ in Berlin können Sie Bücher bestellen, bei „Frank Franken's Teehandlung“ in Oldenburg können Sie Tee ordern. In den USA ist das WWW schon in viel stärkerem Maße zu einer kommerziellen Angelegenheit geworden. Im „Internet Shopping Network“ können Sie z.B. bereits tausende von verschiedenen Produkten erwerben. Bei „PizzaHut“ können sich die meisten Amerikaner Ihre Pizza über das WWW bestellen.

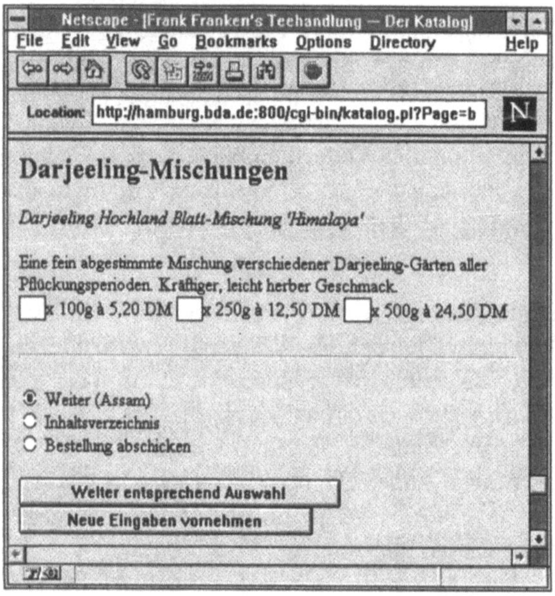

Abbildung 5.18: Tee-Bestellung über das WWW

Eine Schwierigkeit bei der Geschäftsabwicklung über das WWW sind die Zahlungsmodalitäten. Wenn eine Bezahlung über Rechnung nicht möglich ist, wird häufig die Kreditkartennummer verwendet. Das ist allerdings eine sehr unsichere Angelegenheit, da die Nummer über zahlreiche Rechner im Internet zum Verkäufer weitergeleitet wird und gegen Abhören nicht hinreichend geschützt ist. Andere Zahlungsmittel werden gegenwärtig erprobt, die sichere und anonyme Zahlung erlauben sollen, so z.B. das Verfahren „ECash“, bei dem mit „Banknoten“ in Form verschlüsselter elektronischer Codes gezahlt werden kann.

Wissenschaftliche Informationen. Das WWW ist ursprünglich allein zur Bereitstellung von Informationen aus der Wissenschaft entwickelt worden. Universitäten und Forschungsprojekte bieten ein entsprechend umfangreiches Angebot. Üblicherweise betreibt jede Universität einen zentralen WWW-Server, der Informationen über Lehr- und Forschungsangebot, Bibliotheken, Serviceeinrichtungen, Ansprechpartner usw. enthält. An der Berliner Humboldt-Universität ist das z.B. der Server „www.hu-berlin.de“ Die einzelnen Fakultäten und Institute einer Universität betreiben weitere Server, die detailliertere Angaben zu der jeweiligen Einrichtung und ihrem Angebot enthalten. An der Humboldt-Universität sind das beispielsweise der Server der Informatiker „www.informatik.hu-berlin.de“ oder der Server „www.rewi.hu-berlin.de“ der Rechtswissenschaft.

Das Angebot dieser Universitätseinrichtungen dient auch der Bereitstellung von Informationen für die Wissenschaftler der Universität. Daher finden Sie dort regelmäßig Verweise auf alle wichtigen WWW-Server des jeweiligen Fachgebiets. Die WWW-Server der Universitäten sind also gute „Ausgangsbasen“ für die Informationssuche im WorldWideWeb. Außerdem finden sich auf ihnen zahlreiche nützliche Informationen, die in Eigeninitiative von Mitarbeitern und Studenten erstellt wurden, eine Bundesbahnauskunft etwa oder der Zugang zur achtsprachigen Übersetzungsdatenbank der EU.

5.3.3 Systematischer Zugang zum WWW

Im Dschungel der WWW-Angebote verlieren Sie leicht den Überblick. Es ist nicht einfach, ein gesuchtes Angebot zu finden. Die Verwalter vieler Server versuchen daher, systematische Zugänge zum Labyrinth der Hypertexte zu eröffnen. Einige Ansätze stellen wir vor.

Regionale Gliederungen. Der einfachste und erste Ansatz der systematischen Gliederung der im WWW vorhandenen Informationen waren Listen der WWW-Server einzelner Länder oder Regionen. Am Fachbereich

Chemie der Freien Universität Berlin wird beispielsweise eine nach Städten geordnete Liste aller deutschen WWW-Server geführt. Diese Liste ist im deutschen WWW gut bekannt. Sie können also davon ausgehen, daß ein neuer Server von seinem Betreiber ziemlich bald bei der FU angemeldet wird. Allerdings enthielt die Liste mit Stand vom 30. Juni 1995 bereits 873 deutsche WWW-Server, davon allein 88 aus Berlin und 85 aus München. Durch diese Größe ist ihre Benutzung schwierig geworden. Die Verwalter an der FU bieten daher einige besondere Übersichten an, die aus der großen Liste erstellt wurden, z.B. die Liste deutscher Firmen im WWW oder eine Liste der Anbieter von Internet-Zugängen.

In München betreibt das Projekt „Link Everything Online" (LEO) einen WWW-Server. Seine Aufgabe soll es sein, alle deutschen WWW-Angebote einfach und übersichtlich zugänglich zu machen. Angebote von LEO sind mehrere systematische Übersichten von WWW-Angeboten sowie Software-Archive und Archive deutscher Mailing-Listen. Außerdem enthält der LEO-Server eine Deutschlandkarte: Durch Mausklick auf einen Städtenamen in der Karte bekommen Sie die Liste der WWW-Server dieser Stadt angezeigt (s. Abbildung 5.19).

Ähnliche *Servermaps*, Karten von WWW-Servern, werden auch in anderen Ländern geführt. An der amerikanischen Buffalo University gibt es den erwähnten „Virtual Tourist", über den die Servermaps aller Länder zu erreichen sind.

Sachgebietsgliederungen. Viele WWW-Benutzer, die an einem bestimmten Thema interessiert sind, haben private Listen von URL gesammelt, die auf WWW-Angebote zu diesem Thema verweisen. Einige haben diese Listen ihrerseits als Hypertexte im WWW zur Verfügung gestellt und sich mehr oder weniger verpflichtet, diese sogenannten *Resource Lists* auch weiterhin zu aktualisieren. Aus solchen einfachen Listen sind teilweise umfangreiche Sachgebietsgliederungen entstanden.

Abbildung 5.19: Deutschlandkarte von LEO

Die bedeutendste Gliederung dieser Art entstand an der Stanford University: *YAHOO* (Yet Another Hierarchical Officious Oracle). YAHOO verwaltet in einer großen Gliederung insgesamt 60.000 (Stand: Juni 1995) Verweise auf WWW-Angebote. Die Titelseite von YAHOO mit der Wiedergabe der Gliederung auf oberster Ebene sehen Sie in Abbildung 5.20. Durch Auswahl einer Rubrik erhalten Sie die weitere Untergliederung der Rubrik, bei „Law" also u.a. „Commercial" und „Constitutional". Ist das Sachgebiet hinreichend detailliert bestimmt, zeigt YAHOO Ihnen eine Liste der verfügbaren Angebote mit Titel und kurzer Beschreibung. Durch Klick auf einen dieser Einträge verzweigen Sie zum jeweiligen Angebot.

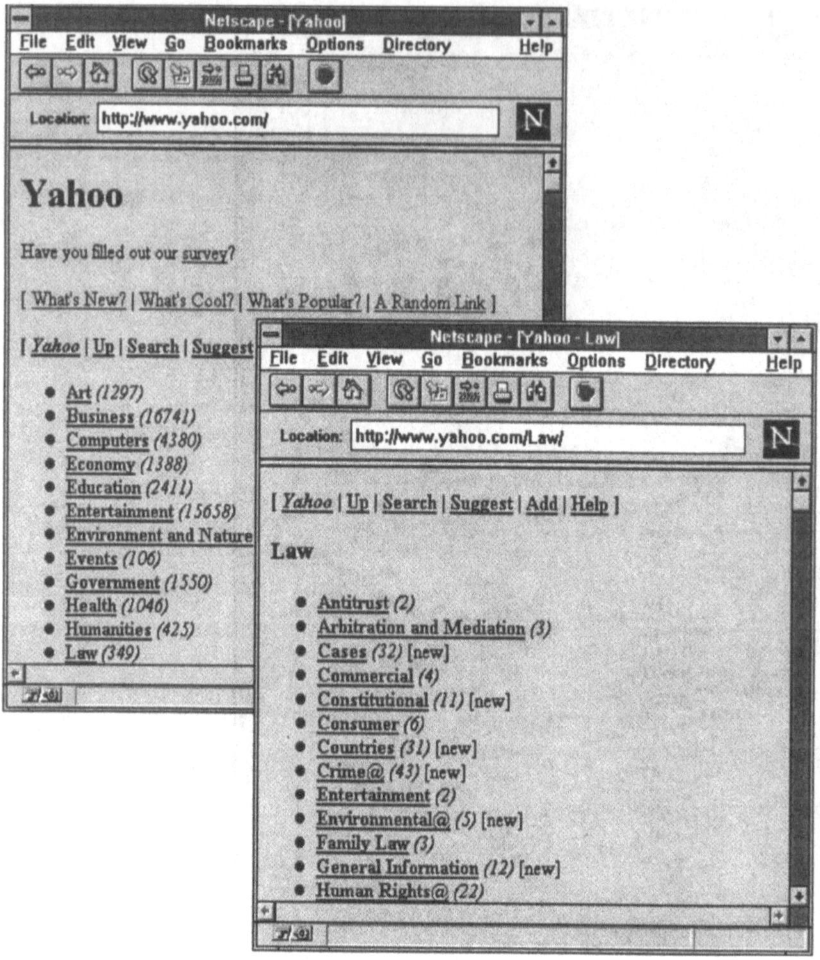

Abbildung 5.20: Titelseite von YAHOO

Die Einträge in YAHOO werden meistens von den Administratoren des jeweiligen WWW-Servers veranlaßt. Sie können aber auch selbst eine URL zum Eintrag in YAHOO vorschlagen. Bevor dieser Eintrag in die Gliederung aufgenommen wird, überprüfen die YAHOO-Mitarbeiter die Existenz des vorgeschlagenen WWW-Angebots. Zusätzlich suchen für YAHOO sogenannte „Robot-Programme“ im Internet selbst nach Ankündigungen neuer WWW-Server. Einer der Vorteile von YAHOO ist die netzartige Struktur der Sachgebietsgliederung. So finden Sie Amnesty International nicht nur unter dem Gliederungspunkt „Society and Culture: Human Rights“ sondern z.B. auch unter „Economy: Organizations: Public

Interest Groups: Human Rights". Sie können den gesamten YAHOO-Datenbestand auch automatisch nach Stichwörtern durchsuchen lassen.

YAHOO ist inzwischen nicht mehr an der Universität angesiedelt und wird von einer privaten Firma mit Unterstützung des Netscape-Herstellers kostenlos betrieben.

Neben YAHOO gibt es weitere internationale Sachgebietsgliederungen mit ähnlicher Arbeitsweise, etwa die „Virtual Library" in Genf oder „EINet Galaxy". In Deutschland gibt es die „Deutschen Datenquellen", die an der Universität Karlsruhe zusammengestellt werden und vor allem eine umfangreiche Übersicht aller wissenschaftlichen Informationen auf deutschen Servern bieten.

Suche im WWW. Über eine Sachgebietsgliederung kommen Sie nur an Informationen, die im richtigen Sachgebiet verzeichnet sind. Das reicht oft nicht aus, wenn man auf der Suche nach Informationen ist, die keinem Sachgebiet eindeutig zugeordnet werden können. Deshalb gibt es *Suchmaschinen (Search Engines)* im WorldWideWeb, die den Zugriff auf WWW-Dokumente über eine Stichwortsuche erlauben.

Solche Suchmaschinen arbeiten wie folgt: Ein Computerprogramm ruft regelmäßig alle WWW-Dokumente einer Liste von Servern ab. Die Dokumente werden automatisch verschlagwortet und die Schlagwörter mit der URL des Dokuments in eine Datenbank aufgenommen. Sie als Benutzer können nun über das Ausfüllen eines WWW-Formulars eine Anfrage an die Datenbank stellen, z.B. nach dem Begriff „Constitution", und erhalten die Liste der Dokumente, die diesen Begriff enthalten. Nicht alle Suchmaschinen arbeiten mit einer Volltextverschlagwortung. Manche durchsuchen die WWW-Server nach speziellen Informationsdateien, die den Inhalt der Dokumente beschreiben. Wieder andere erwarten, daß in dem HTML-Dokument Schlagwörter bereits besonders gekennzeichnet sind.

Mit der Vielfalt der Suchmaschinen können Sie am besten umgehen, indem Sie die „Configurable User Search Engine (CUSI)" benutzen. CUSI wurde von Martijn Koster aus Nottingham entwickelt und ist ein Formular, über das Suchanfragen an verschiedene Suchmaschinen gerichtet werden können. CUSI ist sehr einfach zu benutzen und führt meistens zu den gewünschten Ergebnissen. In Deutschland wird CUSI von zwei WWW-Servern angeboten.

5.3.4 Informationen im WWW anbieten

Ein Grund für den Boom des WWW ist sicherlich die Tatsache, daß das Anbieten eigener Informationen so einfach ist. Um ein eigenes Angebot im WWW zu präsentieren, haben Sie drei Voraussetzungen zu erfüllen:

- Sie müssen ein Angebot in Form von Hypertexten erstellen.
- Sie benötigen einen WWW-Server, der das Angebot aufnimmt und im Internet zur Verfügung stellt.
- Sie brauchen eine Einbindung Ihres Angebots in das WorldWideWeb, damit Interessenten das Angebot finden können.

HTML-Dokumente erstellen. Die WWW-Angebote liegen wie erwähnt in einer speziellen Beschreibungssprache vor: HTML. Ein in HTML verfaßtes Dokument enthält neben dem eigentlichen Text weitere Informationen, sogenannte HTML-Befehle. Mit HTML-Befehlen wird festgelegt, in welcher äußeren Form der Text auf dem Bildschirm dargestellt werden soll. WWW-Server liefern den Clients alle Dokumente in HTML-Form. Der Client wertet die speziellen HTML-Befehle in dem Dokument aus und stellt den Text entsprechend auf dem Bildschirm dar.

```
<HTML>

<HEAD>
<TITLE>HTML-Beispiel</TITLE>
</HEAD>

<BODY>
<CENTER>
<H1>Beispiel für ein WWW-Dokument</H1>
</CENTER>
<HR>
Die Erstellung von HTML-Dokumenten ist im Grunde ganz einfach. Normaler
Text wird fortlaufend gesetzt und je nach Breite des WWW-Clients
umgebrochen. Mit speziellen Befehlen in <EM>spitzen Klammern</EM> kann
eine besondere Art des Satzes veranlaßt werden. Außerdem können Hyperlinks
auf andere Dokumente eingefügt werden, z.B. die
<A HREF="http://www.w3.org/">HTML-Beschreibung</A> auf dem Server von
<STRONG>W3</STRONG> in Genf. Auch die Integration von Bildern ist ohne
weiteres möglich, sogar innerhalb von Hyperlinks:
<P>
<A HREF="http://www.buffalo.edu/world/"><IMG ALIGN=LEFT SRC="vt.gif"></
Ein Click auf das links zu sehende "VT"-Symbol verzweigt in
das Angebot des "Virtual Tourist".
</BODY>

</HTML>
```

Abbildung 5.21: Beispielhaftes HTML-Dokument

Betrachten Sie bitte Abbildung 5.21 und Abbildung 5.22. Die erste Abbildung zeigt ein einfaches HTML-Dokument, die zweite seine Darstellung in Netscape. Im Prinzip wird der Text innerhalb eines HTML-

Dokuments je nach Größe des Clients auf dem Bildschirm des Nutzers fortlaufend gesetzt, durch die HTML-Befehle in spitzen Klammern werden jedoch einzelne Textteile anders dargestellt.

So wird z.B. der Text zwischen den Befehlen `<CENTER>` und `</CENTER>` auf dem Bildschirm zentriert, zwischen den Befehlen `<H1>` und `</H1>` als Überschrift dargestellt und der Text zwischen `<EM>` und `</EM>` durch kursive Schrift hervorgehoben. Besonders wichtig sind die Hyperlinks auf andere WWW-Dokumente, die mit dem HTML-Befehl `<A HREF="URL">` begonnen und mit dem Befehl `</A>` abgeschlossen werden. Für „URL" ist die konkrete URL des Dokuments einzusetzen, auf das verwiesen wird. Der Text zwischen `<A ..>` und `</A>` wird vom WWW-Client besonders hervorgehoben, damit der Benutzer den Hyperlink erkennt.

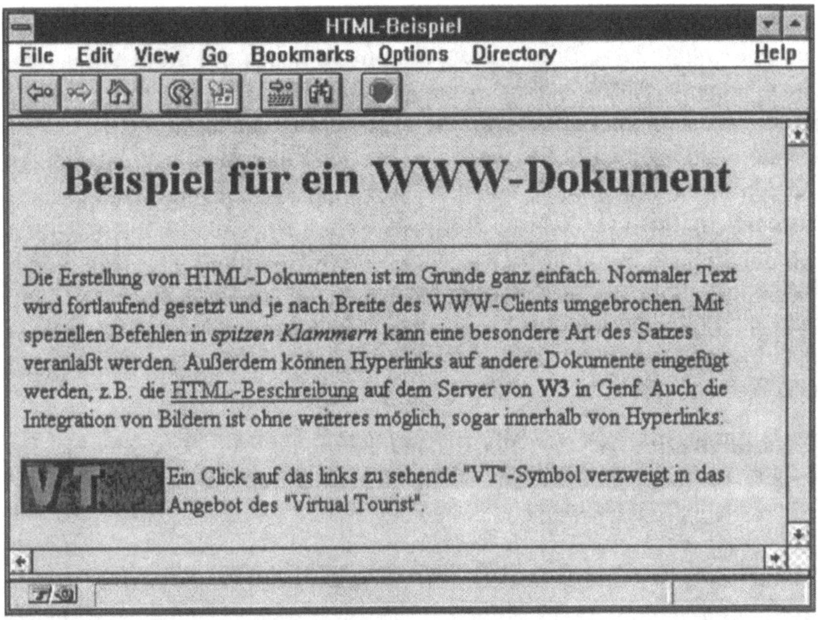

Abbildung 5.22: Darstellung des Beispiel-HTML-Dokuments in Netscape

HTML wird gegenwärtig laufend erweitert, um die Gestaltungsmöglichkeiten im WWW zu verbessern. Neben den gerade beschriebenen Möglichkeiten können auch Bilder integriert und Formulare erstellt werden, z.B. für Bestellungen. In neueren HTML-Versionen ist auch der Satz von Tabellen und Formeln, die Gestaltung des Hintergrunds oder die Veränderung der Schriftfarbe möglich.

HTML-Editoren sind spezielle Textverarbeitungsprogramme, die Ihnen einen Großteil der Arbeit bei der Erstellung von HTML-Dokumenten abnehmen. Sie erzeugen viele Befehle halbautomatisch: Durch Anklicken einer „Fett“-Schaltfläche wird etwa der markierte Text in die HTML-Befehle `<STRONG>` .. `</STRONG>` eingeschlossen. Ein sehr guter HTML-Editor ist das Shareware-Produkt „WebEdit“, das Sie im WWW („http://www.thegroup.net/webedit.html“) erhalten.

HTML-Konvertierungsprogramme setzen Texte aus normalen Textverarbeitungsprogrammen in HTML um und erzeugen dabei die HTML-Befehle aus den Formatierungen des Textes automatisch. Allerdings bedürfen die Ergebnisse dieser Programme zumeist der manuellen Nachbearbeitung, weil sich nicht jeder mit dem Textverarbeitungsprogramm geschriebene Text ohne weiteres für die Präsentation im WWW eignet.

WWW-Server finden. Als Student bietet Ihnen Ihre Universität vielleicht die Möglichkeit, eigene HTML-Dokumente über den WWW-Server der Universität zu veröffentlichen. Ansonsten haben Sie die Alternativen, einen eigenen WWW-Server zu betreiben oder Ihre Dokumente über den Server eines kommerziellen Providers zur Verfügung zu stellen.

Für einen eigenen Server brauchen Sie zunächst einen leistungsfähigen PC. Die WWW-Server-Software ist kostenlos für verschiedene Betriebssysteme erhältlich (s. Anhang B.3). Damit Ihre Angebote immer abgefragt werden können, muß Ihr PC im Dauerbetrieb laufen und über eine Standleitung mit dem Internet-Provider verbunden sein. Dieser Aufwand lohnt sich allenfalls für Unternehmen oder Vereine, nicht jedoch für private WWW-Anbieter. Für Privatleute ist eher die Übergabe der eigenen WWW-Dokumente an einen Provider zu empfehlen.

Einbindung ins WWW. Mit der Aufnahme auf den Server einer Universität oder eines Providers erhält das Hauptdokument Ihres WWW-Angebots automatisch eine URL, z.B.

```
http://www.providername.de/~IhrName/
```

Damit *kann* Ihr Angebot weltweit abgerufen werden – allerdings weiß die Welt noch nichts von Ihren neuen WWW-Dokumenten. Damit Ihr Angebot auch abgerufen *wird*, müssen Sie dafür sorgen, daß seine URL verbreitet wird. Das erreichen Sie, indem Sie Freunde und Bekannte bitten, in ihr eigenes WWW-Angebot einen Hyperlink mit Ihrer URL aufzunehmen. Wenn Sie ein thematisch abgrenzbares, allgemein interessierendes Angebot präsentieren, z.B. eine Sammlung zur Geschichte des Gemeinderechts auf der Insel Usedom, können Sie sich auch in deutsche und internationale Sachgebietsgliederungen eintragen lassen (s. Abschnitt 5.3.3).

5.4 Juristische Informationen im Internet

5.4.1 Allgemeines

Informationen im Internet werden bislang überwiegend kostenlos bereitgestellt. Dies liegt an der Geschichte des Internet als Wissenschaftsnetz und an den komplizierten Bedingungen für elektronische Bezahlung im Internet. Kommerzielle Datenbank-Anbieter wie in Deutschland die Juris GmbH oder der Verlag C.H.Beck haben daher wenig Grund, Ihre Informationssammlungen im Internet anzubieten. Deshalb ist eine kleine Testdatenbank der Juris GmbH mit Entscheidungen zum EDV-Recht die einzige deutsche juristische Datenbank, die mit einem kostenlosen Angebot im Internet zu finden ist.

Juristische Informationen im Internet stammen in Deutschland überwiegend von den Juristischen Fakultäten und Fachbereichen. Computerenthusiasten an den Universitäten scannen beispielsweise Gesetzestexte ein und stellen sie im WWW ebenso zur Verfügung, wie Musterklausuren oder Fall-Lösungen. Dieses Angebot von ca. 10 deutschen Fakultäten ist nicht koordiniert und für den praktisch tätigen Juristen als Informationsquelle ungeeignet. Diese traurige Situation wird lediglich durch einzelne Projekte in bestimmten Rechtsgebieten verbessert, die ein wenig von den Möglichkeiten des Internets zur Informationsversorgung ahnen lassen und auf die wir unten näher eingehen.

In den USA ist diese Situation völlig anders. Auch dort sind zwar die Law Schools der Universitäten die wesentlichen Informationsanbieter, weniger die kommerziellen Datenbankproduzenten. Da die Angehörigen der Universitäten die Internetdienste selbst in starkem Umfang nutzen, räumen die US-Universitäten jedoch der elektronischen Informationsvermittlung durch eigene technische Dienste eine sehr hohe Priorität ein. Die technische und personelle Ausstattung der Law Libraries und ihrer Computer Services ist daher sehr viel besser als in Deutschland.

Aber auch Dutzende amerikanischer Anwaltskanzleien präsentieren sich bereits im Internet. Sie sehen das WWW als Werbemöglichkeit an und versuchen daher, mit ihrem Angebot einen möglichst professionellen Eindruck zu machen. Dies führt in manchen Fällen dazu, daß auch in gewissem Umfang juristische Quellen kostenlos zur Verfügung gestellt werden.

Das Internet ist also eine vorzügliche Quelle für Informationen über amerikanisches Recht einschließlich der laufenden legislativen Tätigkeit des Kongresses und der Entscheidungen der wichtigsten Gerichte. Auch in einigen anderen Staaten sind Sammlungen des nationalen Rechts entstanden, die für den Ausländer wertvoll sein können.

Mit der Kommerzialisierung des Internet und der Einführung elektronischer Zahlungsmechanismen wird das Internet zunehmend interessant für klassische Datenbankanbieter. Sie werden ihre Datenbanken zusätzlich zu den übrigen Vertriebswegen auch im Internet anbieten. Ein Beispiel für eine solche kostenpflichtige Datenbank im WWW ist Garant, eine Datenbank des geltenden russischen Rechts, die eine Moskauer Privatfirma im Internet offeriert.

Alle in diesem Abschnitt erwähnten juristischen Informationen im Internet sind im Anhang C mit Quellenangabe aufgeführt. Sie finden die angegebenen Quellen auch zusammengestellt auf einem WWW-Server der Berliner Humboldt-Universität unter

```
http://www.rewi.hu-berlin.de/~mascha/jura/
```

5.4.2 Einzelne Beispiel-Projekte

Wie Sie sich juristische Informationsvermittlung im Internet vorstellen können, wollen wir in diesem Abschnitt an einigen fortgeschrittenen Projekten demonstrieren.

International Constitutional Law (ICL) ist ein Projekt einer internationalen Wissenschaftlergruppe, an dem in Deutschland zwei Mitarbeiter der Universität Hamburg mitwirken. Es hat sich zum Ziel gesetzt, durch Bereitstellung entsprechender Quellen die Beschäftigung mit vergleichendem Verfassungsrecht zu erleichtern. Auf dem Server des Fachbereichs Wirtschaftswissenschaft der Universität Hamburg sind die englischen Texte der Verfassungen von 37 Ländern abrufbar. Das Besondere an dieser Sammlung ist die Form der Bereitstellung der Texte.

Die Verfassung eines Landes kann nämlich nicht nur jeweils für sich gelesen werden. Vielmehr ist eine Verknüpfung der Texte der verschiedenen Staaten über eine Modellverfassung hergestellt. Jeder Artikel der Modellverfassung enthält neben einem Text Hyperlinks auf die entsprechenden Regelungen der anderen Staaten. Umgekehrt können Sie in der Sammlung per Hyperlink von der Regelung eines Staates zu den vergleichbaren Vorschriften anderer verzweigen.

Betrachten Sie bitte Abbildung 5.23. Durch einen Mausklick auf den Stern hinter Artikel 38 Abs. 1 Satz 1 des Grundgesetzes (oben) erscheint das Gliederungsdokument (rechts), aus dem die entsprechenden Regelungen anderer Verfassungen ersichtlich sind. Durch einen Klick auf „IT“, die Länderkennung für Italien, erhalten Sie dann beispielsweise Artikel 48 der italienischen Verfassung (unten).

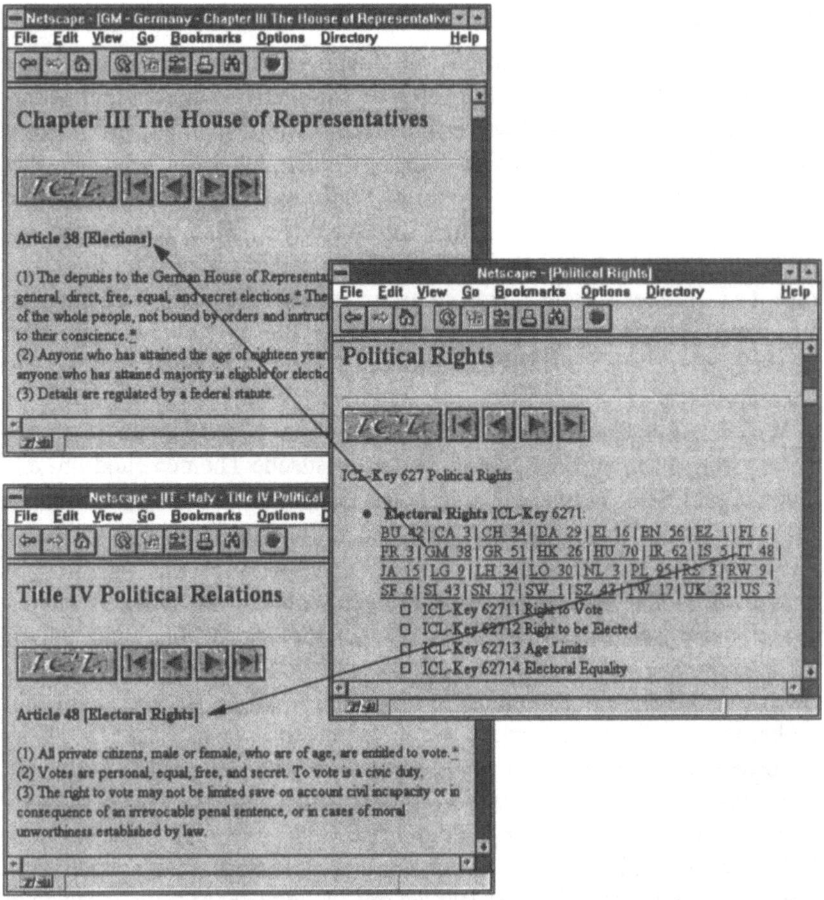

Abbildung 5.23: ICL-Recherche – Das Wahlrecht in den Verfassungen der Welt

Ähnlich aufwendige Projekte wie ICL, die die Möglichkeiten des WWW so optimal nutzen, findet man gegenwärtig nur selten im Internet. Hervorzuheben ist ein Projekt von Thomas Ruefner von der Universität Tübingen. Sein Ziel ist es, das gesamte Corpus Iuris im Hypertext-Format bereitzustellen. Schon jetzt sind einige längere Digestenstellen mit den dazugehörenden Glossen des Accursius in der lateinischen Originalfassung verfügbar.

Andere erwähnenswerte Projekte, die über die bloße Zusammenstellung von Informationen hinausgehen, sind eine internationale Handelsrechtssammlung an der Universität Tromsø und das „Multilateral Project" der Fletcher School of Law and Diplomacy. Dieser WWW-Server enthält eine umfangreiche Zusammenstellung der englischen Fassungen zahlreicher internationaler Verträge.

5.4.3 Diskussionen

Die Zahl der deutschen Juristen mit Zugang zum Internet dürfte noch nicht sehr groß sein. Gegenwärtig sind es vor allem Studenten und Mitarbeiter der Universitäten. Die verschiedenen Möglichkeiten, im Internet fachspezifische Diskussionen zu führen, werden daher nur sehr schwach genutzt. In der NetNews-Hierarchie de.* gibt es eine News-Gruppe, die sich mit Rechtsfragen beschäftigt: „de.soc.recht". Hier diskutieren inzwischen eine stattliche Anzahl Teilnehmer miteinander, allerdings nur zum Teil Juristen. Viele nichtjuristische Internet-Benutzer wenden sich mit ihren juristischen Fragen an die Leser dieses News-Gruppe und erhalten gelegentlich sogar eine Antwort. Dementsprechend breit ist die Themenpalette.

Wirklich interessant werden die juristischen Diskussionen in dieser News-Gruppe immer dann, wenn es um juristische Themen rund um das Internet geht. Hier besteht ein sehr hoher Diskussionsbedarf und offenbar auch ein großes Interesse der juristischen Internet-Benutzer an dieser Thematik.

Weitere NetNews-Gruppen beschäftigen sich mit einzelnen Aspekten mit teilweise juristischen Bezügen, z.B. „de.soc.datenschutz" und weisen im allgemeinen ein sehr viel höheres fachliches Niveau auf als der Gemischtwarenladen „de.soc.recht". Aus den Mailbox-Netzen ComLink, Zerberus und FidoNet werden weitere News-Gruppen nach NetNews importiert: „cl.recht.*", „zer.z-netz.rechtswesen.*" sowie „fido.ger.recht" und „fido.ger.jura". Sie weisen kein wesentlich anderes Diskussionsniveau auf als die Gruppen der de-Hierarchie.

In den USA gibt es in der Hierarchie „law.*" eine Reihe juristischer News-Gruppen, die sehr viel stärker auf einzelne Fachgebiete bezogen sind. Sie können in Deutschland über den WWW-Server der Chicago-Kent School of Law gelesen werden. Auch die internationalen News-Gruppen „misc.legal.*" werden vor allem von US-amerikanischen Internet-Teilnehmern genutzt. Wie in allen internationalen News-Gruppen müssen Beiträge in Englisch verfaßt sein.

Juristische Mailing-Listen sind in Deutschland nahezu unbekannt. Eine der wenigen brauchbaren Listen ist „PIDJURIS". Über diese Liste versendet die Juris GmbH die ihr übergebenen Pressemitteilungen der obersten Bundesgerichte kostenlos noch am gleichen Tag an die eingeschriebenen Interessenten. Wenn Sie diese Liste nutzen wollen, wenden Sie sich bitte an die Juris GmbH, Gutenbergstr. 23, 66117 Saarbrücken, Tel. 0681/5866-0. Ansprechpartnerin ist Frau Warken.

In anderen Ländern werden Mailing-Listen sehr viel stärker genutzt, vor allem in Großbritannien und natürlich in den Vereinigten Staaten. Insbesondere die Juristischen Fakultäten der Universitäten betreiben Server, die fachspezifische Mailing-Listen verwalten. Nach gegenwärtigem Stand (6/95) gibt es international zwischen 200 und 300 Mailing-Listen mit juristischem Bezug. Die Palette reicht von „AGLAW-L", der „Agricultural Law List", bis zu „Y-RIGHTS", der „Kid/Teen Rights Discussion List". Eine Liste der Mailing-Listen ist auch über die Chicago-Kent School of Law erhältlich. Dort findet sich auch ein Archiv der Beiträge, die in der letzten Zeit in den verschiedenen Mailing-Listen geschrieben wurden.

Die Mailing-Listen sind in sehr unterschiedlichem Maße aktiv. Listen mit ein bis zwei EMails pro Monat gibt es ebenso wie Listen mit Dutzenden von EMails pro Tag. Bei den besonders aktiven Listen werden üblicherweise mehrere thematische Stränge gleichzeitig diskutiert. Eintreffende EMails sind also mal zu diesem, mal zu jenem Thema. Wenn Sie sich als Neuling in eine relativ aktive Mailing-Liste eintragen, sollten Sie möglichst zunächst die Diskussion über einige Zeit verfolgen, bevor Sie sich einmischen. Sonst kann es Ihnen leicht passieren, daß Sie einen völlig unpassenden Beitrag zu einem Thema schreiben, das zuvor wochenlang diskutiert wurde.

Fragen stellen können Sie hingegen jederzeit. Es erstaunt uns immer wieder, daß auf eine Frage in einer Mailing-Liste oftmals sehr gut ausgearbeitete Antworten von Experten auf dem jeweiligen Gebiet kommen. Gerade US-amerikanische Professoren nutzen EMail sehr stark und haben überhaupt keine Probleme damit, auf Ihrem Fachgebiet elektronisch gestellte Fragen zu beantworten.

5.4.4 Veröffentlichungen

In manchen wissenschaftlichen Disziplinen spielt die Veröffentlichung von Forschungsergebnissen im Internet schon eine bedeutsame Rolle, z.B. in der Krebsforschung oder in der Luft- und Raumfahrt. Weil dort die internationale Zusammenarbeit eine besonders große Rolle spielt, ist das Internet als Medium für den wissenschaftlichen Austausch unverzichtbar geworden.

Juristen arbeiten hingegen stark national orientiert und haben zudem selten einen Bedarf am Zugang zu neuesten wissenschaftlichen Ergebnissen. In Deutschland gibt es daher bislang noch keine juristische Publikation im Internet. Weltweit existieren derzeit etwa 20 juristische Zeitschriften, die zusätzlich zur Papierausgabe auch im Internet erscheinen, einige allerdings nicht im Volltext. Hinzu kommen einige Zeitschriften, die gar nicht auf Papier, sondern nur im Internet erscheinen. Diese Zeitschriften werden in der Regel kostenlos von Universitäten herausgegeben, einige wenige sind jedoch kostenpflichtig und müssen abonniert werden.

Thematisch hat der „juristische Zeitschriftenmarkt im Internet" natürlich einen besonderen Schwerpunkt bei der Rechtsinformatik und dem Informationsrecht, etwa die Zeitschriften „Law Technology Journal" (Großbritannien) oder „Federal Communication Law Journal" (USA).

Allgemeine juristische Zeitschriften sind z.B. die „Cornell Law Review" oder das „Indiana Journal of Global Legal Studies" (beide USA). Zeitschriften zu einzelnen juristischen Fachgebieten außerhalb der Informationsrecht existieren derzeit noch nicht; angesichts der Aktivität der amerikanischen Law Schools ist das aber nur noch eine Frage der Zeit. Die erste juristische Online-Zeitschrift im deutschen Sprachraum ist die vom Manz-Verlag herausgegebene österreichische Rechtszeitschrift „ecolex".

Einen besonderen Stellenwert beim elektronischen Publizieren im Internet nehmen die Regierungsveröffentlichungen ein. Berichte, Informationsbroschüren und Pressemitteilungen werden häufig zusätzlich elektronisch publiziert. Die Regierungen Großbritanniens, Sloweniens oder der USA warten beispielsweise mit einem ausgesprochen umfangreichen WWW-Angebot auf.

5.4.5 Archive

Elektronische Archive aller Art sind im Internet sehr verbreitet. Das können Fachdatenbanken sein mit einem einheitlichen, konsistenten Datenbestand und entsprechenden Retrieval-Möglichkeiten, meistens sind es aber Sammlungen elektronisch verfügbarer Dokumente, die schlicht als Listen bereitgestellt werden und keine Suchmöglichkeit vorsehen.

Im Internet kann jeder Informationen bereitstellen. Sie könnten also z.B. Ihre private Sammlung von 5 Gesetzestexten und 20 Entscheidungen des BVerwG zu baurechtlichen Fragen auf einem WWW-Server zur Verfügung stellen, das ganze in News-Gruppen ankündigen, Administratoren anderer Server bitten, Hyperlinks auf Ihr Angebot aufzunehmen und damit eine gewisse Bekanntheit im deutschen Internet erlangen. Damit wäre der Baurechts-WWW-Server geboren und angesichts des noch dürftigen juristischen Angebots im WWW gäbe es sicher zahlreiche Interessenten, die Ihre Quellen abrufen würden.

Sie können sich wahrscheinlich selbst vorstellen, was das Problem dabei ist: Sie als Privatperson kennt der Nutzer der Informationen gar nicht, niemand garantiert ihm also, daß die Gesetzestexte aktuell sind, die Gerichtsentscheidungen halbwegs bedeutsam oder überhaupt in dieser Form ergangen. Bei den juristischen Informationen auf Papier bürgen die Verlage und Herausgeber für die Qualität ihres Angebots. Bei den juristischen Informationen im Internet gibt es keine Qualitätskontrolle. Die

Universitäten, die z.B. ihren Studenten die Möglichkeit einräumen, Angebote in das WWW einzuspielen, können natürlich die Qualität des Angebots nicht überprüfen.

Deshalb raten wir Ihnen zur Vorsicht bei der Benutzung von Gesetzestexten, Entscheidungen oder ähnlichem, die Sie aus dem Internet bezogen haben. Schauen Sie sich den Anbieter der Informationen so gut es geht an. Im WWW sind Angebote, die von Privatleuten über den Server einer Organisation angeboten werden, meistens an der Tilde („~") in der URL zu erkennen. Unser erwähntes Angebot für Sie hat z.B. die URL „http://www.rewi.hu-berlin.de/~mascha/jura/", die ausdrückt, daß es ein privates Angebot des Nutzers „mascha" ist. Angebote ohne Tilde in der URL sind hingegen fast immer Angebote der Organisation selbst, bei denen meistens höhere Anforderungen an die Qualität des Inhalts gestellt werden.

Drei wesentliche Arten von Archiven mit juristischen Informationen können wir derzeit im Internet ausmachen: Gesetzesarchive, Entscheidungsarchive, thematische Archive mit unterschiedlichen Textarten. Literaturarchive finden sich praktisch noch nicht, lediglich die Sammlungen der ohnehin im Internet erschienenen Zeitschriften.

Gesetzessammlungen. Juristen nutzen das Internet noch nicht lange. Die ersten juristischen Informationen im Internet stammen daher von Nichtjuristen. Ihre Bereitstellung lief vor einigen Jahren etwa nach folgendem Muster ab: In einer News-Gruppe fragte ein Informatiker, wie das denn sei mit der Strafbarkeit des „Hacking". Darauf antwortete ein anderer, das sei jetzt im StGB geregelt. Der erste fragte zurück, ob es das StGB irgendwo elektronisch gebe. Schließlich fand sich dann meistens jemand, der es einscannte und den Lesern der News-Gruppe mitteilte, es sei jetzt von irgendeinem FTP-Server einer Universität abrufbar.

Die Qualität und Aktualität dieser Texte können Sie sich vorstellen. In Deutschland sind wir leider noch nicht sehr weit über dieses Niveau hinausgekommen, obwohl immer wieder gerade ausländische Internet-Nutzer hohes Interesse an deutschen Gesetzestexten zeigen. Sammlungen der wichtigsten Gesetzestexte gibt es auf den FTP-Servern der Universitäten Mainz und Stuttgart, darunter auch einige in englischer Sprache. Mangelnde Aktualität muß man leider der größten Sammlung deutscher Gesetze attestieren, die auf einem Server der RWTH Aachen liegt. Der Stand der wiedergegebenen zahlreichen Gesetzestexte dürfte etwa bei Mitte 1994 liegen.

Das Angebot in den USA demonstriert, wie es besser geht: Im Rahmen seiner „Internet Law Library" bietet das amerikanische Repräsentantenhaus eine Volltextdatenbank des geltenden amerikanischen Bundesrechts an, in der kostenlos und bequem recherchiert werden kann. Ähnliche Angebote gibt es auch in den meisten Bundesstaaten, in der Regel durch staatliche Einrichtungen oder die Bibliotheken von Law Schools betreut. Bereits erwähnt haben wir das Angebot der Firma Garant, die eine kostenpflichtige Datenbank des russischen Föderationsrechts im WorldWideWeb bereitstellt. Ein anderes positives Beispiel ist die Schweiz, wo das Justizministerium eine mehrsprachige Dokumentation zur Verfassungsreform präsentiert, die alle wesentlichen Originaldokumente umfaßt.

Die umfangreichste deutsche Sachgebietsgliederung für juristische Informationen, das „Jurweb" an der Universität Bayreuth, bietet eine nach Ländern geordnete Übersicht der weltweit vorhandenen Gesetzestexte.

Entscheidungen. Bei Entscheidungssammlungen ist die Situation in Deutschland noch ähnlich unbefriedigend wie bei Gesetzen. Manche eingescannten Einzeltexte finden sich im Netz, etwa das „Soldaten sind Mörder"-Urteil des BVerfG. Die einzige systematische Sammlung ist die testweise von der Juris GmbH bereitgestellte Datenbank der DV-rechtlichen Entscheidungen. An der Universität Saarbrücken wird ein Archiv der Mailing-Liste mit den Pressemitteilungen der Bundesgerichte geführt. Hier können Sie bequem die Mitteilungen der letzten Monate nachschlagen.

Auch hier wollen wir zum Vergleich das amerikanische Angebot erwähnen: Das „Legal Information Institute" der Cornell Law School verwaltet ein Archiv der Entscheidungen des US Supreme Court seit 1990. Mit verschiedenen Suchkriterien kann kostenlos auf den Volltext der Entscheidungen zugegriffen werden. Ähnliches leisten andere Law Schools für die obersten Gerichtshöfe der Bundesstaaten. Weitere Entscheidungssammlungen werden allerdings zunehmend von Privatfirmen bereitgestellt und nur gegen Entgelt zugänglich gemacht.

In einigen Ländern stellen Gerichte bereits selbständig Informationen im Internet bereit. So betreiben z.B. die Verfassungsgerichte Estlands, Südafrikas und Sloweniens WWW-Server, die teilweise auch die Texte von Entscheidungen enthalten.

Thematische Sammlungen. Archive zu einzelnen juristischen Themen finden sich recht häufig im Internet. Sie entstehen zumeist durch die Eigeninitiative einzelner Internet-Nutzer, die selbst zu diesem Thema arbeiten und die elektronisch verfügbaren Texte gesammelt haben. Solche Sammlungen können z.B. sehr wertvoll sein, wenn Sie sich ein etwas am Rande liegendes Rechtsgebiet neu erschließen wollen.

Der Inhalt solcher thematischer Sammlungen umfaßt zumeist verschiedene Arten von Texten: Gesetzestexte, Entscheidungen, Regierungsveröffentlichungen, Aufsätze und natürlich Hyperlinks auf alle weiteren Quellen zu diesem Thema im Internet. Thematische Sammlungen werden auch oft von Organisationen angeboten, die zu diesem Thema arbeiten.

Besonders viele derartige Archive finden Sie natürlich im Bereich des Informations- und Computerrechts, z.B. die deutsche Sammlung zum Datenschutz an der Humboldt-Universität zu Berlin.

5.4.6 Lehr- und Lernangebote für Studenten

Die WWW-Server der Juristischen Fakultäten bieten in geringem Umfang auch Material für Jura-Studenten an. Auf dem Server der Universität Potsdam finden sich beispielsweise Arbeitspapiere zu einzelnen Vorlesungen. An der Universität des Saarlandes in Saarbrücken bieten die Lehrstühle der Professoren Bürge und Rüßmann Musterklausuren an. An der Berliner Humboldt-Universität entstand ein experimentelles Lernprogramm zum Urkundenstrafrecht. Mehrere Projekte zur Integration des Internets in die Juristenausbildung in Saarbrücken, Tübingen und Berlin sind gegenwärtig darum bemüht, diese Angebote zu erweitern.

Weitere Angebote anderer Universitäten werden sicher hinzukommen. Über die auf mehreren WWW-Servern geführte Liste der deutschen Juristischen Fakultäten im Internet finden Sie solche neuen Angebote schnell. Die juristische Sachgebietsgliederung in Saarbrücken enthält außerdem eine spezielle Liste der Informationen für Studenten.

5.4.7 Bibliotheken

Der Zugang zu den Katalogen der wissenschaftlichen Bibliotheken ist gegenwärtig sicher eine der wertvollsten Informationsquellen im Internet. Die Bibliotheken der allermeisten deutschen Universitäten bieten einen Zugang zu ihren Katalogdaten an. Üblicherweise kann der Katalog aus dem Netz genutzt werden, indem Sie per „Telnet" eine Verbindung zu dem Bibliothekscomputer herstellen und die dort installierte Such-Software benutzen. Damit arbeiten Sie so, als wenn Sie an einem der Katalogterminals in der Bibliothek sitzen würden. Solchen Zugang bieten z.B. die Universitäten Bayreuth, Bielefeld, Düsseldorf, Erlangen-Nürnberg, Göttingen, Heidelberg, Köln, Konstanz, München, Saarbrücken.

Die Bedienung dieser Bibliothekssoftware ist nicht ganz einfach. Mehrere verschiedene Abfrageprogramme sind im Gebrauch, deren Abfragesprachen wie bei juristischen Datenbanken variieren. Wenn Sie auf diese Art ein Buch suchen und in den Katalogen mehrerer Universitätsbibliotheken nachschauen wollen, müssen Sie sich also in die Bedienung mehrerer Programme einarbeiten.

Eine bessere Möglichkeit ist daher der vom Deutschen Bibliotheksinstitut unterhaltene *Verbundkatalog*, Er besteht aus den Katalogdaten zahlreicher deutscher wissenschaftlicher Bibliotheken, die eine ähnliche Form der elektronischen Katalogisierung praktizieren. Der Verbundkatalog 1994 enthält ca. 17 Millionen Einträge. Wenn Sie im Verbundkatalog einen Titel finden, bekommen Sie alle Bibliotheken angezeigt, die dieses Buch führen. Es kann dann per Fernleihe bestellt werden. Der Verbundkatalog ist mit Telnet unter dem Host-Namen „dbi.x29-gw.dfn.de" erreichbar. Nach dem Verbindungsaufbau erscheint die Meldung

```
CNO1 PLEASE ENTER NET COMMAND
```

Bitte geben Sie dann „o dbilink" gefolgt von ↵ ein. Nun erscheint

```
USER-NUMBER          =
```

und Sie geben bitte „dbilink" gefolgt von ↵ ein. Dann sind Sie im Katalogsystem. Nähere Erläuterungen zur Benutzung des Systems gibt eine Broschüre des Deutschen Bibliotheksinstituts, Bundesallee 184/185, 10717 Berlin, Tel.: (030) 8505-0.
Einige wenige Bibliotheken wie die Thüringische Universitäts- und Landesbibliothek Jena und die Bibliothek der Humboldt-Universität zu Berlin bieten bereits die Katalogsuche über das WWW an. Das ist die einfachste Form der Literatursuche. Sie füllen ein Suchformular aus und erhalten eine Ergebnisliste wie in Abbildung 5.24. In der Liste können Sie einen Titel anklicken und erhalten nähere Angaben dazu.

Eine Liste der deutschen Bibliotheken, die Recherche-Möglichkeiten im Internet anbieten, führt Markus Neteler von der Universität Hannover und stellt sie im WWW zur Verfügung. Über diese Liste können Sie die Kataloge auch direkt erreichen, ohne sich die Host-Namen oder URL der verschiedenen Bibliotheken merken zu müssen.

Auch weltweit bieten viele Bibliotheken ihre Kataloge im Internet an. Gerade in den Vereinigten Staaten ist dies üblich, auch an den Law Schools der Universitäten. Wegen Ihres großen Bestandes ist besonders die Library of Congress (LOC) in Washington empfehlenswert. Sie unterhält einen eigenen WWW-Server und hat auch den Zugang zu ihren Katalogen geöffnet. Bei unseren Recherchen waren wir immer wieder erstaunt, welch große Menge auch deutschsprachiger juristischer Fachliteratur die LOC führt.

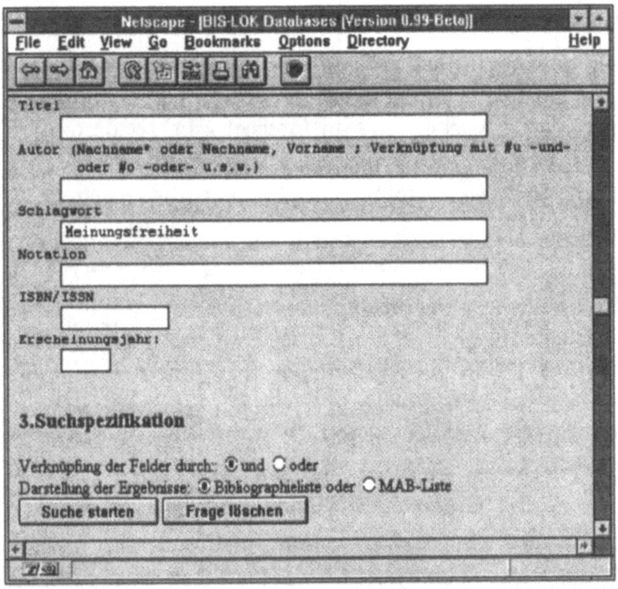

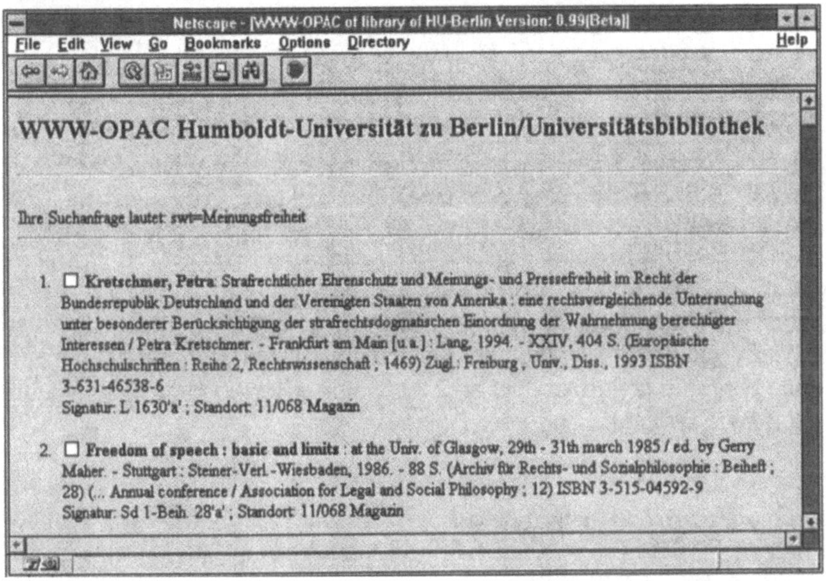

Abbildung 5.24: Katalog der UB der HU Berlin – Suchformular und Ergebnis

5.4.8 Ressource-Übersichten

Unsere Beschreibung der juristischen Angebote im Internet wird schon in wenigen Monaten von der Entwicklung überholt sein. Um so wichtiger ist es, daß Sie nicht nur wissen, was es *jetzt* im Internet gibt, sondern auch, wie Sie das finden, was es *zukünftig* im Internet geben wird.

In Deutschland gibt es zwei wichtige Sachgebietsgliederungen für juristische Informationen: Das „Jurweb" an der Universität Bayreuth und das Projekt „Juristische Informationen im Internet" an der Universität Saarbrücken. Die Bayreuther Sachgebietsgliederung ist sehr viel umfangreicher als die Saarbrücker, insbesondere hinsichtlich der ausländischen juristischen Informationen. Für die Saarbrücker Sammlung spricht die bessere Trennung zwischen wichtigen und unwichtigen Informationen.

International finden sich mehrere spezifisch juristische Sachgebietsgliederungen. Die wichtigsten sind der Bereich „Law" der „WWW Virtual Library", der an der Indiana Law School gepflegt wird und die thematische Sammlung des „Legal Information Institute" der Cornell School of Law. Weiterhin ist die „Internet Law Library" zu erwähnen, die von den Bibliothekaren des US-Repräsentantenhauses geführt wird und als nicht-amerikanische Sammlung juristischer Quellen im Internet eine Sachgebietsgliederung der University of Waikato School of Law in Neuseeland.

Natürlich haben auch die allgemeinen Internet-Sachgebietsgliederungen (s. Abschnitt 5.3.3) einen Bereich „Recht", etwa YAHOO oder EINet Galaxy. Alle Sachgebietsgliederungen arbeiten nach dem gleichen Prinzip: Sie nehmen jedes Angebot auf, das Ihnen bekannt wird und existiert.

Eine Besonderheit ist deshalb die „Legal List" von Eric J. Heels. Er liefert eine von ihm persönlich zusammengestellte Gliederung der juristischen Informationen im Internet, fügt auch eigene Kommentare und Erklärungen hinzu. Der gesamte Text ist inzwischen über 300 Seiten lang, kann als Buch erworben oder aber auch als HTML-Version kostenlos im WorldWideWeb nachgelesen werden.

5.5 Zugang zum Internet

5.5.1 Zugangsvarianten

Sie haben jetzt eine ganze Menge über das Internet erfahren. Eines haben wir Ihnen aber bislang noch nicht verraten: wie Sie das Internet benutzen können. Um diese Frage soll es nun gehen.

Am einfachsten haben Sie es als Student einer Universität. Jede deutsche Universität hat einen Internet-Anschluß. Inzwischen bieten die meisten Juristischen Fakultäten ihren Studenten die Möglichkeit, das Internet zu benutzen. Zumeist ist an der Fakultät ein PC-Pool für Studenten eingerichtet. Dort können Sie Textverarbeitungsprogramme benutzen, in juristischen Datenbanken recherchieren und eben auch im Internet arbeiten. Welche Internet-Dienste Ihnen zur Verfügung stehen, variiert von Universität zu Universität. Wenn an Ihrer Fakultät nicht mindestens EMail und WWW angeboten werden, sollten Sie unter Hinweis auf andere Fakultäten darauf dringen, daß sich das ändert.

Wenn Sie das Internet nicht an der Universität sondern zuhause nutzen wollen, gibt es verschiedene Möglichkeiten. Zunächst einmal können Sie sich aussuchen, ob Sie einen *vollen* Internet-Zugang haben wollen, d.h. alle Dienste, oder ob Ihnen einige ausgewählte Dienste ausreichen. Über Mailboxsysteme und mehrere kommerzielle Online-Dienste können Sie kostengünstig Angebote benutzen, zumeist EMail und Net-News.

Entscheiden Sie sich für den vollen Internet-Zugang, müssen Sie weiter überlegen: Wollen Sie Ihren PC ständig im Internet haben oder sich nur bei Bedarf einwählen. Ersteres bezeichnet man als *Online-IP*. Dies ist eine besonders teure Form des Zugangs. Sie brauchen es nur, wenn Ihr Rechner als Server für einen Internet-Dienst fungieren soll. Wenn Sie aber nicht rund um die Uhr Informationen anbieten, sondern im wesentlichen nur Informationen nachfragen, reicht der *Dial-In-Zugang*, das Einwählen ins Internet. Immer wenn Sie Internet-Dienste benutzen wollen, wählen Sie den Computer Ihres Providers an, der für die Dauer des Anrufs die Verbindung zum Internet herstellt.

Bei dieser für Privatleute empfehlenswerten Zugangsmethode gibt es zwei Varianten. Sie können Ihren Provider über ein normales Terminalprogramm erreichen (s. Abschnitt 5.1.2) und als Terminal an seinem Internet-Host arbeiten. Dann benutzen Sie die Client-Software, die er auf seinem Computer zur Verfügung stellt und die über ein Terminalprogramm benutzbar ist. Das ist eine ziemliche Einschränkung, da moderne Clients wie „Pegasus Mail für Windows“ oder „Netscape“ auf diese Art nicht benutzt werden können und Sie für EMail auf Programme wie „elm“ und für WWW auf „lynx“ umsteigen müssen. Alle multimedialen Inhalte des WWW können Sie nicht abrufen.

Besser ist es, wenn Sie leistungsfähige Client-Software auf Ihrem eigenen Rechner installieren und der Provider die Daten aus dem Internet über die Wählleitung an Sie weitergibt und umgekehrt die Daten von Ihnen ins Internet weiterleitet. Während der Dauer der Verbindung wird das Internet auf diese Art um Ihren Computer erweitert, Ihr PC wird zeitweise ein vollwertiger Internet-Host. Diese Methode funktioniert nur bei Providern, die die Kommunikationsprotokolle SLIP oder PPP anbieten. Nach jetzigem Stand werden das bis Ende 1995 sicher alle nennenswerten Internet-Provider tun, da der Trend eindeutig zu diesen Protokollen geht.

Je nach Ihren Anforderungen an die Geschwindigkeit des Zugangs müssen Sie auch die Art der Wählleitung aussuchen. Über die normale Telefonleitung erreichen Sie mit einem 14.400 bps-Modem und Datenkompression schon brauchbare Übertragungsraten, besser ist natürlich das 28.800 bps-Modem. Die schnellste Lösung ist eine ISDN-Wählverbindung mit einer Datenübertragungsrate von 64 kbit/s. Dafür brauchen Sie allerdings einen ISDN-Anschluß, der deutlich teurer ist als ein normaler Telefonanschluß (s. auch Abschnitt 1.3.4).

5.5.2 Technik des Internet-Zugangs

Im folgenden beschreiben wir, wie Sie den Zugang mit dem SLIP-Protokoll und den Clients „Pegasus Mail für Windows" sowie „Netscape" realisieren können. Dafür benötigen Sie einen PC mit Modem bzw. ISDN-Karte, MS-Windows, Software zur Realisierung des SLIP-Protokolls und die Client-Software „Pegasus" und „Netscape". Ihr Provider muß außerdem einen Wähleingang für das SLIP-Protokoll bereithalten.

Als SLIP-Software empfehlen wir Ihnen „Trumpet Winsock" (gegenwärtig Version 2.1d). Sie erhalten sie im Internet beispielsweise über den FTP-Server der FU Berlin. Von diesem Server erhalten Sie auch „Pegasus" und „Netscape" sowie zahlreiche weitere Clients. Die URL der genannten Programme lauten:

- ftp://ftp.fu-berlin.de/pub/pc/win3/tcp-ip/slip-ppp/trumpet/twsk21d.zip
- ftp://ftp.fu-berlin.de/pub/pc/win3/tcp-ip/slip-ppp/clients/winpm201.zip
- ftp://ftp.fu-berlin.de/pub/pc/win3/tcp-ip/slip-ppp/clients/n16e11n.zip

Sollten Sie niemanden kennen, der Ihnen die Programme aus dem Internet besorgen kann, wenden Sie sich bitte an Ihren Provider. Manche Provider liefern ohnehin derartige Software an Ihre Kunden aus. Alle Programme sind Shareware-Programme, d.h. Sie dürfen Sie testen, bevor Sie die Lizenz kaufen müssen. Davon sollten Sie Gebrauch machen, dann aber die Lizenz erwerben, die bei allen Programmen recht kostengünstig ist.

SLIP-Einrichtung. SLIP steht für „Serial Line Internet Protocol", also für die Realisierung des Internet-Protokolls über eine Telefonleitung. Die Trumpet-Software schafft die Grundlage dafür, daß Sie auf Ihrem PC Internet-Clients verwenden können. Trumpet Winsock müssen Sie daher zuerst installieren.

Legen Sie dazu mit dem Datei-Manager ein Verzeichnis auf der Festplatte an (z.B. „C:\TRUMPET"), in das Sie die Trumpet-Dateien kopieren, vor allem WINSOCK.DLL und TCPMAN.EXE. Laden Sie (z.B. mit WinWord) die Datei C:\AUTOEXEC.BAT und fügen Sie in der Zeile „PATH=..." nach dem Gleichheitszeichen den Namen des angelegten

Verzeichnisses ein, gefolgt von einem Semikolon, also z.B. „PATH=C:\TRUMPET;...“. Damit sorgen Sie dafür, daß die Client-Software Trumpet Winsock auf der Festplatte findet. Nun müssen Sie Ihren Computer neu starten und Windows wieder aufrufen. Anschließend starten Sie das Programm „TCPMAN.EXE“, indem Sie im Programm-Manager DATEI/AUSFÜHREN aufrufen und in die erscheinende Dialogbox „C:\TRUMPET\TCPMAN.EXE“ eingeben. Da Sie TCPMAN zum ersten Mal benutzen, erscheint ein Setup-Fenster wie in Abbildung 5.25.

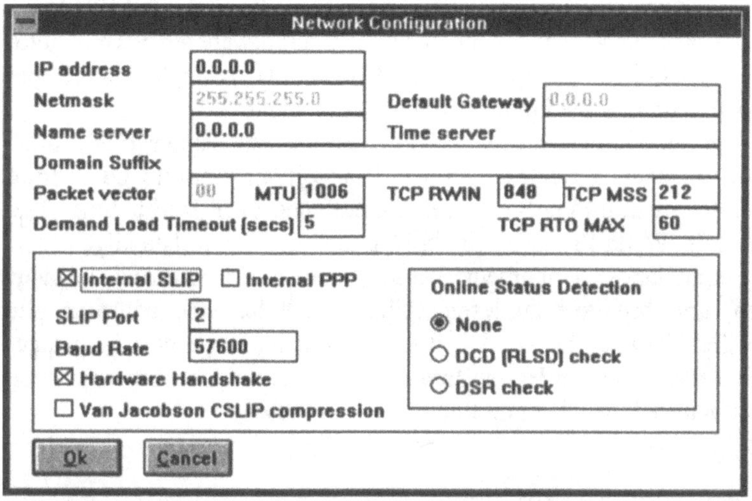

Abbildung 5.25: Setup-Fenster von Trumpet Winsock

Wenn Sie mit SLIP arbeiten wollen, müssen Sie das Kontrollkästchen INTERNAL SLIP ankreuzen und die Schnittstelle angeben (SLIP PORT), an die Ihr Modem angeschlossen ist, sowie die schnellste Datenübertragungsrate, die es (mit Kompression) schafft (BAUD RATE). Die übrigen Angaben, vor allem IP ADDRESS, NAME SERVER und MTU erfragen Sie bitte bei Ihrem Provider. In manchen Fällen wird Ihrem PC keine feste IP-Adresse zugeordnet, sondern bei jedem Einwählen die nächste freie verteilt. Dieses Verfahren nennt man „dynamische Adreßvergabe“. Um Sie zu nutzen, müssen Sie mit TCPMAN ein „Script“ erstellen, das den Einwählvorgang durchführt und die IP-Adresse einstellt. Nähere Informationen zu Script-Dateien enthält der WinWord-Text INSTALL.DOC, der bei Trumpet Winsock mitgeliefert wird.

Nach Abschluß des Setup beenden Sie TCPMAN mit FILE/EXIT. Nun ist die SLIP-Software eingerichtet und Sie können sich mit den Clients beschäftigen. Es würde an dieser Stelle zu weit führen, wenn wir Ihnen die Installation und Einrichtung von Netscape und Pegasus Mail im einzelnen erklären würden. Beide Programme verfügen über ein Setup-Programm, das im Normalfall alle Einstellungen richtig vornimmt. Bei Netscape heißt es SETUP, bei Pegasus PCONFIG. Bei Problemen mit der Einrichtung wenden Sie sich bitte an Ihren Provider.

Wenn Sie die Client-Software installiert haben, können Sie sie aus MS-Windows aufrufen. Zunächst erscheint nicht der Client, sondern Trumpet Winsock. Es erfragt von Ihnen die Telefonnummer des Providers und wählt ihn an. Nach erfolgreichem Anwählen müssen Sie sich noch mit Name und Kennwort identifizieren und anschließend den SLIP-Modus aktivieren. Diesen Vorgang können Sie mit den erwähnten Scripts automatisch durchführen lassen. Ist der SLIP-Modus aktiviert, startet Ihre Client-Software und Sie können im Internet arbeiten.

Solange eine Client-Software läuft, bleibt (im Hintergrund) auch Trumpet Winsock aktiv. Sie können jederzeit eine zweite oder dritte Client-Software aufrufen. Sie nutzen die laufende SLIP-Verbindung ohne weiteres mit. Wenn Sie also z.B. in Netscape auf die vollständige Übertragung eines langen Dokuments warten, können Sie zusätzlich Pegasus aufrufen, um Ihre Post zu lesen. Allerdings teilen sich natürlich alle Clients die Verbindung, so daß die Übertragung insgesamt langsamer wird. Erst wenn Sie den letzten Internet-Client beendet haben, wird auch Trumpet Winsock beendet und trennt die Verbindung.

5.5.3 Auswahl des Providers

Schon mehrfach war die Rede von „Ihrem Provider“, der für Sie der Ansprechpartner in allen Fragen des Internet-Zugangs ist. Jetzt werden Sie sich sicher fragen, wie Sie einen Provider finden. Das ist nicht ganz einfach zu beantworten. Internet-Provider sind eine sehr junge Branche. Unternehmen in diesem Bereich schießen gegenwärtig wie Pilze aus dem Boden. Ihre Zuverlässigkeit kann daher nur schwer beurteilt werden, schon gar nicht aufgrund längerer Erfahrungen. Auch die Preise können nur sehr schwer verglichen werden, da sich noch keine einheitlichen Preisberechnungs-Methoden durchgesetzt haben. Um überhaupt ein wenig Licht in den Dschungel der Angebote bringen zu können, beschränken wir uns hier auf den „vollen“ Internet-Zugang, d.h. die Nutzung aller Dienste über einen Wählzugang.

Bevor Sie sich die Preise eines Providers anschauen, sollten Sie bedenken, *wo* der Provider ist, d.h. welche Telefonkosten Sie haben, um seinen Computer zu erreichen. Am besten ist natürlich der Provider im eigenen Ortsnetz. Das schaffen selbst die großen Unternehmen nur in den wichtigsten Städten. Einzig die Telekom bietet in Verbindung mit „Telekom

Online“ den Internet-Zugang flächendeckend zum Ortstarif, ist aber ansonsten sehr teuer.

Das einfachste Modell bei den Provider-Preisen ist der Pauschalpreis für die gesamte Internetnutzung. Derzeit (Juli 1995) liegen die Angebote für diese Leistung und für Privatleute bei 35,- bis 60,- DM pro Monat. Darin enthalten sind alle Kosten mit Ausnahme der Telefongebühren.

Die meisten Provider tarifieren jedoch anders: Sie berechnen einen niedrigen Grundpreis und verlangen dann zusätzliche volumen- oder zeitabhängige Entgelte. Bei „Telekom online“ zahlen Sie z.B. für den Internet-Zugang nur die Btx-Grundgebühr von 8,- DM pro Monat, dann jedoch tagsüber 21 Pfg. pro Minute, nachts 17 Pfg. pro Minute. Wenn Sie nur 5 Stunden pro Monat abends im Internet arbeiten, kostet Sie das bei der Telekom schon 59,- DM, also deutlich mehr als bei den Providern mit Pauschalpreis. Bei der volumenabhängigen Tarifierung zahlen Sie auch einen Grundpreis, der eine gewisse Menge an Datenübertragung enthält. Für zusätzliche Datenmengen müssen Sie dann weitere Entgelte bezahlen. Bei der Firma Nacamar sind für Privatleute beispielsweise 500 KB im Grundpreis von 15,- DM enthalten. Für jedes weitere MB übertragener Daten zahlen Sie weitere 5,- DM. Für 60,- DM können Sie also 9,5 MB Daten übertragen.

Ein gewichtiger Nachteil all dieser Modelle ist die Unkalkulierbarkeit der monatlichen Kosten. Wir empfehlen Ihnen daher, sich auf die Suche nach einem günstigen Provider mit Pauschalpreis zu machen, statt zeit- oder volumenabhängige Tarifierung zu vereinbaren. Wenn Sie also an Ihrem Ort einen Provider haben, der Ihnen halbwegs zuverlässig erscheint und einen vollen Internet-Zugang mit SLIP für einen Pauschalpreis von 35,- DM anbietet, können Sie getrost zugreifen.

Als Student kommen Sie vielleicht sogar kostenlos ins Internet. Viele Universitäten bieten ihren Studenten auf Antrag die Möglichkeit, über Wähleingänge der Universitäten SLIP zu nutzen. Allerdings ist die Anzahl der Eingänge natürlich beschränkt und die Leitungen sind bei den meisten Universitäten ständig besetzt. Die bessere Verfügbarkeit garantiert Ihnen natürlich der private Provider.

Im Anhang D finden Sie eine Liste der wichtigsten kommerziellen Provider, die Einwählpunkte in ganz Deutschland haben. Auch über das Microsoft Network wird der Zugang zum Internet möglich sein. Neben den kommerziellen Providern können Sie über lokale, nichtkommerzielle Vereine und Initiativen einen günstigen Internet-Anschluß finden. Die Vereine „Individual Network e.V.“ und „sub-Netz e.V.“ koordinieren diese Initiativen.

Aktuelle Informationen über die Zugangsmöglichkeiten zum Internet enthält eine Liste von Wolfgang Sander-Beuermann, die einmal monatlich u.a. in den News-Gruppen „de.answers“, „de.comm.internet“ und „de.newusers.questions“ erscheint. Aus ihr stammen die im Anhang D wiedergegebenen Provider-Adressen und sie enthält auch Angaben über deren aktuelle Preiskonditionen.

6 Lernprogramme für Juristen

6.1 Grundüberlegungen

6.1.1 Die gegenwärtige juristische Ausbildung

Die gegenwärtigen Studentenzahlen stellen die Universitäten vor erhebliche Probleme. Die ohnehin in der „Vorlesung" schon mangelhafte Interaktion zwischen dem Lesenden und den Studenten, wird durch die Größe des Auditoriums weiter erschwert. Aber auch das Prinzip des Vorlesens an sich ist nicht unproblematisch. Die Folge davon ist, daß die Akzeptanz unter den Studierenden mit zunehmender Studiendauer geringer wird, obwohl dies doch mit dem Näherrücken des Examens eher umgekehrt sein müßte. Während sich die Erstsemester noch zu fast jeder Veranstaltung drängen, sehen viele Studenten im 4. oder 5. Semester kaum noch einen Vorlesungssaal von innen. Die Erkenntnis, daß die Vorlesung allenfalls den Genuß eines gekonnt agierenden Professors bietet, für die umfassende Vorbereitung auf das erste Staatsexamen und den späteren Beruf aber kaum etwas bringt, hat sich durchgesetzt. Leider werden diese Defizite auch durch andere Lehrveranstaltungen nicht ausgeglichen. An den meisten Fakultäten werden aus finanziellen Gründen viel zu wenige Arbeitsgemeinschaften angeboten. Dem Studenten fehlt die Möglichkeit des Übens. Die eigentlichen „Übungen" dienen vor allem der Absolvierung der für die Scheine notwendigen Klausuren. In der restlichen Zeit werden dort zwar Fälle besprochen und „geübt", ein echter Trainingseffekt kann sich jedoch dadurch noch nicht einstellen. Seminare dagegen können und wollen keinen Beitrag dazu leisten, denn sie dienen der Besprechung und Vertiefung einzelner, sehr spezieller Themen.

Die Folge dieser Entwicklung ist, daß die Studenten mehr oder minder intensiv mit mehr oder weniger Erfolg Selbststudium betreiben. Die Unsicherheit, genügend auf das Examen vorbereitet zu sein, treibt die Studenten zu Tausenden in die Arme kommerzieller Repetitoren. Diese vermitteln für viele erstmals einen zusammenhängenden, pragmatischen und einigermaßen vollständigen Blick auf die einzelnen Rechtsgebiete. Freilich bleibt dabei die Wissenschaftlichkeit oft auf der Strecke und wird durch schlichtes Pauken ersetzt.

6.1.2 Neue Möglichkeiten durch Computer?

Bei dem Versuch einer Verbesserung der Ausbildung setzt man auch auf Computer. Mit seinen Möglichkeiten soll er die bisherige Lehre unterstützen und ergänzen. Verschiedene Einsatzgebiete sind in der Diskussion: Lehrveranstaltungen können durch Computerpräsentationen unterstützt werden. Begleitende Unterrichtsmaterialien können mit dem PC erstellt und problemlos vervielfältigt und verbreitet werden, z.B. im WorldWideWeb. Computer können bei der Organisation der Ausbildung helfen. Mit Ihnen können Raumpläne erstellt und Studenten über Studienangebote informiert werden.

Thema dieses Kapitels ist jedoch ein anderes Einsatzgebiet: die inhaltliche Unterstützung der Lehre durch PC. *Lernprogramme* können dem Studenten sowohl Wissen vermitteln, als ihn auch beim späteren Üben unterstützen. Nach einer Blütezeit in den siebziger Jahren dümpelte die Entwicklung solcher Programme lange Jahre vor sich hin. Erst jetzt, da Computer mittels grafischer Benutzeroberflächen von jedermann problemlos bedient werden können, boomt der Einsatz von Lernprogrammen.

Auch Ihnen sind sicher schon einige begegnet. Vielleicht kennen Sie ja das Windows-Lernprogramm. Sie rufen es aus dem Programm-Manager mit HILFE/WINDOWS-LERNPROGRAMM auf. Wenn Sie sich etwas Zeit nehmen, können Sie damit alles erfahren, was Sie zum Arbeiten mit Windows wissen müssen. Wichtige Abläufe werden Ihnen Schritt für Schritt erklärt. Texte und Abbildungen sind aufeinander abgestimmt und führen Sie so nach und nach durch die Windows-Welt. Die anschauliche Darstellung vermittelt Ihnen schnell ein Bild von den wesentlichen Funktionen. Außerdem übt das Programm immer wieder mit Ihnen z.B. indem es etwas vormacht, was Sie dann nachmachen müssen. Der Lerneffekt entsteht durch die Interaktion zwischen Ihnen und dem PC.

Gute Programme gehen dabei auf Ihre individuellen Lernbedürfnisse ein, sie werten aus, wie Sie sich verhalten und passen das Tempo und die Tiefe der Wissensvermittlung entsprechend an. Wenn Sie etwas gar nicht begreifen wollen, wird der gleiche Abschnitt eben mehrfach wiederholt, ohne daß der Computer auch nur im entferntesten ungeduldig wird. Da er sich nur mit einem „Schüler“ herumschlagen muß, kann er auch den Ablauf des Programms individuell gestalten, auf bestimmte Antworten mit bestimmten weiteren Fragen reagieren und Ihnen damit eine ganz auf Sie zugeschnittene Lehrveranstaltung und Übung bieten. Aber auch Sie selbst können in weiten Grenzen bestimmen, wie Sie lernen. Begreifen Sie schnell, können Sie nach Belieben Lektionen überfliegen oder ganz überspringen. Verstehen Sie bestimmte Zusammenhänge nicht so schnell oder wollen Sie alles besonders gründlich anschauen, können Sie den jeweiligen Abschnitt entsprechend langsamer durcharbeiten. Umfang und Tiefe der Stoffvermittlung können Sie davon abhängig machen, wozu Sie dieses Wissen gerade brauchen. Wollen Sie sich nur schnell in ein Rechtsgebiet einarbeiten, werden Sie anders lernen, als wenn Sie sich auf das Examen vorbereiten. Dem kommen Lernprogramme in verschiedener Hinsicht entgegen. Zumeist läßt sich der Stoff konkret auswählen und oft können Sie auch innerhalb der einzelnen Kapitel oder Lektionen noch eine Differenzierung vornehmen, was Sie lernen wollen und was nicht.

Schließlich sind Sie auch nicht mehr abhängig von Ort und Zeit eventueller Lehrveranstaltungen. Sie setzen sich an Ihren Computer, wenn Ihnen danach ist und können sich so Ihre beste Arbeitszeit aussuchen.

In den wenigen Jahren, in denen Lernprogramme für die Ausbildung in den verschiedenen Wissenschaftsdisziplinen eine Rolle spielen, haben sich im wesentlichen zwei Varianten herausgebildet:

- computerunterstützte Wissensvermittlung und
- computerunterstütztes Training bzw. Simulation.

Im ersten Fall steht der Erwerb neuen Wissens im Vordergrund, während durch Training und Simulation bereits grundsätzlich vorhandenes Wissen gefestigt werden soll. Die Trennung zwischen beidem ist dabei oft unscharf. Durch Training und Simulation wird natürlich auch immer ein wenig neues Wissen vermittelt. Die meisten Lernprogramme verfügen heute ohnehin über beide Komponenten. Abschnitte der Wissensvermittlung werden hier durch mehr oder weniger umfangreiche Übungen unterbrochen.

Bevor wir Ihnen im Abschnitt 6.6 einige Produkte vorstellen, wollen wir Sie ein wenig in die Lerntheorie und in praktische Möglichkeiten von Lernprogrammen einführen. Da dieser Markt gegenwärtig einen starken Aufschwung erfährt und es in den nächsten Monaten und Jahren wesentlich mehr und wahrscheinlich auch bessere Programme geben wird, sollen Ihnen diese Betrachtungen auch ein wenig Gefühl dafür geben, nach welchen Gesichtspunkten Sie ein Lernprogramm auswählen sollten.

6.2 Wissensvermittlung mit dem Computer

6.2.1 Wissensarten und Wissensdarstellung

Ziel der Ausbildung soll nicht das bloße Faktenwissen („know-that") sein. Vielmehr soll angestrebt werden, den Lernenden das Verständnis von Prozeduren, Verfahren und Algorithmen („know-how") zu vermitteln.

Die Notwendigkeit der Vermittlung des „know-how" wird für die juristische Arbeit schnell deutlich. Es nützt wenig, zu wissen, daß § 433 BGB Regelungen zum Kaufvertrag enthält und § 164 BGB eine Regel zur Stellvertretung. Damit Sie einen Fall lösen können, müssen Sie die Systematik des Gesetzes und die daraus folgenden Regeln kennen. Sonst finden Sie noch nicht einmal die einschlägigen Paragraphen. Schließlich müssen Sie die Subsumtionstechnik beherrschen, um festzustellen, ob die Norm auch auf Ihren Sachverhalt paßt. Während die Notwendigkeit von Struktur- statt Faktenwissen im Studium oft noch nicht so klar erscheint, wird das im Referendariat und erst recht im späteren Beruf evident. Im Gegensatz zum Studium können Sie später immer Kommentare benutzen, aus denen Sie sich die notwendigen juristischen Fakten zusammensuchen können. Erfolgreich suchen können Sie aber nur dann, wenn Sie die juristischen Strukturen und Prinzipien verstanden haben. Gerade das Vermitteln und Festigen der juristischen Dogmatik stellt aber ein erhebliches Problem dar. Im folgenden beschäftigen wir uns mit der Frage, wie systematisches juristisches Wissen durch ein Lernprogramm geeignet dargestellt werden kann.

Elektronische Lehrbücher. Die primitivste Methode, Wissen mit dem Computer zu vermitteln, ist das 1:1-Abbilden eines Lehrbuchs in einem Programm. Im einfachsten Fall sieht das so aus, daß der Buchinhalt mittels eines „Viewers", einem einfachen Programm zum Betrachten von Texten, auf dem Bildschirm dargestellt wird. Dies ist nicht besonders erfolgversprechend. Normale Texte sind auf dem Rechner schlecht zu lesen. Sie werden bereits bemerkt haben, daß Sie bei einem längeren Text in einem Textprogramm rasch den Überblick verlieren. Ein normaler PC mit 15" Monitor kann keine ganze A4-Seite gleichzeitig vollständig und lesbar darstellen. Aber selbst wenn Sie mit einem 17" oder 19" Monitor eine echte Ganzseitendarstellung realisieren, haben Sie die Leistungsfähigkeit eines Buches immer noch nicht erreicht. Im Buch können Sie schnell mal auf einer anderen Seite nachschlagen, den Finger in der einen, den Bleistift in der zweiten lassen und im Index nachschauen. Sie können auch Notizen machen oder Textpassagen unterstreichen. All das läßt sich zwar auch irgendwie mit dem Computer realisieren, aber soll die Errungenschaft wirklich darin bestehen, mit dem mehrere tausend Mark kostenden Computer ein Buch zu simulieren?

Wissensmodule. Viele Programme servieren dem Benutzer den Lernstoff in kleinen „Häppchen", die so portioniert sind, daß sie auf einen normalen Bildschirm passen. Ein Thema wird an passender oder auch unpassender Stelle in verschiedene Wissensmodule aufgeteilt. Diese Modularisierung kann einen positiven Effekt haben. Wenn die Autoren sich durch den Druck der Aufteilung auf Bildschirmseiten gezwungen sehen, Probleme in kleinere Wissenseinheiten aufzuteilen, kann der Lernprozeß des Lesenden durchaus gefördert werden. Kleine Häppchen lassen sich eben besser verdauen als ganze Brote.

Solche Lernmodule haben, wie die zugrunde liegenden Lehrbücher auch, einen gravierenden Nachteil: Sie stellen Wissen in *künstlich linearisierter Form* dar. Was heißt das? Buchautoren müssen oft etwas erklären, das ohne spezielles Vorwissen nicht vermittelbar ist. Dieses Vorwissen soll aber aus systematischen Gründen erst später im Buch folgen. Erklären sie es nun in einem Einschub, können Brüche in der Darstellung entstehen, an denen der Leser später den Faden verliert. Oft ist es besser, einen Verweis einzufügen, eine Fußnote anzulegen oder einen Teil der Erklärung, z.B. eine Definition vorzuziehen. Solche Klimmzüge werden in einem Buch nie zu vermeiden sein. Das liegt daran, daß die Welt eben im Unterschied zum Buch nicht linear aufgebaut und nacheinander erklärbar ist, sondern zwischen den verschiedenen Objekten vielfältige Beziehungen – Vernetzungen – bestehen. Das wird gerade auch in der Rechtswissenschaft deutlich. Kein wissenschaftlicher juristischer Text kommt ohne bestimmte Verkettungsstrukturen wie Verweise auf Urteile oder Paragraphen aus. Die juristische Dogmatik selbst weist eine zuweilen komplexe Netzstruktur auf. Denken Sie nur an ein Subsumtionsschema.

6.2.2 Hypertext und Multimedia

Erinnern Sie sich an unsere Beschreibung in Abschnitt 4.3.4. Die Möglichkeit der Strukturierung von Texten durch Hypertext kann auch für Lernprogramme fruchtbar gemacht werden. Wie das hier aussehen kann, zeigt Ihnen Abbildung 6.1. Ausgangspunkt ist das Fenster „Kaufvertrag". Die grau unterlegten Begriffe sind Hyperlinks, also Verweise auf weitere Fenster. Klicken Sie „Angebot" an, erhalten Sie dazu Informationen. Diese können wieder Verweise enthalten, wie hier § 145 BGB. Wissen Sie beim Durchlesen des Fensters „Kaufvertrag" bereits, was ein Angebot ist, dann brauchen Sie den Begriff nicht anzuklicken und können sich allein anhand des einen Satzes schnell informieren. Sie können also selbst bestimmen, wie „tief" Sie in das Wissensgebiet einsteigen. Das ist ein entscheidenden Vorteil hypertextorientierter Lernprogramme: Der Autor muß sich bei der Wissensvermittlung nicht auf jeden Niveauunterschied seiner potentiellen „Schüler“ einrichten.

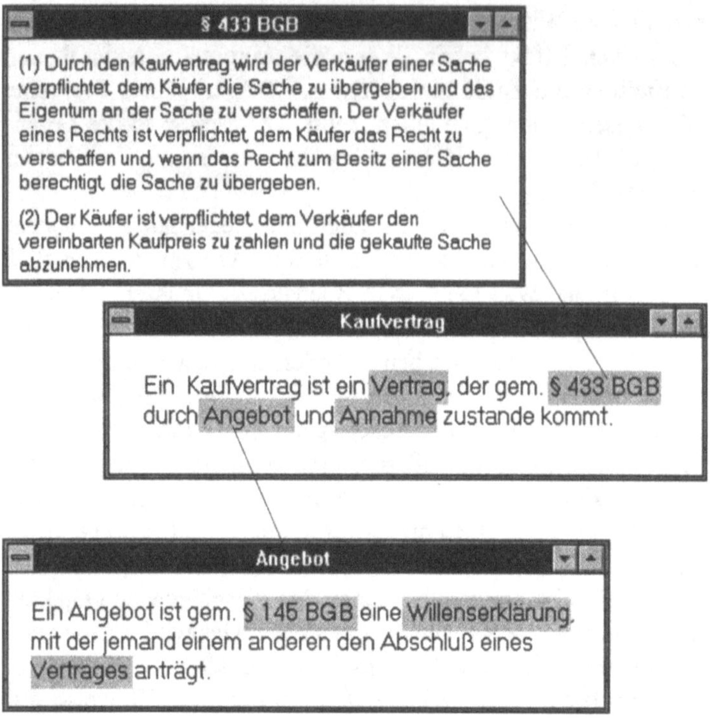

Abbildung 6.1: Hypertextbeispiel

Wenn er den Stoff als Hypertext darstellt, kann der Benutzer selbst bestimmen, was er nachschlagen will und was nicht. In linearisierten Texten, etwa in einem Lehrbuch, ist das dagegen nicht so einfach. Um den Stoff, der mit dem Fenster „Kaufvertrag“ vermittelt wird, ohne Hypertext darzustellen, wäre ein komplizierter Text notwendig, etwa: „Ein Kaufvertrag kommt gem. § 433 BGB durch Angebot und Annahme zustande. Ein Angebot ist gem. § 145 BGB eine Willenserklärung, mit der jemand einem anderen den Abschluß eines Vertrages anträgt. Zur Definition einer Willenserklärung siehe unter ... Zur Definition von Vertrag siehe ... Die Annahme ist eine Willenserklärung ...“. In diesem Text sind noch nicht einmal alle unterlegten Begriffe erklärt und auch die Gesetzestexte müßten sie noch an anderer Stelle nachschlagen.

Noch besser werden solche Hypertexte, wenn sie auch Hyperlinks auf Entscheidungen oder Zeitschriftenaufsätze enthalten. Sie klicken dann nur noch den Verweis auf eine NJW-Fundstelle an und erhalten sofort in einem neuen Fenster den gewünschten Aufsatz.

Wissenserwerb durch Browsing – Surfen im Hyperspace. Besonders große Hypertexte laden dazu ein, durch den „Hyperspace“ zu „surfen“. Indem Sie spontan und unsystematisch Hyperlinks verfolgen, können Sie sich frei durch den Stoff des Wissensgebiets treiben lassen, oftmals auf „Wegen“, die der Verfasser so gar nicht gesehen oder nicht gewollt hat. Das läßt vielleicht systematische Zusammenhänge im Dunkeln, hat aber auch Vorteile: Sie können eine Menge quasi nebenbei lernen. Sie kennen das aus eigener Erfahrung. Wenn Sie etwas spontan interessiert, dann nehmen Sie es viel intensiver auf und merken es sich in der Regel auch viel besser. Aufpassen müssen Sie wahrscheinlich nur, daß Sie sich im Hyperspace nicht total verirren und dann als „Lost in Hyperspace“ gelten.

Multimedia ist als Schlagwort in aller Munde, besonders im Zusammenhang mit Lernsoftware. Im Prinzip handelt es sich um eine Erweiterung von Hypertext um andere Medien, also Sprache und Musik, Bilder und Videofilme. Der geschickt kombinierte Einsatz mehrerer Medien soll Wissen auf optimale Art vermitteln. In einem normalen Text mußte alles beschrieben werden, dabei konnten allenfalls Abbildungen helfen. Die Grenzen dessen werden schnell offenbar: Versuchen Sie doch einmal, die Stimme einer Amsel zu beschreiben. Sie werden merken, daß das recht schwierig ist. Lassen Sie Ihre Freunde das gleiche tun, Sie werden erstaunt sein, wie unterschiedlich die Beschreibungen sind. Damit haben Sie ein zweites Problem: Jede Beschreibung birgt etwas Subjektives. Der Vorteil von Multimedia ist, daß Eindrücke nicht mehr vermittelt werden müssen, sondern unmittelbar gewonnen werden können. Damit vermeidet man sämtliche Verzerrungen, die bei Beschreibungen auftreten. Ein Bild der Venus von Milo ersetzt deren ausführliche Beschreibung, ein Film stellt den Ablauf in einem Verbrennungsmotor dar und erspart komplexeste, bisweilen unverständliche Ausführungen. Die Tonwiedergabe erspart dem Autor schwierige und unzureichende Umschreibungen, wie sich denn eine Amsel anhört. Und wir können gespannt sein, wann Multimedia auch die Beschreibung der Gerüche im Schweinestall und des Geschmacks einer Erdbeere zu ersetzen vermag.

Gegenwärtig hat Multimedia für juristische Lernprogramme in Deutschland noch keine wesentliche Bedeutung. Das verwundert auch nicht, denn der Nutzen von Tönen oder Filmsequenzen bei der juristischen Wissensvermittlung ist wohl eher gering. Wir wollten diesen Abschnitt aber trotzdem nicht aussparen, denn niemand weiß heute, welche Anwendungen für diese Technik in den nächsten Jahren auch auf juristischem Gebiet gefunden werden.

6.3 Training und Simulation

6.3.1 Ansätze

Für Trainings- und Simulationsprogramme wurden unterschiedliche Ansätze entwickelt. Die einfachste Variante sind die sogenannten *„Drill and Practice“*-Programme. Beim Benutzer wird Wissen abgefragt und die Antwort bewertet. Für richtig beantwortete Fragen gibt es Pluspunkte, für eine falsche oder gar keine Anwort gibt es Minuspunkte. Um zu vermeiden, daß der Nutzer hier vor Langeweile aufgibt, erweitert man derartige Programme oft um eine spielerische Komponente und offeriert sie als *„juristisches Wissensquiz“*.

Das Problem bei den „Drill and Pratice“-Varianten gerade für den juristischen Bereich ist, daß sie in der Regel nur Faktenwissen abfragen, vom Jura-Studenten aber mehr gefordert wird, als bloße Fakten. Wir haben das bereits im Abschnitt 6.2 erwähnt. Besser ist da die *spielerische Simulation eines praktischen Falles*, den der Nutzer lösen muß. Eine andere Variante sind *strukturorientierte Trainingsprogramme*, mit denen sich abstrakt oder an konkreten Fällen z.B. der Umgang mit den Subsumtionsschemata üben läßt.

6.3.2 „Drill and Practice“-Programme

Allen diesen Programmen ist ein Prinzip gemein: Der Computer stellt eine Frage und der Benutzer muß sie beantworten. Hauptschwierigkeit bei solchen Programmen ist die Auswertung der gegebenen Antworten. Dafür wurden verschiedene Ansätze entwickelt.

Natürlichsprachliche Antworten. Problem dabei ist, daß der Computer den Menschen nicht in seiner Sprache verstehen kann. Wenn der Kandidat auf die Frage „Was wissen Sie über die Geschäftsfähigkeit?“ mehrere Sätze in den Computer tippt, so ist kein Lernprogramm in der Lage, diese Aussagen in ihrem Sinn zu erfassen und auszuwerten. Dazu müßte das Programm die gesamte deutsche Grammatik und die unterschiedlichen Ausdrucksmöglichkeiten unserer Sprache beherrschen. Außerdem müßte es noch allumfassendes Wissen über die Problematik der Geschäftsfähigkeit besitzen. Diese Voraussetzungen erfüllt heute kein Programm. Freilich gab und gibt es immer wieder Versuche, diese sogenannte „natürlichsprachliche Eingabe“ zu realisieren. Auch auf dem Gebiet des Rechts wurden hier bereits umfangreiche Forschungen betrieben. Programme, die gegenwärtig schon eine natürlichsprachliche Eingabe erlauben, realisieren keine wirkliche Sprachanalyse. Die Entwickler versuchen lediglich, das Programm auf jede mögliche Antwort vorzubereiten. Da sie aber nie alle denkbaren Varianten bedenken können, machen solche Programme immer wieder Fehler und sind kaum ernsthaft verwendbar.

Hierzu noch ein praktisches Beispiel. In dem „Fallspiel Zwangsvollstreckung" von Prof. Brehm (siehe auch unter 6.6.3) sollen Sie an einer Stelle eingeben, daß nun die Vollstreckungsklausel zu besorgen sei. Tippen Sie einfach „Vollstreckungsklausel" ein, wird das vom Programm als richtig akzeptiert. Es war auf diesen Begriff vorbereitet. Ebenso als richtig wertet das Programm aber auch den Ausdruck „keine Vollstreckungsklausel besorgen". Es hat nicht erkannt, daß der Begriff verneint wurde, weil der Programmierer nicht berücksichtigt hat, daß man den Begriff eventuell zwar verwenden, aber ihn im gleichen Satz negieren würde. Vermeiden sie also in solchen Programmen derart komplizierte Konstruktionen. Da diese Variante der Abfrage schon bei wenigen Fragen sehr umfangreiche Register mit möglichen Antworten voraussetzt und man sich auch auf die Richtigkeit der Auswertung nicht verlassen kann, mußte man sich überlegen, wie man Fragen gestaltet, die der Computer vollständig und sicher auswerten kann.

„Ja" oder „Nein"-Abfragen. Am leichtesten sind solche Fragen wie „Beginnt die Geschäftsfähigkeit mit der Geburt?" zu realisieren. Darauf kann der Nutzer mit „Ja" oder „Nein" antworten. Soweit besteht mit der Auswertung kein Problem. Leider lassen sich damit auf die Dauer keine vernünftigen Leistungskontrollen durchführen. Das schon deshalb, weil statistisch derjenige, der immer zufällig antwortet, in einem solchen Test 50 % richtige Antworten erreicht. Auch impliziert die Frage immer schon zum großen Teil die Antwort. Der Lerneffekt bleibt auch deshalb begrenzt, weil die Komplexität eines Problems stark reduziert wird, wenn es als „Ja/Nein"-Frage formuliert werden muß. Wahrscheinlich lassen sich viele juristische Fragen auch gar nicht so formulieren, daß sie einfach mit „Ja" oder „Nein" beantwortet werden können.

Lückentexte. Bessere Möglichkeiten bieten da sogenannte Lückentexte, in die der Nutzer fehlende Textstellen einträgt. Auch hier gilt natürlich, daß der Computer den Benutzer nicht wirklich versteht. Allerdings kann das Programm feststellen, ob der Nutzer einen bestimmten Begriff eingegeben hat. Die Lückentexte müssen also so gestaltet werden, daß möglichst eindeutige Einträge möglich sind. Die Abbildung 6.2 zeigt unter 1. und 2. zwei Beispiele für einfache Abfragen. Lückentexte müssen nicht zwingend so gestaltet werden, daß nur ein bestimmter Eintrag zulässig ist. Bei mehreren möglichen Einträgen ist die Auswertung durch das Programm jedoch kompliziert, wie das Beispiel 3 in Abbildung 6.2 zeigt. Hier kann der Benutzer die Einträge „Handlungswille", „Erklärungsbewußtsein" und „Geschäftswille" in unterschiedlicher Reihenfolge eingeben. Der Computer muß also in jeder Lücke mit allen drei Begriffen rechnen. Außerdem muß er noch überprüfen, ob nicht ein Begriff in mehrere Lücken eingetragen wurde. Das Programm muß also auf mehrere Varianten eingestellt sein. Zusätzlich besteht im Beispiel noch die Möglichkeit, statt „Erklärungsbewußtsein“ den Begriff „Erklärungswille“ zu benutzen, wie es von Teilen der Literatur vertreten wird. Auch das muß im Programm vorgesehen werden. Sie sehen, die Grenzen der Vorbereitung des Programms auf mögliche Eingaben des Benutzers sind schnell erreicht. Das Ausfüllen von Lückentexten erfordert also eine möglichst präzise Formulierung, ein Kriterium, das gerade bei juristischen Problemen kaum zu erfüllen ist.

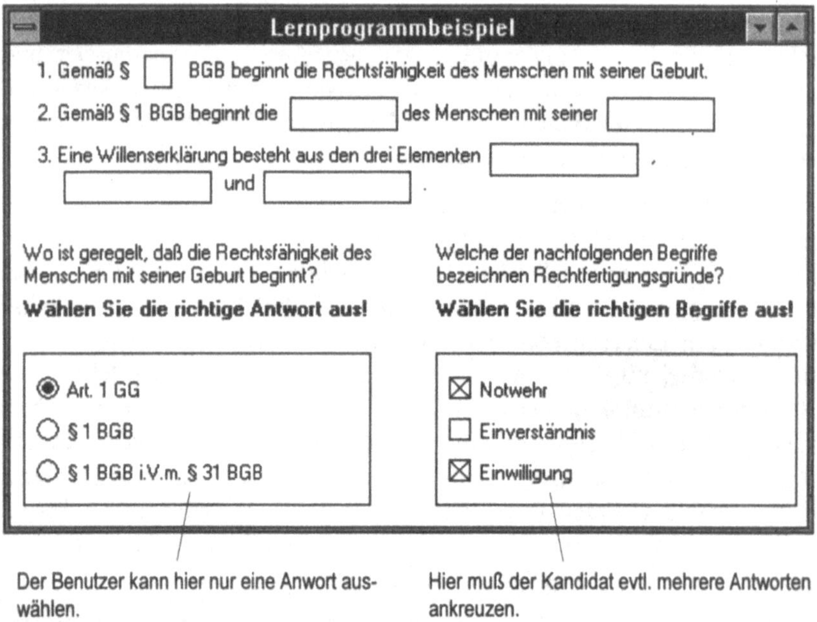

Abbildung 6.2: Lernprogrammbeispiele

Natürlich kann man auch intelligentere Fragen stellen, als in unserem Beispiel. Das Ganze hat jedoch trotzdem relativ enge Grenzen. Im wesentlichen lassen sich mit Lückentexten eben nur Begriffe abfragen und keine Zusammenhänge.

Multiple-Choice-Tests. Interessanter sind da schon die beiden Multiple-Choice-Tests in Abbildung 6.2. Der Nutzer muß eine oder eventuell mehrere Antworten auswählen.

Die Beispiele sind simpel. Man kann damit aber auch recht komplexe Abfragen realisieren. Das setzt freilich eine sorgfältige Gestaltung der Fragen voraus. Wenn man z.B. fast gleichlautende Antwortalternativen anbietet, die sich nur in wenigen, aber entscheidenden Punkten unterscheiden, kann man recht gut testen, ob der Benutzer das Problem erkennt und lösen kann. Fast gleichlautende Alternativen grenzen natürlich den Bereich der möglichen Antworten ein, eine Multiple-Choice-Frage impliziert auch immer ein Stück Antwort. Wenn also der Benutzer gar keine Ahnung hatte, was er hätte antworten sollen, wird er zwangsläufig auf den Bereich hingewiesen, in dem sich seine Antwort bewegt. Daher ist um so mehr Augenmerk auf eine subtile Fragestellung zu richten. Das wird regelmäßig auf solche Formulierungen hinauslaufen, wie in der Abbildung 6.3.

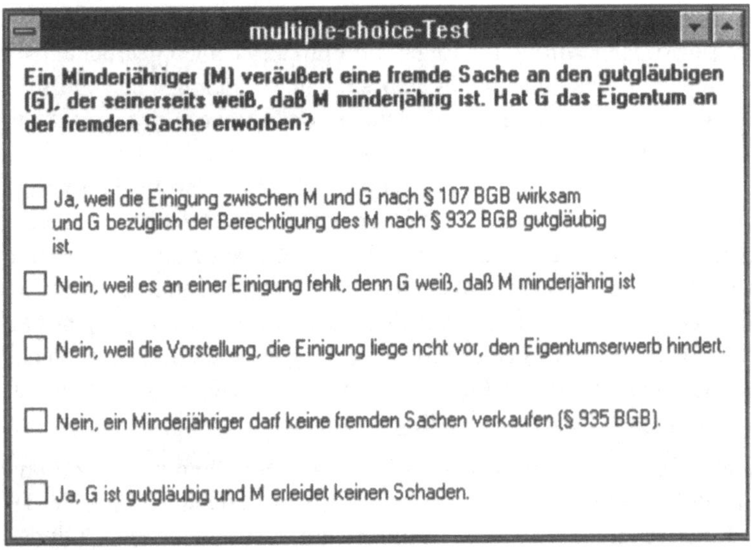

Abbildung 6.3: Multiple-Choice-Test

Und, welche ist die richtige Antwort? Sind es vielleicht mehrere? Sie sehen, damit läßt sich schon eine ganze Menge anfangen.

6.3.3 Juristische Spiele

Die Idee. Wissenschaftler haben immer versucht, Wissen spielerisch zu vermitteln und abzufragen. Dem liegt die Überlegung zugrunde, daß der Mensch komplexe Zusammenhänge und Probleme im spielerischen Umgang oft schneller begreift. Psychologen haben festgestellt, daß Spiele nicht nur für Kinder ein wichtiger Schlüssel zum Erfahren der Welt sind. Auch Erwachsene verbringen bewußt oder unbewußt einen Großteil ihrer Zeit mit Spielen und erschließen sich so viele Wissensgebiete. Denken Sie nur an Ihren eigenen Umgang mit dem Computer. Wohl fast jeder Windows-Nutzer spielt regelmäßig das Kartenlegespiel „Solitär". Viele erlernen damit ganz nebenbei den Umgang mit Maus und Menüs.

Gerade bei Juristen tut ein wenig spielerische Auflockerung der ansonsten recht trockenen Thematik oft not. Das sieht man schon an dem Bemühen vieler Professoren, Fallbeispiele in Übungen und Klausuren witzig zu gestalten. Da wird dann z.B. eine Klausur geschrieben, die u.a. auf die Frage hinausläuft, was denn nun ein „Manta" mittlerer Art und Güte ist und wie Rudi Raser doch noch zu seinem Recht kommen kann.

Ein Wissensquiz ist im Prinzip ein ebensolcher Test, wie wir ihn schon im vorigen Abschnitt besprochen haben. Nur die Auswertung erfolgt wettkampfartig zwischen mehreren Kandidaten oder auch im Wettstreit mit sich selbst. Hier wird in der Regel mit Punktesystemen gearbeitet. Bei entsprechender Gestaltung der Fragen sind über „richtig" und „falsch" hinaus, abgestufte Aussagen zur Qualität der Anwort des Benutzers möglich. So ist denkbar, daß dem Benutzer, der nur eine korrekte Möglichkeit ankreuzt, 5 Punkte, demjenigen aber, der beide richtige Fragen wählt, 10 Punkte gutgeschrieben werden. Der Nutzer, der eine oder beide Fragen richtig beantwortet, dazu aber noch eine oder mehrere der falschen Möglichkeiten wählt, kann entsprechend mit Punktabzug bestraft werden. Demjenigen schließlich, der voll daneben gelegen hat, werden 10 Punkte abgezogen usw. Manche Programme erlauben auch das Abspeichern des erreichten Punktestandes zum späteren Vergleich mit anderen Sitzungen. Hier sind vielfältige Varianten denkbar.

Fallspiele. Diese Form ist etwas verbreiteter. Der Benutzer übernimmt z.B. die Rolle des Rechtsanwalts, der für seinen Mandanten eine Forderung durchsetzen soll. Dabei müssen die verschiedenen „Klippen umschifft" werden. Reagiert der Spieler falsch, dann verliert er den Prozeß, erhält keinen Vollstreckungstitel und macht sich selbst schadenersatzpflichtig. Dabei kann sowohl das Wissen als solches, als auch die Fähigkeit zu seiner praktischen Anwendung getestet werden. Gleichzeitig können nebenbei praktische Probleme dargestellt werden, die in Lehrbücher für Studenten zumeist keinen Eingang gefunden haben. Fallspiele können daher den späteren Beruf des Juristen oft besser illustrieren, als das mit anderen Lernprogrammen möglich ist.

6.3.4 Strukturorientierte Systeme

Strukturorientierte Systeme sollen den Studenten die juristische Dogmatik vermitteln, indem die zugrundeliegenden Strukturen transparent gemacht werden. Solche Programme, z.B. ein Subsumtionstrainer, erlauben die Zerlegung einer Fallösung in einzelne Schritte. Jeder Schritt ist eine Bewegung innerhalb der Netzstruktur des Rechtsgebiets. Damit können dem Lernenden besonders wichtige Verbindungen innerhalb dieser Struktur und natürlich auch deren Grenzen vor Augen geführt werden. Schritt für Schritt sollen sich ihm damit die Prinzipien der „Bewegung" in der juristischen Dogmatik erschließen. Die Abbildung 6.4 zeigt einen Ausschnitt aus einem Subsumtionsschema im Strafrecht.

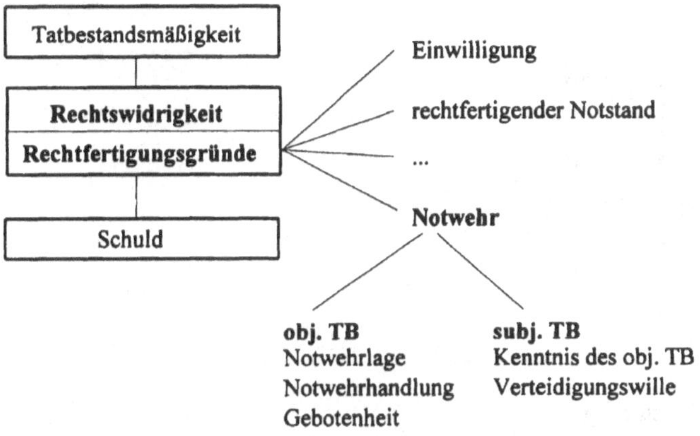

Abbildung 6.4: Subsumtionsschema

Eine Umsetzung dieses Schemas in ein Strukturlernprogramm zeigt die Abbildung 6.5. Der Trainer ermöglicht ein schrittweises Abarbeiten der einzelnen in Frage stehenden Punkte wie in einer Klausur. Zu jedem Element des Schemas werden weitere Untergliederungen angeboten, jeweils alle notwendigen Voraussetzungen genannt und diese ggf. weiter untergliedert. Unproblematisches kann einfach bejaht oder verneint werden, an schwierigen Punkten kann durch Anklicken von PRÜFUNG in die tiefere Ebene eingestiegen werden.

Ist das System vollständig, kann damit jeder Fall strukturgebunden gelöst werden. Strukturgebunden heißt, daß Abweichungen vom „richtigen" Lösungsweg nicht möglich sind. Nichts kann an der falschen Stelle geprüft und nichts kann vergessen werden. Mit der Zeit wird sich das streng formale Vorgehen, die Subsumtion, beim Benutzer „einschleifen". Wenn das geschafft ist, kann er in einer Klausur einen

Großteil der Zeit auf Einzelprobleme verwenden, denn die Grundstruktur seiner Lösung liegt schon nach kurzer Zeit vor.

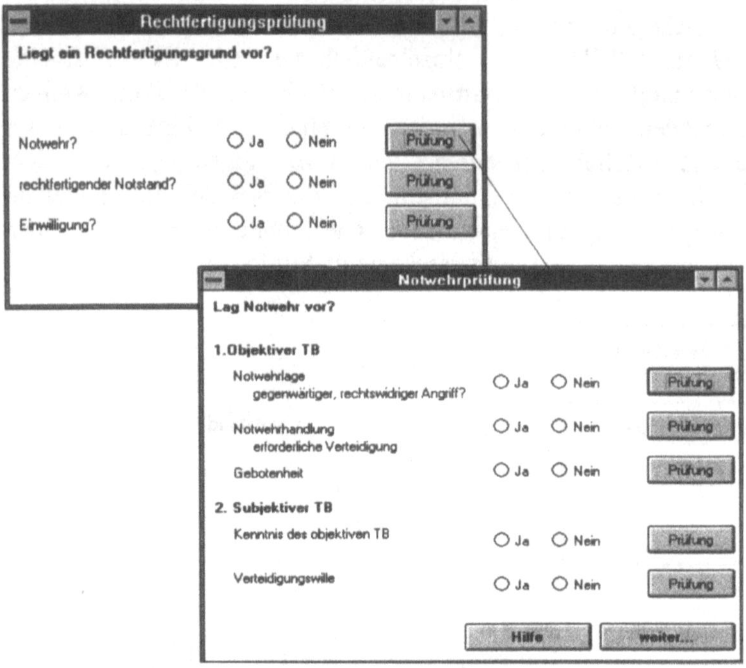

Abbildung 6.5: Subsumtionstrainer

6.4 Komplexe, offene Lernsysteme – Ein Ausblick

Offene Lernsysteme. Alle bisher auf dem Markt befindlichen Programme sind in sich geschlossen. Das heißt, alle für den Ablauf notwendigen Informationen sind im Programm selbst enthalten. Wenn beispielsweise eine Entscheidung vorgestellt wird, ist ihr Text vollständig oder in Auszügen direkt in das Programm eingebaut. Gleiches gilt für zitierte Normen usw. Wenn man es sich genau überlegt, ist das eine riesige Ressourcenverschwendung. Vielleicht besitzen Sie selbst eine CD-ROM mit Gesetzestexten oder gar eine antiquarisch erworbene CD einer juristischen Datenbank. Auf dieser sind sicher viele Entscheidungen vorhanden. Wenn Sie das Lernprogramm an der Universität einsetzen, haben Sie in der Regel sogar einen Zugriff auf verschiedene juristische Datenbanken online oder auf CD-ROM. In einem sogenannten „offenen

Lernsystem“ können diese externen Informationen nutzbar gemacht werden. Das Lernprogramm selbst braucht sich damit nicht mehr zu belasten. Anstelle der Entscheidung oder der Norm ist im Programm nur ein Verweis auf die Quelle des Dokuments enthalten. Freilich müssen Sie diese Quelle nicht selbst nachschlagen. Hat das Programm die gewünschte Information gefunden, stellt es sie so dar, als wäre sie ein ganz normaler Programmbestandteil.

Im Idealfall merkt also der Benutzer gar nicht mehr, woher einzelne Informationen stammen. Bei entsprechender Konstruktion können solche Systeme so flexibel gestaltet werden, daß sie an unterschiedliche externe Datenquellen anpaßbar sind. Im Ergebnis ist der Vorteil solcher Systeme vor allem, daß sich der Autor keine Gedanken um die Einbindung solcher Informationen machen muß und sich konsequent mit der Gestaltung der Lernsequenzen selbst beschäftigen kann. Dies kann eine erheblich höhere Aktualität und einen geringen Wartungsaufwand bei der Nutzung einbringen. Es gibt auf diesem Gebiet auch bereits erste Versuche bzw. sogar eine praktische Umsetzung, mit der ein Hersteller versucht, seine CD-ROM Anwendungen durch andere Programme nutzbar zu machen.

Datenbanken als Werkzeuge zum Lernen. Entwickelt man diesen Gedanken weiter, fragt sich, ob man nicht gleich einen didaktischen Zugang auf andere Medien aufsetzen kann, mit dem der Benutzer juristische Probleme sowohl fallorientiert (unter Nutzung der vorhandenen Entscheidungen), als auch strukturorientiert, anhand vorhandener systematischer Gliederungen arbeiten kann. Wenn das gelingt, kann man den oft immensen Umfang juristischer Erkenntnisse, die in einer Datenbank enthalten sind, verwerten und so sehr komplexe Lernprogramme herstellen.

Nutzung des Internet? Die vielfältigen Möglichkeiten dieses neuen Mediums sind natürlich auch für die juristische Ausbildung nutzbar. Die Möglichkeiten und Grenzen eines komplexen Lernsystems, das Ressourcen aus verschiedenen Quellen nutzt und außerdem allen Nutzern direkt im World Wide Web präsentiert werden soll, wird ab Oktober 1995 ein Forschungsprojekt an der Humboldt-Universität zu Berlin untersuchen. Daraus könnte ein überregionales Konzept der Aufbereitung einzelner Gebiete des Rechts entstehen, an dessen Ende ein überregionales, verteiltes Lernsystem für Studenten steht.

6.5 Entwicklung von Lernprogrammen als Kostenproblem

Der Aufwand für die Entwicklung eines juristischen Lernprogramms ist sehr hoch. Dabei ist es fast egal, ob es sich um ein Programm zur Wissensvermittlung oder eines zum Training handelt. In ein einziges Programm, das nur einen kleinen Teil eines Rechtsgebietes behandelt, werden oft mehrere Mannjahre (Zeit, die eine Person benötigt hätte) investiert. Damit ergibt sich ein erhebliches Kostenproblem. Zwar kann ein einmal entwickeltes Lernprogramm von unzähligen „Schülern" benutzt werden. Für Programme auf dem juristischen Sektor besteht dennoch nur ein begrenzter Bedarf. Dabei ist auch zu berücksichtigen, daß ein Programm für einen Anwalt oder gar einen Personalleiter, der nur nebenbei mit Recht zu tun hat, anders aussehen muß, als ein Programm für Studenten. Hinzu kommt die gegenwärtig noch geringe Akzeptanz unter den Lehrenden und Lernenden. Die Entwicklungskosten lassen sich also nicht ohne weiteres umlegen. Kein Student wird sich ein Lernprogramm für beispielsweise 1000,- DM kaufen, das ihm die Grundlagen des Vertragsrechts vermittelt. Die gegenwärtigen Entwicklungen dürften daher bisher kaum Gewinn einbringen. Daß trotzdem immer mehr Anbieter auf dem Markt auftauchen, zeigt gleichwohl, wie interessant dieser Markt in der Zukunft sein wird.

Aus dem Kostenproblem folgt auch, daß Lernprogramme oft nicht von einer so hohen technischen Qualität sind, wie Standardsoftware, von der Millionen Exemplare verkauft werden. Wenn wir also im Abschnitt 6 bei den einzelnen Anwendungen oft die unpraktische oder antiquierte Benutzeroberfläche bemängeln, so legen wir damit eine Meßlatte an, die für die Programmierer juristischer Software fast zwangsläufig zu hoch ist. Deren finanzieller Rahmen wird oft dürftig und ihre Arbeit in der Regel von viel Idealismus geprägt sein.

Eine weitere Folge der immensen Kosten von Lernprogrammen ist, daß bis heute nur sehr wenige, meist kommerziell interessante Rechtsgebiete erschlossen wurden. Das hat zur Folge, daß in Randgebieten wie dem Arbeitsrecht, wesentlich mehr Lernsoftware existiert als in wirtschaftlich weniger attraktiven Gebieten wie dem Strafrecht. Hinzu kommt dabei noch, daß es wesentlich schwieriger ist, ein Lernprogramm zu den Kerngebieten des Rechts zu entwickeln. Die hier oft sehr alten, von unbestimmten Rechtsbegriffen bestimmten Normen und die umfangreiche Rechtsprechung erschweren eine Umsetzung in anspruchsvolle Lernprogramme erheblich.

6.6 Beschreibung ausgewählter Produkte

6.6.1 Auswahl und Untersuchungskriterien

Es ging uns hier nicht darum, alle auf dem Markt befindlichen Produkte aufzuführen – das hätte den Rahmen dieses Kapitels deutlich gesprengt. Wir wollten auch nicht die besten oder schlechtesten Programme vorstellen. Wir haben vielmehr versucht, eine repräsentative Auswahl zu treffen. Jedes Produkt wurde von uns anhand folgender Kriterien untersucht:

- **Inhalt:** Welche Rechtsgebiete werden behandelt? Welchen Umfang hat der wiedergegebene Stoff?
- **Lehr- bzw. Lernmethode:** Wie wird der Lernstoff vermittelt? Wie wird er trainiert?
- **Nutzerkreis:** An wen richtet sich das Programm? Erfüllt das Programm diesen Anspruch?
- **Softwaretechnik:** Für welches Betriebssystem (DOS, Windows) wird die Software angeboten? Ist die Benutzeroberfläche zeitgemäß? Werden Standards eingehalten?
- **Ähnliche Produkte:** Gibt es ähnlich funktionierende Produkte zu anderen Rechtsgebieten? Gibt es zu diesem Rechtsgebiet ähnliche Produkte anderer Anbieter?

6.6.2 Lernprogramm Abfallrecht

Inhalt. Das Programm soll einen Überblick über das Abfallrecht vermitteln. Es enthält insgesamt etwa 4000 Bildschirmseiten, davon nach Autorenangaben ca. 600 Seiten zur Vermittlung der eigentlichen Thematik sowie 400 Seiten mit Hintergrundinformationen und einem umfangreichen Fachlexikon. Die wichtigsten Gesetzestexte des Landes- und Bundesrechts sowie EU-Recht und Verwaltungsvorschriften werden auf ca. 3000 weiteren Seiten angeboten.

Lehr- bzw. Lernmethode. Die Wissensvermittlung erfolgt durch strukturierte Texte, die teilweise Verweise mit Erläuterungen und Gesetzestexten enthalten, die als zusätzliche Bildschirmfenster verfügbar sind. Aus diesen führen jedoch keine weiteren Verzweigungen heraus, Sie können von dort nur in den Haupttext zurückkehren. Eine vernetzte Sicht auf das Wissensgebiet kann dadurch nicht entstehen. Diese Art von Verweisen ist eher vergleichbar mit Fußnoten. Nur bei einigen Problembeschreibungen bietet Ihnen das Programm echte Hyperlinks. Diese vernetzen tatsächlich verschiedene Bildschirmseiten und geben, meist zusammen mit einem erläuternden Schema, einen guten Eindruck von der Struktur des Gebietes. Leider sind solche Hyperlinks nicht durchgängig vorhanden.

Komplexe Problembeschreibungen werden zumeist durch sehr sorgfältig bearbeitete Schemata unterstützt. Teilweise bauen sich diese Seite für Seite auf und fördern dadurch das Verständnis der zugrundeliegenden Struktur. Der Text wird häufig durch Abbildungen aufgelockert. Darunter finden sich jedoch auch viele „Bildchen“, die keine sinnvolle Ergänzung des Textes darstellen, z.B. die Abbildung eines Lastkraftwagens, der zu einer Deponie fährt.

Eine Übungskomponente ist im Programm nicht enthalten.

Nutzerkreis. Das Programm soll alle mit dem Umweltschutz befaßten Personengruppen ansprechen, also sowohl Umweltschutzbeauftragte in Wirtschaftsunternehmen, Unternehmensberater als auch Studenten an Universitäten oder Fachhochschulen. Wenn man berücksichtigt, daß die Studenten in der Regel nur für die mündliche Prüfung Kenntnisse auf diesem Rechtsgebiet haben sollten, erscheint die Tiefe der Wissensvermittlung mehr als ausreichend.

Softwaretechnik. Das System arbeitet unter DOS mit einer optisch ansprechenden grafischen Benutzeroberfläche. Alle Funktionen können sowohl mit der Tastatur als auch mit der Maus bedient werden. Die Oberfläche entspricht keinem Standard. Die Hilfefunktion ist leider nicht kontextsensitiv gestaltet. Es erscheint kein Hilfetext zu der konkreten Programmsituation, sondern immer zunächst ein Menü, aus dem man das gesuchte Thema auswählen muß. Dies fällt allerdings nicht so schwer ins Gewicht, da das Bedürfnis nach Hilfe eher gering ist. Nach einer kurzen Einführung in die Programmbedienung gleich zu Beginn des Programms dürften kaum noch Unklarheiten bestehen.

Ähnliche Produkte. Das Programm ist im Rahmen des „Lernprogrammsystems Umweltrecht“ erscheinen. Die Schlütersche Verlagsanstalt bietet innerhalb der Reihe drei weitere Programme zum Gewässerschutz, zum Immissionsschutz sowie zur Umwelthaftung an. Alle verfolgen das gleiche Konzept und arbeiten mit der gleichen Oberfläche. Insgesamt dürften sie einen kompletten Überblick über das Umweltrecht vermitteln.

6.6.3 Fallspiel Zwangsvollstreckung

Inhalt. Das Programm bietet zwei Fälle aus dem Gebiet der Zwangsvollstreckung an. Die erste Geschichte trägt den Titel „Der kritische Mandant“, die zweite heißt „Der geerbte Titel“. Sie spielen in beiden Fällen einen Rechtsanwalt und müssen für Ihren Mandanten Josef Kohler eine Forderung durchsetzen. Beim zweiten Fall gibt es verschiedene Varianten. Zu Beginn des Programms müssen Sie angeben, welches Lehrbuch Sie benutzen möchten. Unter den neun angebotenen Möglichkeiten finden sich u.a. Werke von Jauernig, Brox und Baur. Im Programm wird dann an verschiedenen Stellen auf entsprechende Passagen „Ihres" Lehrbuchs verwiesen.

Lehr- bzw. Lernmethode. Es handelt sich, wie bereits gesagt, um zwei juristische Fallspiele. Das Programm beschreibt eine konkrete Situation, auf die Sie entsprechend reagieren müssen. Dazu geben Sie Ihre Maßnahme ein (siehe Abbildung 6.6). Diese kann auch aus ganzen Sätzen bestehen. Das Programm sucht dann relevante Begriffe aus Ihrer Antwort und reagiert auf diese entsprechend. Wenn Sie etwas Falsches vorschlagen, kommen sie nicht zum Ziel und Ihr Mandant empfiehlt Ihnen irgendwann, sich doch mit Ihrer Haftpflichtversicherung in Verbindung zu setzen. Durch die sehr einfache Form der Auswertung Ihrer Eingaben „versteht" das Programm Sie allerdings manchmal nicht richtig (zu dieser Problematik siehe Abschnitt 6.3.2).

Wenn Sie den Fall gelöst haben, können Sie von vorne beginnen oder aufhören. Eine besondere Form der Auswertung existiert im Programm nicht.

Nutzerkreis. Das Programm richtet sich an den fortgeschrittenen Studenten, der bereits etwas von Zwangsvollstreckung gehört hat, aber auch an den Referendar, der seine Kenntnisse auffrischen will. Für den Rechtsanwalt sollte es hingegen keine Herausforderung darstellen, beide Fälle richtig zu lösen.

Softwaretechnik. Das Programm arbeitet unter DOS. Die Bedienung ist auf dem Stand der 80er Jahre und entspricht keinem gängigen Standard. Sie können auch nicht mit der Maus arbeiten. Eine echte Hilfefunktion existiert ebenfalls nicht. Lediglich ein Info-Fenster zeigt die Belegung der wichtigsten Tasten. Drückt man die „Hilfe"-Taste, erhält man keine Informationen zur Programmbedienung, sondern Hinweise auf einschlägige Passagen im ausgewählten Lehrbuch.

Insgesamt leidet das Programm unter der reichlich antiquierten Benutzeroberfläche, die schon zum Zeitpunkt der 1. Auflage, erst recht jedoch im Dezember 1992, zur 2. Auflage, als veraltet anzusehen war.

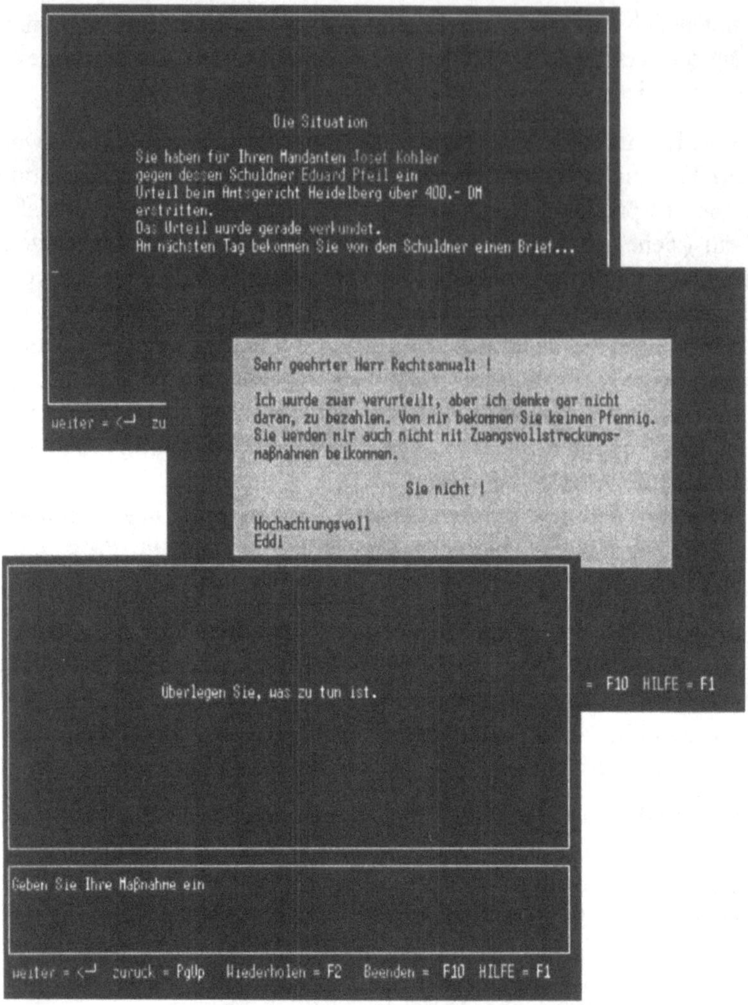

Abbildung 6.6: Beispiel aus Fallspiel Zwangsvollstreckung

Ähnliche Produkte. Ebenfalls von Prof. Wolfgang Brehm stammt ein Fallspiel „Zivilprozeßrecht“ aus dem Jahre 1988. Der dort vorgestellte Fall ist jedoch wesentlich einfacher und läuft auf die Lösung eines einzigen juristischen Problems hinaus.

Ein weiteres Fallspiel des Verlages C.H.Beck beschäftigt sich mit dem Erbrecht. Es funktioniert nach dem gleichen Prinzip, hat aber eine etwas andere Benutzeroberfläche und stammt von anderen Autoren.

6.6.4 Arbeitsrecht effizient anwenden

Inhalt. Das Programm behandelt die wesentlichen Gebiete des Arbeitsrechts. Der Schwerpunkt wird bei solchen Themen wie Zustandekommen und Kündigung von Arbeitsverhältnissen oder beim Mitbestimmungsrecht des Betriebsrates gesetzt. Andere Gebiete, wie Streik oder Aussperrung und das gesamte Tarifvertragsrecht werden nur sehr oberflächlich angesprochen. Die Gesamtlerndauer für die neun Kapitel soll ca. 4 Stunden betragen, was nach unseren Erfahrungen zutrifft.

Lehr- bzw. Lernmethode. Der Lernstoff wird in Form von gut strukturierten Texten angeboten, die zum Teil durch Abbildungen aufgelockert wurden. Leider tragen diese nicht immer zum Verständnis bei, sondern illustrieren nur den Text, z.B. in Form eines kranken, im Bett liegenden Arbeitnehmers.

Teilweise wird der Stoff durch Dialoge zwischen Frau Helga Grün und Birgit Brauer vermittelt, die durch das Programm führen. Hypertexttechnik wird dem Benutzer nicht geboten. An einzelnen Stellen können aber Gesetzespassagen nachgeschlagen werden.

Für problematisch halten wir den Versuch, den Lernenden ohne vorherige Schulung nach seiner Meinung über bestimmte Rechtsprobleme zu fragen. Prinzipiell ist das zwar kein Problem – schließlich könnte durchaus Vorwissen vorhanden sein. So wie hier die Fragen formuliert sind, läuft es aber auf Abfragen des „gesunden Volksempfindens“ hinaus. Das ist einem ernsthaften Lernprogramm unseres Erachtens nicht angemessen.

An einigen, leider zu wenigen Stellen werden Wissens- und Verständnistests durchgeführt.

Nutzerkreis. Nach dem Anspruch des Anbieters sollen mit dem Programm alle angesprochen werden, die die Praxis des Arbeitsrechts kennenlernen wollen. Dabei sollen Vorkenntnisse nicht erforderlich sein. Für Studenten ist das Programm nur bedingt geeignet, da der Stoff mehr unter praktischen als unter wissenschaftlichen Gesichtspunkten aufgearbeitet ist. Die Darstellung ist häufig sehr plakativ und geht für den Lernenden an der Universität nicht tief genug. Es fehlen vor allem Verweise auf die jeweils relevante Rechtsprechung. Dies ist besonders dort problematisch, wo es um Problemlösungen geht, die nur von der Rechtsprechung bearbeitet wurden. Insgesamt erscheint das Programm nur für die Vorbereitung auf das mündliche Examen geeignet. Dafür und für alle juristischen Laien, die sich praktisch mit dem Arbeitsrecht auseinandersetzen müssen, bietet es aber eine gut gelungene Hilfe.

Softwaretechnik. Das Programm läuft unter DOS. Die Bedienung ist sowohl mit der Maus, als auch mit der Tastatur möglich. Abgesehen davon, daß die Tastenbelegung keinem üblichen Standard entspricht, läßt sich das Programm recht intuitiv bedienen. Leider fehlen Hypertextmöglichkeiten. Eine Hilfefunktion ist nicht vorgesehen, es besteht jedoch die Möglichkeit, sich in einer Lektion in den Umgang mit dem Programm einführen zu lassen.

Ähnliche Produkte. Im CBT-Verlag München sollen in nächster Zeit weitere derartige Lernprogramme erscheinen. Das vorgestellte Produkt bildet den Auftakt einer Reihe „Recht für jedermann".

6.6.5 Verwaltungsrecht AT-Alpmann & Schmidt

Inhalt. Das Programm bietet einen umfassenden Überblick über die wichtigsten Probleme des allgemeinen Verwaltungsrechts. In sieben Kapiteln werden Themen, wie Erlaß, Rechtswidrigkeit und Aufhebung von Verwaltungsakten ebenso behandelt, wie schlichtes Verwaltungshandeln oder der öffentlich-rechtliche Vertrag. Das Programm läßt sich teilweise durchaus schon mit den bekannten Skripten vergleichen.

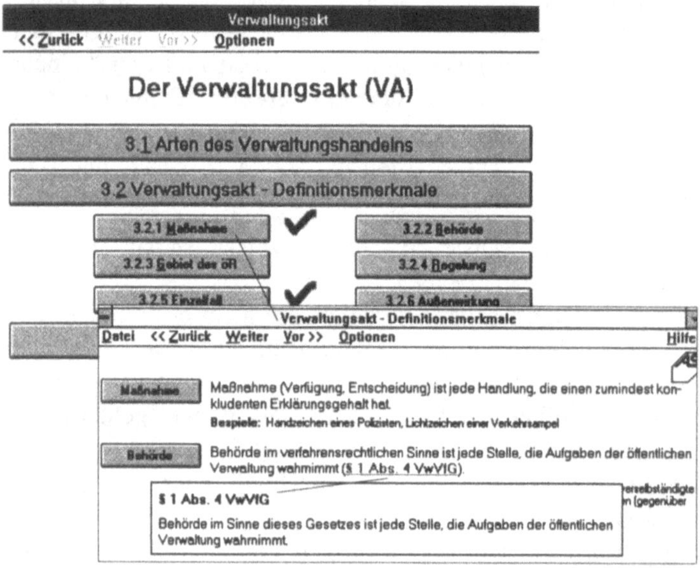

Abbildung 6.7: Lernprogramm VerwR AT von Alpmann & Schmidt

Lehr- bzw. Lernmethode. Der Stoff wird Ihnen stark strukturiert angeboten. Teilweise wird über Menüknöpfe bis in die dritte Ebene untergliedert, bevor einzelne Erörterungen folgen. Auch diese sind in sich nochmals stark untergliedert. Der Stoff wird so in „mundgerechten" Portionen serviert. Oft wird nur ein Teil einer Bildschirmseite dargestellt, wenn Sie alles verstanden haben, müssen Sie mit der Maus klicken und der nächste Textabsatz erscheint. Allerdings hat man zuweilen das Gefühl, daß die Autoren an manchen Stellen über das Ziel hinausgeschossen sind, denn dem Jura-Studenten sollte man zutrauen, auch mit längeren Texten umgehen zu können. Das schmälert den Gesamteindruck jedoch nicht. In den Texten selbst sind viele Hyperlinks enthalten, die auf Gesetzestexte oder auch Entscheidungen verweisen. Zuweilen können Sie zur Vertiefung des Stoffes über Hyperlinks auch in andere Abschnitte gelangen.

Die Abbildung 6.7 zeigt zwei Bildschirmausschnitte. In der Beschreibung des Verwaltungsaktes haben wir für Sie den Punkt „Maßnahme" angeklickt, woraufhin der untere Bildschirm erschien. Auf diesem haben wir den § 1 Abs. 4 VwVfG ausgewählt. Daraufhin erschien das „Pop-Up-Fenster" mit dem Text der Vorschrift am unteren Bildschirmrand.

Die Stoffvermittlung wird regelmäßig durch „Tests" unterbrochen. Dabei muß der Nutzer verschiedene, teilweise recht schwierige Fragen beantworten. Dies erfolgt sowohl über Lückentexte als auch über Multiple-Choice-Abfragen. Die Abbildung 6.8 soll Ihnen einen kleinen Eindruck davon geben. Im oberen Test soll der Benutzer die einzelnen Fälle den verschiedenen Feldern zuordnen. Im unteren Test mußten wir die richtigen Antworten ankreuzen (ähnlich wie in Abbildung 6.3) und erhielten die abgebildete Auswertung.

Bei der Gestaltung der einzelnen Texte hätten es weniger verschiedene Schriftarten und -größen auch getan. Darunter leidet zuweilen die Übersichtlichkeit. Offenbar fehlt noch ein einheitliches Konzept zur Gestaltung der Bildschirmseiten.

Nutzerkreis. Das Programm richtet sich an Studenten und Referendare und wird diesem Anspruch auch voll gerecht. Es werden komplexe Probleme erörtert, die Tests sind durchweg schwierig und erfordern eine ernsthafte Auseinandersetzung mit den aufgeworfenen Fragen.

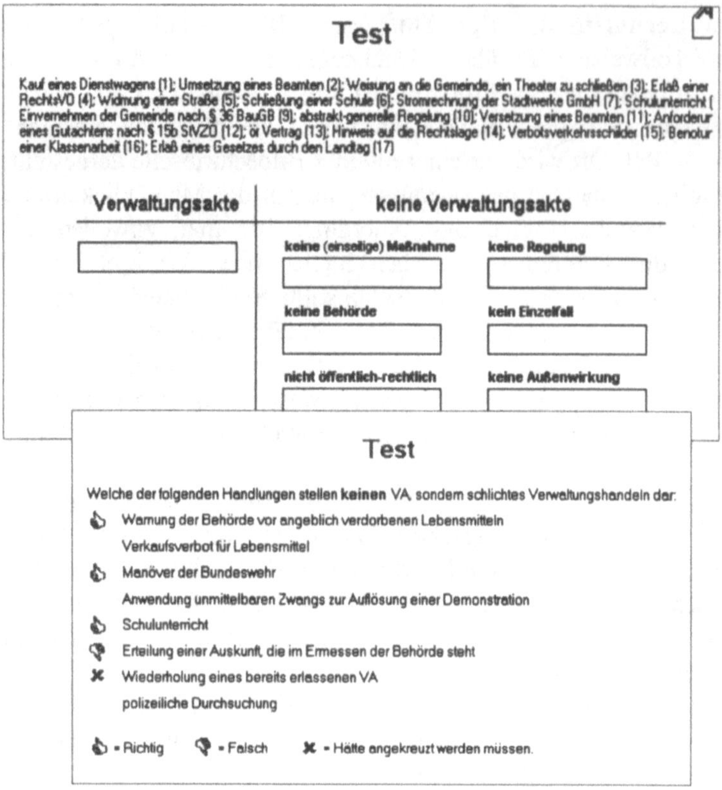

Abbildung 6.8: Tests im Alpmann & Schmidt Lernprogramm

Softwaretechnik. Das Programm läuft unter Windows und basiert offenbar auf dem Multimediaentwicklungssystem „Knowledge-Pro“, das verschiedene Hypertext- und Multimediaverknüpfungen erlaubt. Wenn dieser Weg konsequent weiterverfolgt wird, kann das neue Maßstäbe für Lernprogramme in diesem Preisbereich setzen.

Das Programm verfügt über einen Kopierschutz. Von der Installationsdiskette kann nur einmal eine komplette Version auf der Festplatte installiert werden. Bei einem weiteren Versuch oder der Installation auf einem anderen Rechner wird immer nur eine Demonstrationsversion installiert, die nur das erste Kapitel enthält. Das ist sehr problematisch, denn wenn Sie sich einen neuen Rechner oder auch nur eine neue Festplatte kaufen, müssen Sie das Programm neu installieren können. Leider gibt das Anleitungsheft keine Auskunft dazu, wie das geht. Auf Nachfrage bei Alpmann & Schmidt wurde uns mitgeteilt, daß in einem solchen Fall gegen Rücksendung der alten Originaldiskette kostenlos eine neue zur Verfügung gestellt wird.

Ähnliche Produkte. Alpmann & Schmidt sind keine Neulinge auf dem Lernsoftwaremarkt. Schon vor einigen Jahren brachten Sie zwei Programme zum BGB AT und eines zum Sachenrecht auf den Markt. Während erstere eine grafische Benutzeroberfläche besaßen, lief letzteres noch im DOS-Textmodus ohne Grafiken. Alle enthielten jedoch schon Hyperlinks und sind auch heute durchaus noch verwendbar, wobei besonders das Sachenrechts-Lernprogramm inhaltlich recht anspruchsvoll ist.

Gegenwärtig (Juli 1995) befinden sich weitere Produkte mit moderner Windows-Oberfläche in Vorbereitung: ein Programm zum Strafrecht AT und eines zum Schuldrecht AT.

6.6.6 Softbook – elektronische Skripten

Inhalt. In der Reihe „Examenswissen" werden fünf elektronische Skripten angeboten: „Bürgerliches Recht", „Wirtschaftsrecht", „Strafrecht", „Verwaltungsrecht" und „Referendarwissen". Daneben gibt es weitere Skripten, u.a. eines zum Erlernen des Umgangs mit juris.

Softbooks sind, wie der Name schon ausdrückt, Bücher, die elektronisch präsentiert werden. Der Verlag wirbt auch unter der Bezeichnung „Softbook – Das Buch als Software".

Lehr bzw. Lernkonzept. Die Softbooks sind offenbar 1:1 Übernahmen von Papiertexten. Es wird keine computerunterstützte Lehr- oder Lernmethode eingesetzt. Sie können lediglich einen Index nutzen, der die sinntragenden Begriffe enthält und anhand derer Sie im Text suchen können. Daneben haben Sie auch die Möglichkeit, eine Volltextsuche mit verschiedenen Verknüpfungsmöglichkeiten durchführen. Insgesamt sind Softbooks aber keine Lernprogramme in dem Sinne, wie wir sie im ersten Teils dieses Kapitels beschrieben haben. Sie bieten Ihnen im wesentlichen nichts, was nicht auch ein Papierlehrbuch oder -skript bieten könnte. Da sich die elektronischen Skripten auf dem Bildschirm auch noch schlechter lesen lassen, als auf Papier, raten wir Ihnen von diesen Produkten ab.

Nutzerkreis. Die Produkte richten sich an Studenten und Referendare. Wir haben aus den gerade angesprochenen Gründen keines der Softbooks durchgearbeitet, so daß wir hier nicht bewerten können, ob sie für diesen Nutzerkreis als Lesematerial geeignet sind.

Softwaretechnik. Die Softbooks laufen unter DOS. Maus- und Tastaturbedienung ist möglich, die Tastenbelegung entspricht aber keinem Standard.

6.6.7 Strukturtrainer Strafrecht AT

Inhalt. Das Programm enthält die wesentliche Struktur des allgemeinen Teil des Strafrechts. Das heißt, es bietet ein Subsumtionsschema, mit dem theoretisch jeder Fall strukturgebunden gelöst werden kann. Damit Sie mit dem Programm üben können, wurden von den Autoren nach ihren Angaben über 600 Fälle mitgeliefert. In der uns vorliegenden Version traf dies allerdings nicht zu, denn viele Fallnummern waren nicht besetzt. Wir zählten nur 490 Fälle, trotzdem ein erheblicher Fundus.

Lehr- bzw. Lernmethode. Der Strukturtrainer soll Ihnen helfen, die Struktur des Strafrechts zu begreifen und einzuüben. Sie können sowohl mit eigenen Fällen trainieren (dann nutzen Sie nur die Struktur), als auch anhand der mitgelieferten Fälle, die sämtlich mit dem System gelöst werden können. Dabei werden Sie auf – nach Meinung der Autoren – falsche Wege hingewiesen. Leider wurden wir beim Testen oft einfach mit Antworten wie „Falsch!..." oder „Nein! Das braucht hier nicht näher geprüft zu werden" abgewiesen. Dies ist aber wohl ein Problem der Komplexität von Lernprogrammen, denn es hätte erheblichen Aufwandes bedurft, jede Antwortvariante für jeden Fall einzeln zu kommentieren.

Um das Üben noch individueller gestalten zu können, ist es möglich, Fallgruppen zu bestimmten Problemkreisen auszuwählen, z.B. zur Rechtswidrigkeit oder zur Schuld, oder das Programm zufällig einen Fall auswählen zu lassen. Schließlich können Sie noch eine persönliche Fallsammlung erstellen, aus der Sie später Fälle gesondert üben können.

Interessant ist auch ein Modus, der automatisch Schritt für Schritt die richtigen Eingaben vornimmt und so einen Fall komplett durchprüft. Dabei läßt das Programm Ihnen genügend Zeit, jeden Schritt in Gedanken nachzuvollziehen und sich auch die einzelnen Schritte selbst zu überlegen. Wenn Sie einmal gar nicht mehr weiterkommen, können Sie sich auch einen einzelnen Schritt der Subsumtion „vorsagen" lassen.

Besonders leistungsfähig ist auch die „Hilfe"-Funktion. Hinter ihr verbirgt sich keine Programmbedienungshilfe, sondern eine inhaltliche Unterstützung. Ihnen wird immer der Punkt der Subsumtion erläutert, den Sie gerade bearbeiten. Die Hilfeseiten liegen dabei als Hypertexte vor, in denen Sie Hyperlinks zu weiteren Seiten, zu Definitionen und Gesetzestexten führen. Damit steht Ihnen ein komplexes „Wissensnetz" des Allgemeinen Teils des Strafrechts zur Verfügung. Die „Hilfe"-Funktion allein verfügt schon über eine Komplexität und einen Umfang, wie er vielen Lernprogrammen fehlt.

Nutzerkreis. Das Programm wird im Rahmen des „Pilotprojektes Normfall" von Prof. Dr. Haft, Universität Tübingen, angeboten. Adressaten dieses Projektes sind Jura-Studenten und Referendare. Für diese ist das

Programm auch tatsächlich besonders geeignet, ermöglicht es doch die examensgerechte Aufbereitung juristischer Fälle und vermittelt notwendiges Strukturwissen.

Softwaretechnik. Die eingesetzte DOS-Software ist nicht mehr zeitgemäß. Die Autoren haben keinen gängigen Standard für die Bedienung eingehalten. Diese läuft der Intuition teilweise zuwider. So müssen Sie beispielsweise an Stellen, an denen Sie mit der Benutzung der Cursortasten ↑ und ↓ rechnen konnten, mit Bild↓ und Bild↑ arbeiten. Die Bildschirmgestaltung ist recht unübersichtlich, wie Sie auch in Abbildung 6.9 sehen können.

Das Programm kann zwar mit der Maus bedient werden, ein Mausklick auf die Subsumtionsmenüs bringt jedoch gar nichts, deren Steuerung ist vielmehr nur über die Buttons „J“, „N“, „P“ und „I“ am unteren Bildschirmrand möglich. Diese sind jedoch für eine Maussteuerung recht klein geraten und vor allem nicht so angeordnet, daß sie intuitiv bedient werden können.

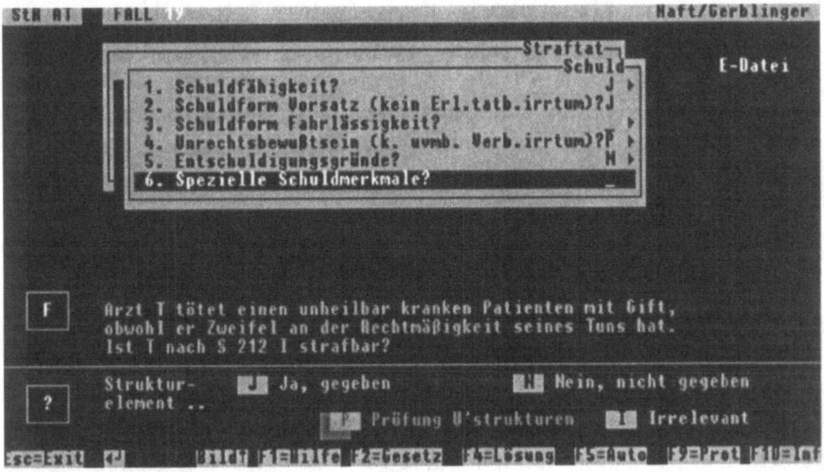

Abbildung 6.9: Fallprüfung mit dem Strukturtrainer

In softwaretechnischer Hinsicht sollte das Programm dringend überarbeitet werden. Windows bietet als Benutzeroberfläche die idealen Voraussetzungen für ein solches Programm.

Ähnliche Produkte. Dem Strukturtrainer im Ansatz vergleichbar ist das Programm Terminus. Mit ihm ist ebenfalls ein Subsumtionstraining möglich. Allerdings müssen Sie dort zunächst die Struktur des Rechtsgebietes eingeben. Eine „fertige Struktur“ wird nur für das Strafrecht mitgegeben. Zusätzlich können Sie noch eine komplette Begriffsstruktur für das Bürgerliche Recht von Prof. Dr. Moritz erwerben. Das System ist damit einerseits zwar flexibler, aber andererseits auch nicht so praktisch, wie der Strukturtrainer.

6.6.8 IBM Lernprogramm Vertragsrecht I – Der Kaufvertrag

Inhalt. In vier Kapiteln werden das Zustandekommen von Rechtsgeschäften, der Kaufvertrag, Sonderformen des Kaufs sowie sonstige Vertragsarten behandelt. Die Darstellung ist recht ausführlich, so geht es im ersten Kapitel unter anderem um die Arten von Willenserklärungen, ihre Anfechtung sowie um die Inhalte verschiedener Rechtsgeschäfte und die Bestandteile von Verträgen.

Lehr- bzw. Lernmethode. Die Wissensvermittlung erfolgt durch eine Abfolge von Bildschirmseiten, die in der Regel Schritt für Schritt aufgebaut werden. Sie werden teilweise durch Illustrationen aufgelockert, die leider nicht immer einen notwendigen Bezug zum Lernstoff erkennen lassen. Die Vermittlung ist sehr praxisorientiert. Literaturhinweise oder Fundstellen von Entscheidungen werden nicht geboten. Dagegen wird teilweise auf weitere IBM-Lernprogramme verwiesen, die nähere Definitionen einzelner Begriffe enthalten. Neben dem normalen Lernstoff kann noch ein Glossar mit einigen wichtigen Begriffen aufgerufen werden. Leider kommen Begriffe, die im Programm anderweitig definiert werden, im Glossar nicht vor, auch nicht als Verweis auf den Text.

Hypertextmöglichkeiten werden bei der Stoffvermittlung nicht genutzt. Zwischen den einzelnen Abschnitten werden immer wieder Tests vorgenommen. Die Abbildung 6.10 zeigt eine solche Abfrage.

Nutzerkreis. Der Stoff wird recht praxisorientiert vermittelt. Die Darstellung genügt jedoch nicht den Ansprüchen, die Studenten an ein Lernprogramm in einem der wesentlichen Kerngebiete des Rechts stellen sollten. Das Programm ist daher eher für Nichtjuristen geeignet, die für die tägliche Arbeit praktische Kenntnisse des Vertragsrechts besitzen sollen. Als Einsatzgebiet dürfte damit vor allem die betriebliche Aus- und Weiterbildung in Frage kommen. Für Studenten und Referendare kann das Programm allenfalls eine Wiederholung bekannten Stoffes bieten.

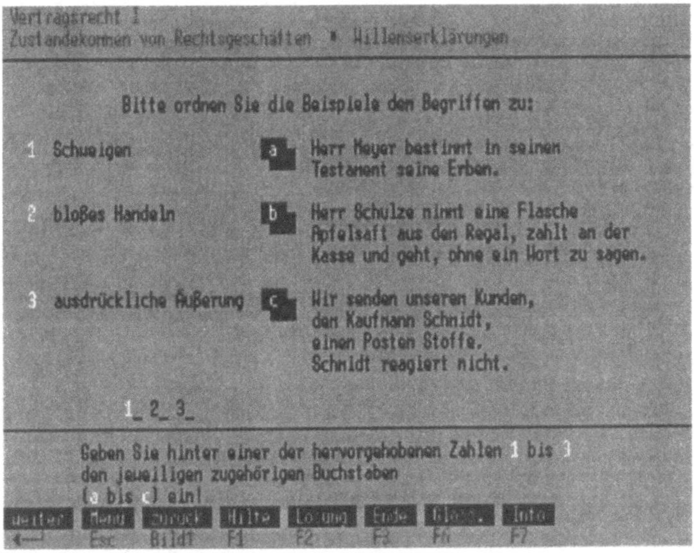

Abbildung 6.10: Lernprogramm Vertragsrecht I von IBM

Softwaretechnik. Das Programm läuft unter DOS. Die Bedienung ist etwas altertümlich und hält sich an keinen gängigen Standard. In einem Bildschirmfenster unter Windows ist es nicht brauchbar zu verwenden, da sich dessen Größe durch das häufige Umschalten der Bildschirmmodi laufend ändert.

Ähnliche Produkte. Von der IBM Deutschland Bildungsgesellschaft mbH werden weitere Lernprogramme angeboten, so z.B. eines zu „rechtlichen Grundbegriffen". Sie sind jedoch teilweise nicht mehr verfügbar. Nach Auskunft eines Anbieters soll eine neue Programmgeneration eingeführt werden.

Anhang A: Glossar

anonymous FTP	FTP-Server ohne Einschränkung des Benutzerkreises
Auflösung	Anzahl der Bildpunkte eines Computerbildes, Verwendung bei Monitoren, Druckern und Scannern
BIOS	Basic Input Output System: Urprogramm des PC, als Chip auf dem Mainboard
bps	bits per second: Bitrate (Geschwindigkeit) bei Modems
Bussystem	Teil des Mainboards zum Transport der Daten zwischen den verschiedenen Komponenten eines PC
Btx	Bildschirmtext: kommerzieller Online-Dienst der Deutschen Telekom
Byte	Maßeinheit für den Speicherbedarf von Daten, ein Byte ist etwa der Speicherbedarf eines Buchstabens oder einer Ziffer
BZT	Bundesamt für Zulassungen in der Telekommunikation; jedes Modem braucht eine BZT-Zulassung
Cache	Spezieller Speicher zur Zwischenspeicherung von Daten, um Geschwindigkeitsunterschiede verschiedener Komponenten auszugleichen (z.B. zwischen Prozessor und RAM)
CD-ROM	Compact Disk Read Only Memory: optisches Speichermedium mit hoher Kapazität
Client	Computer(programm), der (das) einen von einem Server bereitgestellten Dienst nutzt
ComLink (CL)	Mailboxnetz
CompuServe	Kommerzieller amerikanischer Online-Dienst
DAT-Streamer	Digital Audio Tape Streamer: Besonders leistungsfähiger Streamer
Datex-J	Telekommunikationsdienst der Telekom, Träger des Btx-Dienstes
Datex-P	Telekommunikationsdienst der Telekom
Desktop	PC-Gehäuseform
DNS	Domain Name Service: Dienst im Internet zum Ermitteln der IP-Adresse aus einem Host-Namen
DOS	Disk Operating System (Microsoft u.a.): klassisches, aber veraltetes Betriebssystem des PC
Download	Kopieren von Dateien von einem Server auf einen Client
dpi	dots per inch: Maßeinheit für die Auflösung bei Druckern und Scannern
DRAM	Dynamic RAM: herkömmlicher Typ von Arbeitsspeicher
386DX	älterer Prozessortyp für PC
DSTN-Display	Double Super Twisted Nematic Display: gutes Display-System bei Notebooks
EIDE	Enhanced IDE: Weiterentwicklung des IDE
EISA	Enhanced ISA: modernes Bussystem eines PC, Weiterentwicklung von ISA
EMail	Electronic Mail: elektronische Post

Fast UART	Fast Universal Asynchronous Receiver/Transmitter: Pufferbaustein für serielle Schnittstelle, wird beim Betrieb eines schnellen Modems benötigt
FD	Floppy Disk: Diskette
FDD	Floppy Disk Drive: Diskettenlaufwerk
FidoNet	Mailbox-Netz
FTP	File Transfer Protocol: Standard für die Dateiübertragung im Internet
GB	Gigabyte, ein GB = 1024 MB ≈ 1,05 Mill. KB ≈ 1,07 Mrd Bytes
GDI-Drucker	Graphics Device Interface Drucker: spezieller Laserdrucker für MS-Windows
Green-Board	Mainboard mit Energiesparfunktionen
HD	Hard Disk: Festplatte
HDD	Hard Disk Drive: Festplattenlaufwerk
Host-Name	Name eines Internet-Hosts; jedem Host-Namen ist eine IP-Adresse zugeordnet.
HTML	Hypertext Markup Language: Seitenbeschreibungssprache zum Gestalten von WWW-Seiten
IDE	Integrated Device Equipment: Festplattencontroller
IDN	Integriertes Datennetz: Datenübertragungsnetz der Telekom, das u.a. für Datex-P genutzt wird
IP-Adresse	Internet Protocol Adresse: eindeutige Nummer eines Internet-Hosts
ISA	Industry Standard Architecture: älteres Bussystem eines PC
ISDN	Integrated Services Digital Network: modernes und schnelles Telekommunikationsnetz der Deutschen Telekom
ISO-9660	Internationaler Standard für CD-ROM-Laufwerke
KB	Kilobyte, ein KB = 1024 Bytes
Local Bus	Modernes PC-Bussystem, erhältlich in den Varianten VLB und PCI
Mailbox	Computer mit Einwahl-Möglichkeit, der elektronische Post, schwarze Bretter und Dateiarchive zur Verfügung stellt
Mainboard	Hauptplatine eines PC, Sitz des Prozessors
Maus	Mailbox-Netz
MB	Megabyte, ein MB = 1024 KB ≈ 1,05 Mill. Bytes
MF-II	Multi Function II: Standard für PC-Tastatur
MHz	Megahertz: Maßeinheit u.a. zur Bezeichnung der Geschwindigkeit von Prozessoren
MNP5	Microcom Network Protocol 5: Datenkompressions- und Fehlerkorrekturverfahren bei Modems
Mousepad	Unterlage für die Maus zur Verbesserung des Rollverhaltens
MPR II	statens Mät-och Provråd II: schwedische Norm für strahlungsarme Bildschirme

NetNews	Dienst im Internet, der Tausende von Diskussionsforen zur Verfügung stellt
Notebook	Kleiner transportabler PC
OCR	Optical Character Recognition: Erkennung eingescannter Texte zur Weiterverarbeitung in der Textverarbeitung
Office-Paket	Softwarepaket aus Textverarbeitung, Tabellenkalkulation, Datenbank und Präsentationsgrafik
offline	Verbindung unterbrochen
online	Verbindung hergestellt
OS/2	Operating System 2 (IBM): modernes PC-Betriebssystem, derzeit Version 3.0 „Warp"
PCI	Peripheral Component Interconnect: modernes Bussystem eines PC
PCMCIA	Personal Computer Memory Card International Association: Notebook-Steckplatz für Erweiterungen (Typ III oder Typ II)
Pentium	aktueller Prozessortyp für leistungsfähige PC
PS/2	Personal System 2: heute nicht mehr erhältlicher PC-Typ von IBM; die für diesen PC entwickelten Arbeitsspeichermodule (PS/2-Module) finden heute Verwendung in vielen PC
pt	Typographischer Punkt – Maßeinheit in der Typographie für Längen- und Größenangaben, 1 pt = 0,353 mm
RAM	Random Access Memory: Arbeitsspeicher des PC, Ausführung als SIMM oder PS/2-Modul
Routing	Vermittlung von Datenpaketen in Computernetzen
SCSI	Small Computer System Interface: Controller zur Ansteuerung von Festplatten und weiteren externen Geräten
Server	Computer(programm), der (das) einen Dienst für einen Client erbringt
SIMM	Single Inline Memory Module: Bezeichnung für einen Typ von Arbeitsspeichermodulen
Slot	Steckplatz auf dem Mainboard für Erweiterungskarten
Streamer	Bandlaufwerk zur Datensicherung
TCO 92	Schwedische Norm für strahlungsarme und energiesparende Bildschirme
TCP/IP	Kommunikationsprotokolle, auf denen das Internet beruht
Telnet	Dienst im Internet, der die Arbeit an fremden Computern ermöglicht
TFT-Display	Hochwertiges Displaysystem bei Notebooks
TK	Tabellenkalkulation
Top-Level	Oberste Ebene; findet man oft bei Bezeichnung von Internet-Host-Namen und NetNews-Gruppen
Tower	PC-Gehäuseform
Trackball	Maus-ähnliches Eingabegerät, vor allem mit Notebooks verwendet
Trinitron	Von der Firma SONY entwickelte Bildröhre mit besonders brillanter Farbdarstellung

Truecolor	„Echtfarben"-Bildschirmdarstellung mit 16,7 Millionen möglichen verschiedenen Farben
UNIX	Uniplexed Information and Computing System: Betriebssystem für besonders leistungsfähige Computer
Upload	Kopieren von Dateien von einem Client auf einen Server
URL	Uniform Resource Locator: Adressierungssystem für Informationen im WWW
V.32bis	Standard für 14.400 bps-Modems
V.34	Standard für 28.800 bps-Modems
V.42	Standard für Fehlerkorrekturverfahren bei Modems
V.42bis	Standard für Datenkompressions- und Fehlerkorrekturverfahren bei Modems
VGA	Video Graphics Array: gängiger Standard zum Austausch von Bildinformationen zwischen PC und Monitor
VGA-Karte	Grafikkarte nach VGA-Standard
486DX	aktueller Prozessortyp für PC
VLB	VESA Local Bus: modernes Bussystem eines PC
VRAM	Video RAM: besonders schneller Arbeitsspeicher bei Grafikkarten
WIN	Wissenschaftsnetz, Teil des deutschen Internet
Windows	Modernes PC-Betriebssystem, in Version 3.1 nur in Verbindung mit DOS, ab Windows 95 eigenständiges Betriebssystem
WWW	WorldWideWeb: verteiltes weltweites Informationssystem im Internet
XA	Extended Architecture: Spezifikation für CD-ROM-Laufwerke, die Foto-CD lesen können
Zerberus	Mailbox-Netz
ZMODEM	Gängiges Datenübertragungsprotokoll, verwendet von vielen Terminalprogrammen

Anhang B: Angebote im WWW

1 Beispiele für WWW-Angebote

Aktuelle Informationen

- Nachrichten der Deutschen Welle
  http://www.dwelle.de/cgi-bin/listfolder/deutsch/news.html
- GermNews
  http://www.rz.uni-karlsruhe.de/misc/germnews/
- Voice of America's News and English Broadcasts Wire
  gopher://gopher.voa.gov/11/newswire
- Verzeichnis aller weltweiten Nachrichtendienste im Internet
  http://www.cs.vu.nl/~gerben/news.html
- Wettermeldungen des Instituts für Meteorologie der FU Berlin
  http://www.met.fu-berlin.de/deutsch/Wetter/index.html

Länder- und Städteinformationen

- Paris-Informationen (englisch)
  http://www.paris.org/
- Paris-Informationen (französisch)
  http://www.paris.org/parisF.html
- München OnLine: Informationen über das Kulturgeschehen
  http://www.muenchen.de/
- CIA World Factbook 1994
  http://www.odci.gov/94fact/fb94toc/fb94toc.html
- City.Net: Touristische Informationen weltweit
  http://www.city.net/
- Virtual Tourist II: Grafische Oberfläche für City.Net
  http://wings.buffalo.edu/world/vt2/

Regierungen und nichtstaatliche Organisationen

- Das Weiße Haus
  http://www.whitehouse.gov/
- Verzeichnis amerikanischer Regierungsbehörden im Internet
  http://www.law.vill.edu/Fed-Agency/fedwebloc.html
- Britische Regierung
  http://www.open.gov.uk/
- Bundesminister für Bildung, Wissenschaft, Forschung und Technologie (BMBF)
  http://rigel.dfn.de/bmbf/

- Bayerische Staatsregierung
  http://www.bayern.de/
- Greenpeace
  http://www.greenpeace.org/
- Amnesty International (AI)
  http://www.io.org/amnesty/overview.html
- Christlich Demokratische Union (CDU)
  http://www.cdu.org/customers/cdu/

Kulturelle Angebote

- Kinoprogramm Berlin
  http://www.infopark.de/cgi-bin/kino/in.pl
- Kinoprogramm München
  http://www.leo.org/muenchen/city/kino
- „Galerie Online" der Dt. Gesellschaft zur Förderung der Kultur
  http://www.snafu.de/~dgfk/
- „Fenster im Netz" der Firma Art+Com
  http://www.artcom.de/fenster/
- Kulturbox, u.a. mit Reichstagsverhüllung
  http://www.kulturbox.de/

Medien im WWW

- DER SPIEGEL, Hamburg
  http://www.spiegel.de/
- Die Welt, Berlin
  http://www.welt.de/
- die tageszeitung, Berlin
  http://www.prz.hu-berlin.de/taz/
- Der Standard, Wien
  http://www.austria.eu.net/DerStandard/
- Libération, Paris
  http://www.netfrance.com/Libe/
- New York Times Fax
  http://www.nytimesfax.com/
- Deutsche Welle, Köln
  http://www.dwelle.de/
- Radio Fritz, Potsdam
  http://www.artcom.de/fritz/
- SAT1
  http://www.sat1.de/

- Westdeutscher Rundfunk, Köln
  http://www.wdr.com/
- Medien-Seiten des SPIEGEL
  http://www.spiegel.de/medien/medien.html

Business im WWW

- Deutsche Telekom AG
  http://www.dtag.de/
- Deutsche Bank AG
  http://www.deutsche-bank.de/
- Buchhandlung Lehmanns, Berlin
  http://www.germany.eu.net/shop/JFL/
- Frank Franken's Teehandlung, Oldenburg
  http://www.bda.de/bda/nat/franken
- Internet Shopping Network
  http://www.internet.net/
- PizzaHut - Pizza-Bringdienst
  http://www.pizzahut.com/

Sonstige Angebote

- „RailServer" – Bahnauskunft an der Universität Karlsruhe
  http://rzstud1.rz.uni-karlsruhe.de/~ule3/railserv.html
- Achtsprachige Übersetzungsdatenbank der EU (Uni Frankfurt/M.)
  http://www.uni-frankfurt.de/~felix/eurodicautom.html

2 Systematischer Zugang

Regionale Gliederungen

- Liste der deutschen WWW-Server
  http://www.chemie.fu-berlin.de/outerspace/www-german.html
- „Link Everything Online" (LEO)
  http://www.leo.org/
- LEO-Deutschlandkarte
  http://www.leo.org/demap
- Europakarte (Univ. Buffalo)
  http://wings.buffalo.edu/world/europe.html
- Weltkarte (Univ. Buffalo)
  http://wings.buffalo.edu/world/

Sachgebietsgliederungen

- YAHOO
  http://www.yahoo.com /
- WWW Virtual Library
  http://www.w3.org/hypertext/DataSources/bySubject/Overview.html
- EINet Galaxy
  http://www.einet.net/
- GNN – Whole Internet Catalog
  http://www.gnn.com/wic/newrescat.toc.html
- The World
  http://www.theworld.com/SUBJECTS.HTM
- Deutsche Datenquellen
  http://www.rz.uni-karlsruhe.de/Outerspace/VirtualLibrary

Suche im WWW

- CUSI-Server in Deutschland
  http://www.biophys.uni-duesseldorf.de/gateways/cusi.html
  http://www.imnet.de/cusi.html
- „W3 Search Engines" von der Universität Genf
  http://cuiwww.unige.ch/meta-index.html
- Open Text - Suche im WWW
  http://www.opentext.com:8080/

3 Informationen für WWW-Anbieter

- HTML-Beschreibung (W3)
  http://www.w3.org/hypertext/WWW/MarkUp/MarkUp.html
- NCSA-Serversoftware
  http://hoohoo.ncsa.uiuc.edu/docs/Overview.html
- CERN-Serversoftware
  http://www.w3.org/hypertext/WWW/Daemon/Status.html

Anhang C: Juristische Informationen im Internet

1 Beispielhafte Projekte

- International Constitutional Law (ICL) an der Universität Hamburg
  http://www.econ.uni-hamburg.de/law/
- „Corpus Iuris" als Hypertext (Uni Saarbrücken)
  http://www.jura.uni-sb.de/Rechtsgeschichte/Ius.Romanum/deutsch.html
- Handelsrechts-Sammlung (Uni Tromsø)
  http://ananse.irv.uit.no/trade_law/nav/trade.html
- Multilateral Project der Fletcher School of Law and Diplomacy
  http://www.tufts.edu/departments/fletcher/multilaterals.html

2 Diskussionen

- Deutsche News-Gruppe „de.soc.recht"
  news:de.soc.recht
- Juristische News-Gruppen aus dem ComLink-Netz
  *news:cl.recht.**
- Juristische News-Gruppen aus dem Zerberus-Netz
  *news:zer.z-netz.rechtswesen.**
- Internationale juristische News-Gruppen
  *news:misc.legal.**
- Amerikanische Newsgruppen law.*
  http://www.kentlaw.edu/cgi-bin/ldn_news/-G+law
- Archiv aller juristischen Mailing-Listen
  http://www.kentlaw.edu/cgi-bin/ldn_news/-G+law.listserv
- Archiv der EUROLEX-Mailingliste
  gopher://vm.gmd.de:70/11/listserv

3 Veröffentlichungen

Zeitschriften

- The Law Technology Journal (Großbritannien)
  http://ltc.law.warwick.ac.uk/ltjarch.html
- Federal Communications Law Journal (USA)
  http://www.law.indiana.edu/fclj/fclj.html
- Cornell Law Review (USA)
  http://www.law.cornell.edu/clr/clr.html

- Indiana Journal Of Global Legal Studies (USA)
  http://www.law.indiana.edu/glsj/glsj.html
- ecolex (Österreich)
  http://www.MANZ.co.at/MANZ/ecolex/iecolex.htm

Liste der Zeitschriften

- Cornell
  http://fatty.law.cornell.edu/journals.html
- Indiana (umfangreicher)
  http://www.law.indiana.edu/law/journals.html

Regierungen im Internet

- The Federal Web Locator (Amerikanische Bundesregierung)
  http://www.law.vill.edu/Fed-Agency/fedwebloc.html
- Großbritannien
  http://www.open.gov.uk:80/
- Japan (englisch)
  http://www.kantei.go.jp/
- Slowenien (englisch)
  http://www.sigov.si/cvi-ang.html
- Bayerische Staatsregierung
  http://www.bayern.de/

4 Archive

Gesetzestexte

- Mainzer Sammlung
  ftp://radbruch.jura.uni-mainz.de/ftp/pub/jura/normen/
- Stuttgarter Sammlung
  ftp://www.uni-stuttgart.de/pub/doc/law/german/
- Aachener HTML-Sammlung
  http://www-i4.informatik.rwth-aachen.de/GESETZ/gesetze.html
- Full US Code
  http://www.law.cornell.edu:80/uscode/
- Materialien zur Schweizer Verfassungsreform
  http://www.unil.ch/isdc/cons/
- Garant-Service - Russische Gesetze (kostenpflichtig)
  http://www.garant.msu.ru/3index.html

Entscheidungen

- Entscheidungen der obersten Bundesgerichte - Pressemitteilungen
  http://www.jura.uni-sb.de/Entscheidungen/entscheidungen.html
- juris-Datenbank DV-Recht(1375 Entscheidungen)
  http://khdhs.phil.uni-sb.de/
- Decisions of the U.S. Supreme Court
  http://www.law.cornell.edu/supct/supct.table.html
- National Court of the Republic of Estonia
  http://www.nc.ee/
- Südafrikanisches Verfassungsgericht
  http://pc72.law.wits.ac.za/lawreps.html
- Slowenisches Verfassungsgericht
  http://www.sigov.si/us/eus-ds.html

Thematische Sammlungen

- Information Law
  http://seamless.com/rcl/infolaw.html
- Datenschutz (HU Berlin)
  http://www.rewi.hu-berlin.de/Datenschutz/

5 Informationen für Studenten

- Uni Potsdam
  http://excalibur.rz.uni-potsdam.de/htmljura/JURFAK.HTM
- Musterklausuren Prof. Bürge und Prof. Rüßmann (Uni Saarbrücken)
  http://www.jura.uni-sb.de/Klausuren/
- Experimentelles Lernprogramm zum Urkundenstrafrecht (HU Berlin)
  http://www.rewi.hu-berlin.de/Experiment/welcome.html
- Liste der deutschen juristischen Fakultäten im Internet (HU Berlin)
  http://www.rewi.hu-berlin.de/Rechtsinfos/jurfaks.html

6 Bibliotheken

- Verbundkatalog des Deutschen Bibliotheksinstituts
  http://www.laum.uni-hannover.de/iln/bibliotheken/dbi.html
- Universitätsbibliothek der Humboldt-Universität zu Berlin
  http://www.unibib.hu-berlin.de/
- Thüringische Universitäts- und Landesbibliothek an der U Jena
  http://www.uni-jena.de/ub/thulb.html

- Liste deutscher Bibliotheken im Internet (Markus Neteler, Uni Hannover)
  http://www.laum.uni-hannover.de/iln/bibliotheken/
- Library of Congress
  http://www.loc.gov/

7 Ressource-Listen

- JurWeb Bayreuth
  http://www.uni-bayreuth.de/students/elsa/jura/jurweb-home.html
- Juristische Informationen im Internet (Uni Saarbrücken)
  http://www.jura.uni-sb.de/internet/
- The WWW Virtual Library: Law (Indiana Law School)
  http://www.law.indiana.edu/law/lawindex.html
- Legal Material by Topic (Legal Information Institute Cornell)
  http://www.law.cornell.edu/topical.html
- Guide to Legal Resources (Chicago-Kent School of Law)
  http://www.kentlaw.edu/lawnet/lawlinks.html
- The House of Representatives - Internet Law Library
  http://www.pls.com:8001/index.html
- University of Waikato School of Law
  http://www2.waikato.ac.nz/law/law-related.html
- YAHOO: Law
  http://www.yahoo.com/Law/
- Einet Galaxy: Law
  http://galaxy.einet.net/galaxy/Law.html
- The Legal List von Eric J. Heels
  http://www.lcp.com/The-Legal-List/TLL-home.html

Anhang D: Deutsche Internet-Provider

1 Kommerzielle Provider

- Compuserve
  Postfach 1169, 82001 Unterhaching, Tel.: 0130/3732, Fax: 089/66535241, http://www.compuserve.com/
- Contrib.Net
  Rykestr. 8, 10405 Berlin, Tel.: 030/25301200, Fax: 0302515603, EMail: info@contrib.net, http://www.contrib.net/
- Deutsche Telekom (Btx) - Kontakt über FUN Kommunikationssysteme, Hirschstr. 71, 76137 Karlsruhe, Tel. 0721/9812023, Fax: 0721/811078, EMail: fun@fun.de, Btx: *internet#
- EUnet Deutschland
  Emil-Figge-Str. 80, 44227 Dortmund, Tel.: 0231/97200, Fax: 0231/9721111, EMail: info@germany.eu.net, http://www.germany.eu.net/
- IBM Deutschland
  Senefelderstr. 2, 63110 Rodgau, Tel.: 0130/821141, http://regsvr01.fl.us.ibm.net/prices/
- MAZ
  Harburger Schloßstr. 6-12, 21079 Hamburg, Tel.: 040/766291623, Fax: 040/76629199, EMail: info@maz.net, http://www.maz.net/
- Nacamar
  Kirchweg 22, 63303 Dreieich, Tel.: 06103/969-0, Fax: 06103/969-127, EMail: info@nacamar.de, http://www.nacamar.de
- NTG/Xlink
  Vincenz-Prießnitz-Str. 3, 76131 Karlsruhe, Tel.: 0721/96520, Fax: 0721/9652210, EMail: info@xlink.net, http://www.xlink.net/

2 Vereine

- Individual Network e.V.
  Scheideweg 65, 26121 Oldenburg, Tel: 0441/9808556, Fax: 0441/9808557, EMail: in-info@individual.net, http://www.rhein.de/IN/index.html
- sub-Netz e.V.
  Postfach 6564, 76045 Karlsruhe, Tel.: 0721/699478, Fax: 0721/661937, EMail: info@subnet.sub.net

Sachregister

Kolibri 360 GmbH
Ferdinand-Jühlke-Straße 7
99095 Erfurt, Deutschland
produktsicherheit@kolibri360.de